U0785906

贺 兰 年 鉴

2022

贺兰县档案馆　编

方志出版社
Publishing House of Local Records

图书在版编目（CIP）数据

贺兰年鉴. 2022 / 贺兰县档案馆编 .—北京 ：方志出版社，2023.12
ISBN 978-7-5144-5781-0

Ⅰ. ①贺… Ⅱ. ①贺… Ⅲ. ①贺兰县— 2022 —年鉴
Ⅳ. ① Z524.34

中国国家版本馆 CIP 数据核字（2023）第 255007 号

责任编辑：王海荣
责任校对：张玉霞
责任印制：梅中英
出 版 者：方志出版社
地　　址：北京市朝阳区潘家园东里 9 号（国家方志馆 4 层）
邮　　编：100021
网　　址：http://www.zgfzcb.cn
发　　行：方志出版社图书营销中心（010-67110500）
印　　刷：银川市昊博彩色印刷有限公司
开　　本：889 毫米 ×1194 毫米 1/16
印　　张：14.5
字　　数：627 千字
版　　次：2023 年 12 月第 1 版
印　　次：2023 年 12 月第 1 次印刷
定　　价：268.00 元

· 版权所有　侵权必究 ·

（如有印装质量问题，请与我社图书营销中心联系）

《贺兰年鉴（2022）》编纂委员会

主　任：丁　炜

副主任：田晓波　刘炳炳　张　魁　王　川　王　涛

委　员：安为民　王　芳　周立成　张　靓　将恒斌　白景晶　段建宏

保旭锋　朱　敏　王岩宏　常雪峰　杜　钧　李宗怀　苏万君

王继斌　叶　宏　钱　瑞　蔡　霞　李　妍　李世赟　傅　龙

周　勇　马立忠　黄菊兰　张占林　徐　华　朱建新　徐彦宁

祁玉芬　李正忠　陶精华　陈晓伟　吴士忠　彭　虎　吕　超

徐晓庆　张学军　王海峰　张宏荣　王彩宁　哈双莹　陈　清

夏巧燕　郭亚东　张新林　窦建立　桂韶华　池海霞　吴静波

刘德彬　樊利宁　辛利华　许　晖　丁书涛　张　翠　高学东

钱忠军　李海升　闻国涛　梁宇鲲　朱　莹　王国兵　陈　锋

孙　明　陈保家　邢　冰　强玉梅　汪　洋　谢庆福　朱燕华

岳建平　仇国磊　宋　瑞　哈小康　马晓东　白文贤　王　虎

《贺兰年鉴（2022）》编辑人员

主　编：彭　虎

副主编：吴学良

编　辑：王琪川　吴学良　杨雪华

编　务：李金明　董　芳　朱玉洁　倪嘉君　徐　丽

编辑说明

一、《贺兰年鉴（2022）》坚持以马克思列宁主义、毛泽东思想、邓小平理论、“三个代表”重要思想、科学发展观、习近平新时代中国特色社会主义思想为指导，坚持辩证唯物主义和历史唯物主义的立场、观点和方法，力求融资料性、科学性、思想性于一体。

二、《贺兰年鉴（2022）》是由中共贺兰县委、贺兰县人民政府主办，贺兰县档案馆编纂出版的年度资料性文献。主要记述和反映2021年贺兰县自然、政治、经济、文化、社会和生态文明建设等方面的基本情况和发展变化。

三、《贺兰年鉴（2022）》记述范围以2021年贺兰县行政区划为界。记述时间为2021年1月1日至2021年12月31日。为保持内容资料的完整性和连续性，根据记述需要，部分文字和图片适当上溯或下延。

四、《贺兰年鉴（2022）》采用分类编辑法。主体内容分为类目、分目、条目3个层次。全书设类目、分目、条目。条目为年鉴内容的基本单位，条目标题统一用黑体字加【 】表示。

五、《贺兰年鉴（2022）》卷首编排反映2021年贺兰县政治、经济、文化、社会和生态文明建设等方面基本情况和发展成就的专题图片。全书设特载、专记、大事记、贺兰综览、中国共产党贺兰县委员会、贺兰县人民代表大会、贺兰县人民政府、中国人民政治协商会议贺兰县委员会、中国共产党贺兰县纪律检查委员会　贺兰县监察委员会、群众团体、法治、军事、经济事务管理、社会事务管理、工业和园区建设、农业农村工作、城乡建设与环境保护、交通运输、邮政、财政税务、金融、商贸 流通、教育 体育 科技 气象、医疗卫生与健康、文化旅游与广播影视、乡镇（场）街道、荣誉、附录。

六、《贺兰年鉴（2022）》数字用法、标点符号分别采用国家标准《出版物上数字用法》（GB/T15835—2011）、《标点符号用法》（GB/T 15834—2011），计量单位采用国家技术监督局1993年12月发布的《量和单位》系列国家标准。

七、《贺兰年鉴（2022）》所载资料由贺兰县各有关单位和部门提供，部分资料由编辑人员收集。收录的专题图片，除标注外，均来源于“贺兰发布”微信公众号。为保持文献原貌，遵从行业习惯，“附录”类目所刊文献的文字、数据、计量单位均未作变动。反映贺兰县国民经济和社会发展的数据来源于《贺兰县2021年国民经济和社会发展统计公报》。因个别单位统计口径不同等原因，部分数据在不同条目中不尽一致，使用时请注意出处。

2021 年 9 月 24—26 日，中国共产党贺兰县第十五次代表大会召开

（图片由贺兰县委宣传部提供）

2021 年 11 月 12 日，贺兰县第十九届人民代表大会第一次会议召开

（图片由贺兰县委宣传部提供）

2021 年 11 月 10—14 日，中国人民政治协商会议第十一届贺兰县委员会第一次会议召开

（图片由贺兰县委宣传部提供）

2021 年 3 月 7 日，贺兰县党史学习教育动员大会召开

（图片由贺兰县委宣传部提供）

2021 年 4 月 23 日，贺兰县庆祝中国共产党成立 100 周年群众性主题教育宣传活动暨第五届“书香贺兰”全民读书节启动仪式在县城举行

（图片由贺兰县融媒体中心提供）

2021 年 6 月 17 日，贺兰县立岗镇举行“光荣在党 50 年”纪念章颁发仪式

（图片由贺兰县融媒体中心提供）

2021 年 7 月 23 日，贺兰县邀请“七一勋章”获得者王兰花作先进事迹宣讲报告

（图片由贺兰县融媒体中心提供）

2021 年 7 月 27 日，贺兰县村党组织书记学习贯彻习近平总书记“七一”重要讲话精神专题培训班举办

（图片由贺兰县融媒体中心提供）

2021 年 1 月，贺兰县金贵镇集贸市场，人们在购置年货

（图片由贺兰县融媒体中心提供）

2021 年 2 月，宁夏厚生记食品有限公司装配多项自主研发核心技术，工艺装备达到工业 3.0 水平，图为年加工特色农产品 3 万吨的休闲食品智能工厂

（图片由贺兰县融媒体中心提供）

2021 年 6 月 6 日，贺兰县乡村振兴局挂牌

（图片由贺兰县融媒体中心提供）

2021 年 7 月 15 日，科海渔业互联网 + 科技创新中心贺兰科普周活动举行

（图片由贺兰县融媒体中心提供）

2021 年，贺兰县南梁台子隆源村小天椒喜获丰收

（图片由贺兰县融媒体中心提供）

2021 年 10 月 3 日，贺兰县荣登“2021 中国西部百强县市”排行榜，名列第 66 位

（图片由贺兰县融媒体中心提供）

位于宁夏贺兰工业园区的宁夏蒙天乳业有限公司无菌灌装车间（摄于 2021 年 10 月）

（图片由贺兰县融媒体中心提供）

2021 年 12 月 2 日，贺兰县金贵镇金贵村土地流转户就地务工，增加了收入

（图片由贺兰县融媒体中心提供）

2021 年，贺兰县优化农业产业结构，强化现代农业基础设施建设，大力发展现代设施农业，建设“新平核心区国家现代农业产业园”，积极引进发展潜力大、效益好的农业企业，带动农民种植经济效益高、可持续发展能力强的瓜果蔬菜。图为 2021 年 1 月，正值凛冽的寒冬，但在习岗镇新平园区德林果蔬的设施温棚内却依旧绿意盎然

（图片由贺兰县融媒体中心提供）

2021 年 12 月 2 日，贺兰县洪广镇欣荣村村民发展菌菇特色展业

（图片由贺兰县融媒体中心提供）

2021 年 12 月 24 日，宁夏大北农饲料有限公司重大项目投产剪彩仪式举行

（图片由贺兰县融媒体中心提供）

2021 年，贺兰县机械化收割小麦

（图片由贺兰县融媒体中心提供）

2021 年，贺兰县通过不断规划优质葡萄种植、葡萄酒酿造、葡萄酒文化旅游经济产业带建设，促进葡萄产业快速发展，助推县域经济高质量发展。

图①为贺兰山东麓葡萄产业基地　　（图片由贺兰县融媒体中心提供）
图②为位于贺兰县金山国际葡萄酒试验区的夏木酒庄的葡萄酒储酒罐
（图片由贺兰县融媒体中心提供）

2021 年 4 月 23 日，贺兰县在欣兰广场举行庆祝中国共产党成立 100 周年“书香贺兰”朗诵活动

（图片由贺兰县融媒体中心提供）

2021 年 5 月 2 日，贺兰县洪广镇欣荣村举行文艺演出

（图片由贺兰县融媒体中心提供）

2021 年 5 月 8 日，宁夏回族自治区级非物质文化遗产传承人李五奎举行陶瓷作品展

（图片由贺兰县融媒体中心提供）

2021年5月26日，贺兰县非物质文化遗产“花儿”演出

（图片由贺兰县融媒体中心提供）

贺兰县金贵镇“牡丹花乡”生态园盛开的牡丹（摄于2021年5月）

（图片由贺兰县融媒体中心提供）

贺兰县洪广镇欣荣村文化长廊（摄于2021年）

（图片由贺兰县融媒体中心提供）

2021 年 5 月 23 日，贺兰县富兴街道利民社区网格员走访居民户

（图片由贺兰县融媒体中心提供）

2021 年，贺兰县贯彻执行国家、自治区、银川市学前普及普惠政策，科学布局幼儿园，实现公办幼儿园 4 个镇 1 个乡全覆盖，保障了适龄幼儿享受质优价廉的学前教育资源。图为教师和小朋友在课堂上互动

（图片由贺兰县融媒体中心提供）

2021 年，贺兰县各社区紧紧围绕小区居民的“操心事、烦心事、揪心事”，将解决社区居民的各类需求作为工作的落脚点，引领物业服务提质升级，搭建物业、社区、居民三方沟通协调的“连心桥”，打通了服务群众的“最后一米”，有效提升了社区治理水平。图为富兴街道利民社区朝阳花园小区“红色物业”党支部召开民主协商议事会　　（图片由贺兰县融媒体中心提供）

2021年，贺兰县坚持“以水定城、以水定地、以水定人、以水定产”，加快推进“用水权”改革，进一步优化用水结构、转变用水方式、提高用水效率。

图①为在立岗镇通义村举行贺兰县农业用水权确权颁证仪式

图②为宁夏回族自治区用水权证

（图片由贺兰县融媒体中心提供）

贺兰县第八小学校园（摄于2021年）

（图片由贺兰县融媒体中心提供）

2021 年 11 月，碧水微澜的如意湖，晴朗湛蓝的天空，为鸟儿停留提供了绝佳的生存环境。红嘴鸥将之作为“歇脚、休憩”的理想乐园

（图片由贺兰县融媒体中心提供）

2021 年 11 月 26 日，初冬时节，成群结队的红嘴鸥出现在贺兰县如意湖

（图片由贺兰县融媒体中心提供）

2021年，贺兰县坚持以建设黄河流域生态保护和高质量发展先行区示范县为抓手，积极探索“两山”转化新通道新实践，着力提升全县生态文明建设影响力，高标准打好大气、水、土壤攻坚战，全力推动环境质量不断改善，打造美丽贺兰建设新高地，让人民群众享有更多的环境获得感。

图①为贺兰县如意湖公园
图②为贺兰县兰山公园

（图片由贺兰县融媒体中心提供）

①

②

京藏高速穿越贺兰县城（摄于 2021 年）

（图片由贺兰县融媒体中心提供）

黄河流经贺兰县境域（摄于 2021 年）

（图片由贺兰县融媒体中心提供）

目　录

Mulu

中国共产党贺兰县委员会

档案工作

贺兰县人民代表大会

综　述

重要会议

人大常委会会议

视察工作

贺兰县人民政府

综　述

政府常务会议

信息公开

财政税务

财　政

税　务

金　融

中国建设银行贺兰支行

贺兰农村商业银行

商贸　流通

商务和投资

供销合作

烟草专卖

教育　体育　科技　气象

教　育

体　育

科　技

气象服务

医疗卫生与健康

卫生健康

疾病预防控制

卫生监督

文化旅游与广播影视

文化旅游

文化馆

图书馆

乡镇(场)街道

习岗镇

立岗镇

金贵镇

洪广镇

砥砺奋进　勇立潮头
奋力谱写新时代贺兰现代化建设新篇章
——在中国共产党贺兰县第十四届委员会上的报告
（2021年9月24日）

贺兰县委书记　丁　炜

中国共产党贺兰县第十五次代表大会，是在建党100周年、乘势而上开启全面建设社会主义现代化国家新征程、向着第二个百年奋斗目标进军的重要时期，全面实施“十四五”规划开局之年召开的一次十分重要的会议。大会的主题是：高举中国特色社会主义伟大旗帜，坚持以习近平新时代中国特色社会主义思想为指引，深入贯彻党的十九大和十九届二中、三中、四中、五中全会精神、习近平总书记“七一”重要讲话精神、视察宁夏重要讲话精神，全面贯彻落实党中央决策部署和区、市党委工作要求，推动经济社会高质量发展，动员全县各级党组织和广大党员干部群众，砥砺奋进、勇立潮头，奋力谱写新时代贺兰现代化建设新篇章。

五年来工作回顾和基本经验

县第十四次党代会以来，是我县发展历史上极不平凡的五年。习近平总书记两次视察宁夏、两次亲临贺兰，赋予了我们建设黄河流域生态保护和高质量发展先行区的时代使命。五年来，在区、市党委的坚强领导下，县委坚持以习近平新时代中国特色社会主义思想为指引，牢牢把握高质量发展根本要求，深入落实“一高三化”发展理念，团结带领全县上下不忘初心、牢记使命，攻坚克难、笃定实干，抢抓发展新机遇，适应发展新常态，融入发展新格局，统筹做好稳增长、促改革、调结构、惠民生、防风险、保稳定各项工作，圆满完成了县第十四次党代会确定的各项目标任务，实现与全国同步全面建成小康社会的伟大目标。

——这五年，我们奋勇拼搏，综合实力稳步提升。坚持稳中求进工作总基调，坚定不移贯彻新发展理念，扎实推进供给侧结构性改革，围绕九大重点产业布局，持续推动经济社会高质量发展。一批带动力强的大项目投产达效，市场经济活力不断迸发，经济总量突破140亿元。工业转型升级成效明显，绿色食品、生物医药等产业发展优势进一步凸显，新材料、智能装备等新业态不断涌现。成功创建国家现代农业产业园，打造优质粮食、蔬菜、水产、奶畜、葡萄酒五大特色产业，稻渔空间成为一二三产业融合发展样板。现代服务业提档加速，成为全区电商物流核心区，服务业对经济发展贡献率达到64%。创新驱动能力持续增强，培育了18家国家级高新技术企业，经济发展动能加快转换。

——这五年，我们攻坚克难，深化改革扎实推进。深化“放管服”改革，在全区率先建成县级审批服务中心，构建“1+1+7+80”政务服务体系，实现“一门一窗一网一次通办”。新增市场主体较“十二五”末增长2.3倍，获评全国营商环境百强县。被确定为全国农村宅基地改革试点县，“四权”改革稳步推进。扎实推进税费改革、综合医改等重点领域改革，率先建成全区首家县级融媒体中心，融媒体改革“五全五变”模式在全国推广。县乡村三级退役军人服务体系实现全覆盖，工作成效在全国学习推广新时代“枫桥经验”推进会上交流，荣获全国双拥模范县称号。

——这五年，我们统筹发展，城乡面貌明显改观。全力推进城市更新行动和乡村建设行动，走贺兰特色的市县融合、城乡融合发展之路。与首府银川同城化步伐不断加快，“六横十纵”交通网全面形成，城市聚集效应持续放大。十年间城市人口净增长53.2%，常住人口城镇化率达到65%，城市活力不断迸发。国土资源保障有力，土地集约规范利用做法被国务院通报表扬。城市管理数字化、精细化水平有效提升，改造提升老旧小区56个，市县一体化集中供热工程全面实施，森林覆盖率达到12.4%，蝉联五届国家卫生城市。高标准推进农村人居环境综合整治，创建自治区级农村人居环境整治示范村7个，获评全区农村人居环境综合整治示范县。高质量承办首届全区“中国农民丰收节”，四十里店村、新平村入选中国美丽休闲乡村，习岗镇、银河村被评为全国文明村镇，城乡建设在一体融合中呈现新面貌。

——这五年，我们真抓实干，三大攻坚战成果丰硕。脱贫攻坚全面胜利，全县8035名贫困群众高质量脱贫，红树莓、枸杞芽菜等特色扶贫产业发展壮大，在“造血功能”上实现突破。坚决打赢蓝天碧水净土保卫战，持续开展“散乱污”企业清理整治，淘汰落后产能4.2万吨，空气质量优良天数保持稳定；严格落实“河湖长制”，实施人工湿地建设、污水处理厂提标改造等项目，黑臭水体全面消除，入黄水质稳定达标；建成固废处置中心，固废、危废处置率分别达80%、100%；高度重视农业面源污染防治，持续强化农业“三减”措施；中央环保督察反馈问题全面整改销号，污染防治取得阶段性成效。牢牢守住不发生系统性金融风险的底线，化解政府存量债务34亿元；持续开展安全生产、历史遗留问题等风险隐患排查化解行动，未发生较大及以上安全生产事故，社会大局和谐稳定。

——这五年，我们共治共享，民生福祉持续改善。坚持人民至上，站稳人民立场，用心用情用力办好民生实事。新建学校8所，“大班额”比例由67.53%降至2.77%，“5080”目标全面实现，更多孩子享受到公平而有质量的教育。新建县中医医院、妇幼保健中心，落实好国家医疗保障政策，有效解决群众“看病难、看病贵”问题。慎终如始抓好疫情防控，坚决守住零感染、零发生、零外溢防控成果。城镇登记失业率由4.5%降至3.2%以内，荣获全区转移就业示范县。城乡低保、高龄津补贴等提标扩面，低收入群众生活更有保障。中国篮球发展联赛、全国自然水域冰钓大赛举办权永久落户贺兰，农村综合文化服务中心实现全覆盖，城乡群众文化生活更加精彩。坚决守好民族团结生命线，荣获全国民族团结进步示范县。扫黑除恶常态化开展，政法队伍教育整顿扎实推进，打击传销、反电诈战果丰硕，荣获自治区禁毒示范县，人民群众获得感幸福感安全感显著提升。

——这五年，我们凝心聚力，党的建设全面加强。深入开展“两学一做”学习教育、“不忘初心、牢记使命”主题教育和党史学习教育，广大党员干部“政治三力”明显提高。坚定不移做好新时代意识形态工作，思想宣传和舆论引导工作有力有效。坚持新时期好干部标准，在一线培养干部、发现干部、识别干部,实施“五大人才工程”,累计引进各类人才500余名,助力经济高质量发展。深入开展“一抓两整”示范县乡创建行动,乡、村两级换届高质量完成,党的执政基础更加稳固。严格落实党风廉政建设“两个责任”,扎实做好区市巡视巡察反馈问题整改,坚持纠“四风”和树新风两手抓两手硬,始终保持作风建设在路上,惩治腐败不懈怠。人大、政协依法履职、助力发展,统战、群团组织开拓创新、服务大局,双拥、人武、机要保密等各项工作取得新的进步。

各位代表、同志们,五年砥砺奋进,成就鼓舞人心。这些成绩的取得,是在经济下行压力持续加大、改革发展稳定任务日益艰巨、新冠疫情严重冲击等诸多不利情况下取得的。这是习近平新时代中国特色社会主义思想定向领航的结果,是区、市党委坚强领导的结果,是在历届县委打下的工作基础之上接续奋斗的结果,是全县广大党员干部群众辛勤创造的结果。在此,我谨代表中共贺兰县第十四届委员会,向全县广大党员和干部群众,向老干部、老同志,向各民主党派、工商联、无党派人士和各界朋友,表示衷心的感谢并致以崇高的敬意!

成绩来之不易,经验弥足珍贵。我们深切体会到:必须始终坚持党的坚强领导不动摇。党的坚强领导才是根本保证,只有在党的坚强领导下,党政紧密团结,人大政协齐心协力,党员干部率先垂范,全县上下才能风正劲足、政通人和,我们的力量才会无坚不摧,我们的事业才会无往不胜。必须始终坚持新发展理念不动摇。发展才有出路,只有将科学发展作为解决一切问题的根本,不为风险所惧,不为干扰所惑,在发展中转方式,在改革中谋创新,才能开辟高质量发展新境界。必须始终坚持以人民为中心的发展思想不动摇。民生才是根本,只有坚持以人民为中心的发展思想,持续为人民群众谋利益,才能最大限度地凝聚民心、集中民智、激发民力,创造出经得起历史检验的发展实绩。必须始终坚持铸牢中华民族共同体意识不动摇。团结就是力量,只有最大限度地团结各族人民,最大限度凝聚各族人民的智慧和力量,贺兰的事业才能实现和谐稳定发展,才能同心同德实现中华民族伟大复兴的中国梦。必须始终坚持真抓实干的精神不动摇。实干才是关键,只有把真抓实干作为第一精神,坚持实干不争论、苦干不畏难、巧干不折腾,才能把贺兰的事业干好、干成功。

各位代表,在肯定成绩、总结经验的同时,我们也清醒地看到,工作和发展中还存在着一些问题和短板:对照高质量发展要求,我们发展不足、体量不大、结构不优、质效不高的状况尚未根本改变;对照一流营商环境标准,我们在政务服务、市场监管上还有欠缺,法治观念、规则意识不强的问题还时有发生;对照百姓美好生活期盼,群众的富裕程度、公共服务供给水平等方面都还有短板;对照全面从严治党政治责任,有的党组织对于深入推进正风肃纪、保持党的先进性纯洁性,在思想认识上和工作力度上还有差距,等等。为此,我们必须进一步增强忧患意识,以等不起的紧迫感、坐不住的责任感、慢不得的危机感,切实解决好这些问题。

今后五年的指导思想和总体要求

各位代表、同志们,科学审视宏观大局,我们正在经历大国博弈之变,世界百年未有之大变局加速演变,世界格局“东升西降”已成大势,中国日益走近世界舞台中央;我们正在经历发展格局之变,在危机转化之中重塑中国发展新优势,“双循环”新发展格局加快形成;我们正在经历驱动力量之变,新一轮科技和产业革命方兴未艾,创新“第一动力”的作用更加凸显;我们正在经历竞争态势之变,“区域协同一体化”成为当前发展的新趋势,贺兰更是站在了如何更好融入区域整体布局的关键之处;我们正在经历人民需求之变,群众对美好生活的向往从“有没有”转向“好不好”,赋予了我们新的奋斗目标。变革是这个时代的主题,我们必须准确识变、科学应变、主动求变,唯此方能赢得主动、制胜未来。

经过“十三五”期间的持续努力,客观分析自身,我们有四个方面的突出优势:区位条件优越,与银川市核心区融为一体，基础设施配套较为完善，处于南北通行重要交通枢纽，30分钟快速交通网络贯通东西南北；产业基础稳固，三次产业竞相发展，现代农业全区领先，工业转型升级条件充足，服务业发展后劲十足，新兴产业蓄势待发；市场氛围活跃，非公经济“顶梁柱”作用更加凸显，新增市场主体增幅连创新高，企业应对风险挑战韧劲增强；创新势头强劲，拥有国家级科技企业孵化器，行业“单打冠军”相继涌现，部分创新成果走在了全区，乃至全国前列。这些优势让我们对贺兰的未来充满信心，当然，我们要跳出贺兰看贺兰、立足全区看贺兰、放眼全国看贺兰。深刻把握当今世界百年未有之大变局，精准对接“一带一路”、西部大开发、黄河“几”字弯都市圈建设等国家战略，紧扣建设黄河流域生态保护和高质量发展先行区重大部署，深刻把握进入新发展阶段、贯彻新发展理念、融入新发展格局的时代要求，审视自身发展、把握机遇挑战，化优势为胜势、变机遇为现实，在危机中育先机、于变局中开新局，努力开辟贺兰高质量发展新局面。

今后五年工作的指导思想和总体要求是：高举中国特色社会主义伟大旗帜，坚持以习近平新时代中国特色社会主义思想为指引，全面贯彻落实习近平总书记在庆祝中国共产党成立100周年大会上的重要讲话精神和视察宁夏重要讲话精神，把握新发展阶段、贯彻新发展理念、融入新发展格局，以推动高质量发展为主题，以深化供给侧结构性改革为主线，以改革创新为根本动力，以满足人民日益增长的美好生活需要为根本目的，坚持稳中求进工作总基调，将自治区先行区建设和银川市“一高三化”目标任务贯穿始终，紧紧围绕“建设黄河流域生态保护和高质量发展先行区示范县、铸牢中华民族共同体意识示范县、乡村振兴示范县、绿色宜居示范县、科技创新示范县”奋斗目标，坚决守好三条生命线，走出一条高质量发展的新路子，为建设先行区和继续建设美丽新宁夏贡献贺兰力量。

在全面完成奋斗目标的基础上，力争达到：经济实力更强。坚持以新发展理念引领高质量发展，突出产业兴县，大力推进工业强县战略，经济结构持续优化，主要经济指标年年进位，发展后劲充足有力，发展水平持续攀升，经济实力保持在全区“第一方阵”。地区生产总值突破200亿元；工业总产值达到300亿元，培育年产值10亿元以上企业达到5至10家，规上工业企业达到150家以上；一般公共预算收入比2020年增长50%，突破18亿元；城乡居民人均可支配收入年均分别增长7%、8%左右。创新活力更足。区域创新能力显著增强，科技进步贡献率明显提升，重大领域改革持续深化，要素配置更加高效，创新体制机制优化完善，创新有平台、创业有底气、创造有支撑成为贺兰的发展内核，呈现创新、创业、创造活力竞相迸发的生动局面。绿色发展更优。生态文明制度体系更加健全，绿色低碳循环发展模式初步建立，“一山一河”生态保护与修复取得扎实成效，实现生产空间集约高效、生活空间宜居适度、生态空间绿水青山。数字建设更实。以“数字经济、数字政府”为发展主线，全面推进数字产业化、产业数字化和城市数字化协调融合发展，培育经济发展新动能、拓展经济发展新空间，数字经济成为高质量发展新增长极。营商环境更佳。大力营造公平竞争的市场环境、高效廉洁的政务环境、公正透明的法治环境、开放包容的人文环境，厘清政府和市场的职能，充分发挥市场在资源配置中的决定性作用，形成引得来、留得住、服务优、发展好的营商氛围。宜居指数更高。积极实施城市更新行动和乡村建设行动，优化城乡空间布局，完善城乡基础设施，增强公共服务能力，美化城乡生态环境，提高社会治理水平，丰富人民精神文化生活，建设宜居宜业的高品质城市。

实现上述目标要求，我们有基础、有能力，更有信心。重点要推动“36910”工作思路落细落实，“3”即以做足“一山一河”文章构建先行区生态文明产业带，以城市与德胜片区加速融合为主打方向的产城融合产业带，以桃李春风、稻渔空间、渔业公园等为重要节点的康养文化体育休闲产业带；“6”即聚力建设枸杞小镇、葡萄酒小镇、稻渔小镇、体育小镇、康养小镇、花卉小镇“六大特色小镇”；“9”即对标对表自治区九大产业，结合我县实际形成葡萄酒、枸杞、奶产业、绿色食品、电子信息科技、新型材料、清洁能源、文化旅游、汽车销售服务的“8+1”特色产业；“10”即实施黄河流域生态保护修复工程、国土绿化提升工程、水生态系统治理工程、数字城市工程、新能源分布式试点工程、新食品产业园工程、农村人居环境整治工程、国家体育公园工程、县医院迁建工程、种业工程十大工程。高质量建设“五个示范县”,“三条产业带”是发展布局、“六大特色小镇”是重要抓手、“九大产业”是主攻方向、“十大工程”是项目支撑。这是今后五年工作的具体思路,我们要一任接着一任干,一张蓝图绘到底。

今后五年的重点工作任务新目标开启新征程,新使命召唤新作为。今后五年的发展蓝图已经绘就,愿景催人奋进,前程任重道远,我们必须明责于心、取信于民,以主动的担当、切实的作为,奋力开启贺兰全面建设社会主义现代化新征程。

（一）坚定不移推进工业强县战略,强化高质量发展新引擎坚持把发展经济着力点放在实体经济上,聚焦聚力优势产业,实施三大工程,全力推进“工业强县”战略,加快工业高端化、绿色化、智能化、融合化发展

实施工业园区提档升级工程。立足我县产业基础,精准定位园区产业发展方向,实施工业园区基础设施提升改造,加快园区智慧化升级,推动优势产业集群发展,逐步形成“一园三区”产业发展新格局。德胜片区重点发展新食品产业,实施新食品产业园建设项目,助力百瑞源、厚生记、塞尚乳业等企业,补齐产业链、供应链短板,建设全国最大的红牛生产基地,加强枸杞产业、奶产业区域品牌建设,实现规模扩张和品质提升并举,到2025年培育5个以上国内知名品牌;金贵片区重点发展新能源及新材料和电子信息产业,立足资源禀赋和产业基础,引进中核汇能、清华同方等国内龙头企业,实施新能源分布式试点县项目,建设一批光伏建筑一体化设施,推动清洁能源规模化发展;围绕电子信息产业“补链、强链”,加快智能终端、数据中心全产业链发展,打造清洁能源和电子信息综合示范园区;暖泉片区重点发展智能装备制造和新型材料产业,实施制造业提升三年行动计划,加快淘汰低端落后产能,积极承接中东部产业转移,落地一批智能装备、新型材料产业项目;到2025年,将贺兰工业园区打造成两百亿级园区,培育新食品和智能装备制造2个百亿级产业,新材料、新能源产值突破50亿元,使贺兰成为“三新”产业聚集地、创新地、新高地。

实施传统产业转型升级工程。鼓励企业不断加大技改投入,全面对标工业4.0制造体系,加速提升企业装备水平、优化工艺流程,加快推动生物医药、纺织等传统产业走专业化、精细化、特色化发展之路。坚持向数字要附加值,实施东西协作数字经济示范园项目,建设县级工业经济大数据平台,打造贺兰“工业大脑”,面向睿鑫智能、北斗科技等优势企业,以数据资源为关键要素,推动5G、大数据等新一代信息技术的推广应用,催生电子信息、智能终端等新产业、新业态、新模式。推进亩产效益评价改革,提高资源节约集约利用水平。深入开展土地历史遗留问题清零行动,清理整合闲置土地和低效用地,推动“僵尸企业”出清,加快腾笼换鸟步伐,为高质量发展腾出空间。

实施市场主体梯次培育工程。充分发挥政策引导和帮扶作用,按照旗舰企业、“小巨人”企业、中型企业和小企业四个层级分别制定针对性培育政策,加快培育壮大市场主体。大力打造旗舰企业,建立领航企业培育库,出台“一企一策”配套政策,优选主业突出、带动力强的企业进行重点培育。促进中小企业成长提升,全面落实减税降费等惠企政策,鼓励凯晨电器、百泓新材料等骨干企业练好“看家本领”,培育一批制造业领域“专精特新”单打冠军,到2025年,全县年产值10亿元以上企业达到5至10家,行业示范企业累计达到50家以上。加大本土企业扶持力度,设立专项扶持资金,突出抓好招商项目与本土企业的互促互融,解决招商引资项目“水土不服”问题。开展“百企育苗升规行动”,建立完善“小升规”重点企业培育库,加强对重点培育企业的帮扶、指导、服务,鼓励同类小微企业重组上规升级,到2025年,全县规上工业企业数量达到150家以上。形成旗舰企业“顶天立地”、“小巨人”企业“中流砥柱”、中型企业“专精特新”、小企业“铺天盖地”的企业发展格局。

(二)坚定不移推进乡村全面振兴,打造高质量发展新支撑坚持农业农村优先发展,巩固拓展脱贫攻坚成果同乡村振兴有效衔接,促进农业高质高效、农村宜居宜业、农民富裕富足,实现"农业大县"向"农业强县"转变,打造乡村振兴示范县

打造脱贫成果巩固拓展样板。严格落实"四个不摘"要求,用好用足五年过渡期政策,建立健全防止返贫监测和帮扶机制,织密兜牢特殊困难群体基本生活保障底线。完善移民后续扶持政策,集中力量支持9个乡村振兴重点帮扶村发展,争创全区移民致富提升行动示范县。完善一村一策产业方案,因地制宜发展食用菌、红树莓、线椒等特色种养业和劳务产业,将群众嵌入产业链、利益链,实现持续稳定增收。突出抓好就业帮扶,每年实现移民就业5000人以上。大力实施农村危房和抗震宜居房改造工程,不断满足贫困群众住房质量和品质需求。

打造农业产业现代体系样板。加快现代农业提质增效,发展壮大奶产业主体,拉长产业链条,保障乳品质量;全面推进葡萄酒产业融合发展,放大产区优势,以葡萄酒小镇为引领,推进"1+N"集群发展,为葡萄及葡萄酒综合开放发展试验区贡献贺兰力量。大力提升枸杞产业附加值,强化品牌经营,实现一二三产融合发展;农业全产业链产值突破165亿元,争创国家农业绿色发展先行区示范区。大力发展高效节水农业,加快实施现代化生态灌区工程,争创国家节水灌溉示范县。高标准提升国家级现代农业产业园,精心打造以稻渔空间为基础的稻渔小镇,加快"农业公园""蔬菜公园"提档升级。以资源禀赋为基础、特色产业为支撑,重点打造设施花卉高效习岗、康养商贸休闲金贵、稻蟹果蔬生态立岗、稻渔文旅节水常信、枸杞葡萄特色洪广、肉牛蔬菜致富南梁等6个产业强镇,积极创建"一村一品"示范村和"一镇多品"示范镇。实施种业项目,加强贺兰玉米、油葵等育种和黄河鱼类种质资源保护,叫响贺兰"良种之乡"品牌。大力推进农产品品牌创建活动,加快"贺澜农园""贺兰山下"区域公共品牌资源整合提升,做强广银、黄河香等特色品牌。加快实施金贵堡老街、黄河玉米村等一批文旅项目,推出一批以星光、四十里店为样板的精品民宿集聚区,打造一批都市近郊型休闲农业和乡村旅游精品工程,游客突破200万人次,收入累计达到10亿元以上。

打造美丽乡村建设样板。坚持规划引领,科学制定完善乡村振兴规划,有序推进乡村建设行动。大力实施农村人居环境整治提升五年行动,做好"农村宅基地制度改革+人居环境整治"结合文章,打造"10+N"特色样板村,创建15个以上全国美丽乡村示范村。完善农村基础设施,加快补齐水、电、路、气、讯、广电、物流"七张网"建设。加强农业基础设施和高标准农田建设,严格保护基本农田,改良一批盐碱化农田,牢牢守住耕地保护红线。强化乡村振兴人才支撑,推动"两个带头人"、科技特派员、农技服务队等力量成为乡村振兴主力军。持续推进农村移风易俗,发挥村规民约积极作用,创新积分制管理、星级文明户评选形式,积极培育新乡贤文化,形成文明乡风、良好家风、淳朴民风,建设和谐有序的善治乡村。

(三)坚定不移推进服务业提档升级,激发高质量发展新活力聚焦产业转型升级和居民消费升级需要,充分发挥比较优势,引导资源要素合理集聚,构建优质高效、结构优化、竞争力强的服务业新体系

提质增效生产保障服务。加快供给侧结构性改革步伐,持续优化产业结构,发展现代金融、现代物流、总部经济等生产性服务业,不断向专业化、均衡化、价值链高端延伸。强化金融服务,引进民生银行等在贺兰设立机构。建立产业发展基金,增加信贷等资金支持,拓宽企业融资渠道,不断增强市场活力。继续加强现有"新三板"上市企业培育提升,强化塞尚乳业、百瑞源等企业主板上市指导服务。以德胜片区为依托,吸引更多"三新"企业在我县设立总部或区域总部。整体提升电商物流园装备、智能水平,加快推动智能科技电商快递产业链建设,做强中通物流产业园。主动适应电商行业蓬勃发展新形势,优化整合宁浙电商创业园,高效实施第二批全国电子商务进农村示范县建设,创建"互联网+供销"先行县,走出一条产业定向、畅通高效、数字赋能、城乡一体的电商物流发展新路子。

提档升级商品消费服务。以增进人民福祉、适应消费需求为主线，着力提升服务质量、改善消费环境，建设市场规范、功能完善、便捷高效、优质安全的商贸服务体系。完善便民消费设施，推进以新百商业综合体为重点的商圈建设，引进更多新业态、知名品牌和“首店”，形成一批特色步行街、夜间经济示范街区。实施餐饮业提升工程，培育“贺兰十大餐饮名店”，打造“枸杞全宴”“黄河全鱼宴”等一批特色餐饮品牌。加快汽车销售服务业转型升级，积极引进培育新能源汽车销售市场、服务市场，规划建设新能源汽车大厦，举办线上+线下“德胜车展”，打造“买车在贺兰、好车在德胜”汽车交易和二手车交易品牌，形成集汽车销售、售后服务和城市休闲等功能于一体的产业集群。大力培育数字消费、直播经济等新模式新业态，创新形式办好“农民丰收节”“乡村振兴艺术节”“乐堡音乐节”“美好生活节”等活动，不断扩大贺兰“好汽车”“好文旅”“好味道”等品牌影响力，提升贺兰知名度。

提标扩面文旅休闲服务。以打造康养文化体育休闲产业带为载体，依托“六镇”建设，推动文旅休闲产业向精细化和高品质转变。大力发展特色旅游业，丰富提升乡村观光游、工业科普游、酒庄休闲游、黄河文化游等精品旅游路线，建设枸杞小镇、葡萄酒小镇、稻渔小镇、花卉小镇，努力打造贺兰山岩画、苏峪口国家森林公园、百瑞源枸杞博物馆等5A级景区，构建“一核四镇六组团”全域旅游空间格局，创建国家全域旅游示范县。加快推进景区、酒店和旅游基础设施建设，引进高端酒店、品牌酒店，打造服务与文旅相适应的优质环境。精心发展康养体育服务业，推动养老事业和产业协同发展，打造康养小镇，构建居家、社区、机构相协调，医养康养相结合的养老服务体系。构建“1+5+X”运动健身网络，建设体育小镇，推动“15分钟健身圈”全覆盖，积极承办全国网球红土场地赛事，举办全县中小学生足球联赛，打响全国休闲垂钓大赛、信鸽竞赛等赛事品牌，形成“国三区四县X”赛事体系，创建全国全民运动健身模范县。

（四）坚定不移推进生态文明建设，擦亮高质量发展新底色深入贯彻习近平生态文明思想，树立和践行绿水青山就是金山银山的生态理念，守好改善生态环境生命线，坚定不移走生态优先、绿色发展之路

坚持铁腕治污。严格落实生态环保政治责任，推进精准、科学、依法、系统治污，持之以恒打好蓝天、碧水、净土保卫战。建立常态化大气污染治理协同工作机制，在正确处理“上风”问题中坚决守好“银川蓝”，推动全县空气质量优良天数比例达到86.5%以上。严格落实“河湖长制”，实施污水排放扩容提标工程，统筹解决“下游”问题，确保入黄水质稳定达标，建设黄河流域渔业面源污染防治示范区。加强工业源污染监管，力促固废和危废处理率均达100%。大力实施农业“三减”行动，开展有机肥增效行动，创建农业面源污染治理示范县。

严抓生态治理。坚持山水林田湖草系统治理，严格落实“四禁”规定，不断完善“四减”措施，实现“四保”目标，积极融入自治区现代环境治理体系。全面推行“林长制”，持续开展大规模国土绿化行动，社会、单位、个人一体推进植绿增绿，森林覆盖率达到13.6%以上。坚持湿地全面保护、专业管护，紧盯推进三二支沟、三丁湖、滨河湿地生态修复工程，探索一条湿地保护与利用双赢的发展之路。大力推动贺兰山生态保护和修复系统工程，逐步恢复贺兰山自然保护区生态。统筹推进水资源、水环境、水生态系统治理工程，重点整治黄河贺兰段、典农河等河渠沿线生态环境，切实守护好“父亲山”“母亲河”，建设先行区重要的生态安全承载地。

严守绿色底线。围绕“3060”目标，深化“散乱污”企业治理，腾出环境容量保障优质环保的项目落地。加强能耗“双控”，严把产业落地门槛，从严控制“两高”项目准入管理。抢抓新能源分布式试点县机遇，积极在园区、工厂、产业小镇、特色村等有条件的地方植入分布式新能源，大力推动企业清洁化生产、资源循环化利用。加强碳排放研究，以低碳调结构、促转型、增效益，逐步改善我县部分行业能耗过高、能源利用效率较低的局面，让老产业焕发新生机。强化公众绿色意识，实施绿色建筑推广应用行动，完

善新能源设施配套，倡导简约适度、绿色低碳的生活方式，以理念之变引领“双碳”实践。

（五）坚定不移推进城市扩容提质，展示高质量发展新形象以创建全国文明城市为契机，统筹抓好县城外在形象和内在品质的整体提升，建设规划科学、设施完善、产城融合、宜居宜业的现代化城市，加快推进城市国际化

科学修编国土空间规划。按照生产用地集约高效、生活空间宜居适度的总体要求，科学布局文教体卫、综合交通、市政设施、景观风貌等城市资源，明晰城市国土开发边界，编制控制性详细规划，用规划引领城市高质量发展。围绕贺兰独特区位优势，加快老城新区一体推进，形成道路交通互联、公共服务互通、基础设施共享、产业平台共建的“市县同城”发展格局。加强城市功能综合配套，特别是解决好园艺路两侧、德胜居民集中区、行政中心北侧公共服务布局问题，使空间布局更趋集约，城市功能更趋完善，产业集聚更趋突出。高质量发展德胜片区，坚持产业园区与新型城市建设相协调，产业基础设施和生活配套建设相协调，逐步构建和完善与产业发展相适应的城市功能体系，建设高质量生产与生活服务功能保障区，深入推进产城融合。

加快智慧城市建设步伐。加快推动“智慧贺兰”建设，积极融入银川市“一图一网一云”整体架构，完善智慧交通、智慧环保、智慧社区等模块建设，为“城市大脑”赋能增效，实现城市管理精细化、智能化、科学化。深入推进城市“洗脸、修面、清脏”工作，用好“智慧城管”提高城市“颜值”，做到城市环境细致保护、园林绿化精细养护、市政设施周密管护，打通城市治理“最后一公里”。强化数据收集、分析和运用，从群众关注度高的车辆乱停、占道经营、高峰拥堵、道路亮化等热点问题入手，系统规划、分步推进，下足“绣花”功夫持续解决城市病，加快向城市治理现代化方向迈进。

有力推进城市更新行动。坚持因地制宜、实事求是、量力而行、逐步更新原则，围绕城市更新三年行动总体要求，全面开展城市体检。加快推进“五纵四横三联一环”干线公路网建设，构建内畅外联交通网络。高品质实施县城生态景观园林提质项目，系统打造城郊有绿肺、环城有绿带、沿路有绿脉、沿河有绿廊、广场有绿苑、小区有绿景的“六有”生态园林。持续加大老城新区公用基础设施建设一体推进，持续开展老旧小区改造，大力推动城市“路、水、光、气、电”五网更新工程，建立地下管网智能化集成系统，构建城市地上建筑和“地下网络”一体化发展格局。力促城市更新“一年新提升，两年上台阶，三年大变样，五年展新颜”，主动融入银川城市国际化进程。

（六）坚定不移推进民生保障改善，共享高质量发展新成果坚持以人民为中心的发展思想，在高质量发展中补齐民生短板，让贺兰发展更具温度、民生改善更有力度、社会保障更显厚度

保障美好生活新需求。千方百计稳定和扩大就业，实施就业促进、创业引领、技能培训工程，完善重点群体就业支持体系，扎实推进城乡居民收入提升行动，实现“三个确保、一个同步”。全面推进基础教育质量提升行动，严格落实“双减”政策，深化“互联网+教育”融合应用，建立全县教育高质量发展基金，实施华中师范大学基础教育质量合作提升项目，新改扩建一批中小学幼儿园，持续扩大优质教育资源供给，强化教师队伍建设，全面推进学前教育普及普惠、义务教育优质均衡、普通高中多元发展。加快推进全民健康水平提升行动，建设“健康贺兰”，推进县医院迁建项目，持续完善乡镇卫生院和社区医疗服务中心建设，大力培养引进医疗人才，创新“互联网+医疗健康”服务，努力实现基础设施标准化、人才队伍专业化、医疗数据信息化、远程服务智能化。深入实施文化惠民工程，推动科技馆、博物馆等项目建设，充分挖掘文化资源，开展系列文化活动，完善公共文化服务体系，满足群众精神文化需求。深入实施全民参保计划，加大对未成年人、妇女和老年人的关爱力度，提升残疾人、孤寡老人、孤儿等群体服务专业化水平，健全退役军人工作体系和保障制度，筑牢多层次社会保障体系。

筑牢和谐稳定新防线。贯彻落实总体国家安全观，坚决打好防范化解重大风险攻坚战，牢牢守

住不发生系统性、区域性风险的底线。统筹推进基层社会治理体系和治理能力现代化，推动“1+6”基层治理，着力推动网格化治理在矛盾排查、纠纷化解、志愿服务等领域发挥积极作用。坚持党的宗教工作基本方针，坚持宗教中国化方向，依法加强宗教事务管理，有效防范化解宗教领域重大风险。坚持和发扬新时代“枫桥经验”，全力开展信访积案“清零”行动，着力解决群众反映强烈的“急难愁盼”问题。扎实开展“八五”普法，提升依法治县水平。坚决防范和打击传销、电信诈骗、新型网络犯罪，常态化推进扫黑除恶。严格落实安全生产责任制，持续深入推进安全生产专项整治行动，强化事故隐患排查治理，切实稳定安全生产形势。加强突发性公共卫生事件预防，慎终如始抓好常态化疫情防控，坚决巩固来之不易的疫情防控成果。

共谱民族团结新乐章。准确把握和全面贯彻习近平总书记关于加强和改进民族工作的重要思想，坚持以铸牢中华民族共同体意识为主线，推动全国民族团结进步示范县成果巩固向铸牢中华民族共同体意识示范县创建聚焦。深入实施“创建+N”机制，以“资源联结、工作联结、服务联结”促进连片联创。以建设铸牢中华民族共同体意识主题教育馆、民族团结主题公园（广场）等为抓手，推动民族团结创建向新空间、新群体、新业态、新领域不断延伸，促进全县各族群众交往交流交融，着力构筑中华民族共有精神家园。抢抓国家加大对民族地区基础设施建设、产业结构调整支持力度的政策机遇，筑牢全县各族人民实现共同繁荣、共同发展、共同富裕的基础，守好促进民族团结生命线，全力推动贺兰民族工作水平与经济社会发展水平实现“双提升”。

（七）坚定不移推进改革创新引领，培育高质量发展新动能

全面贯彻新发展理念，以建设科技创新示范县为引领，更大力度释放改革红利、增强市场活力，持续为高质量发展蓄势赋能。

催生创新创造动力。完善高新技术企业培育招引机制，培育引进国家级高新技术企业30家以上，高新技术产业产值占工业总产值比重达到30%，贺兰工业园区创建成为自治区高新技术产业开发区，全县R&D投入强度达到2%以上。引进国家级科技研发中心，设立科技创新发展基金，鼓励大北农等国家级、自治区级“小巨人”企业开展科技前沿创新，在枸杞萃取、牛奶膜蛋白等国内外先进技术上取得新突破，力争规上工业企业中有研发活动的占比达到45%，建立研发机构占比达到37%。围绕主导产业关键技术研发和骨干企业重大技术需求，实施科研项目“揭榜挂帅”制度，促进科技成果转化。发挥科创中心国家级平台作用，推进“孵化器”、众创空间等载体专业化建设，为双创升级发展提供支撑。激活人才引擎，坚持外部引才和内部育才相结合，“政府引才”与“企业引智”双向发力，创新柔性引才机制，实施高精尖缺人才引领工程、技能人才培养工程，密切与清华大学、中国农业大学、河海大学等高校院所联系合作，扩展新的专家工作站、博士工作站、院士工作站，充分发挥院士专家团队技术、信息、资源优势，实现“产业+人才”协同发展，为高质量发展提供强大智力支持。

释放深化改革红利。突出抓好重点领域和关键环节，围绕“1+4”重点领域推进土地、资本等要素市场化改革。抢抓全国农村宅基地制度改革试点县机遇，积极探索深化农村承包地“三权分置”、宅基地使用权自愿有偿退出等路径办法，为深化农村宅基地制度改革探索出可复制、可推广的贺兰经验。落实“四权”改革要求，抓好确权、赋能、定价、入市等关键环节，找准改革突破口，设立“水银行”“土地银行”、建立土地规划留白机制，以重点领域改革破瓶颈、转动能、增效益。深化投融资体制改革，积极搭建“政银企”合作平台，设立产业基金、担保基金，完善政府融资性担保体系，加强与南京证券等金融机构战略合作，解决中小企业融资难、融资贵问题。深入推进工业园区体制机制改革，完善“管委会+公司”运营模式，实现园区运营政企分开、政资分开，做到“园区事、园区办”。

厚植招商引资潜力。把招商引资作为可持续高质量发展的重要支撑，紧盯“8+1”重点特色产业，加快壮大“三新”产业，围绕产业链、供应链进行“建、延、补、强”，瞄准重点产业、重点企业、顶尖团

队，精准建档建库，全力引进行业龙头企业、关键核心项目。充分发挥工商联、驻贺商会主渠道作用，大力开展产业招商、配套招商、补链招商，通过以企引企、以商招商、专业机构招商等多种渠道，切实提升招商引资的成效。选聘精干人员、选派优秀干部充实到招商一线，进一步强化招商一线人员的知识储备和能力提升，打造一支专、精、优的招商队伍。压实责任全程服务，实行“一个项目、一位领导、一套班子、一跟到底”的“首席服务官”责任制，严格兑现招商引资政策，及时解决项目落地实施过程中存在的突出问题，提高招商项目落地率、开工率、达产率，力争引进投资10亿元以上重大项目20个，年均到位资金增速达10%以上。

增强营商环境活力。以“群众办事方便、企业投资便利、政务服务满意”为检验标准，深化“放管服”改革，推进审批服务“四减一优”“5个零”建设，实现市场主体准入准营“一件事，一次办好”，切实降低企业和群众办事成本。建立重大项目领导包抓和协同推进机制，完善专班服务、“绿色通道”、全程跟踪模式，全力保障生产要素供给。精准匹配推送惠企政策，优化办理流程，加强政策落地兑现，切实提高政府公信力和企业获得感。持续打造亲清政商关系，打破部门“藩篱”，整治“梗阻”，根除“微腐败”，健全企业诉求化解机制，建立企业接待恳谈日等制度，推行“四到”服务模式，做到无事不扰，有求必应，让企业安心顺心在贺兰发展创业。

全面从严治党担起历史重任

立足新发展阶段，贯彻新发展理念，融入新发展格局，加快贺兰经济社会高质量发展关键在党，关键在人。全县各级党组织和广大党员干部要毫不动摇地坚持和加强党的坚强领导，大力弘扬伟大建党精神，把各级党组织建设得更加坚强有力。

加强政治建设，锤炼绝对忠诚的政治品格。始终把政治建设作为首要任务，坚持用习近平新时代中国特色社会主义思想武装头脑、指导实践，进一步增强“四个意识”、坚定“四个自信”、做到“两个维护”，在思想上政治上行动上同以习近平同志为核心的党中央保持高度一致，不断提高政治判断力、政治领悟力、政治执行力。严格落实意识形态工作责任制，牢牢把握意识形态工作主导权，加强各类阵地的建设管理，把握正确舆论导向。深入学习贯彻习近平总书记视察宁夏重要讲话精神，持续巩固深化“不忘初心、牢记使命”主题教育成果，扎实推进党史学习教育走深走实，引导党员干部坚定理想信念，为党和人民事业不懈奋斗。

加强组织建设，筑牢坚强有力的战斗堡垒。牢固树立大抓基层的鲜明导向，推动基层党建工作高质量发展。持续整顿软弱涣散和后进村基层党组织，选优配强基层党组织带头人。扩大党的组织和党的工作覆盖面，紧扣乡村振兴、产业发展等重点，与实施农村“一抓两整”、城市“四优四提”、机关“三强九严”等各行业领域载体有机结合，统筹推进农村、城市、非公经济、社会组织、学校、企业、机关各领域党建工作全面提升、全面过硬，推动各级党组织在改革创新中体现推动力、在经济发展中发挥战斗力、在改善民生中增强凝聚力。

加强队伍建设，激发担当作为的实干精神。坚持党管干部原则，打造与现代化建设相适应的高素质专业化干部队伍。突出实践标准、实绩依据，对标“七种能力”，精准加强干部教育培训，强化干部思想淬炼、政治历练、实践锻炼、专业训练，大力提升各级领导干部贯彻新发展理念、融入新发展格局的能力水平。优化干部队伍结构，选优配强各级领导班子，落实自治区干部政治能力和专业能力提升工程，重视年轻干部、女干部、少数民族干部、党外干部培养使用，拓宽社会优秀人才进入干部队伍渠道。加强干部日常管理，建立与高质量发展相适应的综合考核标准体系，强化考核成果综合运用，形成担当作为、改革创新、干事创业的浓厚氛围。

加强廉政建设，营造风清气正的发展环境。认真落实党风廉政建设主体责任，做到真管真严、敢管敢严、长管长严。严格落实中央八项规定及其实施细则精神，坚决防止“四风”问题隐形变异、反弹回潮。保持惩治腐败高压态势，着力解决好发生在群众身边的腐败问题，一体推进不敢腐、不能腐、不想腐。精准运用监督执纪“四种形态”，坚持严管和厚爱结合、激励与约束并重,准确把握“三个区分开来”,为干事者撑腰鼓劲。加强监督能力建设,健全权力运行制约监督机制,发挥巡察利剑作用,持续巩固风清气正的良好发展环境。

加强民主建设,汇聚团结奋进的强大合力。发挥党委总揽全局、协调各方作用,全面加强自身建设,认真执行民主集中制,落实重大事项请示报告制度,不断提升科学、民主、依法决策水平。支持人大对“一府一委两院”加强监督,促进依法行政和公正司法;加强政协专门协商机构建设,把制度优势转化为治理效能。充分发挥统一战线、民主党派、工商联和无党派人士作用,建言资政、凝聚共识,画好最大同心圆。加强和改进老干部工作,发挥工会、共青团、妇联等群团组织联系群众的桥梁纽带作用,强化党管武装,进一步密切军政军民关系,团结一切社会力量、调动一切积极因素,凝心聚力推动经济社会高质量发展。

各位代表、同志们,伟大的时代赋予我们光荣使命,崇高的事业召唤我们开拓奋进。站在新的历史起点上,贺兰现代化建设的壮丽画卷已经展开,让我们更加紧密地团结在以习近平同志为核心的党中央周围,在自治区党委、银川市委的坚强领导下,团结带领全县党员干部群众,不忘初心、砥砺奋进,为建设先行区和继续建设美丽新宁夏,奋力谱写新时代贺兰现代化建设新篇章而努力奋斗!

名词解释

1.一高三化:银川市发展高质量、治理现代化、城市国际化和生态园林化目标任务。

2.九大重点产业:自治区党委和政府确定重点发展的枸杞、葡萄酒、奶产业、肉牛和滩羊、电子信息、新型材料、绿色食品、清洁能源、文化旅游九大产业。

3.“1+1+7+80”政务服务体系:建成县级政务中心1个、园区审批服务大厅1个、乡镇(街道)标准化民生服务中心7个、社区便民服务站15个、行政村便民服务代办点65个。

4.融媒体改革五全五变:全体系重组,实现低端运行向高端引领转变;全媒体融合,实现经营产品向经营平台转变;全流程再造,实现线性固化向智能复合转变;全方位聚力,实现有限供给向有效供给转变;全领域覆盖,实现被动服务向主动服务转变。

5.“5080”目标:公办园在园学生比例达到50%,普惠性幼儿园占比达到80%。

6.一抓两整:抓乡促村、整乡推进、整县提升。

7.三新产业:新食品、新材料、新能源产业。

8.四个不摘:贫困县党政正职要保持稳定,做到摘帽不摘责任;脱贫攻坚主要政策要继续执行,做到摘帽不摘政策;扶贫工作队不能撤,做到摘帽不摘帮扶;把防止返贫放在重要位置,做到摘帽不摘监管。

9.一轴两核一园五区多点:现代农业产业发展轴;稻渔种养示范核及蔬菜节水高效核;贺兰现代农业产业园;粮食种植区、蔬菜种植区、水产养殖区、奶畜发展区、葡萄(酒)提档联动区。

10.一核四镇六组团:一核集成服务,即将城区建设成为银川北城商贸文化旅游综合服务核心区。四镇推动增长,即枸杞小镇、葡萄酒小镇、稻渔小镇、花卉小镇,形成全域旅游支撑点。六组团形象塑造,即贺兰山(东麓)休闲运动组团、长城历史文化组团、黄河文化生态组团、商贸工业文化旅游组团、现代农业公园组团、乡村度假休闲组团。

11.“1+5+X”运动健身网络:以贺兰县体育中心为核心,建设贺兰县国家体育公园、如意湖体育公园、人民公园、星光公园、兰山公园5个体育公园,建设典农河沿岸小微公园健身步道、星光公园健身步道、兰山公园健身步道、人民公园健身步道、如意湖公园健身步道,唐徕渠沿岸健身步道、109沿线健身步道、滨河大道沿线自行车骑行道等多条健身步道。

12.“国三区四县X”赛事体系:每年承办“全国自然水域冰钓赛”“中国篮球发展联赛(CBDL)”“安翔航空航天博览节”等重大国内赛事,积极承办“宁夏全区健身气功站点联赛”“全区羽毛球邀请赛”“宁夏农民篮球争霸赛”“全区乒乓球业余俱乐部联赛”等自治区级赛事,精心举办全县妇女运动会、中小学生运动会、职工运动会、老年人运动会、残疾人运动会、农民篮球争霸赛、农民趣味运动会等不同群体的品牌体育活动，推动形成贯穿全年的全民健身赛事活动体系。

13.一图一网一云：一图，指通过部署各类物联网感知终端，结合全景真三维地图，对城市各要素进行空间节点定位；一网，指8000G的城市光网络；一云，指大数据中心云平台。

14.“五纵四横三联一环”干线公路网：五纵：京青线（G110）、银石线（S101）、京拉线（G109）、银川东线（G109改线）、关民公路；四横：月贺线（S304）、S101至幸福公路、银川北环高速出口至滨河大道公路、贺兰山路东延伸段（S102）；三联：暖泉农场联络线、金京公路（X105）、阅海至沙湖旅游公路；一环：贺兰县公路环线。

15.“四禁”：禁伐、禁垦、禁采、禁牧。

16.“四减”：减少资源消耗、污染行为、废物排放、肥药用量。

17.“四保”：保持河道不断流、湖泊不干涸、水土不流失、农田不污染。

18.“双控”：主要指能耗总量和强度双控。

19.“双碳”：指碳达峰和碳中和。

20.三个确保、一个同步：确保脱贫村居民收入增速高于全县农村居民收入增速、确保农村居民收入增速高于城镇居民收入增速、确保城乡居民收入差距逐步缩小，城乡居民收入增长与经济发展水平保持同步。

21.“双减”政策：减轻义务教育阶段学生作业负担和校外培训负担。

22.城市“四优四提”：优化组织体系、提升基层组织力，优化人员素质、提升队伍带动力，优化治理机制、提升多元共治力，优化基础保障、提升治理承载力。

23.机关“三强九严”：切实强化机关党建“三个责任”，即强化党组（党委）书记领导责任、机关党委书记直接责任、机关党支部书记主体责任。严格落实机关党建九项基本制度规定，即严格落实党组织设置、“三会一课”、组织生活会、民主评议党员、谈心谈话、“支部主题党日”、党员组织关系和党费管理、党组织星级评定、换届规定。

政府工作报告

——在贺兰县第十九届人民代表大会第一次会议上

（2021年11月12日）

贺兰县人民政府代县长　刘炳炳

十八届政府及2021年工作回顾

县十八届人大一次会议以来，县人民政府坚持以习近平新时代中国特色社会主义思想为指引，认真贯彻落实党的十九大和十九届二中、三中、四中、五中、六中全会精神、习近平总书记视察宁夏重要讲话精神，在区市党委政府和县委坚强领导下，在县人大、政协监督支持下，统筹做好稳增长、促改革、调结构、惠民生、防风险、保稳定各项工作，脱贫攻坚战取得全面胜利，“十三五”圆满收官，与全国同步全面建成小康社会。

——经济运行稳中有进，综合实力显著提升。“十三五”末，地区生产总值143.3亿元，年均增长5.1%。一般公共预算收入12.5亿元，22个县（市）区排名第一。社会消费品零售总额140.6亿元，年均增长3.2%。城乡居民人均可支配收入年均分别增长7.5%、8.2%。新增市场主体1.87万户，增长4倍。科技研发投入持续加大，财政R&D经费年均增长30%，带动全社会R&D投入7.1亿元。引进科研团队65家，培育国家高新技术企业21家、自治区科技型中小企业77家，较“十二五”翻一番，科创中心获评国家级小微创业创新示范基地和科技企业孵化器。连续5年入选中国西部百强县。

——产业发展提质增效，新旧动能加速转换。粮食实现“十七连丰”。蔬菜、适水、优质粮、奶产业、葡萄酒五大特色产业竞相发展，占农业总产值比重达到94.5%。新型农业经营主体不断壮大，都市现代农业深度融合发展，成功创建国家现代农业产业园。工业转型升级步伐持续加快，竞争能力日益增强，4家企业挂牌“新三板”。“三新”产业加速发展，厚生记、西夏嘉酿等骨干企业产品畅销国内外，艾尼科技、大北农被工信部评为绿色示范工厂。服务业对经济发展贡献持续加强，增加值年均增长8.1%。汽车销售及服务产业占全区市场份额60%左右。中国枸杞馆成功创建国家级4A景区，全县A级旅游景区达到12个。稻渔空间入选全国建党百年红色旅游百条精品路线。四十里店村获评全国乡村旅游重点村。

——三大攻坚战成果丰硕，发展基础不断夯实。坚决贯彻“六个精准”“五个一批”要求，投入扶贫资金3.44亿元，支持建设枸杞芽菜基地、江南村扶贫产业园等一批产业扶贫项目，“两不愁三保障”全面实现，欣荣村、广荣村、隆源村高质量脱贫出列，8035名贫困群众实现脱贫梦。打好蓝天碧水净土保卫战，全面完成中央环保督察反馈问题整改销号，清理“散乱污”企业452家，空气质量逐年改善，黑臭水体全面消除，碧水蓝天触手可及。聚焦防范化解重大风险，守住了不发生系统性风险底线。坚持“房住不炒”，稳地价稳房价稳预期，推动金融、房地产同实体经济均衡发展。建立健全金融风险防控机制，不良贷款比例和余额实现“双下降”。

——改革开放纵深推进，内生动力有效激活。深化“放管服”改革，“证照分离”“跨省通办”等改革一体推进。审批事项实现“大瘦身”，提交材料减少35%，办理环节减少47%，办结时限减少76%。获评全国营商环境百强县。完成政府机构、土地流转经营确权等320项改革任务。医疗卫生体制改革、国企改革等重点领域改革深入推进。开放型经济日趋活跃，全区电商物流核心区加快建设，集中全区80%的省级分拣中心，日均快递进出港量占全区60%以上。泰国天丝集团西北红牛生产基地建成投产，外商及港澳台商投资企业增加值增长31.8%。规上工业企业累计实现出口交货值21.07亿元，年均增长150.3%。

——城乡建设协同并进，形象品质大幅跃升。新型城镇化步伐持续加快，常住人口34.2万，成为全区人口第一大县，城镇化率达到65%。7条干线公路、21条市政道路建成通车，“五纵四横三联一环”交通网络加快形成。城乡基础设施更加完善，银川都市圈城乡西线供水等一批重大项目相继建成运营。全国文明城市、国家卫生县城“双城同创”，蝉联五届国家卫生县城。城市服务更加优化，开通公交线路14条，投放共享单车5600余辆，新建公厕29座，新增停车泊位6700个。安置保障性住房1.3万套，改造老旧小区56个，11185户群众搬离了棚户区，3.5万低收入群体圆了安居梦。乡村面貌明显提升，高质量完成农村人居环境整治三年行动，获评全区农村人居环境整治示范县。四十里店村、新平村入选中国美丽休闲乡村，隆源村被评为全国农村人居环境整治示范村。

——社会事业蓬勃发展，民生福祉更加殷实。全力以赴保障和改善民生，民生支出124.16亿元。创业就业稳步提升，城镇新增就业2.3万人、失业率控制在4%以内，转移农村劳动力12.5万人。公办幼儿园增加至33所，“5080”目标全面实现。新(扩)建学校22所，增加学位17370个，“大班额”比例由67.53%降至2.77%，更多孩子享受到了公平而有质量的教育。县中医院和妇幼保健中心建成运营，乡村医疗机构标准化建设全面完成，“互联网+医疗”实现全覆盖，群众就医条件大幅改善。文体事业繁荣发展，群众精神文化生活更加充实，荣获“全国群众体育先进单位”称号。融媒体中心成为全国首批县级融媒体中心试点。取得全国第十一届残疾人运动会暨第八届特殊奥林匹克运动会2金1银2铜的好成绩。城乡低保、高龄津补贴等提标扩面，新建养老服务设施27个。老有所养，幼有所教，贫有所依，难有所助的社会保障网底更加坚实。扫黑除恶专项斗争取得胜利。安全生产形势总体平稳。荣获全国民族团结进步示范县、双拥模范县和自治区禁毒示范县。

——政府建设全面加强，服务效能持续提升。深入开展“两学一做”学习教育和“不忘初心、牢记使命”主题教育，坚决落实全面从严治党要求，驰而不息纠治“四风”，营造风清气正发展环境。全面落实意识形态工作责任制。依法接受人大及其常委会监督，自觉接受政协民主监督，主动接受社会和舆论监督，如期办结人大议案41件、政协提案130件。严格贯彻民主集中制，执行重大行政决策程序，集体研究解决“三重一大”事项，切实巩固了团结共事、一心谋事、担当干事的良好局面。扎实推进法治政府建设，政府事项合法性审查制度化，政府常务会议学法、法律顾问全程列席常态化，“七五”普法圆满完成。健全完善行政权力运行和监督制约机制，项目审批、招投标等重点领域监督持续加强，公开政务事项4000余项。“三公”经费支出压减28%。

同时，国防教育、人民武装、双拥优抚、地震气象、应急救援、档案、史志等工作得到了新加强，外事侨务、妇女儿童、青年老龄、红十字、残疾人、工商联、文联、慈善等事业有了新发展，税务、金融、供水、供电、供气、通信、盐业、石油、烟草、公积金等为全县经济社会发展作出了新贡献！

各位代表！今年是“十四五”开局之年，也是社会主义现代化新征程起步之年。我们深入学习贯彻习近平总书记“七一”重要讲话和视察宁夏重要讲话精神，扎实开展党史学习教育，隆重庆祝党的100周年诞辰，统筹疫情防控和经济社会发展，“十四五”实现良好开局。预计，全年地区生产总值增长7%；固定资产投资增长6%；一般公共财政预算收入增长5%；社会消费品零售总额增长8%；城乡居民人均可支配收入分别增长8%、8.5%。超额完成年初目标任务。主要成绩是：先行区示范县建设取得重要成果。贺兰县黄河流域生态保护和高质量发展规划编制完成，国土空间规划等25项专项规划即将审定出台。生态环境持续向好，四二干沟、银新干沟湿地和8个农村污水处理站实现社会化运营，主要沟道湖泊劣V类水质全面消除。暖泉一般固废处置中心投入运营。保护和修复贺兰山生态环境17393亩，完成宰牛沟矿山治理修复。“1+4”改革取得突破，建立全区首家县级产权交易平台，颁发全区首批宅基地资格权证书，完成水权交易1333.4万立方米。经济发展动力更加持久强劲。增强科技创新第一驱动力，培育国家级高新技术企业5家，新增自治区科技型中小企业25家、专精特新企业7家、创新型示范企业3家，高新技术产业产值增长21.5%。树牢抓项目就是抓发展理念，中通快递产业园等190个项目顺利建设，图兰朵葡萄酒小镇、中核汇能等一批产业项目签约落地，完成民间投资53.3亿元，同比增长20.8%。消费潜力加速释放，城乡消费全面复苏，新型消费快速崛起，汽车销售额增长7.6%，电商交易额增长26.9%。城乡功能品质不断提升。建成“市县一体化”集中供热项目，淘汰关停供热燃煤锅炉21台，解决了数十年来分散供热带来的供热效率低、环境污染高等问题。完成6个集污管网改造工程、暖泉污水处理厂技改项目，提升农村污水处理站5座，城乡污水处理水平显著提升。改造老旧小区3个7.75万平方米。美丽乡村建设加速推进，创建自治区示范乡镇2个、示范村10个。群众幸福指数稳步提高。统筹推进“四大提升”行动，新增城镇就业3469人，农村劳动力转移就业21704人。新（扩）建学校9所，新增学位8370个，教育“双减”政策全面落实。组建县医疗健康总院，县人民医院感染性疾病楼即将建成投用。45项“我为群众办实事”扎实推进，10件民生实事高质量办结，一批关乎民生的难事得到有效解决。

各位代表！成绩来之不易，奋斗蕴含艰辛。这些成绩的取得，是习近平新时代中国特色社会主义思想科学引领的结果，是区市党委政府和县委坚强领导的结果，是县人大、政协及社会各界监督支持的结果，是全县人民团结拼搏、不懈奋斗的结果。在此，我谨代表县人民政府，向全县人民，向县人大代表、政协委员，向各民主党派、工商联、无党派人士和人民团体，向驻贺解放军、武警官兵、政法干警、消防指战员，向所有关心和支持贺兰发展的同志们、朋友们，致以崇高的敬意和衷心的感谢！

各位代表！五年风雨兼程，五年拼搏奋进。十八届人民政府圆满完成了职责使命。回首过去五年矢志不渝的奋斗历程，我们不仅真切感受到贺兰发生的深刻变化，更重要的是收获了引领未来发展的精神动力。我们深刻体会到：做好政府工作，必须始终坚持党的全面领导，以实干实绩诠释对党的绝对忠诚。必须始终贯彻新发展理念，在解决发展动力，增强发展的整体性、协调性、平衡性、包容性等方面破难题、建机制，使各项改革举措落地生根，确保新理念转化为新实践、新行动。必须始终坚持以人民为中心的发展思想，始终保持同人民群众的血肉联系，真诚倾听群众呼声，切实维护群众利益，用实际行动做到发展为了人民、发展依靠人民、发展成果人民共享。必须始终主动接受人大依法监督和政协民主监督，将人大代表、政协委员的意见建议作为广谋良策的宝贵资源和重要参考，持续推动政府决策科学化、民主化。必须始终坚持高效廉洁政府建设，以政府自我革命、职能转变引领政府治理体系和治理能力现代化建设，不断优化发展环境。

各位代表！船到中流浪更急，人到半山路更陡。越是形势向好、发展提速，越要清醒认识经济社会发展中存在的问题。主要是：对照高质量发展要求，体量不大、结构不优、质效不高的状况尚未根本改变；对照一流营商环境，政务服务水平、市场监管能力还有很大提升空间；对照人民群众对美好生活的期盼，群众富裕程度、公共服务供给等方面仍存在短板；对照“严细深实勤俭廉”要求，勇于创新的思想观念、奋发作为的干事劲头和引领发展的能力素质仍有待提升。对此，我们将采取超常规措施，下大力气解决，以一往无前的气势、舍我其谁的干劲，接过接力棒，跑好接力赛，努力实现新突破，奋力展现新作为。

今后五年发展思路和目标任务

各位代表！未来五年是开启全面建设社会主义现代化国家新征程、向第二个百年奋斗目标进军的第一个五年。贺兰作为习近平总书记两次亲临视察并点赞的“好地方”，回答好“东西合作”和践行“四水四定原则”两份答卷是我们必须完成的政治使命、必须担当的历史责任。我们要始终牢记总书记的殷殷嘱托，抢抓先行区建设重大历史机遇，践行“社会主义是干出来的”伟大号召，以等不起的责任感在争抢发展先机中展现贺兰作为，以坐不住的危机感在勇于创新超越中体现贺兰担当，以慢不得的紧迫感在深植为民情怀中提升贺兰温度。

今后五年经济社会发展的总体思路是：高举中国特色社会主义伟大旗帜，坚持以习近平新时代中国特色社会主义思想为指引，全面贯彻落实习近平总书记在庆祝中国共产党成立100周年大会上的重要讲话精神和视察宁夏重要讲话精神，立足新发展阶段、贯彻新发展理念、融入新发展格局，以推动高质量发展为主题，以深化供给侧结构性改革为主线，以改革创新为根本动力，以满足人民日益增长的美好生活需要为根本目的，坚持稳中求进工作总基调，将自治区先行区建设和银川市“一高三化”目标任务贯穿始终，紧紧围绕“建设黄河流域生态保护和高质量发展先行区示范县、铸牢中华民族共同体意识示范县、乡村振兴示范县、绿色宜居示范县、科技创新示范县”奋斗目标，坚决守好三条生命线，走出一条高质量发展的新路子，为建设先行区和继续建设美丽新宁夏贡献贺兰力量。

经济社会发展预期目标是：主要经济指标增速高于全区平均水平。到2025年末，地区生产总值年均增长7%左右，突破200亿元；一般公共预算收入达到18亿元；城乡居民人均可支配收入年均分别增长7%、8%左右。

思路是行动的先导，目标是奋进的动力。刚刚闭幕的县第十五次党代会顺应时代要求、把握时代脉搏、抢抓历史机遇、尊重人民意愿、紧扣贺兰实际，勾勒了贺兰发展的宏伟蓝图，提出了建设“五个示范县”的奋斗目标和“36910”的工作思路，我们要坚定不移把这一目标和思路贯穿全县经济社会发展各领域、全过程。必须紧扣县委中心工作和重点任务部署，确保政府工作与县委思路同轨、目标同向、行动同步。必须围绕“五个示范县”建设，推进共同富裕达到新水平，让人民群众享有更多高质量发展成果。必须紧盯“三大产业带”建设，汇聚各方资源，释放发展潜力，切实把产业优势转化为竞争优势、发展胜势。必须抓实“六大特色小镇”建设，着力把特色小镇打造为全面践行新发展理念的高端平台。必须加快推动“8+1”特色产业高端化、智能化、绿色化发展，培育一批具有核心竞争力的优势产业。必须深入实施“十大工程”，着力解决好发展不平衡不充分问题，为全县经济社会发展提供强大支撑力、竞争力、带动力。今后五年，我们将以实现经济实力更强、创新活力更足、绿色发展更优、数字建设更实、营商环境更佳、宜居指数更高、自身建设更严为目标，从现在干起、从点滴做起、从关键抓起，坚决把各项战略举措谋实盯紧、抓实干成，努力开创贺兰高质量发展新局面。

（一）加快构建现代产业体系，努力实现经济实力更强。坚定不移推进工业强县战略，深化园区改革，加快构建“一园三区”高质量发展格局，到2025年末，规上企业达到150家以上，培育年产值超10亿元企业10家以上，工业总产值达到300亿元，贺兰工业园区建成国家级高新技术开发区。聚力打造三条产业带，提升产业基础高级化、产业链现代化水平。统筹“依山沿河”区域生态修复、环境治理、产业发展，率先建设黄河堤防安全标准区、贺兰山生态保护修复示范区，建成先行区生态文明产业带。加快德胜片区产城融合发展步伐，大力培育新食品、工业旅游、汽车后市场等产业，建成产城融合产业带。串联桃李春风、稻渔空间等重点载体，促进产镇融合、康养融合、文旅融合，建成枸杞小镇、葡萄酒小镇、稻渔小镇、体育小镇、康养小镇、花卉小镇“六大特色小镇”，建成康养文化体育休闲产业带。大力发展“8+1”特色产业，推动产业发展存量迭代、增量崛起。放大特色农产品产区、品质和品牌优势，打造葡萄酒、枸杞、奶产业等三个50亿级特色产业集群，农业全产业链产值突破165亿元。促进优势主导产业全链条发展，培育绿色食品、汽车销售服务2个百亿级产业，电子信息、新型材料、清洁能源产值突破50亿元。支持贺兰山岩画、苏峪口国家森林公园、中国枸杞馆争创5A级景区，构建“一核四镇六组团”全域旅游空间格局。到2025年，黄河流域生态保护和高质量发展先行区示范县建设取得重大成果，贺兰特色现代产业体系基本构建。

（二）*激活引领发展第一动力，努力实现创新活力更足*。实施科技型企业升级赋能行动，壮大科技型企业规模，培育国家级高新技术企业30家以上，规上企业中有研发活动的占比达到45%，建立研发机构占比达到37%，高新技术产业产值占工业总产值比重达到30%。启动现代农业“芯片”攻坚行动，实施种业工程，叫响贺兰“良种之乡”品牌。加大科技研发投入，R&D投入强度达到2%以上。加快构建院校孵化+地方产业化成果转化体系，推动一批科技成果转化与示范推广。完善柔性引才机制，建立全职引进机制，引进多层次、多领域顶尖人才，大力培养本地人才，定向培养青年大军和“蓝领军团”。加大人才服务保障力度，吸引更多人才落户贺兰。到2025年，全县科技创新能力显著提升，成果体系转化更为完善，创新创业环境更加优化，建成科技创新示范县。

（三）*加强生态环境保护治理，努力实现绿色发展更优*。统筹山水林田湖草沙冰系统治理，走出以生态优先、绿色发展为导向的高质量发展新路子。深入打好污染防治攻坚战，建立大气污染治理协同工作机制，实施水生态系统治理工程、国土绿化提升工程，空气质量目标优良天数比例达到86.5%以上，入黄地表水稳定达到Ⅳ类以上，固废危废处理率均达100%。实施黄河流域生态保护修复工程，推进贺兰山生态保护和修复，森林覆盖率达到13.6%以上，湿地保护率达到55.6%以上。深化节水型社会创建，万元GDP用水量下降13%。加快调整优化能源结构，推进实施新能源分布式试点工程，全面完成能耗总量和强度双控目标，为碳达峰奠定基础，为碳中和赢得主动。统筹全国文明城市、国家森林城市、国家生态园林城市“三城同创”，实施县城建设提质三年行动，加快科技馆、博物馆等公共基础设施建设，推行科学化精细化网格化的城市管理。实施农村人居环境整治工程，加快建设美丽乡村。到2025年，常住人口达到40万人以上，城镇化率达到70%以上。突出环境污染问题得到有效根治，绿色低碳生活方式成为全民自觉，建成绿色宜居示范县。

（四）*加速数字经济融合发展，努力实现数字建设更实*。实施数字城市工程，推动5G网络在产业园区、重点企业、商务楼宇、各乡镇深度覆盖，完成交通、市政、水利等传统基础设施数字化升级改造。发展融合创新的数字经济，实施东西协作数字经济示范园项目，建设县级工业经济大数据平台、数字经济创新中心，打造电子信息综合示范园区。加快农业数字化转型发展，建设20个智慧农业示范基地。建设智慧便民数字政府，促进大数据创新成果与公共服务深度融合。整合农村数字应用平台，推动基层治理数字化转型。深化“互联网+政务服务”，实现办事线上只进一网、线下只进一窗。到2025年，数字产业化、产业数字化加速裂变，数字经济贡献率达到35%，数字基础建设水平走在全区前列，智慧城市愿景成为现实。

（五）*坚定不移深化改革开放，努力实现营商环境更佳*。深化“放管服”改革，着力推进“证照分离”“一业一证”改革，争取国家放宽市场准入试点。推动异地就医结算等200个高频事项实现“跨省通办”。高质量完成国家农村宅基地制度改革试点任务，因地制宜实施“空心村”退出整治，激活农村发展潜力。深入推进“四权”改革，构建资源有价、使用有偿、交易有市、节约有效的制度体系。积极融入国家“一带一路”和西部陆海新通道，争取设立国际邮件、国际快件、跨境电商海关综合服务中心，打造西北区域现代物流枢纽港。加快跨境电商发展，争取建设银川跨境电商产业园和进口商品展示交易中心，推动跨境电商网购保税进口、跨境电商体验店加快发展，进出口贸易总额增长10%。到2025年，制约经济社会高质量发展的机制性障碍、结构性矛盾、深层次问题有效破除，对外开放水平全面提升，市场化、法治化、国际化营商环境加快形成。

（六）凝心聚力推动共同富裕，努力实现宜居指数更高。深入推进新时代民族工作高质量发展，大力提升民族宗教事务治理水平，全面促进各民族交往交流交融。加快设施花卉高效习岗、康养商贸休闲金贵、稻蟹果蔬生态立岗、稻渔文旅节水常信、枸杞葡萄特色洪广、肉牛蔬菜致富南梁6个产业强镇建设，创建15个全国美丽乡村示范村。统筹推进"四大提升行动"，持续加大产业发展和移民就业帮扶力度，持续做好移民群众社会融入工作，全面促进乡村振兴。加大重点群体就业和基本民生保障力度，织密社会保障网。稳步改善棚户区、城中村群众居住环境，保障好中低收入家庭、新市民基本住房需求。推进"互联网+教育"建设，促进教育优质均衡发展。新增10所公办园和5所中小学校。全面推进健康贺兰建设，加快"互联网+医疗健康"步伐，构建覆盖城乡的公共卫生医疗服务体系。实施县医院迁建工程、国家体育公园工程，创建国家健康教育促进县、全国全民运动健身模范县。到2025年，全县民族团结进步创建工作走在全区前列，共同富裕迈出坚实步伐，建成铸牢中华民族共同体意识示范县、乡村振兴示范县。

（七）全力打造人民满意政府，努力实现自身建设更严。全面贯彻新时代党的建设总要求，把党的领导贯穿政府工作全过程各方面。坚持依法行政，建设法治贺兰，完成"八五"普法。坚决惩治各类损害群众权益的行为，忠诚干净担当为全县人民做事。坚决打好防范化解重大风险攻坚战，守住不发生系统性风险底线。严格落实安全生产责任制，防范重特大安全事故。完善安全应急机制，提高防灾减灾救灾能力。推动国防动员和国防后备力量建设融合发展，提升应急应战和社会安全治理能力。到2025年，政府系统各级领导班子更加坚强有力，干部队伍思想、能力、作风更加过硬，政治生态更加清朗，政府行为全面纳入法治轨道。

各位代表！幸福生活都是奋斗出来的。新时代贺兰现代化建设，需要全县人民共同奋斗。只要我们听党话、跟党走，胸怀大局、把握大势，因势而谋、应势而动、顺势而为，必定会凝聚起攻坚克难、无往而不胜的磅礴力量，必然能扛起这份沉甸甸的使命和责任！

2022年工作安排

2022年经济社会发展预期目标是：地区生产总值增长7%以上，一般公共预算收入增长3%，固定资产投资增长6%，规上工业增加值增长7%以上，社会消费品零售总额增长8%，城乡居民人均可支配收入分别增长7%、8%以上，完成高质量发展各项监测指标和区市下达的约束性指标。重点做好以下九个方面工作：

（一）聚力创新驱动，激活经济发展新动能。始终坚持把创新作为高质量发展的第一动力，不断增强经济创新力和竞争力

全面提升科技创新能力。实施科技型中小企业"小升高"计划，大力开展科技型企业招引，深入推进关键技术攻关行动，实施科技创新项目100个，力争在枸杞萃取、牛奶膜蛋白等关键技术上实现新突破。培育国家高新技术企业5家、自治区高新技术企业4家、科技型中小企业30家。R&D投入强度达到1.53%。新增有研发活动规上工业企业8家，有研发活动的规上工业企业占比达到43%，规上工业企业建立研发机构占比达到24%。

构建协同高效创新体系。紧扣"8+1"特色产业，加快建立订单式研发和成果转移转化机制，组织实施一批重大关键性成果转化项目。落实"科技支宁"东西部合作机制，深化与河海大学等高校合作，促进校地产学研深度融合。组建自治区工程技术研究中心2家，技术创新中心4家。用好科技补偿资金，扩大"宁科贷"规模至1.6亿元，支持高新技术产业发展和产业结构升级。

营造更加优化创新生态。大力实施人才安居工程，建立覆盖各领域人才的住房保障体系，分类做好社保、就学等政府服务供给，确保人才"引得进、留得住"。深入推进全民技能振兴工程，让"两个带头人"、科技特派员等力量成为服务乡村振兴的主力军。建立高质量发展智库，健全完善人才评价机制，破除"四唯"评价人才壁垒。持续抓好科普工作，提升全民科学素质。

（二）聚力转型升级，增创特色产业新优势。坚持把发展的着力点放在实体经济上，切实增强经济发展质量和核心竞争力

加快工业园区改革创新。设立“工业强县”专项资金。建立以投资强度、销售收入、亩均税收、能耗排放等为主的高质量发展指标体系和要素市场化考核体系，推动园区绿色集约发展。完善以身份封存、员额总控、全员聘任、以岗定薪、绩效考核等为主的用人制度和薪酬体系。出清“僵尸企业”，清理闲置低效用地1000亩以上。盘活金贵片区研发大楼，大力发展科技研发、园区服务等楼宇经济。建设暖泉片区公共服务中心，开通直达园区公交车，切实解决企业和职工办事远、出行难等问题。

做大做强优势特色产业。设立“8+1”产业发展基金，全力支持产业高质高效发展。高标准规划建设新食品产业园，培育10家以上绿色发展标杆企业，建设全国重要的绿色食品加工优势区。鼓励塞尚、蒙天等龙头企业发展高端奶产业，开发高附加值新产品。实施菲尼特装备制造、汤姆森电气改扩建等重大工业项目，力促爱至礼烘焙产业园、大一肉制品等项目投产达效，工业投资增长20%以上。推进新型材料产业绿色发展，实施众一现代节能系统门窗等建设项目，力促智尚绿色环保水性乳胶漆等项目投产达效，建设全区绿色环保建筑新材料产业集聚区。

加快服务业提质增效。增量扩容生产性服务业，提质升级生活性服务业，加快建设现代服务业创新发展高地。优化整合宁浙电商创业园，高效推进第二批全国电子商务进农村示范县建设。提升海吉星物流园，建成中通物流产业园，打造全区快递物流集散中心。促进汽车销售及服务产业链式发展，打造西北地区最优购车消费环境。推动新百商业综合体建设，改造3个特色街区，培育5个一刻钟便民消费圈。大力发展全域旅游，推动“金贵堡”老街、营养科技馆等文旅融合项目建设，启动贺兰山岩画5A级景区创建，打造金山村、通义村2个全国乡村旅游重点村。用好“贺兰·不止于山”文旅宣传载体，讲好贺兰故事。

（三）聚力乡村振兴，绘制农业农村新画卷。巩固拓展脱贫攻坚成果同乡村振兴有效衔接，加快农业农村现代化步伐，促进农业高质高效、乡村宜居宜业、农民富裕富足

巩固拓展脱贫攻坚成果。坚持“四个不摘”，保持主要帮扶政策总体稳定。深入推进百万移民致富提升行动，做好移民村产业、就业、社会融入三件事。加大隆源村畜牧养殖、广荣村枸杞芽菜等特色产业培育力度，做优做强特色扶贫产业。实施欣荣村天然气管网敷设等33个基础设施建设项目，加快补齐移民村基础设施短板。畅通就业渠道，加大技能培训，确保每村有劳动能力家庭至少一人实现就业。加大9个移民村发展扶持力度，让移民群众工作更有信心、收入更有保障、生活更有奔头。

扛牢粮食安全政治责任。落实最严格的耕地保护制度，坚决遏制耕地“非农化”、防止“非粮化”。实施藏粮于地、藏粮于技战略，建设高标准农田10万亩。稳定粮食生产规模，持续提升粮食产能。强化种业源头科技创新，建立商业化育种中心，新增种子繁育基地面积1000亩以上，农作物良种覆盖率达到98%以上，打造具有竞争力的贺兰种业品牌。落实粮食安全省长责任制、“菜篮子”市长负责制，建成优质农产品集采集配中心，巩固“好粮油”工程示范县创建成果。

提高农业发展质量效益。发挥宁夏国家葡萄及葡萄酒产业开放发展综合试验区核心区优势，擦亮贺兰山东麓葡萄酒紫色名片。加快图兰朵葡萄酒小镇建设，新建虎薇等酒庄。推进百瑞源枸杞小镇建设，支持龙头企业品牌培育和产品研发创新，促进枸杞产业和康养文旅产业融合发展。大力发展高端奶产业，建设塞尚乳业牧场，改造规模化奶牛养殖场2个，新增奶牛存栏2000头，创建国内一流优质奶源基地。提升“渔业公园”稻渔综合种养基地水平，创建国家级渔业健康养殖示范区。

推进美丽宜居乡村建设。深入推进农村人居环境整治提升五年行动，全面完成全县“多规合一”实用性村庄规划编制，建设桃林村、永兴村等30个最美乡居，打造星光村、关渠村2个全市“四美”标杆村。改造提升农村基础设施，推进“互联网+农村供

水”建设，实施雄英村、红旗村等10个污水管网工程，持续扩大清洁能源进乡村覆盖面。大力开展文明村镇创建，提升乡村治理水平，让乡村成为令人向往的美丽田园。

（四）聚力绿色低碳，实现生态环境新改善。以更高标准打好蓝天碧水净土保卫战，让贺兰青山常在、绿水长流、蓝天常见

铁腕整治环境污染。持续抓好中央和自治区环保督察反馈问题整改。开展大气污染防治攻坚行动，实施煤改电项目14个，煤改气2925户，全面淘汰建成区燃煤锅炉，杜绝秸秆焚烧，空气优良天数比例达到82%以上。严格落实河湖长制，系统治理第四排水沟，实施如意湖与四一分沟连通工程，生态补水1100万立方米，实现河湖沟道水质稳定达标。抓好农业面源污染治理，化肥、农药使用量降低15%，农作物秸秆、农用残膜资源化利用率分别达到88%和86%，畜禽粪污综合利用率达到95%以上。

加强生态保护修复。保护和修复贺兰山、苏峪口、典农河生态环境。实施滨河湿地、三丁湖湿地生态修复工程，推动四二干沟、银新干沟湿地专业运维，提升湿地处理效能。实施高效节水项目水源替代工程，开展取水井在线监测，管控地下水环境风险。开展大规模国土绿化行动，营造林2.08万亩。

坚持绿色低碳发展。大力推动节能减排，加快循环经济发展。推进新能源开发，加快分布式光伏发电、集中式水光互补生态治理示范光伏建设，建成屋顶分布式光伏开发示范县。提高装配式建筑覆盖面，力争绿色建筑覆盖率达到85%。实施城市建筑垃圾固废循环利用等项目，推动废弃资源变废为宝。严格落实“双碳”“双控”要求，坚决遏制“两高”项目盲目上马。

（五）聚力品质提升，塑造城市面貌新形象。拓展优化生产生活生态空间，建设有颜值、有内涵、有温度的幸福美丽家园

实施城市建设提标行动。持续推进城市更新，开展老旧小区改造，新建逸泉苑四期、芸都荟等住宅项目，提升县城及德胜片区基础设施，实施夜景亮化工程，配套公共场所无障碍设施。建设109国道延伸工程，配合做好银川东线公路工程、哈尔滨路延伸、阅海路至丰庆路连接等项目，加快融入银川“15分钟交通圈”。实施银川都市圈城乡西线供水二期工程、联合水务扩建项目，铺设10条天然气中压管道，推动城市建设扩面提质。

实施城市风貌提质行动。推广“以克论净”环卫保洁模式，推进垃圾分类和减量化、资源化，实现居民住宅小区垃圾分类全覆盖，全县机械化清扫覆盖率100%。打造绿环绿廊绿道，提升“一沟一湖一路”绿化景观，建设小微公园3个，建成区绿化率达到36.7%。优化供热站点布局，改造县城老旧管网，建设洪广镇动力岛供热管网，用“热度”温暖每个家庭。

实施城市管理提效行动。完善智慧城市大脑建设，主动融入银川市“一图一网一云”整体架构。加快建设智慧社区，力争覆盖率达到90%。推动再生水、集蓄雨水等非常规水源利用，提高县城雨水泵站、乡镇污水处理站运营监管水平，提升防洪排涝能力。优化道路交通管理，实施公路安全提升工程、富兴街机非分离工程，完善道路交通设施，补画道路标线。建设唐徕渠西侧自行车慢行交通系统项目，加快公交综合场站建设，布设充电桩80个，投放新能源公交车100辆，满足群众多元化出行需求。

（六）聚力改革开放，释放体制机制新活力。用改革的办法、开放的视野，着力破除体制机制障碍，破解发展难题

深化重点领域改革。推进“放管服”改革，推出30项“一事一次办”改革服务，实现90%以上服务事项“网上办”，90%以上政务服务事项“最多跑一次”，建立覆盖县乡村三级的“一网通办”“一网通管”体系。推进“证照分离”改革，最大限度实现持照即可经营、拿地即可开工。推动供销合作社综合改革，构建县乡村三级数字供销运营网络。统筹推进综合执法、统计、群团等领域改革。

加快推进“1+4”改革。抓好国家农村宅基地制度改革试点，因地制宜推进“空心房”“空心村”整治，完成通义村、北庙村等5个试点村改革任务。加快推动农村集体经营性建设用地入市交易，盘活农

村闲置资源资产。完成工业用水、农业用水确权，推动水资源市场化交易。启动排污权有偿使用和交易改革，建立排污权许可确权、市场交易等制度机制和政策体系。推进山林地确权登记，建立市场交易体系和市场化植绿增绿新机制。

推动更高水平开放。主动对接陆海新通道和“几”字形，“十”字形黄河流域现代交通网络建设。紧密对接银川跨境电商综合试验区、河东国际机场一类口岸、公铁物流港中欧班列等开放平台，加快连通包银高铁沙湖站对外交通干道。强化招商引资“生命线”，建好用好贺兰招商引资平台和投资地图，完善产业链图谱，加大产业链招商、专业招商、以商招商力度，力促年产1000台微风风电设备制造基地、九三零农牧蛋品深加工等项目落地。全年引进超亿元项目10个以上，实际到位资金增长10%以上。

打造良好营商环境。严格执行市场准入负面清单制度，加大水电油气运等要素保障。全面落实减税降费政策，助力市场主体纾困解难。持续深化政银企对接合作，加快发展科技金融、绿色金融，新增贷款超过20亿元。倾力服务民营经济发展，建立与企业家常态化定期沟通机制，厘清政商交往边界、规范政商交往行为，构建新型“亲”“清”政商关系，大力营造重视实体经济发展、尊重企业家精神的良好氛围。

（七）聚力共同富裕，推动民生福祉新提升。坚持以人民为中心的发展理念，托住“民生底”，暖好“百姓心”

积极稳定扩大就业创业。坚持就业是最大的民生，不断扩大就业规模，新增城镇就业3000人，城镇调查失业率控制在4%以内，农村劳动力转移就业2万人以上。加大对高校毕业生、退役军人、自主创业等人员的创业扶持力度，发放创业担保贷款3000万元，打造创业就业帮扶基地2个、青年见习基地5家，培育创业实体500个，实现就业稳、收入稳，让百姓生活更有底气。

全面提高教育发展质量。深化新时代教育评价改革，设立“贺兰县教育高质量发展基金”，办好公平优质教育。深化与华中师大合作，构建多元化合作办学模式。推进公办园和普惠园均衡协调发展，创建全国学前教育普及普惠达标县。新建第七中学、续建第五小学。加快“互联网+教育”标杆校建设，将贺兰一中打造为区级特色高中。全面推进“双减”工作，落实教师减负十项举措。健全教师工资待遇提升机制，营造尊师重教良好社会氛围。

稳步提升全民健康水平。深入推进医药卫生体制改革，推动“互联网＋医疗健康”建设，共建优质医疗资源医联体。完善基层医疗基础设施，建设南梁台子卫生院、花园路社区卫生服务中心，让群众享受更多优质医疗服务。推进全民健身与全民健康融合发展，承办全国网球红土场地赛等各类体育赛事，改造县体育馆、残疾人体育训练中心，创建县级健康场所20个以上，推动“15分钟健身圈”全覆盖，让群众享受更加便捷健身服务。

大力繁荣发展文化事业。深化精神文明创建，改造提升村（社区）综合文化服务中心，探索智慧图书馆建设，开展“四送六进”文化惠民等各类活动不少于2000场次。扎实做好文物保护工作，传承发展非遗文化，争取入选国家非遗目录2个以上。推出一批贺兰元素文创产品，创作一批文艺精品。办好“乡村振兴艺术节”“乡村旅游节”“乐堡音乐节”等活动，丰富群众精神文化生活。

全力做好社会保障工作。实施全民参保计划，落实补充医疗保险制度和医疗救助政策，深化医保支付方式改革。下放社会救助确认权限至乡镇（街道），使每个群众遇急有助、遇困有帮。贯彻三孩政策及配套支持措施，完善儿童关爱保护体系。实施桃李春风康养中心、金贵镇健康养老中心、常信乡桂文村老饭桌等项目，满足不同层次养老需求。推动残疾人康复中心、托养中心运营，保障残疾人民生。全面做好退役军人服务管理工作。

（八）聚力共建共享，谱写民族团结新篇章。以铸牢中华民族共同体意识为主线，坚决守好促进民族团结生命线，不断提升民族事务治理体系和治理能力现代化水平

构筑中华民族共有精神家园。把铸牢中华民族共同体意识纳入干部教育、党员教育、国民教育、社会教育各方面全过程。完善“1+6”常态化学习教

育体系，开展对象化、分众化、互动化宣传宣讲，深化“互联网+民族团结进步”行动，创新宣传形式和宣传载体，积极建设铸牢中华民族共同体意识全媒体传播圈。

促进各民族交往交流交融。开展好第24个“民族团结进步月”系列活动，办好社区邻里节、“我们的节日”等群众性联谊活动，促进各民族广泛交往、全面交流、深度交融。培育“贺兰石榴红”实践品牌，深化“爱要一起”品牌志愿服务活动，促进各民族在空间、文化、经济、社会、心理等方面全方位嵌入。

深化民族团结进步示范创建。深入推进民族团结进步创建“十进”活动，做实“十大领域”分类创建，做优“十大主题”特色创建，做强“十大重点”示范创建。积极争创国家级民族团结进步示范单位，培育选树自治区级示范单位10家以上，“贺兰儿女一家亲，黄河奔腾共筑梦”品牌更加靓丽。

（九）聚力和谐稳定，构建社会治理新格局。创新治理理念、治理手段、治理模式，建设更高水平的平安贺兰

提升基层治理能力。聚焦“六大重点”领域，推动基层治理系统变革。健全“1+6”基层治理体系，深入开展移风易俗、文明乡村创建行动，推动自治、法治、德治“三治”融合。完善社区治理体制，创新社区多元服务，维护社区良好秩序。完善宗教工作三级网络两级责任制，推行场所标准化管理，促进宗教和顺。实施校园治理“五大行动”，全力维护校园安全稳定。加强企业治理，保障企业合法经营和劳动者权益，促进企业守法诚信经营。建立健全社团依法治理配套制度，促进社团健康发展。

防范化解重大风险。推进政府隐性债务化解三年攻坚行动，统筹整合各类资金资源，积极化解存量债务，坚决遏制新增债务。扎实推进国有企业改革三年行动，加强国有企业监管，有效化解国企债务风险。加强金融市场监管，全面深化反诈人民战争，严厉打击非法集资等违法犯罪行为，切实防范金融风险。

深化平安贺兰建设。强化矛盾纠纷源头治理，开展信访积案“清零”和缠访闹访整治行动，保障群众合法权益。常态化开展扫黑除恶斗争。持续推进安全生产专项整治三年行动，力争生产安全事故起数和死亡人数实现“双下降”。完善应急管理体系，提升消防安全工作水平，增强防灾减灾救灾能力。深入推进全域创建“食品药品安全区”，加强食品药品安全监管，保障群众身体健康和生命安全。

全面加强政府自身建设

各位代表！立足新发展阶段、贯彻新发展理念、融入新发展格局，对政府工作提出了新的更高要求。我们将大力弘扬伟大建党精神，牢固树立宗旨意识，强化“严细深实勤俭廉”作风，努力建设人民满意政府。

旗帜鲜明讲政治，打造忠诚政府。始终坚持以习近平新时代中国特色社会主义思想为指引，增强“四个意识”，坚定“四个自信”，做到“两个维护”。始终把政治建设摆在首位，加强政府系统党建和意识形态工作水平。始终把党对一切工作的领导贯穿政府工作全过程、各方面，确保上级党委政府和县委决策部署执行有力、落实到位。践行为民服务宗旨，切实办实事、解民忧。

依法行政善作为，打造法治政府。认真贯彻习近平法治思想。严格执行重大行政决策程序，主动接受人大法律监督、政协民主监督、纪委监委纪律监督及社会舆论监督，切实提高行政决策质量和效率。扎实开展“八五”普法，严格执行行政执法“三项制度”，动态调整权责清单，加强行政复议和行政应诉规范化建设。大力推进政务公开标准化规范化建设，让权力在阳光下运行。

勇于担当抓落实，打造有为政府。发扬为民服务孺子牛、创新发展拓荒牛、艰苦奋斗老黄牛精神，持续增强七种能力，推动有效市场和有为政府更好结合。牢固树立效率意识，对定下的目标、明确的任务马上就办，立即就干，办成办好。坚持底线思维，严密防范各种风险挑战。坚决向形式主义、官僚主义和不作为、慢作为、假作为“亮剑”，确保政令畅通、令行禁止。

永葆本色树形象，打造廉洁政府。认真履行党

风廉政建设责任制，严格执行中央八项规定及其实施细则精神和区市县有关规定，锲而不舍纠治“四风”。牢固树立过“紧日子”思想，大力压减“三公”经费和一般性支出，建立节约型财政保障机制，扎紧政府花钱的口子，放宽助企惠民的路子。加大审计监督力度，强化成果运用。持续推进工程建设政府采购等重点领域突出问题专项治理走深走实，严惩损害群众利益的不正之风和腐败行为。

各位代表！此时此刻，全县疫情防控组织指挥体系正在高效有序运转，联防联控、群防群控防线坚固有力。广大医务人员、社区工作者、公安干警、机关干部、志愿者，以及各行各业的劳动者，仍在抗疫一线日夜奋战，用行动诠释着伟大抗疫精神；社会各界奉献爱心，众志成城抗击疫情，用行动书写着人间大爱；每个人正在进行着属于自己，也属于大家的战斗，用行动彰显着最为朴素的家国情怀。通过近两年疫情防控实践，我们有可靠的应对经验、成熟的技术方案、充足的物资保障、坚实的群众基础。我们坚信一定能够打赢这场疫情防控遭遇战、阻击战、歼灭战，取得疫情防控和经济社会发展“双胜利”！

各位代表！使命在肩，定当奋力担当；蓝图绘就，更需百倍努力。让我们更加紧密地团结在以习近平同志为核心的党中央周围，在区、市党委政府和县委的坚强领导下，砥砺奋进，勇立潮头，奋力谱写新时代贺兰现代化建设新篇章！

名词解释

1.“三新”产业：新食品、新材料、新能源产业。

2.六个精准：扶贫对象精准、措施到户精准、项目安排精准、资金使用精准、因村派人（第一书记）精准、脱贫成效精准。

3.五个一批：发展生产脱贫一批、异地搬迁脱贫一批、生态补偿脱贫一批、发展教育脱贫一批、社会保障兜底一批。

4.“两不愁三保障”：不愁吃、不愁穿，保障义务教育、基本医疗、住房安全。

5.散乱污：不符合产业政策，不符合当地产业布局规划，未办理工信、发改、土地、规划、环保、工商、质检、安监、电力等相关审批手续，不能稳定达标排放的企业。

6.“放管服”改革：“放”即简政放权，降低准入门槛；“管”即创新监管，促进公平竞争；“服”即高效服务，营造便利环境。

7.证照分离：工商部门颁发的营业执照和各相关行业主管部门颁发的经营许可证审批的改革。

8.跨省通办：根据企业、群众需求和业务工作实际，可通过“全程网办”“异地代收代办”“多地联办”等一种方式或多种方式组合，实现政务服务事项跨省通办。

9.大班额：56人以上叫大班额。

10.三重一大：重大事项决策、重要干部任免、重大项目投资决策、大额资金使用。

11.“四大提升”行动：百万移民致富提升行动、城乡居民收入提升行动、基础教育质量提升行动、全民健康水平提升行动。

12.四水四定原则：以水定城、以水定地、以水定人、以水定产。

13.一高三化：发展高质量、治理现代化、城市国际化和生态园林化。

14.四权：用水权、土地权、排污权、山林权。

15.小升高：科技型中小企业升级高新技术企业。

16.宁科贷：宁夏科技型中小微企业风险补偿贷款。

17.四唯：唯论文、唯职称、唯学历、唯奖项。

18.四美：农村环境美、田园美、村庄美、庭院美。

19.以克论净：环卫作业人员对城市道路进行清扫作业完毕后，环卫检测人员对该道路随机划出一平方米区域，并将该区域内尘土收集称重的行为。

20.一沟一湖一路：唐徕渠、如意湖、109国道。

21.“几”字形、“十”字形黄河流域现代交通网络：“几”字形为兰州经银川、包头至呼和浩特、太原并通达郑州的综合运输走廊；“十”字形为包头经鄂尔多斯经榆林、延安至西安的纵向通道和银川经绥德至太原，兰州经平凉、庆阳至延安至北京的横向通道。

22.四送六进：送政策、送理念、送服务、送扶持“四送”和进重点文化企业、文旅重点项目、文创产业园区、A级景区、星级饭店、旅行社等“六进”工作。

23.“十进”活动：进社区、进机关、进企业、进乡村、进学校、进军营、进宗教活动场所、进新经济组织和新社会组织、进家庭。

24.“十大领域”分类创建：将“十进”作为创建主阵地，推进民族团结进步实行分类创建。

25.“十大主题”特色创建：在社区以“邻里和睦一家亲”为主题，在乡村以“团结互助同致富”为主题，在机关以“懂政策、讲团结、做表率”为主题，在企业以“在一起、共成长、同心圆”为主题，在学校以“培植民族团结基因，铸牢中华民族意识”为主题，在军营以“军民融合鱼水情”为主题，在宗教活动场所以“我是一个教民，更是一个公民”为主题，在新经济组织、新社会组织以“团结共进步，和谐促发展”为主题，在家庭以“弘扬传统美德、培育良好家风”为主题。

26.“十大重点”示范创建：将创建工作与基层党建、经济建设、乡村振兴、生态保护、依法治县、移风易俗、文化旅游、双拥共建、为民服务等各领域工作有机衔接、深度融合。

27.行政执法“三项制度”：行政执法公示制度，执法全过程记录制度，重大执法决定法制审核制度。

专 记

Zhuanji

贺兰县举办庆祝中国共产党成立100周年“颂歌献给党　永远跟党走”大合唱活动

为热烈庆祝中国共产党成立100周年，6月26日，贺兰县以“颂歌献给党 永远跟党走”为主题的红歌大合唱在欣兰广场唱响，合唱活动共有县党政机关、各乡镇场（街道）的12支代表队，参加活动的有县四套班子全体领导、各单位干部职工、社区居民代表等1000余人。大家共同用齐唱红歌的方式，传承革命精神，抒发爱国情怀，讴歌美好生活，弘扬主旋律，传递正能量，为中国共产党成立100周年献礼。

此次红歌大合唱由贺兰县委和县人民政府主办，贺兰县委宣传部和县文广局承办。共分为开天辟地、建国大业、改革开放、巨龙腾飞、新的长征五个篇章，每个篇章分朗诵和合唱两种形式。当天，现场座无虚席、气氛热烈，在两个多小时的红歌盛宴中，现场观众与台上歌手共鸣互动，歌声嘹亮、高亢激昂。在演唱过程中，还穿插了诗歌朗诵、歌伴舞等多种表演形式，全方位展现出了新时代贺兰县干部职工的精神风貌。

本次活动在《没有共产党就没有新中国》的歌声中拉开序幕，《红旗颂》《突破封锁线》《红军不怕远征难》《清平乐·六盘山》等红色经典歌曲，礼赞着中国共产党和中国人民风雨同舟，勇往直前，用信仰和真理谱写了一曲曲感天动地的胜利凯歌；礼赞着中国共产党领导中国人民浴血奋战，前仆后继，用生命和鲜血谱写了一曲曲气贯长虹的生命赞歌；礼赞着为实现中华民族伟大复兴，为建设美丽新宁夏画卷奋力前行的贺兰儿女们。贺兰县用歌声点亮红色记忆，用歌声凝聚磅礴伟力，在一首首红歌的感召下，唱出激情、唱出力量、唱出团结。

此外，为庆祝中国共产党成立100周年，贺兰县组织开展“永远跟党走”一系列群众性主题宣传教育活动10类26项，其中，组织农村公益电影放映28部，观看551场次，观看人数达6.9万人次；组织“今昔对比看变化 知史感恩共产党”大型主题图片展；组建县级宣讲团2个130人，累计开展宣讲场次826场次，受众人数80036人；少工委结合“雷锋日”“清明节”“儿童节”等节日节点开展“童心向党 党的故事我讲”等主题教育活动30余场，受众学生30000余名；开展党史学习教育百场专题文艺巡演活动83场次；开展文化惠民·送戏下乡和乡村文艺巡演活动92场次。贺兰县将以一系列活动为契机，把对党和祖国的热爱转化为推动贺兰高质量发展的强大动能，以敢为人先的闯劲、勇于攻坚的拼劲、只争朝夕的干劲，为贺兰县在“十四五”建设新征程中汇聚磅礴的智慧和力量。

（贺兰县人民政府网　2021-06-28）

贺兰县被命名为宁夏“双拥模范县”

1月6日，全区双拥模范城(县)命名暨双拥模范单位和个人表彰大会在银川召开，贺兰县被命名为全区双拥模范城(县)。

近年来，贺兰县把双拥工作作为“一把手”工程抓实，制定印发了《贺兰县现役军人立功受奖奖励办法》《贺兰县烈属和军属及退役军人优待工作实施办法(试行)》《贺兰县双拥工作要点》等一系列文件，率先建成全区功能最为完善的400余平方米县级退役军人服务中心，投入302万元统一打造8个乡镇级标准服务站，77个村(社区)级标准服务站，切实保障双拥工作高质量推进。

同时，该县集中打造贺兰县“一场两街三公园”(即双拥主题广场、双拥文化一条街、军事文化一条街、双拥主题公园)等宣传平台，强化宣传教育，营造双拥浓厚氛围；在贺兰县爱国主义教育基地——雷锋纪念馆组织开展国防和双拥教育系列活动；在基层服务站如意湖社区建立“老兵之家”全面提升退役军人获得感、荣誉感；组建优秀退役军人宣讲团，通过进军营、进机关、进学校、进社区开展巡回演讲，继承革命精神、传承红色基因；选树“最美退役军人”20人、“最美军嫂”1人、“退役军人创业致富典型”9人，通过典型带动，引领道德文明新风尚。

(宁夏新闻网　2021-1-8)

贺兰一中微电影《一饭千金》获全国创新作品奖

2月3日，记者从贺兰县委宣传部获悉，由中央电化教育馆主办的“中国梦——行动有我：2020年中小幼学生‘成语中国’微电影征集展播活动”中，贺兰县第一中学微电影《一饭千金》荣获创新作品奖。

“从接到通知后，学校组建了以高一、高二语文备课组和信息技术教师为主的微电影团队，积极参加由中央电教馆组织的微电影培训工作和拍摄上报工作。”贺兰一中校长吴志坚表示。

“成语是历史文化的积淀，每一个成语故事的背后，都有一个含义深远的故事，成语故事可以了解历史，通达事理，学习积累优美的语言素材，此次系列微电影的拍摄，旨在丰富学生的课余生活，使学生在学习经典成语故事的同时，接受传统美德教育。通过微电影形式全新呈现故事的精髓，开启智慧大门。”指导老师辛艳红告诉记者，接到任务后她便着手组建学生微电影团队，汇集了高一年级和高三年级的学生。

高三学生刘旭、刘仲具有较为丰富的微电影参加和制作经验。辛艳红确定新的战略——“以老带新”。让参加过多次微电影制作的高三学生刘旭、刘仲，用自己的经验带领高一四班学生张瑞泉、马佳雯、刘忠强、彭庆杰、葛中天、邢嘉鹏一起拍摄。确定了团队和战略，辛艳红组织学生利用运动会期间排练，导演刘旭也在不耽误课程的前提下，帮助演员们排练。去年十一期间，辛艳红带领主创团队一起去寻找拍摄场地，在和居民多次协商和沟通后，团队把常信乡四十里店村十八社当作拍摄地。经过3个月的打磨，主创人员创新求变，在成语的基本史实的基础之上，大胆创新，作品《一饭千金》最终从全国参赛的1000余件作品中脱颖而出，在73名获得创新奖的作品中名列第19名。

近年来，贺兰一中积极组织学生参加各类赛事、活动，从2019年该校组织报送微电影《塞翁失马》，到2020年6月报送微电影《写对联、迎新年、庆团圆》，再到2020年11月的微电影《一饭千金》，贺兰一中将中华优秀传统文化全方位融入思想道德教育、文化知识教育、艺术体育教育、综合实践教育、社会实践教育各环节，贯穿基础教育等各领域，鼓励师生通过微电影、微视频创作，大力弘扬社会主义核心价值观，全面推进学生创新素养教育。

（宁夏日报客户端　2021-2-4　记者：张晓慧）

金贵镇集市：百年老集发“新芽”

每逢农历一、四、七，是贺兰县金贵镇集市的日子。集市于清晨五六时开市，傍晚六七时收市。集市这一天就像节日，赶集的公交专线、私家车、货车、自行车源源不断涌入小镇的街道，穿梭的人群、此起彼伏的叫卖声、飘香的美食，让集市洋溢着浓浓烟火气。得益于距银川市仅十几公里的地理优势，金贵镇集市平时赶集人数有五六千人，高峰期近万人。金贵镇集市有近百年历史，从最初几十家商户发展到如今千余家商户，其中不乏网红打卡店。金贵镇集市“包罗万象”：有畜禽活体交易的，有出售花苗、树苗、种子的，有售卖水果、蔬菜、蛋奶肉、衣物、农具、餐厨用品的，还有美食现场制作，商家手把手教你体验辣椒面研磨过程的……凉皮、麻辣烫、羊杂碎、饸饹面……集市上的这些美食多半都传承两代人以上，经过时间沉淀，形成特有的味道。上午10时一过，集市上的“网红”美食店铺、摊位前都排起了长队，排队的人拍个照片、发个朋友圈，集市的味道就在朋友圈飘散开来……

2000碗凉皮、1500碗麻辣烫，这是集市美食街吴彬小店赶集这一天的交易量，营业额近3万元。父子两代人的手艺留住了南来北往赶集人的念想，久而久之成为大家赶集的“标配”。他家的7个小店分别开在贺兰县金贵镇和银川市兴庆区通贵乡。

“有的集市一、四、七，有的集市三、六、九，还有的二、五、八，以前来的都是回头客，现在有好多年轻人从抖音、快手等平台慕名而来，所以更珍惜口口相传的好口碑，在味道和卫生上都下了功夫。”吴彬说。无论是一锅面、一碗凉皮，还是一份羊杂碎，都已成为集市文化中不可或缺的一部分。

在与集市相距不到百米的地方，正在兴建“金贵堡老街”。“为了发挥金贵镇商贸小镇区位优势，我们在农村田园民宿生态文化旅游上做文章，加快打造乡镇生态文化产业样板，带动一、二、三产业融合发展。”金贵镇党委书记丁书涛信心满满。

“金贵堡老街”既凸显当地建筑文化特色，又着力彰显民俗文化赶集的亮点，宽窄街道并存；沿街摊位既有非遗传人的现场制作和展示，也将邀请网红商铺加入，还将积极引进外地知名店铺和美食。

“金贵堡老街”建成投入运营后，可提供摊位600余个，解决就业岗位1000余个，日均游客接待量过万人次，将有效带动周边群众增收致富。今年“五一”将全面开放，届时金贵镇集市将更有看头。

（《宁夏日报》　2021-5-3　记者：徐佳敏）

大事记

Dashiji

1月

1月6日　县委书记赵波主持召开十四届县委2021年第1次常委会会议。会议传达学习习近平总书记在中共中央政治局民主生活会、中共中央政治局第二十六次集体学习、气候雄心峰会等会议上的重要讲话精神，研究贯彻落实意见；传达学习习近平总书记在中央经济工作会议上的重要讲话精神、自治区党委经济工作会议精神、银川市委十四届十一次全体会议和市委经济工作会议精神；研究贯彻落实意见。

1月7日　中国共产党贺兰县第十四届委员会第九次全体会议召开。全会由县委常委会主持，审议《中共贺兰县委员会关于制定国民经济和社会发展第十四个五年规划和二〇三五年远景目标的建议（讨论稿）》。

1月8日　贺兰县委召开经济工作会议，全面贯彻落实党中央、自治区党委、银川市委经济工作会议以及县委十四届九次全会精神，总结2020年经济工作，分析当前经济形势，部署2021年经济工作。

1月11日　中国人民政治协商会议贺兰县第十届委员会第五次会议召开。

1月12日　贺兰县第十八届人民代表大会第五次会议开幕。

2月

2月15日　中国科学技术协会官网发布了《中国科协办公厅关于对2022年表现突出的科普中国信息员组织单位予以工作表扬的通知》，公布了《2022年表现突出的科普中国信息员组织单位名单》，贺兰县科协获中国科协表扬。

2月5日　贺兰县率先在银川市完成村（社区）“两委”换届工作，实现了前期有热度、选举有速度成效有亮度、群众有安全度，为推进乡村振兴战略，提高基层治理能力，开启“十四五”新征程提供坚强组织保障。

2月6日　为加强疫情防控工作，同时营造欢乐祥和的节日氛围，贺兰县加强线上服务活动，推出了文化科技卫生“云下乡”等丰富多彩的线上数字文化活动，做到疫情防控不放松、文化惠民不影响。

3月

3月7日　贺兰县召开全县2021年政法组织宣传工作会议。传达学习中央、自治区、市政法工作及组织、宣传部长会议精神；总结全县2020年政法、组织、宣传工作，安排部署2021年工作。

同日　贺兰县召开全县党史学习教育专题党课辅导报告会，县委副书记、县长、县委党史学习教育领导小组组长赫天江作专题辅导。

同日　贺兰县召开全县党史学习教育动员大会。会议深入学习贯彻习近平新时代中国特色社会主义思想和习近平总书记在中央党史学习教育动员大会上的重要讲话精神，全面贯彻党中央和自治区党史学习教育动员大会精神，贯彻落实自治区党委、银川市委关于开展党史学习教育有关要求，全面动员部署贺兰县党史学习教育。

4月

4月23日　贺兰县庆祝中国共产党成立100周年群众性主题宣传教育活动暨第五届“书香贺兰”全民读书节启动仪式举行。

4月28日　贺兰县召开全县领导干部大会，自治区党委常委、银川市委书记张柱出席会议并讲话。自治区党委组织部干部二处处长张朝宣布自治区党委任职决定：丁炜任贺兰县委书记、宁夏贺兰工业园区党工委书记。

5月

5月19日　县委书记丁炜主持召开贺兰县十四届县委2021年第13次常委会会议暨县委应对新冠疫情工作领导小组会议。会议传达学习中共中央政治局会议精神及习近平总书记在中共中央政治局第二十九次集体学习、广西考察重要讲话精神、河南考察并主持召开推进南水北调后续工程高质量发展座谈会上重要讲话精神；传达学习中央、自治区、银川市关于疫情防控工作的相关精神，通报自治区内外疫情防控形势，听取近期全县疫情防控工作情况汇报，安排部署有关工作。

6月

6月6日　贺兰县乡村振兴局正式挂牌，标志着贺兰县脱贫攻坚全面胜利后，正式拉开巩固拓展脱贫攻坚成果同乡村振兴有效衔接帷幕，全面开启乡村振兴新征程。

6月10日　由中共贺兰县委员会、贺兰县人民政府、中国经济信息社宁夏中心、贺兰县委宣传部共同主办的主流媒体贺兰行主题采访活动在贺兰县正式启动。

6月30日　贺兰县召开全县优秀共产党员、优秀党务工作者和先进基层党组织表彰大会。

7月

7月1日　庆祝中国共产党成立100周年大会在北京天安门广场举行，贺兰县党政机关干部及社会各界群众，通过电视、网络、广播、新媒体等途径收听收看实况直播。

7月2日　中国共产党贺兰县第十四届委员会第十次全体会议召开。会议传达学习习近平总书记在庆祝中国共产党成立100周年大会上的重要讲话精神，审议通过了《关于召开中国共产党贺兰县第十五次代表大会的决议》。

7月13日　习近平总书记七一重要讲话精神自治区宣讲团到贺兰县宣讲，习近平总书记七一重要讲话精神自治区宣讲团成员、自治区党委讲师团团长张虎作习近平总书记七一重要讲话精神专题报告。

7月23日　贺兰县召开“七一勋章”获得者先进事迹报告会，邀请“七一勋章”获得者王兰花作先进事迹宣讲报告。

7月25日　贺兰县工商业联合会第十一次（贺兰商会第二次）代表大会召开。

8月

8月18—19日　贺兰县举办全县领导干部学习贯彻习近平总书记“七一”重要讲话精神专题研讨班。

8月12日　以推进现代农业为契机，把握基地建设“着力点”，促进产业发展。启动现代农业“芯片”攻坚行动，依托广银、生瑞、科丰等龙头企业，建立商业化育种中心，打造黄河流域优质种源示范基地，摸底确认种子生产经营企业6家，建立种子生产基地8000亩。实施现代种业提升贺兰县黄河经济鱼类水产种质资源场建设项目，加强渔业种质资源保护和开发力度，做强西部渔业大县品牌，引进珍稀紧缺品种，名特优新水产品主养面积1.2万亩，主要农作物及畜禽良种覆盖率达到98%。

9月

9月3日　贺兰县召开全县领导干部大会，宣布自治区党委关于贺兰县政府主要领导任职调整决定。经自治区党委研究决定，刘炳炳提名为贺兰县人民政府县长候选人。

9月13日　自治区党委书记、自治区人大常委会主任陈润儿在贺兰县围绕贯彻落实中央民族工作会议精神情况进行调研，并主持召开座谈会，强调要深入学习领会中央民族工作会议精神，高举习近平总书记关于加强和改进民族工作的重要思想旗帜，以铸牢中华民族共同体意识为主线，推进新时代民族工作高质量发展。

9月17日　自治区党委常委、银川市委书记张雨浦深入贺兰县调研并主持召开座谈会。他强调，要深入贯彻落实习近平总书记视察宁夏重要讲话精神和中央民族工作会议精神，完整准确全面贯彻新发展理念，以先行区建设为统领，充分发挥比较优势，加快推进县域经济高质量发展，努力在继续建设美丽新宁夏的伟大实践中作出贺兰贡献。

9月19日　中国共产党贺兰县第十四届委员会第十二次全体会议召开。

9月24日　中国共产党贺兰县第十五次代表大会召开。

10月

10月3日　贺兰县荣登“2021中国西部百强县市”，名列第66位。

10月9日　贺兰县委书记丁炜主持召开十五届县委2021年第1次常委会会议，传达学习习近平总书记在中共中央政治局第三十三次集体学习时的重要讲话精神、在中央人才工作会议上的重要讲话精神，听取党史学习教育“我为群众办实事”推进情况，安排部署相关工作。

11月

11月10—14日　中国人民政治协商会议贺兰县第十一届委员会第一次会议召开。

11月12日　贺兰县人大第十九届第一次会议召开。

11月24日　贺兰县委书记丁炜主持召开贯彻落实习近平总书记在深入推动黄河流域生态保护和高质量发展座谈会上重要讲话精神暨自治区先行区建设第六次推进会精神推进会，听取全县关于自治区黄河流域生态保护和高质量发展先行区建设前五次推进会精神落实情况，安排部署相关工作。

12月

12月5日　学习贯彻党的十九届六中全会精神自治区宣讲团报告会在贺兰县举办。

12月11日　中国共产党贺兰县第十五届委员会第二次全体会议召开。

12月22日　贺兰县立岗镇通义村完成全县首批水资源使用权确权发证。

12月30日　贺兰县文学艺术界联合会第三次代表大会召开。

贺兰综览

Helan Zonglan

县情概览

【地理位置】 贺兰县位于银川市北面，南与银川市兴庆区毗邻，东临黄河与石嘴山市平罗县陶乐镇隔河相望，西邻贺兰山风水岭与内蒙古自治区阿拉善左旗接壤，北接石嘴山市平罗县，介于北纬38°26′~38°48′、东经105°57′~106°36′，县境东西长49.75千米，南北宽31.2千米，县城距银川市中心10千米，县人民政府驻地习岗镇，全县区域总面积1197.57平方千米。

【建置沿革】 贺兰县历史悠久，原始社会时期，就有人类在此居住、生活、繁衍。自夏商周至春秋战国时期，今贺兰县地为羌族、荤粥、畎夷、犬戎等游牧民族和戎狄部落放牧之地。秦昭襄王三十六年(前271年)灭义渠后置北地郡，秦国势力延伸至今贺兰县地。秦始皇统一中国后，派大将蒙恬北逐匈奴，收复河套以南广袤土地，今贺兰县地正式纳入秦朝版图。秦始皇三十三年(前214年)置富平县，今贺兰县地属其管辖。西汉时，设北地郡廉县(今贺兰县暖泉农场西北)，今贺兰县地为其辖地。东汉初沿袭西汉地方行政设置，今贺兰县地仍为北地郡富平县辖地。东汉中后期至三国两晋时，多为羌、匈奴、鲜卑族牧地。三国时，属魏安定郡，为羌、匈奴、鲜卑等族游牧之地。西晋时，为匈奴、鲜卑贺兰部游牧之地。东晋时先属匈奴铁弗部，后属赫连夏国饮汗城以及后赵、前秦、后秦等国。南北朝时，属北魏怀远郡，北周灵州怀远镇怀远县。隋时，属灵州怀远县。唐朝时，怀远县初属关内道灵州灵武郡，后改属警州。五代时期，先后属后梁、后唐、后晋。北宋初，属陕西路定州怀远镇。西夏显道七年(1038)年，属兴州，后因兴州升为中兴府改为兴庆府而隶属兴庆府。元时，属甘肃行中书省宁夏府路定州怀远县。明时，宁夏为“九镇”之一，实行卫所制，宁夏左屯卫(治今银川市兴庆区)为宁夏县前身。清雍正二年(1724年)，改卫所制为府县制，将宁夏左屯卫的大部分堡寨建宁夏县，属甘肃省宁夏府。民国2年(1913年)，裁撤宁夏府，宁夏县改属朔方道，仍隶甘肃省。民国18年(1929年)设宁夏省，宁夏县改隶宁夏省。民国30年(1941年)，宁夏、宁朔、平罗三县改五县时，宁夏县依贺兰山名改名贺兰县。1949年9月23日，贺兰县解放，同年10月1日，贺兰县人民政府成立，隶宁夏省人民政府领导。1954年9月，宁夏省与甘肃省合并，贺兰县改隶甘肃省银川专区。1958年，宁夏回族自治区成立，贺兰县改隶宁夏回族自治区。1972年划归银北地区。1976年1月，改隶银川市。2021年，贺兰县辖习岗镇、立岗镇、金贵镇、洪广镇、常信乡5个乡镇，京星农牧场、南梁台子农牧场2个农牧场，富兴街街道办事处1个街道办事处，66个行政村，15个社区居民委员会。

【地质地貌】 贺兰县地势西高东低，总趋势由西南向东北倾斜。自西向东大致分为贺兰山地，山前洪积平原，黄河冲积平原，及其他风沙地和黄河水面。西部贺兰山峰峦叠嶂，海拔2500~3000米，主峰海拔3556.1米。习惯上将贺兰山前洪积平原称为山区，其余称为灌区。贺兰山主脉由西南向东北走向，纵贯县境西部，境内长22.3千米，宽19.8千米，贺兰山内森林茂密，生长着针叶林、混交林，盛产云杉、油松等，面积7333公顷。贺兰山共有维管植物665种，具有较高的经济价值，药用价值植物308种，沙草青、野大豆、蒙古扁桃、贺兰山丁香、四合木被列为国家重点保护植物。山内有鹿、獐子、岩羊、狐狸、蓝马鸡。贺兰山地资源丰富，蕴藏有铁矿石、磷矿石、石灰石、铜、贺兰石、白云石、煤、砂岩等矿产资源。黄河从县境东部流过，自贺兰县东南金贵镇流入，自贺兰县东北角立岗镇出境，流经长度20.5千米。唐徕渠、第二农场渠、惠农渠、汉延渠、西干渠五大干渠纵贯南北，有第二、第三、第五排水沟，排灌体系齐备，利于耕种，是国家商品粮生产基地，也是全国水稻、小麦高产区和全区主要农产品供给地。

【气候特征】 贺兰县西靠贺兰山，地处内陆，属中温带大陆性气候，四季分明，气候干燥，光照长，热量多，温差大。贺兰县居内陆，受北方和西北方、西方侵入的干冷空气影响较大，时间较长，形成降水少、气候干燥、降水年际变化大、季节降水分配不均的特点。降水少，且分布不均，年平均降水量为193毫米。7月、8月降水量相对集中而且降水量大、一般多以大雨暴雨出现，因而造成降水强、流量大，而其他月份的降水量较少，对农作物的生长不利，满足不了农业生产用水需要，需黄河水补水灌溉。

【人口民族】 2021年，贺兰县常住人口34.4万人，其中，城镇人口22.7万人，占贺兰县常住人口总数的65.99%，乡村人口11.7万人，占贺兰县常住人口总数的34.01%，城镇化率65.99%。汉族人口26.99万人，占贺兰县常住人口总数的78.46%；各少数民族人口7.41万人，占贺兰县常住人口总数的21.54%。少数民族人口中，回族人口7.08万人，占贺兰县常住人口总数的20.58%；其他少数民族人口0.33万人，占贺兰县常住人口总数的0.98%。男性人口17.7万人，女性人口16.7万人。

国民经济和社会发展

【概况】 2021年，贺兰县实现地区生产总值158.5亿元，比上年增长5.0%，其中，第一产业增加值23.5亿元，比上年增长5.6%；第二产业增加值45.1亿元，比上年增长4.2%；第三产业增加值89.9亿元，比上年增长5.1%。三次产业结构比为14.8∶28.4∶56.7，第一产业、第二产业、第三产业分别拉动地区生产总值增加0.8、1.1和3.1个百分点。全社会固定资产投资85.85亿元，比上年增长10%。一般公共预算收入13.23亿元，比上年增长5.01%，其中税收收入完成10.05亿元，比上年增长1.18%；一般公共预算支出完成31.01亿元，比上年下降12.86%。社会消费品零售总额143.2亿元，比上年增长1.9%。城镇居民人均可支配收入37473.5元，比上年增长6.5%；农村居民人均可支配收入18909.7元，比上年增长9.6%。率先在银川市颁发宅基地资格权证；率先完成全市农村集体经营性建设用地、用水权、排污权、山林权首笔流转交易；率先完成全区首笔农村宅基地收储。全区农村宅基地制度改革启动会在贺兰县召开。

【农业与农村经济】 2021年，贺兰县农林牧渔业总产值49.71亿元，比上年增长5.9%。粮食播种20746.67公顷(31.12万亩)，总产量17.8万吨，总产值4.7亿元。新建蔬菜现代集配中心、新品种展示园、良种繁育基地、新技术集成示范基地4个，蔬菜种植16080公顷(24.12万亩)，总产量56.8万吨，总产值15.4亿元。牛存栏7万头，猪存栏3万头，羊存栏15.5万只，家禽存栏80万只，肉、蛋、奶产量分别为1万吨、0.78万吨、24.8万吨，畜牧业总产值14.13亿元，其中奶产业9.92亿元。启动寇家湖渔业公园建设，适水产业面积稳定在3866.67公顷(5.8万亩)，水产品总产量6万吨，总产值7.2亿元。加快张骞葡萄郡、图兰朵葡萄酒小镇建设，建设富龙、德尚鼎樽、兰德瑞3个酒庄，完成1616.67公顷(2.5万亩)国有土地整体移交，新建酿酒葡萄基地399公顷(5985亩)，改造提升低产低效葡萄园350.6公顷(5259亩)，建成酿酒葡萄基地1400公顷(2.1万亩)、全套可生产酒庄11家，引进葡萄酒企业58家。新建塞尚乳业牧场、农垦集团暖泉第二奶牛场，改造升级金牧、鑫金元、万家3个规模化奶牛养殖场，规模养殖比例98%。建设绿色农产品标准化基地1个，认定全国有机水稻示范基地1个、绿色食品原料标准化生产基地2个，评定四星级绿色食品加工企业2家，认证绿色食品企业11家、有机食品认证企业5家、良好农业规范(GAP)企业1家，认证绿色食品28种、有机食品29种、地理标志产品4种，培育绿色食品、名特优新产品和区域公用品牌2个，注册中国驰名商标4个、宁夏著名商标16个。新认定自治区级龙头企业5家，全县农产品加工转化率70.2%。举办2021年宁夏(贺兰)首届“乡村振兴·稻田艺术节”“贺兰县2021年中国农民丰收节”，推介精品旅游线路4条。建成现代休闲农业和新生态农业深度融合发展示范园区5家，培育休闲农业经营主体48家，实现营业收入5776万元，带动农户927户。建立农作物病虫害监测点5个，注册农业社会化综合服务站25家。全县应免畜禽的免疫密度和建档率100%，强制免疫抗体合格率70%。确认种子生产经营企业6家，建立种子生产基地533.33公顷(8000亩)。奶牛良种率100%，名特优新水产品主养面积800公顷(1.2万亩)，主要农作物及畜禽良种覆盖率98%。建设露地蔬菜生产和水产养殖农机农艺融合机械化示范园区2个，实施农机深松整地4000公顷(6万亩)，举办全国特色作物“田间日”活动和2021年农机驾驶操作员技能竞赛暨第四届全国农业行业职业技能大赛银川赛区选拔赛，贺兰县选手获得冠、亚军。遴选推介主导品种78个，主推技术77项，主推绿色技术模式6项，主推技术到位率95%。实施5G数字渔场建设等数字农业项目4个。新增高效节水灌溉面积626.67公顷(0.94万亩)，高效节水面积7713.33公顷(11.57万亩)，农田灌溉水有效利用系数提高到0.56。建立畜禽粪污肥料化和有机肥替代化肥示范区5个，粮食作物测土配方施肥技术覆盖率94.75%，农药利用率41%，规模养殖场粪污处理设施配套率100%，畜禽粪污资源化利用率98%。建立农产品质量安全监管固定监测点19个，农产品质量安全监测合格率保持98%以上。完成14个村庄规划编制，建立贺兰县三级书记抓乡村振兴工作制度。投资2亿元实施广荣村枸杞芽菜基地、欣荣村设施温棚等乡村振兴重点产业项目24个。推进“村村享”信息化平台建设，自治区百万农民数字应用培训启动会在贺兰县召开。

【工业经济】 2021年，贺兰县工业增加值34.18亿元，比上年增长3.8%，规模以上工业增加值比上年增长8.5%。培育规模以上工业企业9家，大北农反刍饲料生产线绿色智能化技术改造等17个工业项目建成投产，新材料、新能源、新食品“三新”产业产值规模突破50亿元。全年98个重点项目实现100%开工，推进乔恩医疗器械、昇兴三片罐制罐生产线等57个亿元以上项目建设。举办招商引资签约仪式暨政银企座谈会3次，落地电子陶瓷封装材料、水光互补生态治理等产业项目116个，落实到位资金72.28亿元，争取中央及自治区、市项目资金20.53亿元。

【城乡建设】 2021年，贺兰县推进市县一体发展进程，北环路贺兰段建成通车。新建小微公园5个，改造老旧小区3个7.8万平方米，实施109国道亮化、富兴街机动车与非机动车分离、北环路排水等惠民工程。创建示范乡镇2个、示范村10个。实施乡村振兴项目24个，办理“一村一年一事”64件。农村污水厂11家，农村生活污水治理率60%，建成农村公厕4座、户厕4600户，农村卫生厕所普及率91%。

【社会消费品零售】 2021年，贺兰县社会消费品零售总额143.2亿元，比上年增长1.9%。组织汽车企业参加大型车展，为购买1.6升及以下排量汽车、新能源汽车消费者补贴交强险。申报银川市2021年现代物流业发展项目13个、银川市2021年农产品市场体系建设项目3个、2021年度银川市企业品牌培育及展示展销中心建设奖励资金项目5个。拨付常信乡农贸市场提升改造建设项目补助资金52.4万元。推荐宁夏厚生记食品有限公司、百瑞源枸杞股份有限公司、宁夏绿天果业有限公司、宁夏杞乐康食品开发有限公司等20家企业参与银川市名优产品推介名录企业、品牌评选；推荐百瑞源枸杞股份有限公司、宁夏厚生记食品有限公司、宁夏原歌葡萄酒庄股份有限公司代表自治区优秀企业参加第三届中国西部国际投资贸易洽谈会；推荐宁夏兴耘田现代农业开发有限公司同海口琼山梁马保蔬菜批发档口达成合作，签订采购协议总额6100万元；推荐宁夏伊聚德农工贸有限公司与天津羊大爷餐饮管理有限公司签署宁夏滩羊生鲜羊肉供应合作战略。对全县41家大中型商超、30家加油站、8家二手车市场进行失信联合惩戒对象管理。完善单用途商业预付卡发售备案流程，排查商超28家、加油站20家、二手车市场6家，完成登记备案企业17家。

【生态环境】 2021年，贺兰县完成大气污染防治考核目标，地表水国控断面水质达标率100%，入黄水质稳定达标排放。检查银川市东郊饮用水水源地一级保护区范围内10家餐饮店和加油站，拆除金贵加油站、关停富贵农庄。检查2个污水处理厂和8个农村污水处理站污水处理设施运行、出水情况和水质监测。执法检查宁夏泰益欣生物科技有限公司等11家重点及非重点涉水企业排污口建设和污水处理设施建设。完成银新干沟、三二支沟等重点沟道共计101.48千米巡查。推进66家114台燃气锅炉低氮改造，发放39家56台燃气锅炉低氮改造补助资金392万元。发放318万元补助资金，推动43家重点企业实施挥发性有机物治理工作，全部完成项目验收。督查66家建筑工地扬尘管控，发现扬尘治理不到位企业3家，移交处理3家。检查10家商砼企业扬尘治理情况。发放第二批非道路移动机械环保登记标牌72个，对335台(辆)审核通过的非道路移动机械累计发放环保登记标牌216个。整改土壤污染隐患排查和自行监测工作28处。完成金贵村、兰光村9个点位的土壤监测，检测结果均达标。开展危险废物规范化自查评估，考核重点企业5家，抽查非重点企业11家，14家企业合格，2家基本合格。对贺兰县中医院等13家使用Ⅲ类射线装置的医疗机构开展辐射环境安全检查工作，督促5家医疗机构申请辐射安全许可证。

【教育事业】 2021年，贺兰县新建、扩建幼儿园4所，新增6所配套园，增加学前教育学位3060个。新建、续建10所学校，增加学位8070个。迁建改善贺兰回民中学办学条件。与华中师范大学签订项目合作意向书。设立“贺兰县教育高质量发展基金”，引导更多社会资本支持贺兰教育事业发展。学科类培训机构52家，注销35家(其中学科类转非学科类4家)，压减率67%。开展中小学“专递课”208节，通过中小学5个教研联盟实现对农村薄弱学校“专递课”全覆盖。组织6所中小学校开展数字教材入校培训16场次，960余人参加。

【文化体育】 2021年，贺兰县为16个阅读岛配送图书8500册，公共文化一体机3台。开展好文化“四送六进”“广场文化季”等活动733场次，送电影下乡1556场次。开展“百年新征程·奋进新时代”特色群众广场文化活动和文化文艺培训班，打造“乐堡音乐啤酒节”“美好生活节”等贺兰本土品牌文化活动。推荐天骏青青生态园等6家文旅企业申报星级旅游民宿，桃林又一村休闲农乐园等8家申报星级乡村旅游示范点，金山村、通义村申报全国乡村旅游重点村。建设贺兰县东环带状公园健身步道3千米，贺兰县半岛酒店健身步道320米，人均体育面积2.47平方米。举办贺兰县中小学生运动会、贺兰县第六届职工运动会、“中国农民丰收节”贺兰县农民篮球赛等群众体育活动10次。贺兰县教育体育局被评为“全国群众体育先进单位”。在全区学生田径锦标赛暨中华人民共和国第十四届学生运动会选拔赛(中学组)比赛中分获中学甲、乙组团体总分第四名和第二名，各单项比赛共获金牌7枚、银牌5枚、铜牌8枚。

【医疗卫生】 2021年，贺兰县建成健康促进场所102家。无烟党政机关覆盖率100%，创建无烟党政机关33家，全县成人吸烟率22.23%。公立医院医疗服务收入占比23.57%，门诊次均费用127.69元，住院次均费用4332.59元。完成贺兰县人民医院、疾控中心PCR实验室建设，1家卫生院设置发热门诊，7家卫生院建成发热哨点。大病集中救治、慢病签约服务、重病兜底保障率均为100%。隆源村、广荣村、江南村、银光村等8个重点村卫生室设备配置增加到40种，基本药物配置增加到130种，增配乡村医生，开通乡村医疗卫生机构网络。全县孕产妇健康系统管理率98.7%，住院分娩率100%，孕前优生健康检查完成率82.55%。农村妇女宫颈癌、乳腺癌筛查覆盖率100%，新生儿四种及48种先天性疾病筛查率99.42%，儿童营养包发放率96.49%。为824名计划生育奖扶对象发放扶助金98.88万元，为127名国家特别扶助对象发放奖扶金105.84万元。全县居民健康档案建档覆盖率89%，老年人健康管理率66%，家庭医生签约124461人，签约率47.17%，其中重点人群65874人，签约服务59287人，签约服务率90%。乡镇卫生院实现“中医馆”建设全覆盖，85%的村卫生室、社区卫生服务站可提供中医药服务。乡镇卫生院与上端二级、三级综合医院开展远程心电诊断2万余例，远程影像诊断5000余例。开通24小时心理援助热线服务，开展心理减压讲座78场次，完成8000人的心理测评任务。贺兰县人民医院创建县危重孕产妇救治中心，心内科通过2021年第三批次中国胸痛中心认证资格审核预检。完成贺兰县人民医院救治能力提升项目建设主体封顶工程和14所村卫生室标准化建设任务。

【社会保障】 2021年，贺兰县城乡居民实际参保190116人，城镇职工实际参保43652人，其中在职人员37273人，退休人员6379人，9类特殊困难人员18052人全部应保尽保。将11项社保事项赋权乡镇。完成6项社保业务“打包办”、4项业务“提速办”、3项业务“跨省通办”、部分事项“简便办”。贺兰县市民大厅社保窗口设置5个综合窗口，负责30余项社保业务受理。社保网上申报单位2598家，网报率95%。为4111名低保残疾等困难群体和88名脱贫不稳定户、边缘易致贫户、突发严重困难户人员代缴城乡居民养老保险，每人代缴100元，同时享受30元财政补贴。自治区外异地备案78人，其中国家平台系统备案审批23人，转区外就医192人。跨省异地就医直接结算241人次，结算总费用704.49万元，医保支付464.75万元。5家医疗机构实现跨省异地就医结算，所有定点医疗机构均实现区内异地就医直接结算。扩大县域医药机构使用国家组织药品集中采购和使用35种药品的范围，将县域内所有定点医药机构纳入集中采购范围，与19家医疗机构签订药品集中带量采购协议。与271家定点医疗机构和定点零售药店签订医疗服务协议，追回4家定点医疗机构违规使用医保基金60.9万元。检查全县250家定点医药机构，限期整改20家，责令追回89家医药机构违规医保基金12.26万元，行政处罚医药机构3家，罚款79560元，暂停医保协议1家。

【创业就业】 2021年，贺兰县城镇新增就业3544人，城镇登记失业率控制在3.7%以内，农村劳动力转移就业22551人。建立就业创业工作站21个，将50名公益性岗位安置到各乡镇。贺兰县劳务转移促就业工作经验被《中国劳动保障报》报道并推广。举办贺兰县首届“乡村振兴杯”创业大赛。开展各类招聘60期，参会企业1098家，提供就业岗位7万余个。开展各类培训5169人，其中企业培训2585人，重点群体培训1213人。高校毕业生实名制登记406人，通过志愿者服务、“三支一扶”招募、大学生实习、企业就业等实现就业261人，应征入伍、升学、出国7人。建立青年见习基地12家，提供岗位410个。为46家企业发放稳岗补贴57.96万元，惠及职工9331人。失业保险基金支出2825.96万元。开展创业培训10期290人，培育创业实体1244个，带动就业2616人，创造新岗位2058个，发放创业担保贷款3714.5万元。落实公益性岗位兜底政策，安置自治区级公益性岗位120人，其中建档立卡50人，贺兰县本级购买公益性岗位100个。发放养老保险补贴880余万元，医疗补贴11.9万元。

中国共产党贺兰县委员会

Zhongguo Gongchandang Helanxian Weiyuanhui

综 述

【概况】 2021年，贺兰县委坚持以习近平新时代中国特色社会主义思想为指导，坚决贯彻习近平总书记视察宁夏重要讲话精神，全面落实党的十九大和十九届历次全会精神，坚决落实党中央决策部署和区市党委工作要求，立足新发展阶段，完整、准确、全面贯彻新发展理念，融入新发展格局，团结带领全县广大干部群众，围绕建设黄河流域生态保护和高质量发展先行区时代重任，统筹疫情防控和经济社会发展，实现了"十四五"良好开局。

【庆祝中国共产党成立100周年活动】 组织全县党员干部群众共同观看庆祝中国共产党成立100周年大会，认真聆听学习习近平总书记"七一"重要讲话，召开老党员、党外人士等各领域座谈会，进一步凝聚共识、汲取力量。开展"两优一先"推荐表彰，颁发"光荣在党50年"纪念章894枚，走访慰问生活困难党员、新中国成立前老党员等1313人。广泛宣传"七一勋章"获得者、"两优一先"典型事迹，着力挖掘红色资源、党史故事，开展"传承红色基因 争做时代新人"等主题活动，推送《贺兰山下党旗红——身边的共产党员事迹展播》视频49期，用身边人、身边事教育引导全县干部群众学党史、听党话、感党恩、跟党走。

【党史学习教育】 2021年，县委理论学习中心组，重点开展集体学习34次，县级领导带头讲党课、作专题辅导74次，带动全县各级党组织开展大调研活动200余次、学习研讨1000余场次，513个基层党组织1.2万余名党员干部实现集中学习全覆盖。组建各级宣讲团，培育"银发""红领巾"等基层宣讲队伍，开展"板凳课堂""凉亭课堂""集市课堂"等微宣讲活动1362场次，覆盖群众20余万人，邀请"七一勋章"获得者王兰花作个人先进事迹报告。全县510个党支部如期高质量召开党史学习教育专题组织生活会，23名县级领导以普通党员身份参加，领学、促学、带学表率作用充分发挥。坚持把办实事、解难题贯穿党史学习教育全过程，切实抓好"解放思想转作风"专项行动，组织开展"奋进新时代、担当新使命、展现新作为"学习实践活动。积极整合运用网上网下渠道资源，搭建群众建言献策平台，集中办实事、解难题的"金点子""硬招数"，共征集3039项，已办结2671项。建立"我为群众办实事"三级台账，梳理3批次45项县级实事清单，形成调研摸底、建账定责、精准解决、成效反馈的工作闭环，贺兰第十小学南侧道路及给排水工程等2671项群众"急难愁盼"的问题得以解决，45项县级办实事项目满意度均在95%以上。

【经济发展】 2021年，贺兰县持续深化供给侧结构性改革，抢抓自治区"九大重点产业"发展机遇，落实重点产业专班推进工作机制，狠抓"8+1"重点特色产业发展。大力实施"工业强县"战略，实施传统产业"四大改造"，培育规模以上工业企业9家，大北农反刍饲料生产线绿色智能化技术改造等17个工业项目建成投产，"三新产业"集群发展势头强劲，产值规模突破50亿元。农业发展更加优质，以稻渔小镇、葡萄酒小镇、枸杞小镇建设为引领，加快优质粮食、奶产业、葡萄酒、绿色食品、适水和蔬菜等优势特色产业提质增效，一、二、三产业融合发展不断深入，农业产值同比增长7.5%。现代服务业提档升级，加快汽车销售及服务产业链式发展，抢抓新能源汽车发展机遇，新建蔚来、广汽等5家新能源汽车4S店，汽车销售额增长7.6%；优化整合宁浙电商创业园，引入专业第三方电商运营公司，入驻企业78家，实现电子商务交易突破80亿元，网络零售额位居全市第一。

【项目建设】 2021年，贺兰县坚持把项目建设作为高质量发展的“强引擎”和“硬支撑”，全面落实县级领导重点项目“包抓责任制”，全年98个重点项目实现100%开工，完成固定资产投资83亿元，同比增长6%。县四套班子领导分头带队开展招商引资活动32次，举办招商引资签约仪式暨政银企座谈会3次，落地电子陶瓷封装材料、水光互补生态治理等产业项目116个，落实到位资金72.28亿元，积极争取中央及自治区、市项目资金20.53亿元，超额完成自治区、市下达任务。全面实施“项目牵动战略”，高质量谋划年罐装1.6亿升易拉罐啤酒生产线建设、体育运动小镇等产业、民生项目227个。

【全面深化改革】 2021年，贺兰县坚决担负起全国农村宅基地制度改革试点县、全区用水权、土地权改革重点县责任使命，确定了“1+4”总体改革思路，紧紧围绕“确权、赋能、定价、入市”四个关键环节，建立“1151”工作机制，制定“1+4+2”改革方案，组建实体化运行工作专班和专家智库，建立“三个清单两张图”，高质高效推进改革任务落实。明确星光、通义、泰益欣、西夏佳酿等村和企业先试先行，建机制、做示范，实现“四个率先”的关键突破：率先在全区探索规划留白机制；率先在全市颁发宅基地资格权证；率先完成全市农村集体经营性建设用地、用水权、排污权、山林权首笔流转交易；率先完成全区首笔农村宅基地收储，形成了一批值得推广、可以借鉴的经验做法，全区农村宅基地制度改革启动会在贺兰召开。

【创新驱动】 2021年，贺兰县大力实施创新驱动战略，围绕产业链布局创新链。建立财政科技投入稳定增长机制，县本级财政R&D投入同比增长31.9%，争取自治区各类科技创新资金3437万元，兑现各类奖补资金2000万元，科技创新投入力度不断加大。加快科技创新平台建设，县科技创新中心被认定为全区唯一B级国家级科技企业孵化器，新建荣光LED智能照明、塞尚乳品高值化2家自治区级工程技术研究中心，贺兰工业园区成功创建自治区高新技术产业开发区。完善科技型企业梯次培育机制，新培育国家级高新技术企业4家，各类科技创新企业35家，带动高新技术产业产值增长21.5%。人才资源汇聚，认定5个A类高精尖缺人才，引进新材料、智能制造、数字经济、农产品精深加工等各领域高层次人才500余名，自治区、市高精尖缺和学术技术带头人167人，形成产业创新、技术研发、成果转化等多元化创新平台。

【协调城乡发展】 2021年，贺兰县高标准编制国土空间规划，深入开展城市更新行动。加快推进“五纵四横三联一环”干线公路网建设，北环路贺兰段即将建成通车，市县一体发展进程不断推进。全面开展城市体检，新建小微公园5个，改造老旧小区3个7.8万平方米，建成109国道亮化、富兴街机非分离、北环路排水等惠民工程，进一步疏通城市道路节点，补齐基础设施短板。持续巩固农村人居环境整治示范县成果，完善农村人居环境整治长效机制，创建示范乡镇2个、示范村10个，“四美”乡村初现雏形。开展乡村建设行动，实施乡村振兴项目24个，高质量办成64件“一村一年一事”，加快补齐水、电、路、气、暖等基础设施短板，推动实现“一年办一事，三年上台阶，五年大变样”。

【污染防治】 2021年，贺兰县持续深化“四尘同治”“五水共治”“六废联治”，严格落实河（湖）长制，2021年大气污染防治考核目标全部完成，空气质量持续改善，全县地表水国控断面水质达标率100%，入黄水质稳定达标排放，土壤环境质量总体良好。

坚持绿色低碳理念，严格落实“双控”“双碳”要求，坚决遏制“两高”项目盲目发展。

【乡村振兴】 2021年，贺兰县严格落实过渡期“四个不摘”要求，健全防止返贫动态监测和帮扶机制，坚决守住不发生规模性返贫底线。高标准完成14个村庄规划编制，建立贺兰县三级书记抓乡村振兴工作制度，形成了各级书记抓脱贫成果巩固促全面乡村振兴的良好工作格局。因地制宜打造“一村一品一户一业”特色产业，投资2亿元实施广荣村枸杞芽菜基地、欣荣村设施温棚等乡村振兴重点产业项目24个，实现持续稳定增收。隆源村探索开展“五组共治”模式，在全区实施“四大提升行动”全面促进乡村振兴工作现场会上接受观摩、交流经验。乡村治理现代化水平持续提升，“村村享”信息化平台建设稳步推进，自治区百万农民数字应用培训启动会在贺兰县顺利召开。

【防范化解重大风险】 2021年，贺兰县深入落实总体国家安全观，统筹发展与安全，牢牢守住不发生系统性、区域性风险的底线。树牢“过紧日子”思想，继续压减公用经费，积极稳妥化解政府债务。加强国有企业和市场监管，建立健全金融风险防控机制，不良贷款比例和余额实现“双下降”。坚持“房住不炒”，稳地价稳房价稳预期，推动金融、房地产同实体经济均衡发展。开展维护政治安全“六个专项行动”，严格落实安全生产责任制，持续深入推进安全生产专项整治行动，社会大局和谐稳定。

【移民致富提升】 2021年，贺兰县全面落实稳就业、保就业政策措施，千方百计拓宽增收渠道。开展各类招聘60期，提供就业岗位7万余个，培训5000余人，突出抓好退役军人、高校毕业生、农民工等群体就业，全年实现城镇新增就业3544人，城镇登记失业率控制在3.7%以内，农村劳动力转移就业22551人，城乡居民人均可支配收入同比分别增长8%和8.5%。城乡低保、高龄津补贴等提标扩面，特困人员等社会救助水平不断提升。

【基础教育质量提升】 坚持办好人民满意的教育，大力实施教育质量提升“五大工程”，投资4亿元新建、续建10所学校，增加学位8070个，推动建立与新型城镇化和乡村振兴战略相适应的学校布局，保障学生就近入学，有效化解大班额、大校额问题。持续优化教师资源配置，招录在编教师321人，选派36名年轻优秀教师到农村学校任教，实现失学辍学动态清零。与华中师大探索合作办学模式，设立“贺兰县教育高质量发展基金”，为改善办学条件、优化教师队伍、培养创新人才、提升教育教学质量凝聚力量。贺兰县第二小学被评为第三批全国中小学中华优秀传统文化传承学校。

【全民健康水平提升】 2021年，贺兰县坚持把保障人民健康放在优先发展的战略位置，加快推进健康贺兰建设，组建县医疗健康总院，县人民医院、疾控中心PC实验室建成投用，基层医疗服务水平显著提升。完善乡村医疗服务体系，加强重点移民村乡村医生配备，村级标准化卫生室实现全覆盖。纵深推进“互联网+医疗健康”建设，医疗服务保障能力持续提升，群众就医条件大幅改善。体育事业繁荣发展，人均体育场地面积达到3.08平方米，乡镇、行政村公共体育健身设施实现全覆盖，在全国第十一届残运会、第八届特奥会上取得二金一银二铜的好成绩，县教育体育局获评全国群众体育先进单位。

【民主政治建设】 2021年，贺兰县认真学习贯彻习近平总书记关于人大工作和加强政协系统党的建设工作的重要讲话、重要指示精神，坚持党的领导、人民当家作主、依法治县有机统一，组织人大、政协班子成员参与督导文明城市创建、生态环境保护、疫情防控等重点工作，支持县人大、县政协依法依章程履行职能，支持监委、法检两院依法独立公正行使职权。支持工会、共青团、妇联、科协、文联等群团组织充分发挥联系群众的桥梁纽带作用。党管武装工作不断强化。抓好《中华人民共和国民法典》、“八五”普法宣传教育，全民法治观念和全社会法治意识不断提升。

【民族工作】 2021年，贺兰县认真落实习近平总书记关于加强和改进民族工作的重要思想，紧盯创建铸牢中华民族共同体意识示范县目标，多领域、全覆盖开展“传承党的百年光辉史基因 铸牢中华民族共同体意识”教育活动300余场次，打造融媒体中心“五全新增量”等特色品牌，成功创建全国民族团结进步示范县，富兴街街道办花园社区列入第九批全国民族团结进步示范区示范单位公示名单。召开十五届县委第二次全体会议，研究制定《关于以铸牢中华民族共同体意识为主线推进新时代贺兰民族工作高质量发展的实施方案》，全力推动全县民族工作质量和民族地区发展质量实现双提升。

【平安贺兰建设】 2021年，贺兰县从严从细防范管控各类风险，完成全国“两会”、庆祝中国共产党成立100周年系列活动安保任务。扫黑除恶专项斗争常态化推进，政法队伍教育整顿动真碰硬。坚持和发展新时代“枫桥经验”，建立贺兰县矛盾纠纷调解中心，设立各级各类人民调解组织125个，矛盾纠纷化解率达到90%以上。高压严打各类违法犯罪活动，电信诈骗等侵财案件挽损率位于全市前列，“民转刑”案件零发生，社会治安持续向好。持续推进市域社会治理现代化试点工作，乡村、社区、宗教、校园、企业、社团6个重点领域基层治理不断加强。获评全国双拥模范县和自治区禁毒示范县。

【基层党组织建设】 以“基层党建全面提升年”为抓手，推动各领域基层组织建设全面进步、全面过硬。深入开展“一抓两整”示范县创建活动，谋划实施11个壮大村集体经济项目，动态开展软弱涣散和后进村党组织治理工作，全县村级集体收入突破3260万元，欣荣村等6个村集体收入达到100万元以上。全面提升城市党建引领社区治理现代化水平，实现小区党支部组建全覆盖。深入开展“让党中央放心、让人民群众满意”模范机关创建工作，命名第一批模范机关24个。加强党员教育管理，排查整顿农村发展党员违规违纪问题，保持党员队伍的先进性纯洁性。

【正风肃纪】 2021年，贺兰县严格执行中央八项规定及实施细则精神和自治区“八条禁令”，持续纠治形式主义、官僚主义，深入开展工程建设政府采购领域突出问题、粮食购销领域腐败问题、违规建设楼堂馆所、吃喝隐形变异问题4个领域专项整治，持续巩固反腐败压倒性态势，全年共立案95件，给予党纪政务处分89人。强化巡视巡察整改督查督办，自治区党委巡视贺兰县反馈问题整改率97.2%，市委第十二轮反馈问题全部整改完毕，巡察监督震慑作用得到有效发挥。大力弘扬“严细深实勤俭廉+快”工作作风，持续为基层减负，干部作风不断改善。

重要会议

【中国共产党贺兰县第十五次代表大会】 2021年9月24—26日召开。大会听取和审议贺兰县委十四届委员会工作报告；听取审议贺兰县纪律检查委员会的工作报告，选举产生新的一届县委、纪委组成人员。选举贺兰县出席中国共产党银川市第十五次代表大会代表。大会表决通过了关于中国共产党贺兰县第十四届委员会报告的决议、关于中国共产党贺兰县第十四届纪律检查委员会工作报告的决议。

常委会会议

【十四届县委2021年第1次常委会会议】 1月6日召开。会议传达学习习近平总书记在中共中央政治局民主生活会、中共中央政治局第二十六次集体学习、气候雄心峰会等会议上的重要讲话精神，研究贯彻落实意见；传达学习习近平总书记在中央经济工作会议上的重要讲话精神、自治区党委经济工作会议精神、银川市委十四届十一次全体会议和市委经济工作会议精神，研究贯彻落实意见。

【十四届县委2021年第3次常委会会议】 1月26日召开。会议传达学习全国、全区、全市安全生产电视电话会议精神，安排部署相关工作；传达学习自治区党委书记陈润儿在全区疫情防控工作电视电话会议上的讲话精神，通报自治区内外疫情防控态势，听取全县近期疫情防控工作情况汇报，安排部署有关工作。

【十四届县委2021年第4次常委会会议】 2月7日召开。会议传达学习中央农村工作会议精神，自治区党委、银川市委农村工作会议精神，研究贯彻落实措施；传达学习十九届中央纪委五次全会、自治区纪委十二届五次全会精神；传达学习自治区“两会”精神，研究贯彻落实措施。

【十四届县委2021年第7次常委会会议】 3月6日召开，会议传达学习习近平总书记在省部级主要领导干部学习贯彻党的十九届五中全会精神专题研讨班上的重要讲话精神，在中共中央政治局第二十七次、二十八次集体学习时的重要讲话精神，在中央党校（国家行政学院）中青年干部培训班开班式上的重要讲话精神，在中央全面深化改革委员会第十八次会议上的重要讲话精神，给河北省平山县西柏坡镇北庄村全体党员的回信及给上海市新四军历史研究会百岁老战士们的回信精神，主持中国—中东欧国家领导人峰会时发表的主旨讲话精神以及习近平总书记在全国脱贫攻坚总结表彰大会上的重要讲话精神，研究贯彻落实措施。

【十四届县委2021年第8次常委会（扩大）会议】 3月17日召开，会议传达学习全国“两会”精神、全区市县乡领导班子换届工作会议精神，安排部署相关工作。

【十四届县委2021年第10次常委会会议】 4月14日召开，会议传达学习中共中央办公厅关于印发《党委（党组）网络意识形态工作责任制实施细则》的通知精神，审议县委办公室提请的《贺兰县双休日节假日值班值守制度（试行）》，并安排部署相关工作。

【十四届县委2021年第12次常委会（扩大）会议】 5月6日召开。会议通报2021年第6次、7次、8次、9次（扩大）、10次县委常委会会议议定事项落实情况；传达学习习近平总书记对深化东西部协作和定点帮扶、打击治理电信网络诈骗犯罪、职业教育、革命文物工作、在清华大学考察时的重要指示精神、在博鳌亚洲论坛2021年年会开幕式上发表主旨演讲精神、出席领导人气候峰会时的重要讲话精神；传达学习自治区建设黄河流域生态保护和高质量发展先行区第四次推进会暨全区当前经济形势分析通报会精神，听取县政府党组一季度经济运行情况的汇报，研究贯彻落实措施；传达学习全区脱贫攻坚总结表彰大会精神、全区实施百万移民致富提升行动会议精神，研究贯彻落实措施。

【十四届县委2021年第13次常委会会议暨县委应对新冠疫情工作领导小组会议】 5月19日召开。会议传达学习中共中央政治局会议精神及习近平总书记在中共中央政治局第二十九次集体学习、广西考察重要讲话精神、河南考察并主持召开推进南水北调后续工程高质量发展座谈会上重要讲话精神；传达学习中央、自治区、银川市关于疫情防控工作的相关精神，通报自治区内外疫情防控形势，听取近期全县疫情防控工作情况汇报。

【十四届县委2021年第15次常委会会议】 6月6日召开。会议学习自治区“四大提升行动”部署推进会精神，研究贯彻落实措施；传达自治区、银川市有关会议精神，听取全县全面从严治党工作情况汇报和2020年基层党建工作情况汇报；传达学习自治区总河长第5次会议精神，听取全县河长制工作落实情况的汇报（通报全县巡河情况），并安排部署相关工作。

【十四届县委2021年第17次常委会会议】 6月18日召开。会议学习习近平总书记在青海考察调研时的重要讲话精神，向世界环境司法大会、向世界马克思主义政党理论研讨会的贺信，对湖北十堰市张湾区艳湖社区集贸市场燃气爆炸事故重要指示精神；学习《中国共产党组织工作条例》精神，2021年全国巡视工作会议暨十九届中央第七轮巡视动员部署会和自治区党委有关会议精神，研究贯彻落实措施。

【十四届县委2021年第18次常委会会议】 6月23日召开。会议传达学习习近平总书记在中共中央政治局第三十次集体学习时的重要讲话精神；传达学习习近平总书记关于安全生产的重要论述精神，安排部署相关工作。市委组织部副部长王忠军宣布市委有关贺兰县干部职务任免的决定。

【十四届县委2021年第20次常委会(扩大)会议】 7月3日召开，会议深入学习领会习近平总书记在庆祝中国共产党成立100周年大会上的重要讲话精神。

【十四届县委2021年第23次常委会会议】 7月14日召开。会议传达学习习近平总书记在中国共产党与世界政党领导人峰会上的主旨讲话精神；传达学习银川市巩固拓展脱贫攻坚成果同乡村振兴有效衔接专项监督暨群众身边腐败和不正之风专项整治工作会议精神，研究贯彻落实措施；听取全县环保工作情况汇报，安排部署有关工作。

【十四届县委2021年第30次常委会会议暨换届工作领导小组会议】 8月20日召开。会议学习习近平总书记在中共中央政治局会议、中央党外人士座谈会、中共中央政治局第三十二次集体学习、全面深化改革委员会第二十次会议、亚太经合组织领导人非正式会议、西藏考察时的重要讲话精神，对深入推进农村厕所革命重要指示精神；传达学习中宣部部长黄坤明在宁夏调研时的指示和在学习宣传贯彻习近平新时代中国特色社会主义思想研讨会暨党史学习教育高端论坛上的讲话精神，研究贯彻落实措施。

【十四届县委2021年第32次常委会会议暨换届工作领导小组会议】 8月28日召开。会议学习习近平总书记在中央财经委员会第十次会议的重要讲话精神、视察河北承德重要讲话精神和向第五届中国—阿拉伯国家博览会致贺信；传达学习全区推进黄河流域生态保护和高质量发展先行区建设(重大项目建设)集中观摩暨第五次推进会议精神，研究贯彻落实措施。

【十四届县委2021年第33次常委会会议暨换届工作领导小组会议】 9月5日召开。会议传达学习习近平总书记在中央民族工作会议上的重要讲话精神、中央深改委第二十一次会议精神、习近平总书记在中央党校(国家行政学院)中青年干部培训班开班式上的重要讲话精神，学习全市领导干部大会会议精神，并安排部署相关工作。

【十四届县委2021年第34次常委会会议】 9月11日召开。会议学习习近平总书记向中国—上海合作组织数字经济产业论坛、2021中国国际智能产业博览会致贺信的精神；传达学习中国共产党银川市第十四届委员会第十二次全体会议精神；听取中国共产党贺兰县第十五次代表大会筹备情况，安排部署相关工作。

【十四届县委2021年第36次常委会会议】 9月19日召开。会议学习习近平总书记在陕西省考察调研的重要讲话精神、给“高原戍边模范营”全体官兵的回信、给全国高校黄大年式教师团队代表的回信、向国际粮食减损大会致贺信、向第18届中国—东盟博览会和中国—东盟商务与投资峰会致贺信、在金砖国家领导人第十三次会晤上的重要讲话精神；传达学习自治区党委书记陈润儿调研贺兰县贯彻落实中央民族工作会议精神情况及座谈会讲话精神、银川市委书记张雨浦调研贺兰县经济社会发展情况及座谈会上的讲话精神，研究贯彻落实意见。

【十五届县委2021年第1次常委会会议】 10月9日召开。会议传达学习习近平总书记在中共中央政治局第三十三次集体学习时的重要讲话精神、在中央人才工作会议上的重要讲话精神，听取党史学习教育“我为群众办实事”推进情况，安排部署相关工作。

【十五届县委2021年第2次常委会会议】 10月14日召开，会议传达学习习近平总书记在纪念辛亥革命110周年大会上的重要讲话精神、自治区党委十二届十三次全会精神，安排部署相关工作。

【十五届县委2021年第4次常委会会议】 11月9日召开，会议传达学习习近平总书记在中共中央政治局会议、中央政治局第三十四次集体学习等会议上的重要讲话精神，传达学习全区深入实施“四大提升行动”全面促进乡村振兴工作现场会会议精神，审议县第十九届人民代表大会第一次会议相关事宜及材料、政协第十一届贺兰县委员会第一次会议相关事宜及材料，对“两会”召开事宜进行安排部署。

【十五届县委2021年第5次常委会会议】 11月12日召开，会议传达学习中国共产党第十九届中央委员会第六次全体会议精神，研究学习宣传贯彻落实措施。

【十五届县委2021年第6次常委会会议】 11月15日召开，会议传达学习习近平总书记在中共中央召开党外人士座谈会上的重要讲话精神、在亚太经合组织工商领导人峰会上的主旨演讲，传达学习自治区疫情防控督导检查通报精神，听取全县疫情防控工作、前三季度经济运行情况汇报，安排部署相关工作。

【十五届县委2021年第7次常委会会议】 11月18日召开，会议传达学习《中共中央关于党的百年奋斗重大成就和历史经验的决议》，并开展交流研讨。

【十五届县委2021年第8次常委会会议】 11月24日召开，会议传达中央有关会议精神，学习市委十四届第十三次全体会议精神，听取全县生态环保、信访维稳工作汇报，安排部署有关工作。

【十五届县委2021年第10次常委会会议】 12月7日召开，会议传达学习中共中央政治局会议精神、全国宗教工作会议精神和中央第四生态环境保护督察组督察宁夏回族自治区动员会会议精神，研究贯彻落实措施。

【十五届县委2021年第12次常委会会议】 12月15日召开，会议传达学习中央经济工作会议精神、《中共中央办公厅印发〈关于加强和改进新时代市县政协工作的意见〉》，听取全县学习宣传贯彻党的十九届六中全会精神工作情况，安排部署相关工作。

组织工作

【概况】 2021年，贺兰县委组织部坚持以习近平新时代中国特色社会主义思想为指导，认真学习贯彻党的十九届五中、六中全会和习近平总书记视察宁夏重要讲话精神，全面落实全国全区组织部长会议精神，积极践行新时代党的组织路线，牢牢把握组织路线服务政治路线基本定位，在服务大局中履职尽责，在守正创新中砥砺奋进，各项工作取得积极进展。

【党史学习教育】 2021年，贺兰县委组织部坚持把党的政治建设摆在首位，精心组织开展庆祝中国共产党成立100周年系列活动，举办全县“两优一先”表彰大会，集中表彰“两优一先”104名(个)，颁发“光荣在党50年”纪念章894枚，走访慰问获得党内荣誉表彰和生活困难党员1313人，发放慰问资金131.25万元。开展“贺兰山下党旗红”系列活动，精心录制“奋力脱贫攻坚，筑梦美丽征程”等系列党课，营造崇尚先进、争做先锋的浓厚氛围。扎实开展党史学习教育，突出“学深、谋新、干实”，开展“我为群众办实事”“奋进新时代、担当新使命、展现新作为”实践活动，各级党组织开展大调研活动200余次，解决2671项群众“急难愁盼”问题。深入实施干部政治能力和专业能力提升“两大工程”，围绕学习贯彻党的十九届五中、六中全会精神，集中轮训科级领导干部633人次、基层党员干部1870人次。

【疫情防控】 2021年，贺兰县委组织部开展“党员亮身份，一线战疫情”活动，481个基层党组织、8611名党员积极投身疫情防控一线，成立70个临时党支部。抽调30名有医学背景和相关工作经历的人员组建工作专班，加强信息流调等关键环节力量。选派34名机关干部担任“临时网格员”，动员1300名机关党员干部投身防控一线。划拨78万元党费、购买22万元防控物资支持基层党组织开展疫情防控工作，牢牢筑起疫情防控的“红色堡垒”，再一次守住疫情“零发生”底线。

【农村基层党组织建设】 2021年，贺兰县委组织部实施以党建促“四大提升行动”，深入推进“抓乡促村、整乡推进、整县提升”行动，全县三星级及以上村党组织达到85%，认定党建示范村38个。高质量完成65个村、17个社区“两委”换届选举工作，实现学历、年龄“一升一降”。推进“三大三强”行动和“两个带头人”工程，培育致富带头人928人、后备干部240人。坚决落实“四个不摘”要求，健全常态化驻村工作机制，选派驻村第一书记和工作队队员83人，实现行政村帮扶全覆盖。常态化整顿农村软弱涣散和后进村党组织6个。组织开展“导师帮带制”试点工作，创新探索跨领域帮带机制，精准确定帮带师徒114对。持续发展壮大村级集体经济，争取区市壮大村集体经济项目10个1000万元，全县村级集体经济收入3347万元，连续七年增幅超15%。关爱退职干部“温情六条”、导师帮带制、南梁台子隆源村“五组共治”模式等经验做法被《中国组织人事报》、自治区党委办公厅采编刊发。

【城市社区党组织建设】 2021年，贺兰县委组织部全面构建三级组织链条，成立社区党委13个、小区党支部118个、楼栋党小组171个，打造16个小区党建阵地。运用“一书三单”工作机制，圆梦居民微心愿546条。建立“双向进入、交叉任职”机制，推行“七步议事法”居民自治做法，创新“物业开放日”活动，打造花园社区“134红心家园”等党建品牌。

【党组织履职为民行动】 2021年，贺兰县委组织部以制度执行为关键，以标准规范为重点，以强化保障为支撑，着眼全领域系统谋划基层党建，统筹实施“六项行动”。实行党委（党组）书记及班子成员联系党支部制度，命名贺兰县模范机关36个，打造“财政金融党建联盟”等特色党建品牌。提升非公“两个覆盖”，探索“小个专”市场党建联盟新路径，打造百瑞源、厚生记等10个“红色车间”示范点，全县“两新”组织覆盖率分别达到85.29%、85.86%。深化“三银”品牌，整合资源、搭建载体，建设老干部（职工）党群服务中心，不断引导“老”干部发挥“新”作用。

【“双评双定”工作】 2021年，贺兰县委组织部开展“双评双定”工作，创建五星级党组织2个，评定三星级和四星级党组织共197个。加大资金投入，协调520万元保障4个新成立社区阵地建设并投入使用。开展“党员找组织、组织找党员、党员找党员”行动和排查整顿农村发展党员违规违纪问题工作，着力解决发展党员源头不足、培养教育缺失、审查把关不严等问题。

【县乡换届工作】 2021年，贺兰县委组织部把县乡换届作为组织工作重中之重，精心组织，周密谋划。建立换届工作领导小组和代表选举、人事安排、文件起草、会务准备、宣传、纪律监督的“1+6”工作体系，制定换届工作方案及流程图，规范换届程序，开展换届工作部署会、培训会14次。紧扣县乡换届工作重点阶段、关键环节，完成换届考察、县乡两级代表产生、会议选举等工作，推选产生县级党代表303名、人大代表200名、政协委员185名。分级分类落实“四必谈”要求，深入开展谈心谈话1120人次，利用手机短信、网站、微信等新媒体推送换届选举纪律要求4.6万条，发放换届纪律宣传册、折扇等宣传品3.8万件，组织签订严肃换届纪律承诺书980份，观看警示教育片1400人次。换届后，乡镇领导班子“85后”干部占比51.1%，具有两年以上乡镇工作经历的占78.8%，大学及以上学历干部较上届增加8名。

【干部队伍建设】 2021年，贺兰县委组织部落实党管干部原则，提拔调整干部9批268人次，着力培养选拔信念坚定、为民服务、勤政务实、敢于担当、清正廉洁的好干部，以干部队伍高素质保证发展高质量。结合任期考核、专项考核、年度考核、平时考核，开展干部政治体检，建立台账925条，审核干部人事档案127卷，征求纪检、政法等相关部门意见

38批次，联审1696人次，取消"两代表一委员"提名或考察资格31人。推进年轻干部培养使用，结合换届工作，选用政治过硬、历练扎实、表现突出的"五方面人员"7名，选用4名30岁以下优秀年轻干部进入乡镇领导班子。着力增强领导干部"七种能力"，选派25名干部参加专题培训班13期。关心关爱干部，落实乡镇干部收入高于县直机关同职级干部20%以上政策要求，兑现全县211名干部乡镇补贴265万元。认真落实"三个区分开来"要求，合理使用14名影响期满、符合有关条件的干部，旗帜鲜明为实干者撑腰鼓劲。发挥提醒函询诫勉制度的刚性约束作用，谈话提醒干部34人，问责处理干部28人，对2名在重大政治任务中认识不清、推动不力、责任落实不到位的"一把手"进行了"下"的处理。

【人才工作】 2021年，贺兰县委组织部建立人才工作目标责任制，提高党管人才工作水平。加强人才政治引领和政治吸纳，培养2名高层次人才入党，推荐56名高层次人才参选市、县"两代表一委员"和工商联执委，建言献策36条。组织100余名人才开展"感党恩跟党走 建功立业新时代"庆祝建党百年系列活动，录制视频2期，进一步激发和凝聚各类人才爱国奉献热情和力量。聚焦按需引才，打造"人才洼地"。围绕四大提升行动、"8+1"重点产业引进中国工程院谯仕彦院士团队、空军军医大学裴建明、贵州省辣椒研究所等10个专家团队，支持动物营养、胸痛中心建设、苗种繁育新技术、成果转化应用。联合同济大学引进2名博士后进站工作，推进艾尼工业博士后科研工作站建设。组织16家重点企业赴西北农林科技大学、北方民族大学等高校开展招才引智活动，引进各类高层次人才150余人。举办"春风行动"、校企合作、乡村振兴现场招聘会34期，达成就业意向4000余人。聚焦实用育才，提升"智力资源"。实施人才小高地建设、高精尖缺人才引领等工程，投入人才经费580万元、争取上级资金323万元，实施人才项目67个，培养申报人才工程118人，选树10名导师培养带动乡村振兴产业、推动社会治理和"四权"改革。建成自治区级工程技术研究中心1家、"专精特新"小巨人企业、农业高新技术企业和科技型中小企业32家、引育科技创新团队2个。通过搭建人才工作载体，进一步提升人才创新创业活力。聚焦服务留才，释放"磁场效应"。实施人才安居工程，为20余名高层次人才配备专家公寓，发放共有产权房31套、生活补贴28.8万元。发放银川市高精尖缺人才、学术技术带头人生活补贴及培养费用345.5万元。走访慰问优秀人才60人，组织14名高精尖缺人才和专家开展健康体检，协调解决专家子女入学问题，不断提升人才服务软环境。

宣传工作

【概况】 2021年，贺兰县宣传思想文化工作以习近平新时代中国特色社会主义思想为指导，深入学习贯彻党的十九届五中、六中全会精神、《中国共产党宣传工作条例》及自治区市县党委工作部署，贯彻落实全国全区全市宣传部长会议要求，以庆祝中国共产党成立100周年为主线，以"宣传工作机制创新年"为抓手，全面落实自治区宣传思想文化工作"十大工程"。

【抓载体强基础】 2021年，贺兰县委宣传部把学习贯彻党的十九届六中全会精神和习近平总书记"七一"重要讲话精神、习近平总书记视察宁夏重要讲话精神作为重中之重，研究贯彻落实意见并印发工作方案。发挥"关键少数"作用，县四套班子领导带头作表率，召开县委理论学习中心组学习及专题研讨会34次，33名县级党员领导干部带头到所包乡镇、街道、村、社区、企业讲党课98人次，受众5000余人，充分发挥表率作用，切实将学习落到实处，学出成效。坚持丰富活动"促"学。做好"学习强国"学习平台的推广使用工作。在"学习强国"学习平台上传文稿334条，视频266条；举办全县"学习强国"知识竞赛、达人挑战赛等，推动党员干部学习成效转化。举办党史学习教育测试450场次，以赛促学、以学促用，激发党员干部学习热情；通过举办"今昔对比看变化 知史感恩共产党"主题大型图片展览、庆祝中国共产党成立100周年"颂歌献给党 永远跟党走"大合唱、"党的百年历程"党史图片展、

“书香贺兰”全民读书节、微视频等丰富多彩的文化活动，以文化人、以文育人。坚持创新方式“融”学。充分发挥新时代文明实践中心（所、站）阵地作用，打造“一线课堂”“板凳课堂”“流动课堂”“指尖课堂”，以“面对面+屏对屏”的学习方式，开辟专题研讨、讲党课、线上学专栏，开展微宣讲活动1900场次，覆盖群众21万人。通过“村村享”大喇叭、党史“随身听”将党史知识送到“田间地头”，让党史学习教育从“会场”向“现场”延伸。

【抓惠民重成效】 2021年，贺兰县委宣传部印发全县党史学习教育实施工作方案等指导性材料40余份，召开工作例会6次。成立五个指导组，分行业分领域下沉一线督查指导700余次，分类分行业组织观摩学习交流，及时纠正问题偏差，倒逼各部门形成“比、学、赶、超”的学习氛围，推动党史学习教育走深走实。办好实事惠民生。站稳人民立场，坚持把办实事、解难题贯穿党史学习教育全过程，以“办好实事惠民生”“创新治理保平安”“推动发展增福祉”3个专项行动为抓手，结合实施民生领域“四大提升行动”和“七项惠民工程”，建立“我为群众办实事”三级台账，形成县级领导负责包办、责任单位具体承办、督查机构实时督办的工作机制，一批群众急难愁盼的问题得到解决，县级45项和各乡镇、部门3056件民生实事项目已全部办结。把群众满意度作为检验为民办实事成效的标尺，对每个项目开展群众满意度测评，县级办实事项目满意度均在95%以上。创新治理保平安。坚持把创新基层社会治理作为推动党史学习教育走深走实的关键，统筹推进“1+6”基层治理，198项重点任务一体化推进。完善“1234”社区治理体系，建立“红融商圈”党建联盟，构建多元联动、共治共享的基层社会治理模式，“家园小时代”房产证办理等一批民生领域历史遗留问题妥善化解。巩固拓展脱贫攻坚成果同乡村振兴有效衔接，南梁台子隆源村“五组共治”乡村治理新模式在全区“四大提升行动”观摩中得到了高度肯定。推动发展增福祉。坚持“一高三化”发展理念，抓实“六大特色小镇”建设，百瑞源枸杞小镇、中通科技智能物流产业园等89个重点项目加快推进，葡萄酒、绿色食品等“8+1”重点特色产业加快布局，“1+4”改革取得突破，建立全区首家县级产权交易平台，颁发全区首批宅基地资格权证书，“四权”改革迈出坚实步伐，相继上市交易。先后举办政银企座谈会2次，县政府与中国电信宁夏分公司、中国建设银行宁夏回族自治区分行等15家企业签订合作协议，百瑞源、大北农等企业重点项目陆续竣工投产。

【抓导向重谋划】 2021年，贺兰县委宣传部加强与中央媒体联系，在中央级媒体播发贺兰县相关稿件350余条次，自治区、市媒体刊播670余篇次。组织开展中央及自治区、市主流媒体贺兰行活动，讲好“贺兰故事”。央视《走进乡村看小康》栏目用15分钟对准四十里店村稻渔空间，展现乡村振兴的显著变化和群众实实在在的获得感、幸福感、安全感。央视科教频道《创新进行时》栏目用时长145分钟以科海渔业、晶诚水产为切入点，展现黄河边科技渔场的繁荣景象，大力宣传贺兰县建设黄河流域生态保护和高质量发展先行区示范县的举措。全面实施县级融媒体增量工程，建成主流舆论阵地、综合服务平台、社区信息枢纽。全年开展系列报道共计2377条次，制作播出“习近平新时代中国特色社会主义思想”“疫情防控”等公益广告、融媒体产品54条次，总阅读量超40万人次。7月22日，中共中央政治局委员、中宣部部长黄坤明一行到县融媒体中心考察工作，对贺兰县融媒体建设工作给予高度肯定，融媒体建设迈出了坚实的一步。县融媒体中心获评全国县级先进融媒体中心。

【抓典型重创建】 2021年，贺兰县委宣传部贯彻落实《新时代公民道德建设实施纲要》《新时代爱国主义教育实施纲要》，打造欣荣村、欣兰广场等30余处社会主义核心价值观宣传长廊和主题广场、公园。深入实施公民道德建设工程，大力开展志愿服务四个“十佳”评选活动。丰富拓展“我们的节日”主题活动，倡导节日新风。开展“扣好人生第一粒扣子”“开学第一课”“童心向党”等主题实践活动，教育和引导广大青少年从小听党话、感党恩、跟党走，厚植爱党爱国爱社会主义情怀。通报表扬贺兰县文明家庭24户、新时代好少年25人。县教育体育局获评自治区未成年人思想道德建设工作先进单位，立岗镇通义村获评全国文明村。进一步拓展新时代文明实践，突出“讲、帮、乐、树、行”五种实践形式，不断探索、创新、实践新时代文明实践中心建设的有效路径，打造新时代文明实践“两中心一平台”，构建“1+7+N”三级志愿服务队伍，探索“1355”工作法，创新实施了“掌上”文明实践中心、“公益积分+”“村村享大喇叭”“道德红黑榜”“校园电视台”五个文明实践载体，不断满足群众日益增长的精神文化新期待，全面打通宣传群众、教育群众、关心群众、服务群众“最后一公里”。贺兰县获第二届自治区移风易俗先进县称号，洪广镇获评自治区移风易俗工作先进村镇，富兴街道办事处如意湖社区、南梁台子隆源村红白理事会获评自治区移风易俗工作先进红白理事会。坚持守正创新，提升文明创建实效。成立创建双组长领导小组，组建县人大、县政协主要领导为档案资料、督导指导专班，积极开展争创全国文明城市工作，制定争创全国文明城市“三年行动计划”和年度实施方案，积极开展创建自治区文明城市春季大会战、“十二大专项整治提升行动”等专项行动，集中开展“六上八进”活动，着力改善市容市貌和人居环境，强力推进创城工作，圆满完成自治区文明城市复验。推荐命名各级文明单位、文明村镇、文明校园7个，确认保留区级文明校园称号的学校1个，确认保留市级文明校园称号的学校3个，推荐全国文明校园先进学校3个、自治区文明校园先进学校3个，文明校园创建活动覆盖率100%。成功创建全国文明单位2个，全国文明村镇2个，自治区级文明村镇9个，市级文明村镇10个，县级文明村镇35个，文明村镇创建率达到80%。金贵镇江南村沙学兰家庭被评为全国“最美家庭”。

【抓特色重实效】 2021年，贺兰县委宣传部完善城乡公共文化服务体系，着力打造智慧图书馆、智慧文化馆，促进基层各文化场所服务提质增效。为16个阅读岛配送图书8500册，公共文化一体机3台。开展好文化“四送六进”“广场文化季”等活动733场次，送电影下乡1556场次。开展“百年新征程·奋进新时代”特色群众广场文化活动和各类文化文艺培训班，不断丰富群众文化生活。打造“乐堡音乐啤酒节”“美好生活节”等贺兰本土品牌文化活动。提升文旅融合。以黄河生态文化带建设为抓手，谋划贺兰山工业旅游园区建设、“金贵堡”老街文旅综合体建设等项目。积极争取中央及自治区、市项目资金，有力服务贺兰县推进“8+1”特色重点产业。制作“两晒一促”文旅推介宣传片，制定《贺兰县文化旅游产业高质量发展方案》等政策文件，指导推荐天骏青青生态园等6家文旅企业申报星级旅游民宿，桃林又一村休闲农乐园等8家申报星级乡村旅游示范点，金山村、通义村申报全国乡村旅游重点村，推进全域旅游示范县创建活动。

统战工作

【概况】 2021年，贺兰县委统战部立足新起点、担当新使命、谋划新蓝图，以加强党对统一战线工作的集中统一领导为根本，以学习宣传贯彻《中国共产党统一战线工作条例》为重点，以突出思想政治引领、全面推进多党合作、促进民族团结进步、加强基层宗教治理、创新其他领域统战工作和提升自身能力建设等六项行动为重任，围绕中心，服务大局，凝心聚力，狠抓落实，为建设黄河流域生态保护和高质量发展先行区示范县贡献了统战力量。

【思想政治引领】 2021年，贺兰县委统战部坚持把学习贯彻习近平新时代中国特色社会主义思想作为统一战线长期重要政治任务抓紧抓实抓细，不断强化思想引领，深化政治共识。把《中国共产党统一战线工作条例》作为领导干部和统战成员重要学习内容，通过党委（党组）理论学习中心组、党校教学、专题辅导、交流研讨等形式，开展常态化、特色化学习宣讲活动，切实做到党政领导熟知条例、统战干部精通条例、统战成员了解条例。发放《中国共产党统一战线工作条例》2000余册，县委理论学习中心组成员集中学习2次，各级党（工）委通过中心理论组学习、干部集中学习、专题培训等形式共开展条例学习40次，统战成员学习80次。

【党史学习教育】 2021年,贺兰县委统战部把党史、新中国史、改革开放史、社会主义发展史作为统战成员必学内容、必修课程,通过集中学、专题议、潜心悟、抓落实等方式,深化学习实效。2021年,县委理论学习中心组围绕"传承党的百年光辉史基因 铸牢中华民族共同体意识"主题组织辅导报告3次、专题研讨2次,举办统战系统"五观""四史"培训班15场次,为各民主党派成员、宗教界人士等赠送党史学习教育书籍60余套,进一步增进统战成员对中国共产党和中国特色社会主义的政治认同、思想认同、理论认同和情感认同。

【中国共产党成立100周年庆祝活动】 2021年,贺兰县委统战部以庆祝中国共产党成立100周年为主题,举办各界人士庆祝中国共产党成立100周年座谈会1次、宗教界人士"爱党爱国爱社会主义"主题座谈会1次,征集"同心圆梦·共书辉煌"主题书画文艺作品20余幅。各民主党派、宗教团体、宗教活动场所通过升国旗、唱国歌、看实况、开座谈等形式,观看庆祝中国共产党成立100周年大会、学习习近平总书记重要讲话精神。

【完善大统战工作格局】 2021年,贺兰县委常委会会议研究统一战线工作11次,召开县委统一战线工作领导小组会议3次、宗教联席会议6次,各乡镇场、街道党(工)委研究统一战线工作30余次,明确乡镇、街道统战委员全部由党(工)委副书记担任,并率先在全区将统战委员增补为政协委员。印发《贺兰县委统一战线工作领导小组2021年工作要点》《贺兰县委统一战线工作领导小组成员单位职责分工》等10份文件,统一战线工作被纳入县委、县政府年度督查计划和领导干部目标管理和考核体系,党委统一领导、统战部牵头协调、有关方面各负其责的大统战工作格局持续巩固完善。

【多党合作稳步推进】 2021年,贺兰县委统战部协助5个民主党派顺利完成换届工作,新任班子整体呈现年轻化、高学历等特点。印发《贺兰县民主党派代表人士队伍建设规划(2021—2027年)》及《关于贯彻落实〈中共中央关于加强中国特色社会主义参政党建设的意见〉的实施方案》,进一步提拔使用党外代表人士7名。按照《中国共产党统一战线工作条例》规定及自治区、市要求,做好政协贺兰县第十一届委员会委员党外人选提名协商工作,共提出建议人选111名,涉及各民主党派、新的社会阶层人士、非公经济人士、宗教界人士等统战成员,具有一定代表性和广泛性。提名推荐政协银川市十四届委员会委员建议人选13名。提名推荐贺兰县十九届人大代表10名,其中民主党派人士7名,宗教界人士2名,推荐市人大代表1名。

【新的社会阶层统战工作】 2021年,贺兰县委统战部制定印发《2021—2025年贺兰县推进新的社会阶层人士统战工作实施方案》,在银川市雷锋纪念馆打造贺兰县新的社会阶层人士实践教育基地,推荐4名新的社会阶层人士,代表参加银川市"学党史 感党恩 跟党走"红色经典诵读活动。

【民营经济统战工作】 2021年,贺兰县委统战部研究制定《关于加强新时代民营经济统战工作的实施方案》,实施"五大行动",抓好民营经济代表人士队伍建设,组织开展民营经济人士"四史""五观"培训班10次。统筹指导完成贺兰县工商联(贺兰商会)换届工作,会员企业达744家,组织会员企业开展"庆中秋 迎国庆 话发展"互观互学等活动,在银川艾尼科技股份有限公司打造贺兰县民营经济人士之家,加强民营经济人士交流交往。

【争取资金项目】 2021年,贺兰县委统战部争取中央少数民族发展资金100万元,争取自治区民委、自治区财政厅2021年民贸民品贷款贴息资金2545万元;联合县财政局审核申报2020年度民品企业贷款贴息企业6家,申报贴息1458.96万元,助力非公企业复工复产。组织申报2021年少数民族发展资金项目16个,筛选上报银川市少数民族发展资金项目6个,争取资金48万元,争取银川市民族团结进步创建资金31万元,助力民族地区经济社会发展。

【疫情防控】 2021年，贺兰县委统战部号召全县统一战线成员积极行动、主动作为，百瑞源、如意公司等19家民品企业和非公经济企业，主动捐款捐物55万元；民革、农工党等民主党派成员坚守抗疫一线，助力疫情防控；宗教界人士自发组织、同心抗疫，捐款捐物6.3万元；80名统一战线各界人士积极参与抗疫志愿服务队伍。

【民族团结进步示范县创建】 2021年，贺兰县委统战部制定印发《贺兰县巩固提升全国民族团结进步示范县创建成果三年行动方案（2021—2023年）》，通报表扬民族团结进步创建模范集体14个、模范个人18名、模范家庭35户，召开民族团结进步创建工作推进会2次，分领域分批次专题培训4次，组织互观互检2次，县委分管领导一线指导调研10余次。贺兰一小等3家迎接自治区民族团结进步示范单位第三方验收，欣荣村、融媒体中心等4家单位迎接全国民族团结进步示范区第三方测评及专家考察评估活动。积极组织参加银川市第23个民族团结进步月“传承党的百年光辉史基因 铸牢中华民族共同体意识”线上知识竞赛，在6个县（市、区）中名列第二，获优秀组织奖。富兴街街道花园社区作为银川市唯一一家入围第九批全国民族团结进步示范单位的创建单位，完成公示。

【传承党的百年光辉史基因 铸牢中华民族共同体意识教育】 2021年，贺兰县委统战部开展好“传承党的百年光辉史基因 铸牢中华民族共同体意识”主题教育，结合马克思主义“五观”“百场万人”大宣讲活动，共宣传宣讲200场次，覆盖人数达2万人次。发放马克思主义“五观”基本问题口袋书1000册。深入学习贯彻中央民族工作会议精神和自治区党委十二届十三次全会精神，结合贺兰实际，起草制定“1+2”工作方案及清单，在“魅力贺兰”App开辟学习宣传贯彻中央民族工作会议精神专栏，发布各类稿件150篇。开展学习贯彻党的十九届六中全会精神“进乡村、进宗教活动场所”活动，聘请专家教授分乡镇场、街道举办“乡镇场街道干部及宗教界人士学习贯彻党的十九届六中全会精神报告会”20场次，参训人数达970人次。围绕“讲好民族团结故事·唱响中国共产党好”主题，创作专题片1部。率先在全区创新打造“铸牢中华民族共同体意识”主题VR展馆，结合第23个“民族团结进步月”，开展“我为群众办实事”“同上一堂思政课，共话民族大团结”等系列活动，举办“端午粽情中国节 民族团结一家亲”等“我们的节日”系列活动100余场次，覆盖8000余人次。打造铸牢中华民族共同体意识主题宣传长廊3条、红石榴民族团结进步街区1条、巷道1条。

【宗教领域工作】 2021年，贺兰县委统战部指导全县宗教活动场所落实“4+N”制度，在江南清真寺、达吉禅寺打造基层宗教治理暨铸牢中华民族共同体意识示范场所，创新开展中国书法等进宗教活动场所活动；开展春节等慰问活动，累计慰问宗教界人士100人，发放慰问金3.5万元。

【宗教场所管理】 举办宗教界人士集中培训2次，推荐8名教职人员参加自治区组织学历提升考试。在全县85个场所开展第三方代理记账，对习岗清真寺等场所进行“点穴式”财务审计。疫情防控期间，指导全县宗教活动场所严格执行“两个暂停”要求，按照区市要求落实常态化疫情防控措施。

【干部作风建设】 2021年，贺兰县委统战部以基层党建为引领，扎实推进模范机关建设。召开部务会议8次，严格落实民主集中制和末位表态制，班子团结协作、运行顺畅。持续深化党风廉政建设工作，以落实“一岗双责”为龙头，狠抓党员干部的廉政教育，引导党员干部严于律己，洁身自好。全面完善班子成员干部廉政档案3人，主要领导与班子成员、支部书记与党员干部层层签订目标责任书13份，进一步完善压力逐级传递、责任层层落实的工作链条。研究党风廉政建设10余次，高质量召开专题民主生活会2次。

【意识形态阵地】 2021年，贺兰县委统战部严格落实意识形态工作责任制，制定《统一战线宣传报道管理工作实施方案》，完善涉统一战线重点领域信息清单，牢牢把握统战领域意识形态工作主动权。

政研工作

【概况】 2021年，贺兰县委政研室全面贯彻党的十九大和十九届二中、三中、四中、五中、六中全会精神，认真落实中央、自治区、银川市全面深化改革工作安排部署，紧紧围绕县委、县政府中心工作，立足实际、突出重点，不断优化工作思路，改善工作方法，较好地完成了县委交办的政策研究、深化改革等各项工作，切实发挥好参谋助手作用。

【深化改革】 2021年，贺兰县委政研室开展全面深化改革任务举措落实情况“回头看”工作。建立“四个工作台账”，梳理涉及贺兰改革事项518项，均制定整改措施，抓好执行落实。全面对标中央及区市改革目标任务，结合贺兰改革发展实际制定印发《贺兰县“改革攻坚年”实施方案》，集中力量对一批推进缓慢、制约全县经济社会发展的改革事项进行攻坚，明确重点改革任务23项，厘清责任主体、明确工作时限，为推进各项重点改革任务提供依据。贯彻落实习近平总书记视察宁夏重要讲话精神和自治区建设黄河流域生态保护和高质量发展先行区第四次推进会的部署要求，主动对标对表，制定“1+4+2”改革方案，即一个国家级宅基地制度改革试点方案，用水权、土地权、山林权、排污权四个综合改革方案，用地规划管控、用水权创新突破两个重点改革方案，确保改革方向不偏离、目标不打折、任务不缺项。紧紧围绕“确权、赋能、定价、入市”四个关键环节谋项目、抓落实，针对每一项改革梳理制定具体任务、配套政策、支撑项目清单和操作流程图，梳理具体任务113项，配套政策42个、配套项目21个，编制各类改革流程图13个，做到目标任务明确、政策保障到位、项目支撑有力、措施路径清晰。完善细化全面深化改革绩效考核赋分细则，对年初安排的各项改革任务实行台账管理，对已完成的改革工作逐项评估、逐项销号。将全面深化改革工作纳入全县绩效考评重要内容，定期或不定期开展改革专项督查，确保各项改革任务有序推进、落实见效。加强改革成果总结和推广，向自治区、市改革办投送信息76篇，采用56篇，采用率77%，编发贺兰改革动态信息9期。

【调查研究】 2021年，贺兰县委政研室完成了巩固拓展脱贫攻坚成果同乡村振兴有效衔接主题署名文章、“深入学习百年党史”党课、“四权”改革专报等文稿起草修改工作。制定“4+x”调研计划，针对具体工作中遇到的具体问题进行调查研究，形成“短平快”的调研报告，找准问题、弄清原委、提出对策。完成了《牢记初心使命 不负深情嘱托——坚定不移推动习近平总书记视察宁夏重要讲话精神在贺兰落地生根》《以改革开路、以创新破局——贺兰县学党史 促改革 开新局》《贺兰县隆源村“五组共治”探索乡村治理新模式》《贺兰县开展村级会计委托代理试点工作的调研报告》等调研报告，其中被《宁夏工作研究》登载2篇，《大银川》登载2篇。围绕“四权”改革、乡村振兴、社会治理、深化改革领域开展宏观政策研究，编辑整理相关政策解读、典型经验等，编辑印发《政研参考》10期、《政研专报》3期12篇，微信公众平台累计推送500条。坚决贯彻落实县委调整财经委员会及财经委员会办公室设置的重要决定，筹备2021年第一次财经委员会会议，进一步推动了财经工作的制度化、规范化、法治化，提升了依法行政、科学决策的能力和水平。

【党史学习教育】 2021年，贺兰县委政研室制定《贺兰县委政研室关于开展党史学习教育的实施方案》，将学习党史、坚定理想信念、为民办实事、奋力开新局贯穿于全年，确保学习教育有目标、有内容、有成效。制定学习计划表，组织党员干部原原本本学习《论中国共产党历史》《改革开放简史》等7本指定学习教材，进一步树牢“四个意识”、坚定“四个自信”、做到“两个维护”。累计开展集中学习60次，举办专题读书班2次，围绕“习近平总书记在庆祝中国共产党成立100周年大会上的讲话”“传承党的百年光辉史基因、铸牢中华民族共同体意识”等主题开展交流研讨9次，撰写心得体会20篇。以庆祝中国共产党成立100周年为主线，组织机关党员干部观看贺兰县“今昔对比看变化、知史感恩共产党”主题图片展、重走习近平总书记走过的路(常信乡四十里店村稻渔空间)、参观盐池县宁夏长城博物馆和盐池革命纪念馆、学史力行践初心,乡村振兴担使命等主题活动,进一步激励党员干部继承和发扬革命前辈的光荣传统和优良作风,始终不忘党的历史,永远牢记初心使命。充分用好网络资源,通过“学习强国”学习等平台丰富党史学习教育形式,在线聆听中央党校中共党史专题讲座12讲,组织开展党史知识线上答题活动2次,线下微测试9期。

机构编制

【概况】 2021年,贺兰县委编办认真贯彻落实党的十九大和十九届五中、六中全会精神,对照县委、县政府确定的工作目标和任务,立足发展大局,主动适应新常态、顺应新形势,统筹推进各项改革,创新机构编制管理,大力加强自身建设,较好地完成了全年各项工作任务。

【党史学习教育】 2021年,贺兰县委编办认真贯彻落实县委和县党史学习教育领导小组部署要求,把开展党史学习教育作为一项重大政治任务,成立了由支部书记为组长的党史学习教育工作领导小组,安排专人负责党史学习教育具体工作。召开党史学习教育动员大会,把党史学习教育工作纳入中心工作统筹部署,制定印发《贺兰县委编办党史学习教育实施工作方案》,明确党史学习教育工作重点、推进措施,确保党史学习教育各项工作高标准高质量推进落实。制订中共贺兰县委编办党支部党史学习教育月度学习计划,依托集体学习、交流研讨、参观学习和自主学习的多元化载体,充分利用观看红色影片、党史知识测试、诵读红色家书、“红黑”笔记标注等多种形式,精心组织全体党员干部全身心投入学习,营造党史学习教育良好氛围。开展专题研讨交流10次,讲党课2次,集中学习56次,撰写心得体会11篇,组织党史知识测试11次。

【审批服务执法力量改革】 2021年,贺兰县委编办成立了由县委书记任组长、县长任副组长的改革领导小组,设立了综合事项、机构改革等6个专项工作组。制定《贺兰县推进基层整合审批服务执法力量改革实施方案》,经银川市委批复后印发实施。

【优化行政和事业机构】 2021年,贺兰县委编办乡镇综合设置五办四中心,街道综合设置四办三中心,明确职责任务和人员编制,切实构建起简约精干、运行高效的基层组织架构。

【稳步推进编制人员下放】 2021年,贺兰县委编办采取“减上补下”措施共向乡镇、街道增加行政、事业编制77名,每个乡镇在原核定编制的基础上,增加13~15个编制,行政、事业编制总数不少于52名,平均增幅不低于38%;街道编制不少于30名。

【精准制定赋权清单】 2021年,贺兰县委编办立足乡镇、街道实际,审慎拟定乡镇、街道赋权事项,确定乡镇赋权事项5类63项,街道赋权事项5类36项。

【提升基层政务服务能力】 2021年,贺兰县委编办制定印发《贺兰县深入推进和完善乡镇(街道)审批服务工作的实施方案》《贺兰县进一步加强基层政务服务标准化建设实施方案》,规范办事指南和工作规程,进一步提升审批服务效能和群众满意度。为各乡镇(街道)民生服务中心、76个村(社区)代办点配齐配全电脑、打印机、高拍仪等设备,将个体工商户登记、食品经营许可、清真食品准营证核发等12项行政许可事项赋权委托乡镇实施。将涉及就业服务、社会保障、医疗保障、社会救助、户籍管理等群众关注的124项政务服务事项下放乡镇(街道)民生服务中心或相关站所办理,45项便民服务事项下放村(社区)代办点办理。

【提升综合执法能力】 2021年,贺兰县委编办在乡镇、街道组建综合执法办公室,配备了专门的执法人员,县综合执法局按照每个乡镇2名在编人员、3名协管人员增加派驻力量,派驻中队负责人兼任乡镇(街道)执法办公室主任,实现两个机构有效融合。修改完善了《乡镇（街道）综合执法事项清单》，制定了《贺兰县乡镇（街道）行政执法公示办法》《贺兰县乡镇（街道）行政执法全过程记录实施办法》等文件，开展乡镇、街道执法人员培训，确保基层综合行政执法行为规范。

【稳步推进“两网”整合】 2021年，贺兰县委编办按照城运中心和综治中心双融合机制，构建以智慧城市运营管理指挥中心为中枢，“12345”便民服务平台等6个县级指挥调度平台为载体，8个乡镇街道分中心为拓展补充的“一中枢、六平台、八中心”城市运营管理指挥体系。制定《贺兰县农村网格员管理办法》，进一步明确网格员职责任务、管理方式等，切实打造“全科网格”。

【切实为基层减负】 2021年，贺兰县委编办制定《贺兰县2021年度绩效考评工作方案》，将乡镇（街道）优秀等次比例由原来40%提高到55%；梳理整合了2021年督查检查考核工作计划共计30项；对各部门报送的58项评比达标表彰项目进行了规范整合，确定了5个评比达标表彰项目；全面清理“一票否决”事项，绩效考评方案中“一票否决”事项从9项内容减少为“安全生产工作”1项；对全县各领域设立的签订责任状事项进行全面梳理排查，保留了14项有依据的事项。

【编制资源配置】 2021年，贺兰县委编办有效整合使用副科级事业单位限额，将县党员教育服务中心、县河湖事务中心、县物业管理中心机构规格调整为副科级。将县公安局森林派出所整建制划转至县公安局进行管理，进一步理顺森林派出所管理体制。成立县国有资产服务中心，优化县国有资产服务统计相关职责。进一步提升乡村振兴工作统筹协调力度和服务指导水平，调整优化乡村振兴工作机构。

【优化编制结构】 2021年，贺兰县委编办全面推进县域公立医院综合医改工作，在贺兰县人民医院加挂“贺兰县医疗健康总院”牌子，充分发挥医疗卫生资源的整体效益，推广县域内紧密型医共体建设；积极向自治区党委编办申请，为贺兰县分配中小学校“周转池”事业编制170名，有效缓解了教职工编制压力；为保障教育教学工作顺利开展，按照“班师比与师生比”相结合的方式对各中小学、幼儿园编制实行动态调整；在编制总量内实行应招尽招，先后两批次公开面向全国招考中小学教师218名，采取统一招考方式补充幼儿园教师18名，保障全县教育教学工作顺利开展。采用个别选调方式为县公立医院选调工作人员3名，中小学幼儿园教师26名，有力充实了教育、卫生领域专业技术人才队伍。

【机构编制核查】 2021年，贺兰县委编办组织开展第二次机构编制核查工作，对全县机关事业单位机构编制批复和实际设置情况，编制核定及实有人员情况，领导职数核定及实际配备情况、实名制数据等内容进行全面核查。做好机构编制信息基础维护，全年共录入公务员18名、事业人员357名，县内调整人员63名。

【事业单位登记管理】 2021年，贺兰县委编办优化流程，开展事业单位登记管理工作。全流程网上办理2021年度事业单位法人年度报告公示工作，县本级应公示事业单位94家，完成公示率100%。推进事业单位登记管理服务标准化，开展统一社会信用代码管理工作，全年共办理事业单位设立登记7家，变更登记7件，证书补领2件；统一社会信用代码证变更登记18家。

党校工作

【概况】 2021年，贺兰县委党校坚持以习近平新时代中国特色社会主义思想为指导，认真学习贯彻《中国共产党党校（行政学院）工作条例》，围绕县委中心工作、服务大局、聚焦主责主业，加强自身建设、切实发挥党校职能作用。

【党员教育培训】 2021年，贺兰县委党校全面落实党员干部教育培训计划，共举办各类培训班18期，累计培训1750人次，有效发挥了党校党员干部教育培训的主渠道作用。深入开展党史学习教育培训，联合县委组织部、宣传部、统战部等部门举办了贺兰县科级干部领导干部党史学习教育暨党的十九届五中全会精神培训班、贺兰县机关干部"四史""五观"学习培训班，教育引导党员领导干部做到学史明理、学史增信、学史崇德、学史力行，努力助推全县党史学习教育走深走实。立足培训主体开展分类培训，联合县委组织部举办了贺兰县2021年度新任村（社区）"两委"成员履职示范培训班、银川市新任村干部专题培训班，提高了新任村干部履职尽责意识。联合政法委举办政法干警忠诚教育专题培训班，引导政法干警坚定信念，忠诚担当。联合县委组织部举办党务工作者培训班，提高全县党务工作者的业务工作能力，促进各级党组织规范化建设。举办全县2021年党员发展对象培训班，进一步增强党员发展对象对新时期党的思想理论、路线、方针、政策的认识和理解。联合统战部举办了民族团结进步创建工作培训班，助力民族团结示范县建设。立足干部素质能力强化提升开展专题培训，举办村党组织书记和驻村第一书记学习习近平总书记在庆祝中国共产党成立100周年大会上的重要讲话精神专题培训班、全县科级干部党的十九届六中全会精神培训班，增强了全县各级领导干部贯彻落实中央、自治区、银川市、市重要会议精神的政治自觉、思想自觉和行动自觉，教育引导广大党员干部牢固树立"四个意识"，坚定"四个自信"，做到"两个维护"，确保全县党员干部把思想和行动统一到贯彻落实党的十九届六中全会精神，自治区全会、市县党代会精神，推进贺兰经济社会发展各项工作上来。

【理论宣讲】 2021年，贺兰县委党校联合县委组织部、宣传部深入工业园区、镇场（村）、街道（社区）、机关开展党史学习教育、习近平总书记"七一"重要讲话精神、党的十九届六中全会精神送课下基层宣讲活动。共开展下基层宣讲60余场，受众5000余人次，通过鲜活的事例，引领广大基层党员群众在理想信念、价值理念、道德观念上紧跟时代步伐，不断弘扬主旋律、激发正能量，赓续红色基因。

【党建工作】 2021年，贺兰县委党校结合党史学习教育，组织党员及教职工全面系统学习党章党规党纪及"四史"规定必学内容，通过每周二、四晨会专题学，读书班校党委班子集中领学，督促党员干部业余时间自学，努力提升党员思想认识和理论水平；强化支部班子建设，进一步优化支部委员结构，充分履行党建第一责任人职责，班子成员严格落实"一岗双责"职责，全面落实党费收缴、"三会一课"等制度，切实开好领导班子民主生活会和党员组织生活会，把民主集中制落实到具体工作各个环节；对照党建工作清单，做好规定动作，扎实开展自选动作。围绕"诵读红色经典、永远跟党走""忆峥嵘岁月、聚奋进力量"等主题，创新主题党日活动形式，进一步提升主题党日活动实效，注重党内关怀，不断增强支部的向心力、凝聚力、战斗力；深入开展"三进"党员干部"双报到双报告"制度，促进村、社区、非公企业党组织建设；以党员干部教育培训、基层宣讲等党校职能作用发挥为抓手，加强对干部职工的教育管理，有效提升能力素质和水平，推动《中国共产党党校（行政学院）工作条例》的落地、落实、落细，有效巩固了"让党中央放心、让人民群众满意的"模范机关创建成果。

【党风廉政建设】 2021年，贺兰县委党校严格按照县委党风廉政建设工作部署要求制定工作计划和实施方案，明确分工，压实责任，主要负责人认真履行"第一责任人"责任，按季度安排部署党风廉政工作、切实落实党风廉政"三个清单"，与各室负责人签订党风廉政建设责任书，督促班子成员全面落实"一岗双责"，将党风廉政建设工作与党校各项工作同研究、同部署、同落实，让党风廉政建设责任到人。严格执行民主集中制，"三重一大"事项由班子成员集体讨论研究决定，并按相关要求邀请派驻第五纪检监察组人员列席会议，积极配合监督指导，全面落实重大事项请示报告制度。严格执行"五不直接分管"和一把手末位表态制度，有力保障党校各项工作管理科学规范，决策民主高效。严格党员队伍管理。认真贯彻执行《落实全面从严治党主体责任运用"四种形态"实施办法（试行）》《银川市公职人员不当行为责任追究办法等四项制度的通知》等文件精神，强化党员干部队伍管理，常态化开展谈心谈话，执行周工作通报制度，用制度管人管事管权。深化作风建设。严格落实中央八项规定及其实施细则、自治区党委加强作风建设“八条禁令”等相关制度，把“两个责任”和“一岗双责”落实到党校工作的各方面，校党委班子带头践行“三基本”工作法、落实“三个一线”工作机制，对照“严细深实勤俭廉”的工作要求开展工作，聚力抓落实求实效，召开“深化作风建设”专题民主生活会，认真查找问题，深入分析原因，制定整改措施，不断促进严以治校、严以治教、严以治学，以作风转变促校风提升。坚持问题导向。认真开展市委巡察整改“回头看”，工程领域政府采购等重点领域专项整治和违规吃喝隐形变异问题专项整治工作的自查，对自查、巡察发现问题建立整改台账，抓好整改落实，保证各项工作科学、规范、高效开展。

【党史学习教育】 认真开展党史学习教育，通过开展读书班集中学，交流心得研讨学，利用红色资源实地学，网络媒体互动学，全面、系统、深入的学习规定学习篇目，增强了党员和干部职工党史学习教育实效。深入开展党史学习教育培训工作，把党史作为党员干部教育培训的必修课，提升党史课程比重，分层次、分批次、高质量开展了“四史”培训。创新宣讲方式，线上线下相结合，持续开展送课下基层活动，大力推进“四史”宣传阐释向基层延伸，做到党史宣讲进农村、社区、学校、机关、企业、网络。录制的党史专题教育课、微宣讲视频、打造的光辉的历史，伟大的成就——中国共产党党史精品课程受到了基层党员干部的一致好评。与村、社区联动开展为民办实事，送党史精品课进农村、进社区，主动向如意湖社区认领困难群众微心愿，帮助10名困难老人购买了意外伤害保险，为月湖名邸东区残疾人修建了轮椅出行坡道，解决了残疾人出行难的问题；向新民村、如意湖社区、驻县部队雷达站赠送党史学习教育书籍，划拨课桌椅、书柜等办公设备，提升村社区为民服务硬件设施条件，把为民办实事真正落到实处。

【决策咨询】 2021年，贺兰县委党校班子带头组织教研人员深入基层一线，着重了解县域经济社会发展，基层党组织和党员干部群众的思想状况、工作现状、堵点难点、培训需求等，撰写有针对性、指导性的理论调研文章，积极开展决策咨询工作，为党校培训课程设置和教学安排提供依据。通过承担课题、集体备课、基层调研给青年教师“铺底子、压担子”，更好地引导他们在实践中积累经验、增长才干、砥砺品质，提高分析和解决问题的能力。积极发挥党校思想理论建设和决策咨询职能作用，完成自治区党校立项课题1个，完成党的理论解读文章4篇。其中，《人民性是中国共产党最鲜明的底色》在市级理论刊物发表；《中国共产党在宁夏的革命实践及其历史意义》入选全区党校系统庆祝中国共产党成立100周年理论研讨会；在铸牢中华民族共同体意识主题征文活动中，《岔路口的铁匠铺》荣获一等奖。

【意识形态责任制落实】 2021年，贺兰县委党校按照《贺兰县2021年意识形态工作要点》等意识形态工作分工及要求，认真落实校党委班子意识形态工作主体责任、支部书记第一责任、分管领导直接责任、其他班子成员“一岗双责”。每季度召开一次意识形态工作会，安排部署意识形态工作，常态化研判意识形态领域风险、执行各类培训、讲座等活动申报审批制度、信息发布制度。签订2021年意识形态工作责任书，把意识形态工作落实情况作为校党委班子述职报告和民主生活会的重要内容，纳入党员和教职工监督考核范围，层层传导意识形态工作责任。开展网络意识形态安全教育，提升网络意识形态管理能力，强化党员和教职工网络意识形态安全意识。加大意识形态工作经费投入，采购保密电脑等安全保密设备，使用正版办公软件，确保意识形态工作硬件设施安全。积极发声亮剑，弘扬主旋律，通过举办各类培训班、深入基层宣讲、撰写理论文章、发布工作信息、营造宣传氛围等方式，阐释党的理论，传递党的声音，和错误不当言论作斗争，教育引导全县党员干部增强“四个意识”、坚定“四个自信”、做到“两个维护”。

【精神文明建设】 2021年，贺兰县委党校努力巩固市级文明单位创建成果，志愿者注册比例达100%，志愿服务时长总计6017小时。围绕弘扬社会主义核心价值观，传播正能量、全国文明城市创建等，开展多种志愿服务活动，深入责任片区和共建社区进行宣传引导，规劝不文明行为，自觉参与禁烟活动，争创文明单位，深入社区进行创文和移风易俗宣传工作，使居民了解创文的重要意义，定期进行交通文明劝导，努力提升精神文明风貌。

【结对帮扶】 2021年，贺兰县委党校按要求更换扶贫手册，每月及时入户完善帮扶台账，向帮扶户解读政府的优惠政策、宣传疫情防控知识、移风易俗观念，引导帮扶户树立文明新风，提供就业信息，积极协调帮助帮扶户解决生活就业困难。认真组织开展“进农村”“进社区”“进企业”工作，为新民村、如意湖社区、朔方社区等送党课、送书籍，帮助农村、社区党组织开展好党史学习教育，及时了解企业生产经营情况，指导非公企业提升党建工作水平。

【从严治校】 2021年，贺兰县委党校全面贯彻落实《中国共产党党校（行政学院）工作条例》和《关于贯彻落实〈中国共产党党校（行政学院）工作条例〉的若干措施》，全力推进党校改扩建项目建设，按计划进度完成了党校教学教研楼的改建工程，新建宿舍楼主体建设工程。加强师资队伍建设，引进优秀专职教师2名，壮大了师资队伍，拓展教师成长平台，选派骨干教师参加座谈会、培训班等活动，帮助教师提升专业素质。切实把“从严治校、从严治教、从严治学”落到党校教学培训各项工作当中，一切教学活动、一切办学活动都坚持党性原则、遵循党的政治路线，结合巡察整改进一步建立健全党校各项管理制度和内控机制，以制度建设规范校风校纪。坚持规范办学、勤俭办学，加强教师党性教育，增强教师党性意识，严把教学授课纪律关。强化学员管理，加强学风建设，把教学管理和学员管理相结合，落实班主任（组织员）制度，对学员全程纪实考核，严肃学习培训纪律，坚决抵制不良风气，努力提升学员党性修养和政治素质。

【疫情防控】 2021年，贺兰县委党校按照县委、县政府疫情防控工作统一部署，全员下沉社区开展疫情防控工作，为全县打赢疫情防控攻坚战贡献力量。

【先锋讲坛】 2021年，贺兰县委党校努力发挥党校专兼职师资库、两个“带头人”、土专家、田秀才及各行业模范带头人物的示范作用，打造“先锋讲坛”党建品牌，以“微党课”“微故事”“微宣讲”等方式增添党史学习教育的活力和风采，有力调动了党员干部学党史、讲党史的兴趣，为实现宣讲质量和党建水平双提升搭建了新载体。有效利用自治区市党校师资力量，组成宣讲团和小分队，通过进社区、进农村、进企业、进学校、进网络，用小故事讲大道理，发挥团队协作的力量，结合党校职能积极开展“先锋讲坛”党建品牌创建活动，为党史学习教育助力添彩。通过宣讲革命英雄人物故事，回顾党的奋斗历史，阐释党的伟大理论弘扬英烈精神，扩大党史宣讲覆盖面，传承红色基因，赓续红色血脉。

老干部工作

【概况】 2021年，贺兰县委老干部局围绕关心、服务老干部工作，创新工作方法，在关心老干部生活和身心健康方面，开创了老干部工作的新局面。

【政治建设】 2021年，贺兰县委老干部局扎实开展党史学习教育，征订《中国火炬》《中国老年报》等报纸杂志120余份、党史学习教育书籍160余套。开展各类专题学习、主题党日活动82场次，组织“我看建党百年新成就”座谈会3场次，结对共建活动5场次，理论宣讲3场次，各单位送学上门210次，录制离退休老干部访谈录12期，确保离退休党员党史学习教育全覆盖。

【思想引领】 2021年，贺兰县委老干部局组建银发党史宣讲团，深入学校、村（社区）开展红色宣讲50场，用自身经历叙述民生变化。县老年大学开设老年特色党史课，以“书、写、诵、唱、舞”等方式，推动党史学习教育入脑入心。老党员带头在社区发挥作用，排演红色歌舞，组织“板凳课堂”“凉亭党课”，用真情真话赞颂新时代。

【组织建设】 2021年，贺兰县委老干部局成立“三缘”型党组织13个（新增5个），搭建发挥余热新平台。拨付2021年书记委员补贴172248元。充分发挥离退休党组织战斗堡垒作用和银发先锋示范引领作用，用银发担当凝聚起抗击疫情强大合力。

【经费保障】 2021年，贺兰县委老干部局实施党建品牌项目化管理，评选“党建引领护健康”“银霞贺彩 文化惠民”“桑榆赋能 共治共建”优秀项目10个，拨付项目资金4.3万元。

【引领支撑】 2021年，贺兰县委老干部局在县老年大学设立老干部志愿服务孵化站，发挥农业、卫健等老党员专业特长，成立健康贺兰老专家、慈善公益老干部等行业特色志愿服务队8支，成立“俏夕阳”“耆光义彩”等社区老年志愿服务队12支，打造“银耀田间”“朝阳大妈”等特色品牌，围绕民事调解、环境整治等领域，开展“我为贺兰添光彩”百件实事好事活动。

【活动载体】 2021年，贺兰县委老干部局书协志愿者开展书法进校园、进乡村活动5场次，捐赠党史书籍500册、文房四宝套装150套。乡村振兴老专家开展粮食作物、牛羊饲养、稻蟹立体种养等培训16场次，撰写调研报告4篇。组织健康贺兰老专家开展中医药科普宣传、诊疗服务活动8次，配合中医院开展“中医药适宜技术推广”工作。公益慈善方面，老干部共募集资金700.2万元及价值3330.4万元的物资，救助困难群众11627人。社区“地缘”型党支部积极参与扶贫帮困、民族团结等工作，让“桑榆智慧”为社区治理注入银色力量。

【办学模式】 2021年，贺兰县委老干部局整合项目资金76万元，在亲水嘉苑小区新建老年大学分校。争取民政“塞上乐龄”大学项目资金27.5万元，增设社区教学点5个，办好家门口老年大学。投入2.4万元维修改造，改善县老年大学本部办学条件。

【塑造文化品牌】 2021年，贺兰县委老干部局发挥老干部文艺特长，围绕中国共产党成立100周年、民族团结等主旋律，新编排舞蹈、宁夏说唱等节目16个，举办“不忘初心跟党走，同心共筑中国梦”等各类演出53场，举办“翰墨丹青颂党恩”书画展暨“我的家乡在贺兰”脱贫攻坚、乡村振兴摄影展，展出作品近300幅。加大宣传力度，在中新网、《宁夏日报》等国家、自治区媒体发表文章34篇，市级7篇，各类公众号发表24篇，展现贺兰“银发先锋”与党同心精神风貌。

【信息化管理】 2021年，贺兰县委老干部局及时更新“宁夏离退休干部服务管理平台”，组织老同志参加手机电脑课程学习，帮助他们使用新媒体及时获取信息。

【精准化服务】 2021年，贺兰县委老干部局组织老专家上门为离休干部开展健康义诊，组织养生保健知识讲座6期，协调金域检测为53名老干部开展健康体检。每年为离休干部或其遗孀提供擦窗等家政服务，按时发放离休干部遗孀医疗补助。

网络安全

【概况】 2021年，贺兰县委网信办在自治区市党委网信部门的大力支持和县委、县政府的坚强领导下，网信工作取得了较好的成绩。

【网络意识形态责任落实】 2021年，贺兰县委网信办印发《贺兰县网络安全事件应急预案》，指导全县86个单位制定各自单位预案，在全区率先开展县级网络安全应急演练活动。举办县网信系统干部培训班3期200人次，邀请宁夏新闻网副总编辑、自治区网安部门专家和工程师，讲授网络传播规律、网络安全法律法规等相关知识，提升网信队伍业务本领和综合素质。组织开展国家网络安全宣传周活动，围绕校园日、电信日等六个主题开展进农村、进集市、进社区、进学校等内容。利用新媒体积极转发推送网络安全新闻报道、音视频，发布近年来贺兰县十大网络安全典型案例，发送网络安全公益短信10万条，制作公益宣传短片3个，组织全县5000人参与在线有奖知识答题，开展安全上网、文明上网签名，制作和发放宣传折页、彩页等宣传品4万份。

【网络宣传】 2021年，贺兰县委网信办持续推进习近平新时代中国特色社会主义思想进网络，结合庆祝中国共产党成立100周年、党史学习教育开展网上主题活动，做好网络宣传工作；围绕“十四五”开局、乡村振兴、黄河流域生态保护和高质量发展先行区示范县建设、政法队伍教育整顿、疫情防控和经济社会发展等重大主题，策划开展一系列网上宣传活动。联合移动公司在隆源村建成的数字平安乡村，经央视采编制作成《数字乡村让老百姓“慧”生活》专题报道，在中央电视台经济频道《经济半小时》栏目播出，时长近5分钟。在春节、元宵节、清明节等传统节日期间组织开展“网络中国节”系列网络文化活动，通过生动的动漫图画引导群众移风易俗，度过健康祥和节日。面向广大网民发出“文明上网，共同做网络文明传播者！”倡议，疫情防控期间向全县广大网民发出传播权威信息、抵制网络谣言、做好个人防护，一起共克时艰、战胜疫情倡议，自觉抵制网络有害信息，共建清朗网络空间。

【筑牢网络安全屏障】 2021年，贺兰县委网信办通过政府门户网站、微信公众号对外公布举报电话和邮箱，呼吁广大网民积极举报互联网违法和不良信息，踊跃参与网络综合治理，推动网络空间共治共享。督促各单严格执行“三审三校”制度，严把信息发布审核关。建立智慧城市运营中心和综治中心“双中心”组织构架，全天候24小时专人受理、分派、督办银川城市综合管理信息平台、“12345”热线、县长邮箱、政务微博等网民咨询诉求件，2021年共接收诉求30880件，切实做好网民诉求办理工作，走好网上群众路线。

【智慧城市建设】 2021年，贺兰县委网信办扎实推进电子政务外网建设，开通全县医疗卫生机构医疗专网；建设15个公共区域免费Wi-Fi覆盖项目，为群众提供安全便利的掌上服务。加大安全设施投入，做好网络安全工作，建设“城市大脑”一期项目，依托智慧城市运营中心，集成社会综合治理、“12345”市民热线、村村享云广播、短信群发等十大应用场景，建成全县三维仿真地图、影像地图、矢量地图，进一步推进基层治理现代化。

【干部队伍建设】 2021年，贺兰县委网信办坚持将党支部意识形态、党建、党风廉政建设、民族宗教工作与网信业务工作深度融合、互相促进。认真落实“三会一课”及单位周二周五晨会学习例会制度，按期召开支委会议、党员大会，研究部署党建工作，组织党员干部到闽宁镇、宁夏党工委旧址、雷锋纪念馆、银川市文化馆等红色教育基地观摩学习，开展周末讲堂、道德讲堂6期，与结对社区开展网络文明进社区活动，深入兰丰村开展移风易俗宣传培训。结合党史学习教育，积极开展志愿服务活动25次，共为群众办实事36件。

档案工作

【概况】 2021年，贺兰县档案馆坚持以习近平新时代中国特色社会主义思想、党的十九大和十九届五中、六中全会精神为指导，以党史学习教育为引领，以创建“让党中央放心、让人民群众满意”模范机关为抓手，认真履行“为党管档，为国守史、为民服务”工作职责，加快推进档案治理、档案资源、档案利用、档案安全“四个体系”建设，进一步提升了档案服务能力和水平。

【档案整理接收】 2021年，贺兰县档案馆对组织部、财政局等39个单位文书档案整理工作进行现场指导，对其产生的共618盒10267件文书档案接收进馆，并接收大事记39份，全宗介绍23份、保管期限表23份、照片820张。

【档案信息转化】 2021年，贺兰县档案馆对进馆婚姻档案进行数字化处理，全年共完成161盒7861件婚姻档案数字化工作。对15个单位共8117件文书档案进行了补录和扫描，进一步提升了档案数字化比例。对1995年之前形成的符合开放条件的35598件馆藏档案以全宗逐条进行了信息数据比对和复核著录工作。

【来访接待服务】 2021年，贺兰县档案馆共登记接待来访人员1665人次，为1466人次提供了查档服务，提供有效证明件2584份。其中，文书档案查阅人员667人次，提供证明件数1764份；婚姻档案查阅人员783人次，提供证明件数795件；业务档案查阅人员16人次，提供证明件数25份。来访接待率达100%，申请提供档案证明件率达到100%，意见簿反馈和电话回访满意率达95%以上。

【档案整理移交】 2021年，贺兰县档案馆协助县档案局起草《关于对档案管理及整理移交进馆工作进行督查的通知》，于8月24—26日组织业务人员参与组成督查组，对县政府办、县发改局等18个部门和单位的脱贫攻坚、疫情防控和文书档案进行现场督查、对4个社区文书档案整理及档案室建设情况进行督查，对整理过程中存在的问题进行专业指导和耐心解答，并及时将督查情况总结上报，助力推进全县档案工作的有序开展。

【档案整理指导】 2021年，贺兰县档案馆对24个单位14100件精准扶贫档案收集、整理、数字化等工作进行专业指导，并全部接收进馆。对6个单位1209件疫情防控档案进行了整理指导并全部接收进馆。

【档案微视频展播】 2021年，贺兰县档案馆围绕党管档案工作的体制优势，介绍档案馆总体概况、档案接收、修复、整理、保管、数字化、利用，档案法治建设、档案工作监督、档案信息资源开发等方面情况，制作《承载历史 引领未来》微视频并及时上报参评。在全区58个选送作品中，贺兰县档案馆《承载历史 引领未来》作为16篇优秀微视频作品之一获得自治区档案局通报表彰。

【档案编研开发】 2021年，贺兰县档案馆为贺兰县党史纪念馆撰写了布展大纲，协助《银川年鉴》编辑部编辑贺兰县情资料；实施《贺兰县脱贫攻坚志》《贺兰县改革开放成就启示》编撰出版工作。

贺兰县人民代表大会

Helanxian Renmin Daibiao Dahui

综　述

【概况】 2021年，贺兰县人大常委会在中共贺兰县委的坚强领导下，以习近平新时代中国特色社会主义思想为指导，全面贯彻落实党的十九大、十九届二中、三中、四中、五中、六中全会精神和中央人大工作会议精神，认真贯彻落实自治区市县全委会精神和县委第十五次党代会工作部署，围绕中心，服务大局，依法履职，扎实工作，各项工作取得了新进展。2021年，共召开常委会会议8次、主任会议8次，开展视察、执法检查14次，为推进全县经济社会发展和民主法治建设做出积极贡献。

【履行监督职责】 2021年，贺兰县人大常委会加强经济工作监督，助力科学理财民主理财。全面加强预算联网监督工作，围绕如何推进人大预算联网监督工作开展调研，找出问题，提出具体建议意见，助力县委科学决策和全县经济平稳发展。组织常委会组成人员和部分人大代表、相关部门对全县奶产业发展情况进行视察，认真听取相关企业的发展现状、未来规划及当前存在的困难和问题，并要求县人民政府及相关部门要从落实“六稳”“六保”工作要求出发，高度重视、支持奶产业发展，促进奶产业高质量发展。组织县教育体育局、县体育运动中心等相关部门到西吉、彭阳等地，考察学习体教融合工作先进经验。对全县体教融合工作进行视察，听取专项工作报告，提出建议意见，推动青少年文化学习和体育锻炼协调发展。强化司法工作监督，助力营造社会公平正义。对县人民检察院贯彻执行未成年人保护法情况进行了视察，并从严落实最高人民检察院“一号检察建议”、充分发挥法治副校长作用、人民检察院联动作用等方面提出建议意见。组织常委会组成人员及部分人大代表从15个方面对全县水污染防治法执行情况进行执法检查，并针对治理方案不够完善、治理措施需要细化、投入力度还有不足、群众获得感有待提升等方面提出建议。开展对全县生态环保问题专题督查，提出意见建议9条，全力推动中央环保督察和自治区党委环保督察反馈问题及信访交办件的整改落实，为建设天蓝地绿水清的美丽贺兰贡献力量。

【代表主体作用发挥】 2021年，贺兰县人大常委会组织常委会委员、代表共15人赴四川长征红色文化培训中心开展为期一周的党史学习教育暨代表履职能力提升培训。组织代表参加“法检”两院开放日、庭审现场等，完善代表知情知政。将区市县乡四级500余名人大代表进行混合交叉编成70个组，分别联系126个基层组织。利用“代表接待日”，召开代表小组会议，接待选民来访，了解选民意愿，积极解决群众合理诉求和实际困难。及时转交县十八届人大五次会议确定的议案6件、意见建议6件，组织委员和代表进行督查办理，做到了事事有落实，件件有回音。积极制定县乡两级人大换届选举工作意见和实施方案，成立换届领导小组和县乡两级选举委员会等，在县委的统一领导下，周密安排，精心组织，依法选举新一届县乡人大代表578名，圆满完成选举任务。

【依法监督】 2021年,贺兰县人大常委会紧紧围绕"五个示范县"奋斗目标和"36910"工作思路,综合运用审议报告、视察检查、专题询问、跟踪问效等方式,实行正确监督,有效监督,依法监督,推动县十五次党代会工作部署落实落地。围绕经济运行,听取和审议预算、计划、审计、国有资产管理等工作报告。加强人大预算联网监督,推动人大预算审查监督重点向支出预算和政策拓展,持续推进县人民政府向县人大常委会报告国有资产管理情况的各项工作。围绕"8+1"特色产业、工业园区提档升级工程、传统产业转型升级工程等开展监督,推进工业强县战略。围绕实施乡村振兴战略,对巩固拓展脱贫攻坚成果同乡村振兴有效衔接、促进农业产业现代化等工作开展监督,为建设乡村振兴示范县贡献力量。围绕生态文明建设,持续加强对环境保护等方面工作的监督,守好改善生态环境生命线。围绕民生保障改善,持续加强对群众普遍关注的食品安全、教育医疗卫生、养老服务、社会保障等工作的监督,补齐民生短板,不断满足人民群众对美好生活的新期待。围绕法治贺兰建设,开展审判工作、公益诉讼、"八五"普法等方面的监督,促进"一府一委两院"依法行政、公正司法。

【联系服务代表】 2021年,贺兰县人大常委会加强代表学习培训,不断提高代表的政治素质和履职能力。持续扩大代表的知情权、监督权,积极引导代表围绕经济社会发展大局、县委中心工作、群众反映的热点难点问题建言献策。丰富人大代表联系人民群众的内容和形式,巩固深化代表之窗、代表工作站建设成果,更好地发挥人大代表接地气、察民情、聚民智、惠民生的作用。抓实抓好代表履职服务保障,落实代表履职经费管理等制度,支持和保障代表更好地依法履职。开展代表向选区选民述职,激发代表履职热情。

【自身建设】 2021年,贺兰县人大常委会全面加强自身建设,努力打造自觉坚持中国共产党领导的政治机关、保证人民当家作主的国家权力机关、全面担负宪法法律赋予的各项职责的工作机关、始终同人民群众保持密切联系的代表机关。加强政治建设,充分发挥常委会党组领导作用,积极构建党建统领的工作格局,持续巩固深化"不忘初心、牢记使命"主题教育成果,扎实推进党史学习教育走深走实。加强党风廉政建设,认真落实党风廉政建设主体责任,严格落实中央八项规定及其实施细则精神,做到真管真严,长管长严。加强作风建设,改进常委会会议组织工作,加大对审议意见落实情况的跟踪监督力度,注重调查研究,改进调研方式,提高履职质效。加强能力建设,探索推进"数字人大"建设工作,强化人大理论研究和机关信息化建设,提升人大新闻舆论工作质效。密切与乡镇人大联系联动,鼓励支持乡镇人大实践创新,以乡镇人大工作提质推动全县人大工作提效。加强制度建设。健全和完善人大各项工作制度,有效提升县乡人大工作规范化、科学化水平。

重要会议

【贺兰县第十九届人民代表大会第一次会议】 2021年11月12—14日在县城召开,出席大会的县十九届人大代表170名,列席人员14名。会议听取和审议了代理县长刘炳炳作的县人民政府工作报告,县人大常委会副主任朱敏作的县人大常委会工作报告,县人民法院院长马龙作的县人民法院工作报告,县人民检察院检察长张铁轮作的县人民检察院工作报告;审议了十八届人大五次会议议案建议办理、环保、水资源节约集约利用执行情况的报告;对县人大常委会和"一府两院"等八项工作报告作出了相应决议,表决通过了关于议案的决定。大会根据《中华人民共和国宪法》《中华人民共和国地方各级人民代表大会和地方各级人民政府组织法》《中华人民共和国全国人民代表大会和地方各级人民代表大会选举法》的有关规定,依法选举产生贺兰县地方国家机关的领导成员。

田晓波当选为贺兰县第十九届人民代表大会常务委员会主任;保旭锋、朱敏、王岩弘、常雪峰当选为贺兰县第十九届人民代表大会常务委员会副主任;马晓成、马瑞宁、王文保、王彩宁、王紫燕、邓晴、丛培文、达秀梅、吕超、刘国荣、孙建军、杨秀花、吴勇锋、汪洋、张晓燕、陈学鹏、陈思、邵文超、郝建新、保学东、徐华、徐晓庆、殷学锋、郭佳、黄忠景、屠志刚、蒋建国、傅龙28人当选为贺兰县第十九届人民代表大会常务委员会委员。

刘炳炳当选为贺兰县人民政府县长；李普光、蒋恒斌、冯俊、杜钧、王继斌、马国峰当选为贺兰县人民政府副县长。

周立成当选为贺兰县监察委员会主任。

马龙当选为贺兰县人民法院院长。

张铁轮当选为贺兰县人民检察院检察长

丁炜、马晓飞、叶宏伟、刘红梅、刘智峰、李全安、张自华、陈艳菊、姜继琴、路华、于荣、马龙、马立坤、王学锋、王涛、王斌、石永宏，田晓波、白雪、冯亚鹏、刘炳炳、闫建国、许迟、阮世忠、李普光、杨志梅、杨浩、张立、张宁龙、张志华、张建虎、张晓燕、张铁轮、张靓、张翠、周立成、哈霜莹、徐璞、龚晓科、章志峰、强玉梅41人当选为贺兰县出席银川市第十六届人民代表大会代表。

人大常委会会议

【贺兰县第十八届人大常委会第三十次会议】 会议于2021年4月30日召开，会议听取和审议了县人大法制工作委员会对关于《中华人民共和国水污染防治法》执法检查情况的报告，听取和审议了县人民政府关于体教融合工作开展情况的报告。

【贺兰县第十八届人大常委会第三十一次会议】 会议于2021年6月22日召开，会议听取和审议了县人民检察院对全县未成年人保护法贯彻落实情况的报告，听取和审议了县人民政府关于全县奶产业工作开展情况的报告，审议通过了主任会议提请的关于贺兰县县乡（镇）两级人民代表大会换届选举时间的决定（草案）、关于任命贺兰县选举委员会组成人员的决定（草案）等人大换届选举相关议案。

【贺兰县第十八届人大常委会第三十二次会议】 会议于2021年8月31日召开，会议听取和审议了县人民政府关于对全县2020年财政决算及2021年上半年预算执行情况的报告，听取和审议了县人民政府关于2021年上半年国民经济和社会发展计划执行情况的报告，听取和审议了县人民政府关于2020年度县本级财政预算执行及其他财政财务收支审计工作情况的报告，审议了国有资产管理情况的书面报告；听取和审议了县人民政府提请的有关议案和人事任免情况的报告。

【贺兰县第十八届人大常委会第三十三次会议】 会议于2021年9月7日召开，会议听取和审议了县人大常委会主任会议提请的关于贺兰县第十九届人民代表大会空缺代表补选时间的议案，通过相应决定。会议表决关于同意赫天江辞职请求的决定，表决关于刘炳炳为贺兰县人民政府代理县长的决定；投票表决蒋恒斌为贺兰县人民政府副县长的决定。

【贺兰县第十八届人大常委会第三十四次会议】 会议于2021年10月15日召开，会议讨论修改议定贺兰县第十九届人民代表大会第一次会议相关材料，县政府、县法院、县检察院提交的相关议案。

【贺兰县第十八届人大常委会第三十五次会议】 会议于2021年10月28日召开，会议审议通过了关于适当推迟召开贺兰县第十九届人民代表大会第一次会议的决定。

视察工作

【视察全县2020年财政决算及2021年上半年预算执行和国有资产管理情况】 7月15日，贺兰县人大视察全县2020年财政决算及2021年上半年预算执行和国有资产管理情况并召开座谈会。会上，听取了县财政局关于贺兰县2020年财政决算和2021年上半年财政预算执行、2020年国有资产管理等情况的报告，充分肯定了财政部门在收支结构、重点支出、财政风险等方面的工作，并对下一步工作提出了意见建议。

贺兰县人民政府

Helanxian Renmin Zhengfu

综　述

【概况】 2021年，贺兰县人民政府党组深入学习贯彻习近平总书记“七一”重要讲话和视察宁夏重要讲话精神，扎实开展党史学习教育，庆祝中国共产党成立100周年，统筹疫情防控和经济社会发展，超额完成年初目标任务。

【政治建设】 2021年，贺兰县人民政府增强“四个意识”，坚定“四个自信”，做到“两个维护”，时时处处对标党中央精神，对标自治区党委、市委和政府部署，对标县委工作要求，做到观察分析形势、把握政治因素、筹划推动工作落实政治要求、处理解决问题防范政治风险，唱响正气歌、传播正能量，营造了政令畅通、执行有力的党风政风，确保中央、自治区党委、市委市政府和县委各项部署要求落地落实。严格落实意识形态工作责任，加强融媒体中心建设，示范引领管阵地、把导向，为推动高质量发展汇聚正能量。

【理论武装】 2021年，贺兰县人民政府坚持把学习贯彻习近平新时代中国特色社会主义思想作为头等大事，突出抓好“关键少数”和年轻干部，开展政府党组理论学习中心组集中学习、交流研讨6次，完善和运用“会前定题不定人、会上随机抽点发言、现场随机提问”学习交流机制，进一步破解学习中的形式主义难题，持续推动理论武装工作走深走实。

【领导班子建设】 2021年，贺兰县人民政府牢固树立全县“一盘棋”思想，坚决落实重大事项请示报告制度，自觉接受人大依法监督、政协民主监督，在县委统一领导下，一个声音、一个步调抓工作。贯彻民主集中制，执行集体决策程序，召开县政府常务会议17次、县政府党组会议10次。班子成员坚持做到经常换位思考、找准角色定位，决策前畅所欲言、各抒己见，决策后坚决执行、不打折扣。

【先行区示范县取得重要成果】 2021年，贺兰县人民政府黄河流域生态保护和高质量发展规划编制完成，国土空间规划等25项专项规划审定出台。生态环境持续向好，四二干沟、银新干沟湿地和8个农村污水处理站实现社会化运营，主要沟道湖泊劣V类水质全面消除。暖泉一般固废处置中心投入运营。保护和修复贺兰山生态环境17393亩，完成宰牛沟矿山治理修复。建立全区首家县级产权交易平台，颁发全区首批宅基地资格权证书，2宗农村集体经营性建设用地成功入市交易，完成水权交易1333.4万立方米。

【经济发展动力持久强劲】 2021年，贺兰县人民政府增强科技创新第一驱动力，培育国家级高新技术企业5家，新增自治区科技型中小企业25家、专精特新企业7家、创新型示范企业3家，高新技术产业产值增长21.5%。树牢抓项目就是抓发展理念，中通快递产业园等190个项目顺利建设，图兰朵葡萄酒小镇、中核汇能等一批产业项目签约落地，完成民间投资53.3亿元，同比增长20.8%。消费潜力加速释放，城乡消费全面复苏，新型消费快速崛起，汽车销售额增长7.6%，电商交易额增长26.9%。

【城乡功能品质提升】 2021年，贺兰县人民政府建成“市县一体化”集中供热项目，淘汰关停供热燃煤锅炉21台，解决了数十年来分散供热带来的供热效率低、环境污染高等问题。完成6个集污管网改造工程、暖泉污水处理厂技改项目，提升农村污水处理站5座，城乡污水处理水平显著提升。改造老旧小区3个7.75万平方米。美丽乡村建设加速推进，创建自治区示范乡镇2个、示范村10个。

【群众幸福指数提高】 2021年，贺兰县人民政府统筹推进“四大提升”行动，新增城镇就业3469人，农村劳动力转移就业21704人。新（扩）建学校9所，新增学位8370个，教育“双减”政策全面落实。“互联网+医疗”纵深推进，县医疗健康总院挂牌成立，县人民医院感染性疾病楼建成投用。人大议案、政协提案高标准完成，45项“我为群众办实事”扎实推进，10件民生实事高质量办结，3个老旧小区改造全面完成，一批关乎民生的难事得到纾解。

【社会大局保持和谐稳定】 2021年，贺兰县人民政府深入开展“净网”“云剑”专项行动，成功破获区级督办大案要案1起，刑事案件破案率同比上升2%，破获电信诈骗案件154起，挽回群众财产损失607万元。传销活动明显减少，扫黑除恶专项斗争成果持续巩固。基层审批服务执法力量改革圆满完成，“乡镇吹哨、部门报到”的基层治理模式全面铺开。全年未发生重特大安全生产事故。

【廉洁从政】 2021年，贺兰县人民政府坚决落实从严治党主体责任，认真履行党风廉政建设“一岗双责”，坚持把加强党风廉政建设与经济建设、精神文明建设和其他工作同研究、同部署、同检查、同考核。县政府党组书记同县政府班子成员、县政府部门主要负责人签订2021年党风廉政建设责任书，印发《2021年贺兰县全面从严治党、党风廉政建设和反腐败工作主要任务分工方案》，落实“一把手”负总责、班子成员分工负责工作机制。班子成员带头执行廉洁自律各项规定，认真履行领导干部个人重大事项报告制度，主动接受组织和群众监督，从严管理亲属和身边工作人员，树立为民务实清廉形象。

【依法行政】 2021年，贺兰县人民政府把法治政府建设摆在突出位置，专题学习《中华人民共和国乡村振兴法》《中华人民共和国大气污染防治法》《中华人民共和国保守国家秘密法》等法律法规，班子成员依法行政能力持续提升。广泛推行“专兼职审核人员+法律顾问”的文件合法性审查模式，组织工作人员及法律顾问参与重大行政决策事项会议40余次。对照《自治区政府部门权力清单指导目录》，对全县各部门权力清单进行清理、规范和调整，通过政府门户网站对决定保留的3520项政府各部门行政职权事项和25886项责任事项进行公示。

【作风建设】 2021年，贺兰县人民政府严格执行中央八项规定及实施细则精神和自治区市党委及县委若干意见，牢固树立过“紧日子”思想，“三公”经费支出压减28%。大兴学习调研之风，深入摸清基本情况、全面把握基本政策、准确掌握基本规律，不断提升对分管领域事务的认知、发展规律的把握能力。精力从“室内”转向“室外”、从“后方”转向“前线”，坚持在一线谋划发展、检视问题、推动落实，让“马上就办”和“大抓落实”成为工作主旋律。

政府常务会议

【贺兰县第十八届人民政府第77次常务会议】 1月5日召开，传达学习习近平总书记在中央经济工作会议上的重要讲话精神、自治区党委经济工作会议精神，审议《2021年全县经济工作安排》，传达学习自治区政府主席咸辉在自治区安委会2020年第四次全体会议上的讲话精神。

【贺兰县第十八届人民政府第78次常务会议】 1月20日召开，会议传达学习第273期国务院常务会议专报，听取全县落实《优化营商环境条例》情况汇报；传达学习国务院副总理孙春兰在全国深化教育督导体制改革会议和杨培君同志在全区基础教育工作暨县域义务教育优质均衡发展启动会上的讲话精神；审议《贺兰县“食品药品安全区”创建工作实施方案》。

【贺兰县第十八届人民政府第80次常务会议】 3月6日召开，会议传达学习《自治区人民政府办公厅关于2020年全区与国家部委对接政策项目资金情况的通报》，安排部署“五争”工作，审议《贺兰县政府投资项目管理办法》，安排部署相关工作。

【贺兰县第十八届人民政府第81次常务会议】 4月15日召开，会议传达自治区政府副主席赖蛟在全区招商引资工作推进会上的讲话精神，听取落实全县招商引资座谈会安排部署及外出招商情况汇报，审议《贺兰县招商引资突出贡献者奖励实施办法（试行）》；听取全县一季度安全生产情况汇报，安排部署相关工作。

【贺兰县第十八届人民政府第82次常务会议】 5月17日召开，会议传达学习《自治区支持九大重点产业加快发展若干财政措施（暂行）》《宁夏回族自治区自然资源系统支持葡萄酒等重点产业发展用地若干政策》；听取人大议案、政协提案、为民办实事办理情况汇报；审议《贺兰县要素市场化配置改革试点总体方案（试行）》，安排部署相关工作。

【贺兰县第十八届人民政府第83次常务会议】 6月12日召开，会议传达学习《农业农村部 工业和信息化部 宁夏回族自治区人民政府印发〈宁夏国家葡萄及葡萄酒产业开放发展综合试验区建设总体方案〉》，听取贺兰县落实情况汇报；传达学习2021年全国、自治区、银川市禁毒工作会议精神，听取贺兰县禁毒工作情况汇报；并安排部署相关工作。

【贺兰县第十八届人民政府第84次常务会议】 7月2日召开，会议传达学习关于贯彻落实自治区党委书记陈润儿检查督导安全生产应急管理工作及安全防范视频调度会议精神；传达学习《银川市人民政府关于加大产业招商引资力度 服务高质量发展的若干意见（试行）》，听取全县1—6月招商引资工作情况汇报，审议《贺兰县基础教育质量提升行动实施方案》，安排部署相关工作。

【贺兰县第十八届人民政府第85次常务会议】 8月2日召开，会议传达学习习近平总书记对防汛救灾工作重要指示精神，听取全县防汛防旱防涝工作情况汇报；听取人大议案、政协提案、为民办实事办理情况汇报；审议《2021年度贺兰县农田水利基本建设实施方案》，安排部署下一步工作。

【贺兰县第十八届人民政府第86次常务会议】 9月8日召开，会议传达学习自治区党委书记陈润儿在银川市领导干部大会上的讲话精神，审议《贺兰县教育高质量发展三年行动计划（2021—2023年）》，安排部署相关工作。

【贺兰县第十八届人民政府第87次常务会议】 9月16日召开，会议传达学习《银川市人民政府办公室关于银川市2021年争项目争资金争政策争示范工作目标任务安排的通知》，听取全县“四争”工作情况汇报；听取2021年人大议案、政协提案、十件民生实事办理完成情况汇报，安排部署相关工作。结合“政府开放日”活动，此次会议除常规参会人员外，邀请了群众代表列席县政府常务会议，监督政府工作，持续加大会议开放力度。

【贺兰县第十八届人民政府第88次常务会议】 10月7日召开，会议听取《政府工作报告》落实情况、“四权”改革情况汇报，安排部署相关工作；审议《贺兰县全面推行林长制实施方案（送审稿）》，安排部署相关工作。

【贺兰县第十八届人民政府第89次常务会议】 10月14日召开，会议学习习近平法治思想，听取全县法治政府建设工作进展情况汇报，听取贺兰县2021年未成年人思想道德建设工作报告，审议《关于进一步加强未成年人司法保护工作的实施方案（送审稿）》，安排部署相关工作。

【贺兰县第十九届人民政府第1次常务会议】 11月16日召开，会议听取“四争”情况汇报，安排部署相关工作，审议《贺兰县国土空间规划留白实施意见（送审稿）》，研究部署相关工作。

【贺兰县第十九届人民政府第2次常务会议】 11月23日召开，会议传达学习自治区贯彻落实习近平总书记在深入推动黄河流域生态保护和高质量发展座谈会上重要讲话精神暨先行区建设第六次推进会精神；听取全县生态环保工作汇报，安排部署有关工作。

【贺兰县第十九届人民政府第3次常务会议】 12月4日召开，会议传达学习《中共中央 国务院关于完整准确全面贯彻新发展理念做好碳达峰碳中和工作的意见》，通报全县1—10月份主要经济指标完成情况、分析经济运行情况，审议《贺兰县第十九届人民代表大会第一次会议代表议案建议责任分工方案（送审稿）》《县政协十一届一次会议提案责任分工方案（送审稿）》《2022年为民办实事任务分工方案（送审稿）》。

【贺兰县第十九届人民政府第4次常务会议】 12月11日召开，会议集中观看了新冠聚集性疫情处置视频培训片，召开全县新冠疫情工作指挥部会议；传达学习全国宗教工作会议、12月6日中央政治局会议、中央政治局第三十五次集体学习精神和中国共产党银川市第十五次代表大会及市委十五届一次全体会议精神；召开全县生态环境保护工作会议和县安委会2021年第四次全体（扩大）暨冬春季火灾防控工作会议。

信息公开

【信息主动公开】 2021年，贺兰县人民政府办公室主动公开政府信息共1698条。其中，通过政府门户网站公开文件、动态、督查检查、预决贺兰县政府办2021年政府信息公开工作年度报告算公开等各类信息1416条，制发及主动公开规范性文件10条，通过政府公报公开文件信息75条，通过政府信息查阅点公开95条，通过宣传栏等形式公开信息102条。

【信息申请公开】 2021年，贺兰县人民政府办公室严格贯彻落实《中华人民共和国政府信息公开条例》要求，畅通依申请公开渠道，规范依申请公开办理；积极解决公民、法人和其他组织获取政府信息的要求。2021年，收到公民、法人和其他组织政府信息公开申请30件，其中27件按照《政府信息公开条例》规定，及时受理，规范答复，3件结转下年度继续办理。2021年，政府办收到因政府信息公开引发的行政复议2件，未收到行政诉讼件。

【信息公开管理】 2021年，贺兰县人民政府办公室健全完善政府信息公开审查机制。按照“涉密信息不上网、敏感信息不上网、隐私信息要遮掩”的原则，健全完善各项工作制度，探索建立长效工作机制。认真落实政府信息审核发布“三审三校”工作，从严把握信息发布内容，规范信息发布流程，确保政府信息的准确性、权威性，确保对外发布的信息术语规范，格式正确。进一步扩大政府信息公开覆盖面。从信息发布、平台维护、主动公开、解读回应等环节，全链条制定20余项管理制度，推动政府信息全流程管理。把公共企事业单位信息公开也纳入全县信息公开工作的总体部署，由行业主管部门监督，积极推动2021年政府信息公开工作年度报告企事业单位的信息公开工作。由县教育体育局、卫生健康局、县民政局分别牵头制定了校务、院务、村（居）务公开制度，推动信息公开向基层进一步延伸，更好地服务人民群众。

【公开平台载体建设】 2021年，贺兰县人民政府办公室加强政府网站值班读网工作，及时发现和纠正错误信息，确保发布信息内容准确。优化网站政府信息公开平台栏目设置，对网站栏目进行全面梳理，科学合理进行归并整合，方便群众及时查询获取信息。充分发挥政府公报信息传播作用。编印《贺兰县人民政府公报》，每期800份，收录县委、县政府和县政府办公室重要文件，向全县各乡镇场、党政机关、企事业单位免费赠阅，扩大政府信息受众面，服务经济社会发展，满足人民群众获取政府信息的需求。2021年，在《贺兰县人民政府公报》上刊载政府工作报告、行政规范性文件、政府人事任免等政府信息75条。

【信息公开监督保障】 2021年，贺兰县人民政府办公室修订《贺兰县政务公开工作考核细则》，将各单位信息公开工作纳入全县绩效考核重要内容，有力促进了工作的落实。组织开展“政府开放日”活动，听取群众代表对办公室政务公开工作的意见建议，主动接受社会监督。适时邀请社会群众、利益相关方人员列席政府常务会议，参与政府重大决策，取得良好的社会效果。

信访工作

【概况】 2021年，贺兰县信访局始终以“不忘初心、牢记使命”为主题，以化解历史遗留问题为抓手，以“事要化解”为核心，积极发挥县级领导包案化解群众反映强烈突出问题机制优势，努力畅通群众诉求渠道，突出信访规范化建设，营造规范有序的信访环境。全县信访形势平稳，社会环境和谐。全县信访总量为373批1681人次（含重复访）。其中，接待来访240批1542人次，接收群众来信1件，依托自治区、市、县三级信访部门网上投诉受理平台，接收办理群众网上投诉132件，占信访总量的35.39%。全县网上信访事项及时受理率100%，按期答复率94.96%，信访部门群众满意率98.26%、责任单位满意率88.20%，信访部门参评率99.62%、责任单位参评率97.94%。

【信访责任制落实】 2021年，贺兰县信访局认真落实“属地管理、分级负责”和“一岗双责”信访工作责任制，不断完善量化约束性指标控制工作，将涉及网上信访、“三率”的考核权重纳入各单位季度和年度绩效考核管理，监督和强化信访工作责任制落实。不断建立长效机制，分别印发《信访“一重点两重复”专项治理行动实施方案》《关于进一步落实县级领导包案化解信访突出问题的工作方案》，着力压实信访事项主体责任和化解责任。

【重复信访治理】 2021年，贺兰县信访局将“治理重复信访、化解信访积案”专项工作列为年度重点工作推进，全面实行县级领导包案化解机制，成立由分管领导牵头抓总，相关部门主要负责人任组长的工作专班，通过县委、县政府分管领导亲自部署研究化解方案，县级包案领导亲自督办，推动专项工作顺利开展，按时完成既定任务目标。责任单位严格按照“三到位一处理”要求，依法依规办理，实现事心双解、息诉罢访。国家、自治区移交重复信访、信访积案61件，其中国家信访局交办42件，办结42件，办结率100%；自治区信访局交办19件，已办结18件，办结率94.74%。国家交办第二批重复信访、信访积案28件，办结10件，办结率35.71%。

【信访保障工作】 2021年，贺兰县信访局召开全县信访工作联席会议，县委常委会会议多次听取信访工作，并就相关信访及保障工作再安排再部署。着力完善工作机制，制定《中国共产党成立100周年庆祝活动信访安全保障工作方案》，成立庆祝中国共产党成立100周年信访安全保障工作领导小组，制定信访工作应急预案，启动“零报告”制度，严格落实24小时值班制度，确保快速反应、及时处理。

【“六包一”管理机制】 2021年，贺兰县信访局深入排查可能发生的上访问题，及时分析研判，分类处理群众诉求，做到早发现、早处置。逐人逐项落实解决措施，进行分类排队，分级定险，全面加强管理，落实思想疏导和教育工作。

【矛盾纠纷排查化解】 坚持常态化矛盾纠纷排查化解机制，各责任单位每月深入排查矛盾隐患，并及时梳理上报信访矛盾纠纷，对排查出来的人和事，逐一建立台账，落实牵头部门、责任单位和责任人，分类制定化解措施，跟踪推进，最大限度地减少和预防信访突出问题，对发现和掌握的各种苗头性问题，及时函告各相关单位做好化解工作，切实保障各类矛盾纠纷“发现得早、控制得住、化解得了、处置得好”。全年共摸排出矛盾纠纷60件，逐一建立台账，逐案确定包案领导、责任单位和责任人，并全部向各责任单位交办，化解24件。

【领导干部接访】 2021年，贺兰县信访局以开展“大督查大接访大调研”活动为主线，深入开展县委、县政府和各部门党政主要领导公开接访、带案下访、约访工作，处级领导干部坚持每月接访1天，部门领导干部每两月接访1天，认真倾听群众诉求，详细了解具体情况，调查核实情况，深入分析研究，给群众一个圆满的答复，推动信访问题有效化解。根据领导和部门职责分工，县处级领导主动约访信访人员，了解信访人诉求，向信访人通报进展情况，依据相关法律法规，对信访人耐心细致做好政策、法律的解释工作，切实把信访诉求隐患化解在初始状态、问题解决在基层。县处级领导及部门负责人共接待来访群众228批1427人次，约访信访人员75人。

【乡镇联席会议机制】 2021年，贺兰县信访局为加强信访工作基层基础建设，县信联办印发《关于建立乡镇场(街道)信访工作联席会议机制的通知》，督导各乡镇场(街道)建立信访工作联席会议制度，明确乡镇信访联席会议在处置群众信访事项的职责分工，推进信访事项源头治理、及时化解。全县乡镇场(街道)全部完成了信访联席会议机制全覆盖，并有效地开展了工作，推动基层各方面资源力量在乡镇(街道)联席会议平台有效整合，进一步畅通和规范群众诉求表达、利益协调、权益保障通道，有效破解基层信访力量薄弱等问题，形成信访工作齐抓共管、统筹协调、上下联动的良好格局，基本实现“小事不出村，大事不出镇，矛盾不上交”工作目标。

行政审批

【概况】 2021年，贺兰县审批服务管理局始终以全面加强党的建设为引领，以深化“放管服”改革、优化营商环境为主线，以提升服务便民利企为目标，全力推进“五办”服务模式，全面创新审批方式，着力打造“审批事项少、办事效率高、服务质量优、群众获得感强”的营商环境，各项工作取得了积极成效。2021年1—11月份，全县累计受理各类政务服务事项93.702万件，累计办结率100%，满意率达到99.99%。其中，政务服务中心受理各类事项85.5万件，各乡镇(场)民生服务中心受理便民服务事项3.94万件，街道(社区)服务站受理便民服务事项3.6万件，园区服务厅受理各类事项662件。办理企业设立登记1333件，同比增长34%；个体工商户开业登记3534件，同比增长30%；全程电子化注册2856件；办理项目备案116件；规划条件核实58件；建设项目用地预审与选址意见书12件；用地规划许可证76件；工程规划许可证98件；建筑工程施工许可证366件。

贺兰县审批服务管理局先后被评为“全市先进基层党组织”“贺兰县创建全国民族团结进步示范县模范集体”，获贺兰县“让党中央放心、让人民群众满意”模范机关、自治区“节约型机关”称号，为审批服务管理局工作提供了强大的发展动力，在潜移默化中推动了政务服务和行政审批事业的发展。

【商事制度改革】 2021年，贺兰县审批服务管理局紧扣审批改革主线，创新审批服务，推行“134”工作法，设立企业开办服务专区，打造“一站式”综合服务；设置商事登记自助服务区，实现企业开办全流程3小时办结、个体营业执照即来即办和“智能批”，进一步提高企业开办便利化水平，最大化实现开办企业“一件事一次办”。以便民利企为主线协同配合，形成合力，先后与宁夏贺兰农村商业银行、石嘴山银行贺兰支行合作，共设立4个商事登记“服务点”，推进商事登记“一网通办”“就近办”的同时，让企业充分享受“流程最优、用时最短、效率最优、体验最佳”的营商环境体验感。

【基层整合审批】 2021年，贺兰县审批服务管理局在将涉及就业服务、社会保障、医疗保障、社会救助、户籍管理等123项政务服务事项下放乡镇（街道）民生服务中心办理的基础上，与各乡镇签订行政审批委托协议，将个体工商户登记、食品经营许可、清真食品准营证核发等12项行政许可事项赋权委托乡镇办理并统一派发了审批专用章，实现了“一枚印章管审批”。推进工程建设项目审批制度改革，将简易低风险项目的审批作为全区工程改革的先行，针对宁夏爱至礼食品有限公司爱至礼花园观光式烘焙项目研发车间建设工程，启动简易低风险审批程序，实现“建设用地规划许可、工程规划许可、工程施工许可”三证并联办理、同日办结。推出二手房交易水电气“一体过户 一事联办”，群众办理“二手房”过户后，可直接到政务服务中心五楼工程建设项目服务中心办理水、电、气过户手续，切实解决群众办事耗时长、手续繁、跑多次等问题。

【招投标改革】 2021年，贺兰县审批服务管理局围绕进一步优化营商环境、降低交易成本，提高公共资源开评标效率的目标，依托银川市公共资源交易中心平台，完善跨地区交易平台协调联动机制，启动沙井子银新干沟治理工程项目远程异地评标工作，标志着贺兰县政府投资建设工程在跨区域远程异地合作方面迈出新步伐，电子化政府工程招投标工作跨上新台阶。

【服务质量提升】 2021年，贺兰县审批服务管理局深化“放管服”改革、优化营商环境，推动流程再造，不断提升服务效能、创新服务方式、提高服务质量，加快政务服务规范化、标准化建设。贯彻落实“一次办好”改革，通过“一窗受理”再造服务流程，推行一件事一次办、“一业一证”改革，推出“不见面审批”“告知承诺制”等审批服务，建立规范、高效、便捷、透明的行政审批运行方式，让群众切实感受到智慧政务带来的实惠。在政务服务中心各服务厅安装静默叫号系统，以“清馨雅静”代替以往纸质叫号模式容易出现群众取错号、票号丢失、过号以及产生噪声干扰等现象，为群众高效办事提供安静的环境。对窗口人员定期开展业务培训和礼仪服务等各类培训，同时配齐配全各民生服务中心、村（社区）代办点相关设备，增强工作人员业务能力和服务水平。通过政务服务“好差评”、意见建议箱等线上线下相结合的方式，发挥企业、办事群众对窗口的监督职能，坚决杜绝“门难进、脸难看、事难办”问题，以贴心的服务、务实的作风、高效的举措，惠民利民的理念打通服务企业群众的“最后一公里”。

【窗口服务制度规范】 2021年，贺兰县审批服务管理局根据窗口特点，探索适应服务需求的窗口服务制度，逐步建立科学完备的制度规范体系；出台《贺兰县审批服务管理局绩效考核办法（试行）》等10项规章制度，明确文明用语、服务行为、仪容仪表、文明办公等相关内容，提升服务标准化水平；窗口统一放置办事指南、工作人员做到“一口清”；规范进驻单位标准化建设，转变服务理念，加强窗口管理，突出机制引领作用；增强审批人员保密意识，妥善保管审批手续，并按照要求将相关资料有序合理归档，推进质量效益双提升。

【政务服务中心环境改造】 2021年，贺兰县审批服务管理局对政务服务中心进行提档升级改造，设置导服台，安排专人负责指引导办、打字复印；设置阅读角，摆放绿植，营造更干净、舒适、安心的服务环境；设置完善志愿服务项目，提供饮水机、免费轮椅、老花镜、针线盒、便民雨伞等，为办事群众提供更周全、更贴心、更直接的便利化服务；设置母婴室，配全婴儿床、纸巾等贴心物品，设置残疾人无障碍设施保障，从小微之处着手，体现为民服务大情怀。

【行政审批改革】 2021年，贺兰县审批服务管理局推行“一件事一次办”改革，推出县级26个“一件事一次办”梳理首批35个行业试点“一业一证”改革，优化和重构政务服务事项流程，实现一窗受理、一次告知、一表申请、一次递交、一次办好，为群众提供更高效、优质的政务服务，全面整合审批材料，深入推进“四减一优”，全县178个主事项、241个子项，经梳理，事项承诺办理时限比法定办结时限整体压缩76%，申请材料整体减少35%，办理环节整体压缩47%。推进“综合窗口”改革，将全县170项行政许可事项通过划转、进驻、委托的形式集中办理，政务服务中心6个办事服务厅共设50个综合窗口、乡镇（街道）民生服务中心共设20个综合窗口。推进“证照分离”改革，梳理出涉企“证照分离”中央层面设定事项71个、县级层面设定事项5个，按照“谁设立，谁取消”的原则和“于法有据”的要求，直接取消审批的1项，审批改备案的1项，实行告知承诺的23项，优化审批服务的51项。推进“告知承诺制”改革，梳理出县级告知承诺制证明事项51项、告知承诺制涉企审批事项101项、建设项目审批类事项54项。

【企业开办审批事项优化】 2021年，贺兰县审批服务管理局设立企业开办服务专区。将企业开办涉及的营业执照、印章刻制、发票申领、社会保险参保登记、银行和公积金开户6个事项整合集中审批，实现企业开办全流程3小时办结。设置商事登记自助服务区。引进投放2台全程电子化营业执照自助机，实现个体营业执照即来即办和“智能批”。设立全市首个工程建设项目服务中心，依托宁夏工程建设项目审批系统，实行“一厅一窗一网”全流程办理，实现政府投资建设项目全流程由115个工作日缩短至70个工作日，企业投资建设项目全流程由75个工作日缩短至50个工作日；推行“告知承诺”制、帮办代办制，保障项目尽快开工；强化工程建设系统与“多规合一”业务协同、监督、网上办事大厅等信息平台的互联互通，实现“一站式”统一受理、并联审批、实时流转、跟踪督办。压缩不动产登记时间，推行不动产登记、交易和缴税一窗受理、并行办理，政府招商引资项目及新开办企业一般登记业务、民营企业（不包括房地产开发企业）获取不动产办理转移登记实现0.5个工作日办结，不动产首次登记10分钟办结，二手房20分钟办结，实现二手房交易、水电气过户手续一并办理。

【跨省通办和“一网通办”】 2021年，贺兰县审批服务管理局推进“跨省通办”改革。梳理出进驻政务大厅各部门“跨省通办”及“自治区内通办”事项清单231项，开设“跨省通办”窗口，实现企业和群众异地办事。山东省滨州市惠民县行政审批服务局签订政务服务“跨省通办”合作协议，实现61项高频政务事项可在两地“跨省通办”。推行“一网通办”改革。启用银川市政务服务事项综合受理平台，可办理社会事务、市场服务、农林水务、投资建设类等195项审批事项。升级改造“24小时自助服务区”，增设税务自助办理机等，让群众办事“就近能办、全县通办、异地可办”。

政务服务

【防疫保障】 2021年，贺兰服务中心依照县委、县政府的要求，对行政中心各出入口加强管理，引导办事群体在疫情防控期间采取网上办理。落实疫情常态化举措，安排物业公司每日进行4次以上清洁消毒，切实保障行政中心办公楼环境，为全县干部职工消除了防控风险。统筹做好公务用车保障服务工作，积极为县交通局、县卫健局、县疾控中心、县住建局、县政府督查室等一线防控部门服务，积极协调社会多方筹备采购防疫物资，慰问一线部门及工作人员。开展慰问活动35次，配送物资14000份，其中为医务人员及工作人员提供快餐6364份，总金额462122元，扎实做好疫情防控和物资储备保障工作。

【会务保障】 2021年，贺兰服务中心制定《贺兰县“两会”会场安保服务和后勤保障工作实施方案》，确保安保、会务、餐饮保障、疫情防控保障、应急保障工作得到有效落实。严格按照人员配备要求，增加26名安保人员、3名消防人员24小时进行维保工作，保障会议期间园区秩序和应急工作。联合卫健局、疾控中心为“两会”期间安保和疫情防控工作人员开展相关培训，做好会议期间消杀清理工作，以强烈的责任感和使命感做好两会期间的安保服务和后勤保障工作。为确保“两会”期间在行政中心住宿的人大代表、政协委员及工作人员用餐需要，认真研究菜品，确定176种菜品，以自助餐的形式安排用餐。同时，保障安保、物业及其他值班人员的用餐问题，采取线上订餐形式确定午餐所需盒饭数量，秉持“厉行节约”的原则，进一步推进机关餐厅转型升级保障两会用餐。“两会”期间，共保障2495人次用餐，其中提供快餐552份，总金额64680元。

【办公用房集中统筹】 2021年，贺兰服务中心为规范全县党政机关办公用房年度信息统计报告，下发《2021年贺兰县基本办公用房使用情况登记表》，工作人员严格按照《党政机关办公用房管理办法》的原则和标准，对各单位上报材料逐项核算，对存在问题的单位及时反馈指导，真正让他们熟练掌握基本办公用房的计算标准、核算方法、清退原则，进而促进提高各单位办公用房的清理工作的时效性。按照县委统一安排部署，联合县纪委监委，抽调精干力量，组建5个专项监督检查组，以求真务实的态度，扎实推进办公用房清理核查工作。对全县59家机关单位、独立核算办公用房的12家二级单位和33家中小学校办公用房面积使用通过分组、分领域、分区域开展“拉网式”督查，采取集中监察和“回头看”的方式，按照坚持问题导向，采取实地查看和现场丈量的方法，严格执行规定标准彻底进行核查，确保全县各部门(单位)办公用房使用不超标。

【节能降耗】 2021年，贺兰服务中心围绕“节能减排，低碳生活”的宣传主题，组织各单位开展系列活动。通过摆放“节能减排，低碳生活”宣传板2张，发放“节能降耗宣传手册”300本，发放标有“共享生活节能低碳，共求城市碧水蓝天”的围裙100条等方式，深入宣传绿色低碳发展理念，提高全体人员节能降耗意识。组织开展《贺兰县创建自治区级节约型机关工作暨垃圾分类培训会议》，对创建自治区级节约型机关工作评分细则和银川市党政机关等公共机构生活垃圾分类考核评分细则进行深入解读，要求各申报单位对照评分细则逐项实施创建，通过自查自评、基础档案资料、实地查验等方式对33家申报节约型机关的单位实行初审，并将创建完成名单上报至银川市机关事务服务中心。

【公务用车管理】 2021年，贺兰服务中心严格按照《贺兰县公车平台用车申请派车流程》的规定，对预约用车的申请单和任务结束的派车单认真审核，做好做细公务用车使用信息台账，每季度予以公示，做到全方位监督；建立派车和车辆维修、年审三本电子台账及纸质台账；对节假日期间除紧急工作外的所有公务用车实行“封存停驶”制度。每日安排驾驶员值班值守，实现“白 + 黑”、“5+2”、节假日无缝隙值班值守，切实保障各单位夜间应急用车需要。出台《贺兰县机关事务管理中心驾驶员绩效考核方案》，每月定期对驾驶员进行安全教育及工作制度培训，每月对驾驶员进行考核，以提高驾驶员基本素质。

【公务接待管理】 2021年，贺兰服务中心严格审批公务接待手续；严格统计核算，按照财务管理规定对有关账单进行审核，根据每月实际发生额，制作《接待经费统计报表》，严格公务接待标准和内容。严格执行新规定新要求，对标接待范围、标准、程序，控制公务接待活动数量，务实节俭接待，促使厉行节约蔚然成风。强化餐厅管理，做好餐饮保障。采取公开招标的方式，选择优秀的餐厅运营团队，对餐厅服务进行外包。

中国人民政治协商会议贺兰县委员会

Zhongguo Renmin Zhengzhi Xieshang Huiyi Helanxian Weiyuanhui

综 述

【概况】 2021年，贺兰县政协坚持以习近平新时代中国特色社会主义思想为指导，深入贯彻落实中共十九大、十九届二中、三中、四中、五中、六中全会和习近平总书记视察宁夏重要讲话精神，认真贯彻落实习近平总书记关于加强和改进人民政协工作的重要思想，坚持团结和民主两大主题，紧紧围绕县委、县政府中心任务，不断提高政治协商、民主监督、参政议政水平，更好凝聚共识，较好完成了各项工作任务，为助推全县经济社会高质量发展做出了积极贡献。

【理论武装】 2021年，贺兰县政协严格按照中央和区市县党委关于开展党史学习教育的部署要求，以“四史”学习教育为重点，坚持把学习习近平新时代中国特色社会主义思想贯穿始终，把学史明理、学史增信、学史崇德、学史力行贯穿始终，把学党史、悟思想、办实事、开新局贯穿始终，把学习党史与学习新中国史、改革开放史、人民政协史相贯通，不断提高政治判断力、政治领悟力、政治执行力。通过中心理论组学习、集中培训、支部研讨、线上“微党课”等多种方式，组织党员干部和政协委员深入学习中共十九大和十九届五中、六中全会精神，及时跟进学习习近平总书记最新重要讲话精神。机关党组成员以普通党员身份参加“支部学习日”“主题党日”等活动，带头做到读原著、学原文、悟原理，真正做到往深里走、往心里走、往实里走。

【筑牢政治根基】 2021年，贺兰县政协始终把贯彻落实县委决策部署作为政治规矩，在全县大局中谋划政协工作，把党的领导贯穿于政协工作的各方面、全过程。积极组织推动政协委员和机关干部深入学习贯彻习近平新时代中国特色社会主义思想等内容，及时传达学习党中央及自治区党委、市委、县委重要文件精神，结合政协实际提出贯彻意见并认真抓好落实，团结引导各党派团体和各族各界人士，筑牢坚持中国共产党领导和中国特色社会主义的思想根基，全年召开机关党组（扩大）会12次，召开委员学习大会等各类学习会96次、专题研讨交流会8次，机关党员干部畅谈学习体会35人次，促使机关干部“四个意识”更加牢固、“四个自信”更加坚定、落实“两个维护”更加坚决。

【意识形态责任制落实】 2021年，贺兰县政协认真落实意识形态工作主体责任，召开意识形态工作分析研判会3次，举行意识形态知识测试1次。在政协相关会议、民主监督、提案办理、视察调研、界别活动等履职活动中，注重加强意识形态引领，教育引导中共党员委员加强党性锻炼，对政协会议新闻宣传报道、委员大会发言、社情民意反映、视察意见建议等内容，严格从政治上思想上行动上审核把关，不断教育引导机关干部和政协委员提高政治觉悟。

【法治机关建设】 2021年，贺兰县政协全面贯彻落实党中央、自治区、市、县关于法治建设的重大决策部署，深入学习贯彻习近平法治思想，班子成员带头学法普法尊法守法用法，按时完成干部网络学习和法宣在线考试，组织2名律师委员定期在委员微信群推送解读民法典，邀请律师解读民法典，切实增强贯彻习近平法治思想的政治自觉、思想自觉和行动自觉。

【党风廉政建设】 2021年，县政协始终把旗帜鲜明讲政治作为根本要求，围绕全面从严治党、市委"三强十一严"要求，每半年召开党建和党风廉政建设工作会议，听取汇报，强化措施，整改问题，狠抓落实，不断推动党建和党风廉政建设工作深入扎实开展。注重建章立制，落实党建目标，加强作风建设，扎实开展"三会一课"、主题党日、党员大会、谈心谈话等活动，按时缴纳党费，党组成员带头参加双重组织生活。认真履行管党治党主体责任，落实好"一岗双责"，严格执行中央八项规定精神。及时分解落实县委党风廉政建设责任分工，层层签订责任书，组织学习自治区、市、县纪委全会精神和违纪违法典型案例通报等，加大警示教育力度，强化纪律作风意识，严格遵守政治纪律和政治规矩。加强专委会功能型党支部建设，配齐配全各专委会功能型党支部成员，听取各专委会功能型党支部工作开展情况汇报，全年召开功能型党支部会议4次。在政协全委会、委员学习会等会议期间，各功能型党支部召开会议，集中学讲话、学文件、集中研讨交流等活动，强化"学习强国"学习平台学习教育。

【协商工作】 2021年，贺兰县政协按照县委2021年度工作部署，认真研究制定年度协商计划，精心组织协商活动，召开常委专题议政协商会2次，专题协商会6次，围绕"6+3"重点特色产业发展、巩固拓展脱贫攻坚成果同乡村振兴有效衔接等议题，组织开展视察调研8次，积极参政议政，主动建言献策，提出意见建议52条，形成针对性强、建议可行的视察报告报县委。县政协十届五次会议共立案提案30件（5件重点提案、25件一般提案），办结30件，办结率100%。反映社情民意26期，被自治区、市政协采用10篇，由自治区政协推送全国政协2篇，县委、县政府领导批示及自治区、市、县部门办理回复16篇，为推进全县经济社会高质量发展贡献力量。

【发挥凝心聚力作用】 2021年，贺兰县政协积极邀请各党派团体、工商联和无党派人士参加政协视察调研、民主监督等活动10次。推荐各党派团体、工商联和无党派人士参加县委、县政府重要会议和重大活动。加强同党外知识分子、非公有制经济人士、新的社会阶层人士的沟通联络，积极搭建履职平台，及时反映意见诉求。主动征求各党派团体对政协机关建设的意见建议，邀请各党派团体参加调研视察等活动8次。积极参与全县民族团结进步事业创建，不断巩固和发展民族团结、宗教和顺、社会和谐的良好局面。

【发挥委员的主体作用】 2021年，贺兰县政协组织27名委员列席县委全委会、县政府常务会、年度考核测评会，不断拓宽委员知情明政渠道。班子成员走访联系委员126人次，了解委员工作情况，帮助解决困难问题，不断激发委员履职热情。强化委员履职考核，督促做好"年度作业"。

【发挥专委会基础性作用】 2021年，贺兰县政协积极为政协委员和专委会开展工作提供良好条件，为政协委员知情明政、调研视察、建言献策、成果转化做好服务和保障，积极探索界别工作方法，设立界别工作室4个，纳入专委会工作计划，选好配强界别召集人、联系人，开展界别活动8次，促使政协工作向基层延伸，为群众服务。加强与各地政协学习交流，接待自治区外政协调研考察14批次86人，积极宣传贺兰、推介贺兰。

【机关建设】 2021年，贺兰县政协严格落实市委第二巡察组巡察反馈意见整改工作，修订完善中共贺兰县政协机关党组工作规则、理论学习中心组学习规则等各类制度66项。积极开展文明单位、节约型机关创建，不断提升机关服务保障能力。加大政协工作宣传力度，《华兴时报》等媒体报道32篇，展示了政协与时俱进、履职为民的良好风貌。突出"亲历、亲见、亲闻"特色，编辑完成了《贺兰文史资料

(第十辑)》《政协贺兰县第十届委员会工作实录》。高质量完成自治区政协志贺兰篇的编撰报送工作。

重要会议

【中国人民政治协商会议第十一届贺兰县委员会第一次会议】 2021年11月11—13日召开,来自全县各族各界各条战线的新一届142名政协委员参加会议。政协贺兰县第十届委员会主席恩建国代表县政协十届委员会,向大会作县政协十届常委会工作报告。会议同意恩建国代表政协贺兰县第十届委员会常务委员会所作的工作报告。会议同意政协贺兰县第十届委员会关于十届委员会以来提案工作报告。会议选举张魁为政协贺兰县第十一届委员会主席,叶宏、钱瑞、蔡霞为副主席,丁书涛为秘书长,马伟等37名委员为常务委员。

专题调研

【调研全县重点项目建设情况】 7月8日,县政协主席恩建国带领部分县政协委员调研全县重点项目建设情况。调研组先后到贺兰县德胜中学(六中)建设项目、贺兰新百商业广场项目、"金贵堡"老街文旅综合体项目、立岗镇大棚西瓜种植基地建设项目等地,详细询问了解了项目建设进度、发展规划等情况,并就项目推进过程中存在的问题与相关企业负责人进行深入交流,现场提出意见建议。

【调研宁夏贺兰工业园区特色产业发展】 7月15日,政协领导安为民、马文霞带领政协委员,深入宁夏贺兰工业园区对宁夏泰益欣生物科技有限公司、宁夏北伏科技有限公司、银川天银汽车销售服务有限公司等企业及园区特色产业发展进行调研。

【调研全县推进落实黄河流域生态保护和"6+3"重点特色产业发展情况】 7月15日,县政协主席恩建国带领部分政协委员到贺兰贺金樽酒庄有限公司、贺兰科海生物科技有限公司、宁夏泰益欣生物科技有限公司等地,调研全县推进落实黄河流域生态保护和"6+3"重点特色产业发展情况,并进行座谈交流。

中国共产党贺兰县纪律检查委员会　贺兰县监察委员会

Zhongguo Gongchandang Helanxian Jilü Jiancha Weiyuanhui Helanxian jiancha weiyuanhui

综　述

【概况】 2021年，贺兰县纪委监委紧紧围绕区市纪委全会安排部署和县委中心工作，充分发挥监督保障执行、促进完善发展作用，促进和保障全县各项重点工作有序开展，党风廉政建设和反腐败斗争取得了新进展新成效。

【情况督查检查】 2021年，贺兰县纪委监委把学懂弄通做实习近平新时代中国特色社会主义思想和习近平总书记在庆祝中国共产党成立100周年大会上的重要讲话精神作为首要的政治任务，突出对贯彻新发展理念构建新发展格局、铸牢中华民族共同体意识、"四大提升行动"、生态环境保护等重点工作开展监督检查，共发现问题19个，给予党纪政务处分8人，问责1人，约谈42人，不断压实党委（党组）落实全面从严治党主体责任，引导党员干部不断增强"四个意识"、坚定"四个自信"、做到"两个维护"。坚定不移推动疫情防控责任落实。坚持生命至上，统筹各方监督力量，对一线封控点、核酸采样点、重点区域疫情防控责任落实情况开展不间断督导检查，盯紧抓牢各行业单位监管责任，确保监管到位、力量到位、责任到位。开展48轮次实地督查，向行业主管部门发送督办函28份，向各工作组、专班推送提醒函19份，督促整改问题529个，有力推动疫情防控各项举措落到实处。坚定不移强化换届纪律监督，聚焦换届各时间段，通过日常督查、随机抽查、明察暗访等方式，对县乡村换届候选人推荐、代表推选、换届选举等开展全程监督，注重对换届工作中执行换届政策法规、严肃换届纪律情况的监督检查，把关回复廉政建议143批次5881人，受理反映涉及换届选举问题线索18件，及时核查处置，确保换届风清气正。坚定不移推进巡视巡察问题整改。开展巡视整改情况"回头看"专项督查，对市委第十二轮至十三轮巡察3个单位整改情况进行中期督导和末期验收，推动反馈问题整改落实。

【全面从严治党主体责任】 2021年，贺兰县纪委监委深入贯彻落实十九届中央纪委五次全会和自治区、市、县纪委全会精神，安排部署全县2021年党风廉政建设和反腐败工作，把任务分工细化压实到各党委（党组）和纪检监察系统内部，印发《关于落实全面从严治党"两个责任"建立"三个清单"的通知》，督促各党委（党组）扛起全面从严治党主体责任，县委主要领导带头制定全面从严治党"第一责任人"清单，与各党委（党组）主要负责人签订年度党风廉政建设责任书，层层传导工作压力。扎实开展"一把手"和领导班子监督。协助县委建立一把手监督机制，结合全县实际，延伸将村（社区）党组织主要负责人纳入"一把手"监督范围。持续开展"一把手"季度清单汇报制度，推动各级"一把手"和领导班子主动开展监督、自觉接受监督，以管好"关键少数"助推管住"绝大多数"，对27个单位"一把手"开展党内谈话5次。精准运用"四种形态"压实管党治党责任。扎实开展政治生态分析研判，认真贯彻落实《中国共产党党内监督条例》《中华人民共和国政务处分法》和自治区、市《落实全面从严治党主体责任和监督责任运用“四种形态”暂行办法》，将“四种形态”的运用和处分的执行情况压实到各党委(党组)，使党委(党组)认真履行管党治党政治责任，在党员的教育、管理和监督上持续用力，把预防和惩治结合起来，确保底线常在、“后墙”坚固，一以贯之推进全面从严治党。全县各党委(党组)约谈、警示干部418人次。

【重点领域专项整治】 2021年，贺兰县纪委监委制定专项监督方案，明确行业主管单位重点任务和纪检监察机构专项监督检查内容，实施纪委监委领导班子成员包抓重点乡镇村、纪检监察干部包抓监督到户制度和成员单位联席会议制度，创新构建基层监督体系，明确乡镇党委、班子成员、纪委(派出监察办)、部门行业、人大监督和村监会、特约监察员监督职责，充分发挥党内监督、民主监督、群众监督的作用，组织开展专项监督检查3次，发现成果问题5个，下发检查建议书4份，扎实推动扶贫攻坚同乡村振兴有效衔接。坚决整治群众身边的腐败问题和不正之风，紧盯教育、医疗卫生等14个领域，结合“我为群众办实事”实践活动，实行一领域一专项整治，集中筛查群众反映强烈的突出问题13个。严肃查处群众身边腐败和作风问题18起，给予党纪政务处分22人，问责7人，公开曝光典型案例2起。开展惠民惠农补贴补助等“一卡通”资金整治，发现问题2件，党纪政务处分5人。扎实开展粮食购销领域腐败问题专项整治，督促行业监管部门认真开展自查自纠，发现并督促整改问题3个。扎实推进工程建设政府采购领域突出问题专项治理，结合贺兰县实际，对2017年以来工程建设和政府采购领域突出问题，通过自查自纠、自查自纠“回头看”、重点检查、全面检查和专项抽查等方式，共查出324个项目存在问题604个，整改完成586个，整改率97%。加大线索处置力度，办结线索18件，立案6件8人，党纪政务处分6人，问责4人，组织处理9人。全力推动政法队伍教育整顿。制定《贺兰县纪委监委配合全县政法队伍教育整顿工作实施方案》，明确责任部门，细化任务分工，畅通信访网点“四位一体”信访举报渠道，高效精准受理教育整顿期间涉及政法干警问题线索，共办理涉及政法干警问题线索33件，立案10人，给予党纪政务处分9人。

【作风建设】 2021年，贺兰县纪委监委严格落实自治区党委加强作风建设“八条禁令”，坚持在重要节点对典型问题进行通报，对节日纪律再提醒、再要求。督促财政、税务、市场监管等部门聚焦经费审批、报销、电子税务抵账系统和高档私人会所等，严防节前大额非正常开支和高档烟酒、茶叶、名贵特产、特殊资源等消费情况。全面开展违规售卖高档酒、“天价烟”“天价茶”等方面的监督检查，查处违反中央八项规定精神问题5起，党纪政务处分11人，问责3人。大力开展违规吃喝隐形变异问题专项整治，利用贺兰发布、清风贺兰等媒体和制作专题视频等方式，全面发布纠治“四风”公告，联合县市场监管局、县税务局、县电视台深入饭店、宾馆、小区和农家乐等场所，明察暗访、随机抽查违规公款吃喝等7项“四风”隐形变异问题。强化自查自纠，共查处违规吃喝问题1起，党纪政务处分1人，受理违规吃喝问题线索3件。全面纠治形式主义官僚主义问题，印发《关于贺兰县纪检监察系统进一步解决形式主义问题做好2021年为基层减负工作专项监督的通知》，聚焦精文减会、规范监督检查考核、改进调查研究、激励干部担当作为等5个方面正面清单25项具体内容和负面清单28项具体内容，把纠治形式主义作为日常监督重点，对问题集中的部门和单位开展专项督导，公开通报曝光5个单位6个问题，查处形式主义、官僚主义问题2起，党纪政务处分8人，问责3人。

【紧盯“三不”机制】 持续保持惩治腐败高压态势，对群众身边、工程建设政府采购等重点领域腐败和作风问题严查快处，倒排核查工期、定期通报督办。全年共处置问题线索325件，初步核实281件，谈话函询24件；了结问题线索317件，给予组织处理208人，立案95件，给予党纪政务处分89人。坚持扎牢“不能腐”的笼子，下发纪律检查建议书53份、监察建议书53份，把案件查办、问题整改、靶向治理贯通起来，督促职能部门建立完善长效机制，帮助发案单位全面查找问题，建章立制，堵塞漏洞，协助党委管党治党不断走向“严紧硬”，不断增强“不想腐”的自觉，着力做深做实做细案件查办“后半篇文章”。扎实开展廉政警示教育周、月活动，组织全县党员干部开展党规党纪知识测试、警示教育专题辅导、参观警示教育基地等，增强教育实效。充分发挥廉政宣讲团近距离、面对面宣讲优势，选取30余个典型案例深度剖析，采取“点课教育”方式，宣讲16场次，受众5300余人，敲响思想警钟，增强“不想腐”的自觉。

【纪检监察队伍建设】 2021年，贺兰县纪委监委扎实开展党史学习教育，开展“三学三比”等活动，把党史学习教育与提升干部素养结合起来，通过“每周二、五2次晨学”“每月1次授课”、以案代培、脱产培训等多种方式强化纪检监察干部理论素养和业务水平。聚焦上级纪委全会精神，组织中共十九届五中、六中全会精神学习会和贺兰县纪委监委学习贯彻中央纪委五次全会精神研讨会，开展全县纪检监察干部政治理论学习和业务培训活动，提升干部履职能力。提升干部专业素养。实行“常态评查”“季度评查”“年度评查”，提升干部业务能力。召开2021年度线索管理及核查质效座谈会，常态化开展案卷质量评查工作，制发《关于探索建立日常监督清单进一步加强派驻监督实效的通知》，对8个派驻纪检监察组进行实地督导，听取工作汇报、现场指导监督方式方法，提升派驻纪检监察组监督能力和质效。乡镇（街道）纪（工）委、派驻纪检监察组全年处置问题线索212件，给予组织处理119人，立案74件，党纪政务处分63人。

群众团体

Qunzhong Tuanti

贺兰县总工会

【概况】 2021年，贺兰县总工会坚持以习近平新时代中国特色社会主义思想为指导，深入贯彻党的十九大、十九届五中、六中全会精神，紧紧围绕中心工作，竭诚履职、锐意创新，坚决落实常态化疫情防控措施不放松，认真开展党史学习教育，把党史学习教育、思想领悟、为民办事、推动工作贯穿始终，在组织建设、维权帮扶、服务发展等方面彰显特色，为促进全县经济社会高质量发展贡献了工会力量。

【党史学习教育】 2021年，贺兰县总工会围绕“学史明理、学史增信、学史崇德、学史力行”目标要求，组织全体工会干部学习贯彻习近平总书记在庆祝中国共产党成立100周年大会上的重要讲话精神和《中共中央关于党的百年奋斗重大成就和历史经验的决议》，结合“我为群众办实事”实践活动，推动党史学习教育走深走实，集中学习62次，专题研讨11次，举办读书班1期，宣讲8次，党员干部撰写心得体会60余篇。把“办实事”作为深化党史学习教育的有力抓手，建立“我为职工办实事”十大重点项目：强化阵地建设、丰富文化生活、职业技能培训、职工权益保护、劳动和技能竞赛、困难职工帮扶、医疗互助金报销、关爱“八大群体”、盘活阵地资源和“四送”品牌服务。一年来，贺兰县总工会干部职工深入一线访民情、惠民生、聚民心，着力解决职工群众“急难愁盼”的身边事，把身子沉了下去，把责任担了起来，在办实事中主动作为、敢于担当，让实事符合职工群众的愿望和需求，使党史学习教育成果更加富有实效。

【疫情防控】 2021年，贺兰县总工会坚持领导带头、党员先行，坚守岗位，下沉一线，在防控一线贡献工会力量，累计参与疫情志愿服务值班值守600余人次，强化宣传引导，不断扩大宣传面，增强职工群众防控意识，发布致全县职工倡议书，鼓励职工积极参与防疫工作志愿服务；利用微信公众号发布疫情防控知识推文20篇，电子屏、宣传栏、小喇叭齐上阵，滚动播放疫情期间注意事项和科学预防知识，引导群众提升防护意识。走访慰问一线医务人员、公安干警、社区工作者及志愿者等疫情防控人员近千人，发放牛奶、方便面等14万余元慰问品，自治区总工会、宁夏凯添天然气有限公司、达美医药有限公司通过县总工会捐赠消毒液、N95口罩、防护服等防疫物资，为疫情防控一线人员筑起一道坚固的防护墙。

【基层工会建设】 2021年，贺兰县总工会组织全县各级工会打牢组织建设基础，共组建工会34家，发展会员5523人，规范全县机关、企事业单位按期换届选举，指导115家基层工会开展换届选举工作；全县非公企业工会452家，职代会建制率达95%，实行厂务公开建制率达97%；扎实开展“深化民主管理进民企·创建‘双优’示范点”活动，指导百瑞源枸杞股份有限公司工会迎接全国企业民主管理厂务公开互检工作，上报优秀职工代表提案；深化工会干部下基层联系点“十个一”活动，各级工会干部联系基层300余次，有效指导企业工会开展各项工会工作；以示范为引领、以先进为带动，投资50余万元升级打造了贺兰县第二职工活动中心（洪广镇全民健身中心），指导基层建设宁夏丰之源花卉产业园等10家具有示范性的县级职工之家；全县各级会站家示范点结合党史学习教育，开展庆祝中国共产党成立100周年系列活动60余场次，切实履行工会组织团结引领广大职工听党话、跟党走的政治责任，充分发挥职工之家竭诚服务职工群众的作用。

【工人素质提升】 2021年，贺兰县总工会通过技能提升，举办贺兰县第二届农民工蔬菜产业技能竞赛、贺兰县第四届水稻收割技能竞赛、贺兰县第三届餐饮行业职工技能大赛等县级以上劳动技能竞赛10场次，围绕乡村振兴，助力产业工人技能水平提升，充分激发广大劳动者的劳动热情，进一步弘扬了劳模精神、劳动精神、工匠精神。通过科技创新，打造创建技能人才（劳模）创新工作室2家，申报市级创新工作室1家、自治区级创新工作室1家，向银川市总工会推荐上报创新成果项目62项，覆盖企业11家。通过典型引领，充分发挥榜样示范带动作用，5人被银川市总工会给予“凤城工匠”助推奖励，贺兰县百瑞源枸杞股份有限公司超临界萃取班组、宁夏如意科技时尚产业有限公司四分厂细纱工段丙班2个车间班组被中华全国总工会授予“全国工人先锋号”称号。

【维权调解】 2021年，贺兰县总工会优化“16331”维权模式，推进工会劳动法律监督法治化，探索劳动争议调解的新模式，把矛盾化解在萌芽状态。其中：贺兰县人民调解中心共受理维权诉求案件141起395人次，为职工（农民工）挽回避免经济损失395万元；贺兰县劳动争议、人事争议、劳务合同诉调对接中心受理案件517起，调解成功316件，涉及职工（农民工）920人，为职工（农民工）挽回避免经济损失1395万元。促进工资集体协商工作纵深发展，把推进行业性、区域性集体协商作为集体协商工作的重点和主攻方向，在“八大行业”“十二个区域”开展集体协商，签订工资集体协商专项合同332份，签订率达96%，覆盖职工24219人，进一步推进集体协商提质增效，提高依法维权的水平和能力。

【帮扶解困】 2021年，贺兰县总工会持续巩固“春送岗位、夏送清凉、金秋助学、冬送温暖”、职工医疗互助等品牌工作，元旦、春节期间全县各级工会组织筹集资金30余万元，走访慰问职工1500人；“夏送清凉”筹措18万元，慰问职工2200人；中国农民丰收节慰问农民工150人；开展电工、电焊工等技能培训2期，培训下岗失业人员、困难职工124人；开展线上、线下招聘会23期，参与招聘单位400家，提供就业岗位2万个；深入推进法治宣传行动，对全县企业3万名职工进行全覆盖的普法教育，举办法治讲座3场，系列普法宣传活动7场，配送法律图书5000册，发放法律法规宣传资料5600份，提供维权法律咨询400人次。充分借助社会资源，发挥工会帮扶优势，提升职工群众的安全感、幸福感和获得感。

【丰富职工精神世界】 2021年，贺兰县总工会开展“学党史、感党恩、跟党走”党史微宣讲活动8场次；联合县教体局、县融媒体中心共同承办“贺兰儿女一家亲，携手奋进开新局”贺兰县第六届职工运动会；全体干部职工参与“百年新征程、奋进新时代”欣兰广场文艺演出；联合民政、妇联、团委、科协等单位开展“学党史颂党恩，强素质展风采”文艺会演；联合县委宣传部开展“永远跟党走，奋进新征程”职工演讲比赛；24名职工代表参加银川市职工工前操比赛，获全市第二名的佳绩。通过开展丰富多彩的职工文体活动，积极引导广大干部职工以奋发有为的状态、敢闯敢试的斗志、开拓进取的精神，为建设黄河流域生态保护和高质量发展先行区示范县做出更大的贡献。

【关爱女职工】 2021年，贺兰县总工会广泛开展女职工维权月行动，推行建立“一函两书”工作机制，切实保障女职工合法权益；举办社区普法、知识竞赛、面点培训、纺织竞赛等活动，增强女职工自我保护意识，激发广大女职工立足岗位、创先争优的积极性；积极组织“两癌筛查”、心理健康讲座、“庆三八妇女节”等活动，营造关爱女职工、理解、重视和支持女职工事业的良好氛围。

共青团贺兰县委员会

【概况】 2021年，贺兰县团委聚焦保持和增强政治性、先进性、群众性，以习近平新时代中国特色社会主义思想为指导，牢牢把握共青团思想政治引领这一根本任务，始终坚持围绕中心、服务大局这一工作主线，切实发挥好党联系青年这一桥梁纽带作用，全面落实从严治团这一方针要求，以实际行动推动党史学习教育走深走实，把新时代贺兰县共青团建设得更加有力、充满活力。

【思想立团】 2021年，贺兰县团委深入学习宣传习近平新时代中国特色社会主义思想、习近平总书记视察宁夏重要讲话精神、习近平总书记“七一”重要讲话精神和党的十九届五中、六中全会精神等，将理论学习纳入各级团组织“三会两制一课”，定期督促指导。广泛开展党史宣讲、党史读书班、党史演讲比赛、国旗下讲党史、党史绘画比赛等活动，通过丰富多样的形式推动青少年党史学习教育走深走实。大力开展“青春心向党 建功新时代”“传承党的百年光辉史基因 铸牢中华民族共同体意识”“学党史、强信念、跟党走”微宣讲、微团课、微队课、“红领巾心向党”网络视频队课录制、“请党放心 强国有我”百人百场宣讲等教育活动，积极开展“请党放心 强国有我”集中入团、入队仪式、主题团(队)日活动等，激励和引导青少年坚定理想信念，为实现中华民族伟大复兴的中国梦而矢志奋斗。抓实网上“青年大学习”，不断扩大全团有效覆盖，参学人数达51800余人次。依托“青春贺兰”微信公众号、抖音主阵地，开展“开学第一课”“网上祭英烈”“向国旗敬礼”等青少年主题网络活动，热议党代会、“两会”、“习近平总书记视察清华大学时的重要讲话精神”、“习近平总书记给新安小学五(8)中队少先队员的回信”、“党的十九届六中全会精神”等网络话题活动，发布微信近1240期，发布抖音微视频26期。

【共青团生力军突击队作用发挥】 2021年，贺兰县团委以团干部、团员先锋为队伍主体，依托青年文明号、青年突击队和青年安全示范岗等“青”字号集体，成立青年突击队15支，800余名志愿者发挥排头兵、先锋队作用，奋战在疫情防控一线，开展农村青年就业创业大调研，了解乡村振兴创业青年的生产生活、产业现状、发展规划及存在问题等情况。充分发挥贺兰县农村青年致富带头人协会作用，开展政协委员与农村青年致富带头人面对面活动，帮助农村青年梳理堵点、解决难点。开展“直播带货”“春风行动”“网上招聘会”等活动，组织开展创新创业职业技术培训、创业项目比赛、创新创业政策宣传、青年企业家座谈交流等，引导青年就业创业，助力青年“青春筑梦双创启航”。开展文明城市创建、“青鸟”计划暨“名校学子贺兰行”大学生志愿者支教、“返乡”大学生社会实践、“红领巾成长课堂”、保卫母亲河、春季义务植树、文明交通劝导、环境卫生整治、助力农田水利建设等志愿服务，通过“一微一抖多群”、流动宣传员，围绕疫情防控知识、重大决策等发布权威信息，发布《青年防疫志愿者招募令》，充分挖掘和宣传青年战“疫”榜样、青年突击队等先进事迹，开展网上红领巾课堂、心理帮扶等活动，推送信息120篇，阅读量达2.5万次，循环播放《温馨提示》《致全县人民的一封信》等1000余次，张贴发放宣传单1000余份。

【服务青年作用发挥】 2021年，贺兰县团委深入落实“三个一线”工作机制，坚持下沉基层一线摸清基本底数，调查掌握一手资料，团县委班子成员带队到乡镇、学校、非公团组织、少工委调研20余次，切实做到倾听青年声音，回应青年诉求，服务青年成长。元旦、春节期间，慰问100名贫困青少年，资助4万元。开展圆梦“微心愿”，帮助140名贫困青少年实现“微心愿”，资助2万余元。实施“青苗”计划，帮助中小学校贫困青少年120名。通过政府购买社会工作服务的形式，累计帮扶特需关爱青少年21人。开展“希望工程·圆梦行动”，争取各类奖助学项目33.8万元，自筹20万元，资助贫困学生185人，对全县上线学子实现资助全覆盖。开展青少年自护教育、心灵课堂进校园、普法禁毒、消防安全等活动20余场次，促进青少年身心健康成长。在雷锋纪念馆、百瑞源枸杞博物馆、初心驿站——宁夏红色收藏馆建立市级少先队研学基地，开展相亲交友、红色教育、校外研学、绿色环保、科普体验等活动。

【基层团组织建设】 2021年，贺兰县团委落实党建工作责任制，巩固扩大巡察整改成果成效，结合机关换届建立健全党支部，从严落实“三会一课”和组织生活等制度，创新开展“支部主题党日”活动。与结对社区形成资源共享、优势互补、共驻共建的党建工作新格局。定期研究党建党风廉政及意识形态工作，不断增强党组织凝聚力与向心力，召开共青团贺兰县十九届六次全会，圆满完成全县70个村、社区团组织换届工作，实现了村、社区团组织班子进一步优化。指导学校配齐配强少先队辅导员，举办基层团、队干部培训班、辅导员风采大赛，引导团(队)干部准确把握新时代共青团、少先队工作方向，提升素质能力。在富兴街街道太阳城社区建立校外少工委。加强中学团校建设，在初中、高中、职业技术学校等建立试点，延伸团的工作触角，拓宽团的服务半径。广泛联系青年社会组织和新兴青年群体，扩大团的组织覆盖。落实“三会两制一课”“团建清单”“对标定级”等，336个基层团组织开展主题团日活动，参与团员青年达到6万余人次。用好智慧团建系统，严把团员入口关，突出政治标准，规范发展流程，全面完成2021年度下达团员发展指标，350名青年光荣加入共青团。新建非公企业、两新组织团组织19个，209个支部100%对标定级，促进团的工作制度化、标准化、规范化。

贺兰县妇女联合会

【概况】 2021年，贺兰县妇联以习近平新时代中国特色社会主义思想为指导，深入学习贯彻党的十九大和十九届二中、三中、四中、五中、六中全会精神及习近平总书记视察宁夏重要讲话精神，认真落实自治区、市、县一系列决策部署，立足新发展阶段，贯彻新发展理念，融入新发展格局，以联系妇女、服务妇女、引领妇女、维护妇女儿童合法权益为根本任务，紧抓妇女发展、家庭工作、维权关爱三大重点，破解深化改革难点，团结带领全县广大妇女为奋力谱写新时代贺兰现代化建设新篇章贡献巾帼力量。

【党史学习教育】 2021年，贺兰县妇联制定了《贺兰县妇联党史学习教育实施方案》，采取读书班、集体学习研讨、红色故事会等多种方式开展学习。在“贺兰妇联”微信公众号开设“巾帼英雄故事”专栏，讲述100名巾帼英雄人物故事，做好妇女群众的“四史”学习教育。开展线上党史知识有奖竞答，激发广大干部群众学党史、知党情的积极性和主动性。开展学党史——“优秀女性诵读红色家书”活动，向全县历届“三八红旗手”“巾帼建功标兵”、各类“先进工作者”等优秀女性征集作品31个并评选15个优秀作品上报银川市妇联参展。下发《贺兰县妇联“我为妇女群众办实事”实践活动方案》，聚焦妇女发展、家庭、健康等五个方面的需求，梳理出15件实事，重点关注贫困、留守流动、单亲等困境妇女儿童和家庭，联合总工会、团委等单位举办庆祝中国共产党成立100周年文艺演出。举办2021年“巾帼心向党 奋斗新征程”贺兰妇联系统专场文艺演出活动。

【乡村振兴巾帼行动】 2021年，贺兰县妇联在全县范围内持续寻找“美丽庭院”，利用微信公众号定期展播典型示范家庭，向全县广大妇女群众和家庭发出农村人居环境整治倡议书2次，进一步发动基层妇联执委、巾帼志愿者等广泛参与农村改厨改厕、村容村貌提升等活动，帮助村民特别是空巢老人、孤寡残疾、留守妇女等缺乏劳动力的家庭打扫室内、院落卫生。为两名农村妇联主席申报“双培双带”项目，争取资金10万元。

【创新创业巾帼行动】 2021年，贺兰县妇联制作农村妇女创业担保贷款专题片，制作宣传折页15000份，加大政策宣传。争取到位中央、自治区级贴息资金501万元，发放贷款503笔5662.5万元。联合县就业服务中心举办2021年“春风行动”现场招聘会暨“直播带货”网络招聘会，为城乡妇女搭建了就业平台。在太阳城社区举办2期为期20天的保育师（中级）职业技能培训班，帮助妇女群众提升就业技能。在隆源村举办妇女识字班，帮助44名妇女快速识字，学习知识。

【巾帼健康行动】 2021年，贺兰县妇联大力宣传关爱女性健康“爱妮保”惠民保险政策，将投保任务分解到各乡镇（场），动员广大妇女群众积极投保，避免妇女因病致贫、因病返贫，召开巾帼健康行动推进会暨关爱妇女“两癌”工作培训班，进一步提升基层妇联“巾帼健康行动”、妇女“两癌”救助、关爱服务及“爱妮保”业务能力。向36名患“两癌”“三癌”贫困妇女发放救助金28.5万元。将15名“两癌”贫困妇女和5名特殊困难妇女纳入“两癌”关爱服务项目。开展2021年“健康家庭”评选活动，评选出100户县级“健康家庭”，在贺兰妇联微信公众号展播10期。

【文明家庭建设】 2021年，贺兰县妇联联合贺兰县委宣传部（文明办）同承办2020年“文明家庭”“最美家庭”先进事迹发布会，对县级“文明家庭”和“最美家庭”的10名代表进行授牌，集中展示贺兰县思想道德建设丰硕成果。挂牌成立宁夏尚德家风家教建设指导服务中心贺兰工作站，进一步加强家庭文明建设，推动家庭教育工作创新发展。开展2021年寻找“最美家庭”活动，寻找县级“最美家庭”55户，推荐市级“最美家庭”14户。举办2021年“颂党恩 传家风”建党百年红色家书情景朗诵巡演活动，传承红色基因，继承和发扬党的优良家风。“百场万人”家庭家教家风教育专题讲座及线上课堂在62个行政村、17个城市社区、58所学校全面铺开，让家庭教育走进千家万户。

【妇女权益维护】 2021年，贺兰县妇联做好妇女群众来访接待工作，认真倾听和解答咨询，确保“12338”维权服务热线畅通，确保妇联微博、微信等网络平台反应迅速，及时回复，与县法院共同建立的家事纠纷心理疏导服务站，引入专业心理疏导，通过互联网平台，对家事纠纷当事人开展“诊疗”，私人订制心理疏导方案，远程心理疏导50件，其中调解27件，判决18件，未结案件4件。在“三八”维权周，联合县检察院、县法院等单位开展维权知识宣传活动及普法讲座。举办线上“巾帼心向党·奋斗新征程”妇女法律知识有奖竞答活动。联合贺兰县妇女儿童维权工作站——宁夏京川律师事务所开展法治宣讲10场。

【关爱帮扶】 2021年，贺兰县妇联为300余名困境儿童、残疾儿童送去价值3万余元的生活学习用品。组织各基层妇联开展“衣依相伴，情暖童心”活动，为200余名困境家庭儿童送去“寒冬暖衣”。春节期间，争取春节慰问金10万元，慰问贫困单亲母亲100名，“三八”期间，联合爱心企业向10名“两癌”贫困妇女和20名工作20年以上的村妇联主席发放慰问品，送去节日祝福。联合县妇幼计生服务中心、宁夏金域医学检验所（有限公司）为100名贫困单亲母亲和100名妇联干部开展“两癌”免费检查，积极争取区妇联“春蕾计划——佑未来护成长”公益项目，为全县13所农村小学女童发放关爱礼包932个，为银光小学争取“爱心书箱”项目339个，价值5万元，为广荣村7名高一女学生提供资助；与三家爱心企业积极对接捐赠物资，到欣荣小学、铁西小学、金山小学开展“六一”慰问活动；联合团县委，组织金贵镇银光村30组建档立卡家庭开展了“庆祝六一童心向党与爱同行”亲子蛋糕烘焙、红色观影活动；国庆节期间，慰问利民社区3名困难老人。争取“蓝天助学”项目，资助欣荣小学100名贫困家庭学生。为欣荣村争取中国妇基会价值5万元的图书。

【疫情防控】 2021年，贺兰县妇联通过贺兰县妇联微信公众号发出共同抗疫倡议，组织2000余名巾帼志愿者，成立100余支巾帼志愿服务队投身到疫情防控一线。积极发动广大女企业家贡献抗疫力量，中国人寿贺兰支公司向富兴街街道办捐赠了牛奶、酸辣粉等生活物资，宁夏悦海农牧开发有限公司向一线村社工作人员和医护人员捐赠500个共计价值

3万元的手机充电宝。联合县教育体育局制定了系统的家庭教育线上学习课程，邀请专业教师定期为广大家长讲授家庭教育专业知识，疫情期间停课不停家庭教育。

【基层基础夯实牢固】 2021年，贺兰县妇联认真贯彻区市妇联关于妇联换届工作的安排部署，立足深化基层妇联组织建设，精心组织，周密安排，统筹兼顾，圆满完成全县6个乡镇(街道)、65个村、17个社区妇联换届任务，成功选举产生乡镇(街道)妇联执委180名，其中妇联主席6名，专职副主席6名，兼职副主席23名；村(社区)妇联执委1234名，其中妇联主席82名，专职副主席82名，兼职副主席289名。落实党委副书记分管妇联工作、在编在岗人员任专职妇联主席要求，进一步夯实了党领导下的妇联工作基础。在如意湖社区、隆源村等6个村、社区实施银川市基层组织力提升项目和自治区妇联提升基层妇女参政议政能力和妇联组织力项目，进一步提升妇联主席和执委履职能力。

贺兰县科学技术协会

【概况】 2021年，贺兰县科协坚持以习近平新时代中国特色社会主义思想为指导，认真履职尽责，以提高全民科学素质为重点，以科普信息化建设为抓手，充分调动社会各界力量，全方位、多层次、宽领域地开展科普工作，成功入选2021—2025年度全国科普示范县创建单位。

【创新驱动助力工程】 2021年，贺兰县科协深入大北农、泰益欣、北方高科等科技型企业，对技术、人才等需求情况进行调研摸底，征集企业意见建议3条，借助区、市科协资源开展对接服务。建立“贺兰县科协科技信息服务群”，引导企业入驻“科创中国”资源平台并在平台上发布产业、技术、人才需求和项目合作信息等，进一步扩大企业对外交流合作。

【院士专家宁夏行】 2021年，贺兰县科协邀请汪国莲研究员与欣荣和食用菌协会会长张金河面对面开展技术需求对接、科技成果转化等科技服务。组织欣荣和食用菌协会9人参加宁夏农技协食用菌种植技术培训。将洪广镇欣荣村力农羊业有限公司作为服务示范基地，组织畜牧专家先后5次深入该场从事办班培训、现场指导等技术服务工作。

【创新人才培养】 2021年，贺兰县科协召开“科创中国”服务企业科技创新座谈会，大北农、泰益欣、艾尼工业等25家企业参加了座谈会，企业发展现状、产业转型升级、信息堵塞、技术需求等面临的难题、痛点，进行了深入交流，并建立了贺兰县科协科技信息服务群，指导企业加入“科创中国”资源平台，实现信息、项目等资源共享共通，为科技经济融合发展服务企业科技创新奠定基础。

【发挥县域学会组织作用】 2021年，贺兰县科协组织老科协赴立岗镇、洪广镇、金贵镇等开展以农业技术指导为主要内容的高素质农民培训班12场次，现场指导服务18场次，培训农业实用技术人才1300余人次，切实解决了农民在种植过程中遇到的问题，全面提升了农村党员的政治能力和致富本领。

【常态化开展科普活动】 2021年，贺兰县科协充分发挥和利用贺兰县社会科普资源，依托全国科普日、科技工作者日等科普品牌活动，组织中小学生、社区居民参观“3D打印+人工智能”科普展厅、二泉公司城乡生活垃圾科普教育基地，联合社区共同推进生活垃圾分类工作；举办2021年第五届宁夏贺兰航空体育科普节，开展动力三角翼、动力伞编队等各机型的飞行表演，直升机、固定翼飞机、航空模型、无人机、靶机等静态展示，同时开展青少年爱国主义教育和国防教育；举办优新经济果品种种植技术专题讲座；举办测土、配方、施肥技术、农作物病虫害识别与防治技术、新品种、新技术推广等实用技术培训；发挥科普示范社区作用，开展丰富多彩的科普宣传、科普联想画、科普知识趣味竞赛、科普手工制作等活动。集中开展82场次科普活动(其中讲座30场次，开展培训6次，科普宣传活动41场，组织参观科普教育基地5

次)，发放宣传资料7600多份、科普宣传袋200多个、科普宣传品1780份。

【科普信息化建设】 2021年，贺兰县科协利用县融媒体资源开展2021年科普信息化宣传，在“魅力贺兰”App开设矩阵板块，在贺兰电视台制作和播放电视栏目6期、情景短视频12个、小视频6个，在科协微信公众号推送疾病预防控制、心理健康科普知识、疫情防控科学知识，积极动员科普信息员转发科普中国权威文章、自治区市县疫情防控相关政策、信息，与县融媒体中心合作制作《疫情防控小知识》音、视频4条，制作《2021年科普中国——疫情不解除，科普不掉线》疫情防控专访1期，利用科普大篷车流动性特点深入各乡(镇)场、社区进行普及预防疾病、早期发现、及时就医等疫情防控、疾病预防、健康素养等知识宣传42场次，循环播放《防治传染病，原来我们是这样做的》《手把手教您做好居家消毒》音频，共覆盖200多个小区，40多个行政村累计播放音频时长970分钟，发放预防新冠宣传海报1万份、宣传折页1500份以及《科普口袋书》《中华人民共和国传染病防治法》《科普知识十问》等资料4200份；印制疫情防控宣传画册3种各1万份，向各机关单位、乡镇场、社区进行发放张贴。

【青少年科普活动】 2021年，贺兰县科协联合自治区科协科普工作队以及宁夏科技馆、宁夏领新耘智3D打印科普教育基地、宁夏二泉环境固体废物处理处置有限公司开展“科普大篷车进校园”活动2次，展示科普展品80余件，摆放科普展板10块，发放宣传资料7种9000余份，发放科普宣传品1820份。发挥科普展品展教作用，在恺阳广场展示科普展品15件，制作科学家事迹展板20块。争取“中国流动科技馆”项目入驻恺阳广场，设置3个展区，展示57件科普展品，面向全县公众免费开放，让青少年在互动中感受科学魅力，体验中激发科学兴趣，思考中启迪科学智慧。发挥科普基地示范作用，3D打印、金贵牡丹花乡、新阿里等基地累计接待研学游学生3万余人。争取自治区科普示范社区建设项目资金14万元，打造太阳城、利民两个社区科技馆，联合县教育局举办贺兰县青少年人工智能创新挑战赛教练员培训班，全县各中小学校科普辅导员30多人参加培训，举办贺兰县创意编程与智能设计线上大赛。

【反邪教宣传】 2021年，贺兰县科协科普大篷车走进6所学校，共有6600名师生参与，累计发放科普宣传资料2种共计11000余份，发放《教你识邪教》等反邪教宣传册2200余份，展出反邪教科普展板72块，展出科普展品120个，播放科普视频短片、反邪教短片1080分钟。

【课题调研】 2021年，贺兰县科协组织不同领域老专家组成调研团队，针对重点产业、重点领域开展调研5次，完成调研报告3篇:《关于贺兰县乡村旅游发展情况的调研报告》《关于贺兰县畜牧业高质量发展情况的调研报告》《贺兰县渔业结构优化调整调研报告》。

贺兰县残疾人联合会

【概况】 2021年，贺兰县残疾人事业以习近平新时代中国特色社会主义思想为指导，紧紧围绕自治区残联下达年度工作指标任务和县委、县政府中心工作，结合党史学习教育以“我为群众办实事”为宗旨，引领残疾人“感党恩、听党话、跟党走”，推动残疾人事业高质量发展。

【聚力乡村振兴】 2021年，贺兰县残联残疾人“两项补贴”落实到位，实现了“应纳尽纳”，3015名残疾人享受困难生活补贴，3417名残疾人享受重度护理补贴；落实银川市农村重度困难残疾人口救助1179人，其中一级277人、二级902人；打造农村残疾人产业扶贫基地1个，培育辅助性就业机构3个，带动25户农村残疾人家庭117人实现稳定增收，带动20名残疾人实现订单式就业；春节慰问困难残疾人600人18万元，发放临时救助22人1.74万元；组织开展贫困残疾人家庭收入调查工作，走访慰问脱贫不稳定、边缘易致贫和突出困难户残疾人17户21人，协调解决残疾人生活、就业和康复需求35人次。

【民生实事】 2021年，贺兰县残联筛查登记0~6岁脑瘫、智力、孤独症等残疾儿童136名，完成康复训练转介94人，其中机构康复91人，居家康复3人，实现康复和上学的30人，实行了儿童康复救助资金预付制和月结算制度，落实阳光助残小康计划项目，投入资金8万元，对符合条件的20户农村低保家庭及建档立卡户残疾人种养殖户补贴4000元/户；实施贫困重度残疾人家庭无障碍改造项目。171户贫困残疾人家庭享受户均4000元无障碍改造，超额完成自治区下达的家庭无障碍改造指标任务。

【康复服务】 2021年，贺兰县残联全面推行残疾人辅助器具适配补贴制度。通过公开招标，引入3家专业机构开展助听助视类、助行类、假肢矫形器类辅助器具适配服务，投入资金41.5万元，适配各类辅助器具552人741件，适配率98.5%；家庭医生精准康复服务惠及更多残疾人。投入资金6万元，在立岗镇、南梁台子等7家卫生院开展残疾人精准康复个性化签约服务项目，满足了全县1103名残疾人基本公共卫生和基本康复服务需求。落实残疾人家庭医生签约5194人，完成基本康复服务1032人次，康复服务率达到93.56%；残疾人康复站建设实现了全覆盖。投入资金23万元，新建康复站4个，其中村级1个，兑现银川市基层康复站考核奖励资金6万元；新建县级辅具器具展示大厅1个，无障碍体验大厅1个，整合基层辅具循环借用服务站9个，为辅具服务的专业化、便利化、广覆盖奠定了基础。

【教育就业】 2021年，贺兰县残联联合教育部门落实残疾儿童义务教育阶段两免一补政策166人，送教上门7人，随班就读23人，特教5人，适龄残疾儿童义务教育阶段入学率达到100%；全面落实扶残助学政策，发放大中专学生扶残助学金5人1.6万元，学前残疾儿童6人0.6万元；落实按比例就业295人，征收残疾人就业保障金60家471万元，新增残疾人就业117人，实现集中就业95人，公益性岗位就业8人，辅助性就业40人，自主创业6人，灵活就业17人，发放就业补贴23人7万元；举办农村残疾人实用技术培训班2期，手工制作、面点等职业技能培训班7期，培训残疾人及家属305人；实施政府购买残疾人居家托养服务项目，500户就业年龄段贫困重度肢体、智力和精神残疾人享受了人均1000元居家托养服务，兑现日间照料服务费13人1.3万元，民办机构集中托养服务费48人9.6万元。

【权益维护】 2021年，贺兰县残联完成2021年持证残疾人基本状况调查8257人次，入户调查率达96.7%，为落实各项扶残助残政策提供了依据；办理第三代残疾人证4557人，其中迁入23人，新办证553人，到期换证、等级变更347人，开展贫困重度残疾人上门办证服务37人，发放残疾评定补贴33人4950元；发放残疾人机动轮椅车燃油补贴6人2080元，为就业年龄段残疾人购买意外伤害保险3386人16.93万元，完成理赔给付15人约20万元；依托乡镇（场）、街道残联、司法机构建立县乡村三级残疾人信访维权网络，将残疾人法律援助服务延伸到基层，服务到每一个残疾人，法律援助5人；发挥残疾人法律救助工作站作用，有效化解残疾人上访诉求，收到信访件5件，办结率100%，残疾人法律维权更加方便快捷，残疾人安全感切实提高。

【融合共建】 2021年，贺兰县残联投入资金9万元，委托第三方机构开展残疾人文化进家庭“五个一”活动2期，250多名残疾人走出家门，融入社会；全国第十一届残疾人运动会暨第八届特殊奥林匹克运动会上，贺兰县选送的残疾人运动员马嘉欣、田利军、马小军在F53级女子铅球、F52级女子铁饼、T51级男子竞速轮椅、F53级男子铅球、F52级男子铁饼项目比赛中，共摘得二金一银二铜的好成绩；借助各类新闻媒体，宣传贺兰县残疾人事业发展12次，多次被新华社、《人民日报》连载，撰写工作信息69期，营造了全社会扶残助残的良好氛围。

【组织和队伍建设】 2021年，贺兰县残联充实调整了贺兰县残工委成员单位，健全完善了《政府残工委工作规则》《各成员单位职责》。落实残疾人专职委员岗位补贴约9万元。克服疫情影响，不定期分散下沉开展残联系统工作人员、残疾人专职委员（联络员）业务能力提升培训班累计4场次，不断提高残疾人工作者履职能力。

【服务试点工作】 2021年，贺兰县残联落实居家照护64人、邻里照护1人，依托贺兰县爱心残疾人康养中心、残疾人体育训练中心、中心敬老院和爱心之家日间照料中心等民办机构，集中托养重度肢体、智力和精神残疾人88人，日间照料13人。

【"全国助残日"活动】 2021年，贺兰县残联联合县慈善总会，举办了第三届扶残助残晚会，对接德胜园区爱心企业及个人，筹集扶残助残款（物）达60余万元，组织开展慰问、志愿服务等活动6场次，惠及残疾儿童273人。

贺兰县文学艺术界联合会

【概况】 2021年，贺兰县文联坚持以习近平新时代中国特色社会主义思想为指导，全面贯彻落实党的十九届五中、六中全会精神，围绕县委、县政府重点工作，坚持以人民为中心，以创新为动力，以多出精品、多出人才为重点，着力培育文艺工作者的社会主义核心价值观，建立文学艺术界志愿服务的长效机制，开创贺兰县文艺事业发展新局面。

【文化进万家】 2021年，贺兰县文联配合县委宣传部、县文明办，组织2021年新春慰问演出、送戏下乡等文艺志愿服务活动，组织文艺小分队深入机关、农村、社区和企业，义务写春联10000副、送福字10余场次，送书画活动6场次，营造浓厚节日氛围，以丰富的活动满足人民群众的文化需求。

【庆祝中国共产党成立100周年活动】 2021年，贺兰县文联组织各协会举办"颂歌献给党"红色经典演唱会、"翰墨颂党恩"群众书画展，"我的家乡在贺兰"脱贫攻坚暨乡村振兴摄影展，观看"今昔对比看变化，知史感恩共产党——贺兰县庆祝中国共产党成立100周年主题图片展"、"稻渔空间"乡村振兴主题摄影展，参观庆祝中国共产党成立100周年艺术作品大展（书法美术）以及民间艺术展演等文艺活动，厚植中华优秀传统文化思想基础，践行社会主义核心价值观，为广大群众献上内容精彩、形式多样的精品展演，进一步丰富人民群众的精神文化生活。

【民族团结进步创建活动】 2021年，贺兰县文联结合"民族团结进步月"开展"铸牢中华民族共同体意识"辅导学习、观看《同心共筑中国梦》电视专题片，引导党员干部职工、各文艺家协会深入了解我国民族团结进步事业辉煌成就。围绕"铸牢中华民族共同体意识"主题开展"铸牢中华民族共同体意识"主题文艺创作、"铸牢中华民族共同体意识弘扬中华优秀传统文化"书画交流展示、"稻渔空间"摄影大赛等系列活动。开展"共筑中国梦温暖农村娃"2021年新农村少儿舞蹈美育工程——少数民族舞蹈课堂活动，选取3名志愿者开展一年的志愿服务，培育少数民族农村儿童热爱祖国、热爱家乡的良好精神风貌。

【贺兰县文创基地项目建设】 2021年，贺兰县文联引进泥哇呜和葫芦烙画两个文创项目，分别与葫芦烙画传承人乔海英、国家级非物质文化遗产保护项目传承人杨达吾德合作进行项目开发，为探索文化产业化助农增收，打开了新的工作思路。

【贺兰刊物高质量发行】 2021年，贺兰县文联全年出版发行《贺兰》刊物4期，在第五届"书香贺兰"全民读书节活动设置集中宣传点，向广大群众发放刊物等书籍400册，扩大影响力，提升群众精神境界。

贺兰县工商业联合会

【概况】 2021年，贺兰县工商联深入学习贯彻习近平新时代中国特色社会主义思想，全面落实习近平总书记在民营企业座谈会上的重要讲话精神，紧紧围绕县委、县政府中心工作和“两个健康”工作主题，以创建“五好工商联”和“四好商会”为抓手，强化政治引领，充分发挥优势，积极履职尽责，全力推进各项工作取得了新成绩。

【组织建设】 2021年，贺兰县工商联7月25日召开第十一次代表大会，选举产生了县工商联第十一届执委会委员55名，第十一届执行委员会主席1名、副主席16名、秘书长1名，第二届贺兰商会会长1名、副会长9名、秘书长1名。

【会务工作】 2021年，贺兰县工商联围绕“两个健康”主题，一手抓教育引导、一手抓宣传培训，紧贴实际引导民营经济人士健康成长，助力民营经济健康发展。加强民营企业各类培训。依托区市工商联培训平台，积极组织企业参加各类培训8期，组织5名民营经济代表人士赴六盘山干部学院参加银川市年轻一代民营经济人士理想信念教育培训班，为银川市新时代民营经济人士“超达杯”原创艺术作品主题展征集作品16幅，持续推进民营经济人士理想信念教育。组织30多名民营经济人士开展“庆中秋迎国庆话发展”互观互学活动，加强了工商联执委企业交往交流。积极与百瑞源、厚生记、西夏嘉酿、爱里食品四家企业联系，接待吴忠市工商联、食品产业联盟带领的35家食品加工企业赴贺兰县实地观摩，对工商联48家执委企业开展走访调研，联合会员企业宁夏双玉防水防腐材料集团有限公司向10名“两癌”贫困妇女送去价值5000元的慰问品；联合百瑞源枸杞股份有限公司开展“联企聚爱筑梦致敬建党百年”活动，为50名残疾儿童发放慰问金共计25000元，慰问品8000元；执委企业厚生记、金河科技、功达物流、饮和食品、安品绿源等有限公司向河南洪灾地区捐款捐物共计17.9万元；与各乡镇、街道及时对接，对工商联所属商会进行梳理，完善建立方案，规范化建设所属商会。认真做好工商联界别政协委员推荐工作。在政协换届工作中，认真梳理，推荐13名年龄结构合理、知识水平较高、工作能力突出的政协委员。联合县委统战部在银川艾尼科技股份有限公司打造贺兰县民营经济人士之家，让民营企业切实感受到“心安之处就是家，贺兰有他更精彩”。

【招商引资】 2021年，贺兰县工商联对接招商引资项目4个，分别是：龙商（宁夏）科技发展有限公司投资建设民用液化气、醇基燃料智慧装备系统储备充装建设项目（该项目计划占地20亩，总投资4100万元），宁夏青松技工学校投资扩大宿舍楼和综合实训楼建设项目，与县商投局共同赴福建开展招商引资项目对接2次，分别是：对接厦门快乐番薯股份有限公司，该企业主要经营连锁茶饮品牌；对接福建全家福食品有限公司，该企业是专业生产肉干、肉脯、肉松、香肠等休闲食品的生产企业。加大以商招商工作力度，积极发挥主席、副主席优势开展招商。陕西商会会长、工商联主席郝向峰积极对接宁夏精恒新能源科技有限公司拓展新能源配套光伏支架加工项目，该项目计划投资1.5亿元。通过河北商会会长、县工商联副主席薛玉梅对接洽谈，筛查河北省有意向到贺兰县实地考察三家企业，分别是：河北钜亿电气设备有限公司，主要生产销售高压开关柜，断路器，自动化设备；河北金长城线缆有限公司，主要生产销售钢芯铝绞线和各种民用电缆；河北奥斯特电力设备有限公司，主要生产销售高低压开关柜及配件、发电站自动化系统设备。县委、县政府下达给县工商联的招商任务是5000万元，县工商联完成4100万元。

法 治

Fazhi

政法委与综治

【概况】 2021年，贺兰县委政法委坚持平安贺兰建设，锻造铁军政法队伍，为贺兰县经济建设、社会稳定保驾护航，创造良好的营商环境。

【矛盾纠纷化解】 2021年，贺兰县委政法委持续深化矛盾纠纷多元化解。发挥综治中心联动联防联治实战功能，对农民工工资、涉法涉诉等重点问题开展全面排查，由“接访”变“约访”、由“上访”变“下访”。统筹整合多方纠纷化解资源，全方位打造基层矛盾纠纷化解矩阵，完善人民调解“四张网”，依法设置人民调解委员会121个，调解小组864个；成立贺兰县物业供热纠纷诉调对接中心及贺兰县金融消费纠纷调解中心；打造在线矛盾纠纷远程调解模式；组建“1+3+N”公共法律服务团队，引导群众依法理性处理纠纷。完善公共安全防控体系。推进智慧小区建设工作，辖区内202个居民小区，已签订智能化改造安装协议的小区178个，完成人脸识别系统安装的小区160个，安装设备182台。组织直管党员、在职党员、志愿者队伍等开展综治巡查，落实街巷巡查制，累计开展综治巡查5000余次。组建由辖区老党员、热心志愿者、网格员等参与的巡防志愿者队伍，及时收集报送信息，实行上下联动，第一时间做好化解疏导工作，维护社会和谐。

【综治中心与智慧城市运营中心融合建设】 2021年，贺兰县委政法委推进县综治中心与智慧城市运营管理指挥中心融合建设，安排专人纵向对各乡镇场、街道办及各村(社区)综治中心政法专网进行了布线，为平台运行提供了基础保障。

【铁路护路】 2021年，贺兰县委政法委组织义务巡逻队、平安志愿者等群防群治力量开展铁路安全隐患集中排查30余次，对发现的隐患问题集中整治10次。主动认领并完成自治区铁路整治办下达的整改任务42处。严厉打击涉路违法行为，累计打击制止违法行为20次。加大督查巡查力度，坚持每周开展1~2次督查巡查，督促及时清理涵洞积水，确保群众出行安全，共清理积水、结冰涵洞60余次。

公 安

【概况】 2021年，贺兰县公安局坚持以习近平新时代中国特色社会主义思想为指导，深入学习宣传贯彻习近平法治思想，紧紧围绕贺兰县依法治县重点工作和公安工作全局，认真贯彻落实“谁执法谁普法”普法责任制，积极推进普法工作融入执法规范化建设“升级版”工程，不断促进严格规范公正文明执法，执法理念、执法能力、执法环境、执法质量和执法公信力明显实现新跃升。

【重点领域普法宣传】 2021年，贺兰县公安局开展打击非法集资“风险防范”主题宣传活动10余次，总结经典案例4起、以案释法2起，揭示作案手法，传播防范技巧，共发放各类宣传材料4000余份，投放电子屏11处，现场解答群众疑问50余个；开展防电信诈骗和网络违法犯罪宣传教育100余次；开展生态环境保护、野生动物保护、污染防治相关法律法规宣传60余次。开展"扫黑除恶"专项法治宣传30余次；开展食品安全、禁毒、双拥工作等相关的法律法规宣传50余次，营造浓厚法治氛围，保障改善民生，服务社会和谐稳定。以保护知识产权、维护民族团结、反邪教反暴恐、网络安全、出入境、交通管理等相关法律宣传为载体，开展各具特色法治宣传100场次。

【重点对象普法宣传】 2021年，贺兰县公安局组织开展国家工作人员学法用法。组织全局190名民警开展2021年度国家工作人员无纸化学法用法及考试工作。通过智考平台、赋能微课堂、以考促学、送教上门、案例评析、专题培训、旁听庭审等多种形式法制实战练兵，倒逼全警法律素养提升，提高各警种岗位执法水平。开展各种形式法治培训30余次，参训民辅警700余人次。根据不同年龄段青少年的身心特点和接受能力，有针对性地开展普法教育宣传30余次，在校学生受教育面达到98%以上。开展农民工法治宣传教育30余次，大力宣传刑法、治安管理处罚法等方面的法律法规，切实增强农民工法治观念。

【法治文化建设】 2021年，贺兰县公安局充分利用公安已有警务资源，以接警大厅、社区警务室以及户籍、交警、政务服务中心等服务窗口作为普法宣传网点，通过放置业务资料，发放与民生相关的防盗防骗宣传资料，受到群众的普遍欢迎。积极依托"平安贺兰""贺兰交警"微博、微信公众号等网络新媒体，优化版面功能，充分利用图片、文字、音视频等手段，通过新法解读、法治漫画、以案说法、法治热点等丰富多样的内容和形式，及时发布各类普法信息，增进社会各界对普法工作的了解、支持和参与，全力营造良好的法治舆论氛围。通过"平安贺兰"微博发布信息11347条，微信公众号发布信息1951条；通过《人民公安报》《宁夏日报》《宁夏法治报》《新消息报》，以及自治区、市、县电视台发布信息240条。

【法治社会建设】 2021年，贺兰县公安局针对人民群众反映强烈的社会治安热点难点问题，按照"什么问题突出，就重点解决什么问题"的原则，组织开展了"扫黑除恶"、道路交通安全、食品药品安全、安全生产、防范电信诈骗等各项专项治理行动，切实维护社会治安秩序，做到依法、准确打击各类违法犯罪行为。共组织开展各类重点问题整治清查行动20次，严厉打击和震慑违法犯罪活动，社会面治安防控形势明显好转，人民群众安全感、满意度持续提高。认真贯彻落实"谁执法谁普法"普法责任制，充分发挥公安基层一线民警与群众联系最直接最密切的优势，积极推行说理执法，在接处警、案件办理、矛盾纠纷化解过程中，民警向当事人、报警人、受害人及相关群众宣传讲解有关法律法规和方针政策，把矛盾纠纷排查化解与法治宣传教育有机结合起来，实现普法教育贯穿于解决问题和办理处置案事件全过程。开展说理式执法6000次。

检 察

【概况】 2021年，贺兰县检察院坚持以习近平新时代中国特色社会主义思想为指导，深入贯彻习近平法治思想，围绕县委、上级检察机关决策部署和"七大提升行动""十项重点工作"，牢牢把握"讲政治、顾大局、谋发展、重自强"检察工作总要求，主动服务保障黄河流域生态保护和高质量发展先行区示范县建设，各项检察工作取得了新进展。

【政治建检】 2021年，贺兰县检察院深入学习宣传贯彻习近平新时代中国特色社会主义思想和习近平法治思想，以党史学习教育、政法队伍教育整顿、"严细深实勤俭廉"专项提升行动为抓手，通过召开党组理论学习中心组会议、全院干警大会、党小组会等形式多层级组织干警专题传达学习，引导干警在学思践悟中牢记使命，班子成员前往基层联系点讲党课5次，开展政治轮训2场90人，集中学习30余次，举办和收看英模事迹报告会5场次。严格执行《中国共产党政法工作条例》，坚决服从执行县委关于疫情防控、平安建设等工作的协调统筹，及时主动向县委和上级检察机关汇报重点工作、重大事项等情况10余次。

【全面从严治党落实】 2021年，贺兰县检察院严格落实“一岗双责”，对重大事项、重大问题、干部人事以及大额经费支出等，一律经党组会议研究决定；严格落实党风廉政建设责任制，认真履行第一责任人职责，健全完善“从严治党”三个清单，对全院不同层级人员进行谈心谈话105人次；严格落实“三会一课”“主题党日”等党内生活制度，将党建工作与检察业务工作深度融合，获评贺兰县首批“让党中央放心、让人民满意”模范机关。

【意识形态主体责任落实】 2021年，贺兰县检察院召开党组会专题研究意识形态工作2次，组织全院干警签订各项承诺书。制定《贺兰县人民检察院新闻发布和宣传报道管理制度》，进一步健全完善检察信息“三审三校”制度，完善对网站信息和各类稿件、新媒体宣传等合格性审查，防止在导向和内容真实性上出现偏差。

【服务先行区建设】 2021年，贺兰县检察院认真学习贯彻落实习近平法治思想、自治区、市县政法工作会议精神和自治区、市检察长工作会议精神，结合上级检察机关和县委关于建设黄河流域生态保护和高质量发展先行区的责任分工意见，召开党组会专题安排部署2021年工作要点及责任分工，将主动参与的政治自觉、法治自觉和检察自觉切实转化为实际行动。扎实开展“断卡”行动，审查逮捕10件20人，起诉10件12人，捂紧了人民群众的钱袋子。依法惩处传销等涉众型犯罪，审查逮捕9件24人，提起公诉15件70人，切实维护经济社会大局稳定；开展司法救助助力巩固脱贫攻坚成果助推乡村振兴专项活动，办理司法救助案件11件，对7件司法救助案件进行公开听证，发放救助金4.5万元。扎实开展“两品一械”领域和“农贸市场、超市食品安全”专项监督等活动，为防止耕地“非农化”“非粮化”，切实稳定粮食生产，结合贺兰县域特点开展“基本农田保护”小专项，充分发挥公益诉讼职能，守护国家粮食安全，共立案9件，保护耕地500余亩。平等保护民营企业合法权益，审查逮捕4件5人，审查起诉6件7人；深入开展民营企业“挂案”等专项活动，对涉民营企业刑事诉讼4件“挂案”进行回头看督查，2件均已撤诉，其余经自治区公安厅批准继续侦查。

【参与社会治理】 2021年，贺兰县检察院切实践行“民有所呼、我有所应”，立足12309检察服务中心职能，通过信、访、网、电接待群众信访127件，受理审查分流44件，其中来信15件，检察长批阅6件，检察长接访2件。部署开展“群众来信件件有回复”回头看专项活动，组织各业务部门进行自查。认真开展矛盾纠纷排查化解工作，对2018年以来接待的各类信访逐案进行摸排，建立信访台账，全面排查。积极探索常态化开展公开听证，促进信访矛盾源头化解工作。持续深化群众信访件件有回复工作，均按要求做到“七日内程序性回复、二次程序性回复、三个月内办理过程或结果答复”，保证办理信访案件的效率和满意度。

【刑事检察】 2021年，贺兰县检察院受理公安机关提请批准逮捕案件97件145人；批准逮捕62件90人；不批准逮捕35件55人，不捕率为37.9%。受理审查起诉326件386人，提起公诉218件302人，决定不起诉109件105人。监督立案8件13人，监督撤案22件56人，纠正漏捕10人，纠正遗漏同案犯3人，纠正漏罪行5人次，制发纠正违法通知书9份，均回复采纳，抗诉2件。适用认罪认罚审结311件375人，认罪认罚适用率为91.2%，确定刑量刑建议提出率为91.7%，采纳率为99.5%。对所有适用认罪认罚从宽制度审结的公诉案件均进行了控辩协商同步录音录像。建立健全刑事执行监督台账资料，常态化开展监督检查，对社区矫正工作交付执行违法行为和托管漏管、财产执行违法行为等制发纠正违法通知书8份，制发检察建议书11份，均采纳回复。扎实开展减刑、假释、暂予监外执行刑事执行专项监督，确保监督有实效有质量。

【民事检察】 2021年，贺兰县检察院受理民事案件85件，审查结案81件。查阅法院卷宗共2000余册，发现问题卷宗100余册，归纳整理后分别制发民事审判监督检察建议24件、执行监督检察建议30件。充分发挥“支持起诉+法律援助”的专业优势，持续关注弱势群体，发支持起诉意见书25份。提出再审检察建议3件，法院裁定再审4件，提出执行活动监督检察建议30件，采纳27件，严格执行《关于防范和查处虚假诉讼的若干意见》，依托专项活动，关注“不正常”诉讼，拓宽案件线索受理渠道，生效裁判监督及执行监督各立案1件，法院裁定再审2件。

【行政检察】 2021年，贺兰县检察院办理行政社会治理案件8件，行政非诉执行立案4件，行政审判监督5件，提出检察建议17份，均采纳回复。积极参与社会治理，通过专项监督活动，及时分析研判行政履职共性问题，推动开展行业系统治理，实现了“办理一案，带动一片”的效果。扎实开展“加强行政检察监督促进行政争议实质性化解”专项活动，加强与县司法局调解中心的联系，综合运用再审检察建议、检察建议、公开听证等方式，做好监督纠正、释法说理、息诉服判等工作，化解行政争议1件。

【公益诉讼检察】 2021年，贺兰县检察院受理行政公益诉讼案件线索44件，立案44件，提出诉前检察建议41件，诉前程序终结审查3件，回复整改37件。收回截流套取的粮食直补资金183169.54元，清理生活垃圾、建筑垃圾230吨，清理废旧农用薄膜600公斤、不可降解塑料袋45公斤，收缴、销毁一次性吸管25174支，保护耕地507.57亩，农村食品整治商贩29户，办理食品备案卡27户，检查化妆品商户41家，抽样检验18批次，针对违规商户罚款2.4万元。办理的贺兰县某行政单位疏于履行对辖区二次供水卫生安全隐患的监管职责公益诉讼案被选为银川市十大典型案例。

【未成年人检察】 2021年，贺兰县检察院通过多种形式开展不同主题的法治宣传进校园、进社区等宣传活动58场次，组织“检爱同行 共护未来”主题检察开放日活动1次。对未达到刑事责任的未成年人开展分级干预24人，帮教救助12人，对监护人不履行或不认真履行监护职业要求变更抚养权或支付抚养费的支持起诉7件。相关行政部门疏于履职致使未成年人权益受到损坏危害社会公共利益的公益诉讼案件8件。办理立案监督案件14件26人，开展公开听证13件，向相关部门制发社会治理类检察建议14份。

【检察权运行监督】 2021年，贺兰县检察院常态化开展流程监控，加强案件监督管理，发布监控专报11份；入额院领导办案322件，占案件办理总数的28%，检委会讨论案件26件。

【检务公开】 2021年，贺兰县检察院邀请“两代表一委员”和人民监督员参与公开听证36件、公开程序性案件信息388条、法律文书168份，发布重要案件信息21件。通过“两微一端”和门户网站，发布原创新闻369篇，对外发送信息110篇。

【检查队伍教育整顿】 2021年，贺兰县检察院组织全院干警认真学习各级党委及上级检察机关关于政法队伍教育整顿会议精神，制定详细方案和责任分工，建立定期汇报联络机制，召开党组会推进会30余次，持续对开展情况跟踪问效。制定《贺兰县人民检察院顽瘴痼疾专项整治方案》等文件，以强有力的制度保障和组织领导确保教育整顿工作有序开展。共受理线索39件，核结37件，核结率94.8%。围绕“6+4+2+N”，成立6个专项整治工作专班，以专项法律监督活动为抓手，自查存在的54个问题及执法司法监督能力不强、内部监督管理机制不规范2个顽瘴痼疾。按照《全区政法队伍教育整顿制度建设指引》，建立完善《贺兰县人民检察院执行“三个规定”等重大事项记录报告制度实施办法》《贺兰县人民检察院关于干警及家属从事经营活动、参股借贷主动登记报告实施办法》等相关管理机制10类20余项。

法　院

【概况】　2021年，贺兰县人民法院共受理各类案件14981件，结案13967件，同比上升18.25%和12.76%。法官人均收案394.24件，平均审理天数32.1天，同比减少2.6天，执行结案率位居全区法院第一位。

【服务县域经济高质量发展】　2021年，贺兰县人民法院依法打击刑事犯罪，坚决贯彻“黑财清底”目标要求，推进平安贺兰建设。稳妥审理民商案件，营造法治化营商环境，保障县域经济平稳健康发展。围绕执行“3+1”核心质效指标，积极探索创新执行工作方式方法，在全区率先引入易判智能执行管理系统、开展专项集中执行行动等，保障人民群众胜诉权益。

【办实事促治理】　2021年，贺兰县人民法院深入推进“两个一站式”建设，完善多元化纠纷解决机制改革，通过类案纠纷“法院+”调解，探索形成4项机制充分保障，若干个中心合力实施的“4+N”诉源治理模式。通过诉调对接三级网络、“一城三乡”特色法庭运行模式及“1+1+N”无讼村居创建工作，助推乡村治理及乡村振兴。在德胜法庭成立婚姻家事心理援助站，开展离婚当事人心理辅导，开创了宁夏首家法院与妇联、第三方机构合作解决家事纠纷新模式。

【体制改革】　2021年，贺兰县人民法院深化司法体制综合配套改革，严格落实院庭长带头办理重大疑难复杂案件，完善审委会制度，健全员额法官动态管理机制。深入推进以审判为中心的刑事诉讼制度改革，深化民事诉讼程序繁简分流改革试点工作，坚持定期分析、会商，及时总结经验、破解难题。强化审判流程监控，严格审限管理。加强审判质效研判，推行“一分析五通报”机制，切实提高案件质量。2021年，贺兰县人民法院荣获“全区先进基层党组织”“全区扫黑除恶先进集体”，被命名为贺兰县第一批“让党中央放心、让人民群众满意”模范机关，德胜法庭获全区第一批“塞上枫桥”人民法庭称号。

司法行政

【概况】　2021年，贺兰县司法局以习近平新时代中国特色社会主义思想为指导，全面贯彻党的十九大和十九届二中、三中、四中、五中全会精神，紧扣县委、县政府中心工作和上级司法行政部门工作部署，充分发挥司法行政职能作用，统筹推进法治政府、法治社会一体建设，各项工作稳步向前推进，为全县的经济发展提供了有力的法治保障。

【加强党对法治建设的领导】　2021年，贺兰县司法局召开县委全面依法治县委员会第三次、第四次会议，充分发挥县委在推进法治建设中的核心作用，全面落实党政主要负责人履行法治政府建设第一责任人职责，把法治建设纳入全县发展总体规划和年度工作计划。印发《法治贺兰建设实施方案（2021—2025年）》《贺兰县法治社会建设实施方案（2021—2025年）》《贺兰县2021年依法治县工作要点》，细化责任分工，夯实工作职责。共研究“十四五”法治政府建设规划、基层审批服务执法力量改革等法治建设重大问题3次。全面提升法治政府建设水平。编制《贺兰县法治政府建设“十四五”规划》，制定《贺兰县行政执法过错责任追究办法（试行）》等9项制度，立足乡镇、街道实际，编制《贺兰县乡镇（街道）权力清单》《贺兰县乡镇（街道）权力运行责任清单》等执法配套清单，全方位指导乡镇（街道）按照有关法律法规相对集中行使行政执法权。全面完成乡镇审批服务执法力量改革工作，聚焦提升乡镇行政执法队伍素质培养，集中开展行政执法专题培训班4次240人，有效解决乡镇执法人员业务素质与岗位不匹配问题，从源头降低因行政执法不规范导致行政复议。有序推进行政复议改革工作，加大听证审理力度，组织重大、复杂案件听证会3次，受理行政复议案件17件（审结8件）。集中优势力量及资源化解诉讼案件，288件以县人民政府为被告案件，办结196件。以中央依法治国办对贺兰县法治政府建设工作的实地督察为契机，进一步推进落实行政执法三项制度，及时改进并完善短板弱项，在全县执法单位自查的基础上开展案卷评查2次，圆满完成法治政府建设督察各项任务。全面构建“八五”普法新格局，印发《关于在全县开展第八个五年法治宣传教育的实施意见》，开展习近平法治思想、宪法、“美好生活 民法典相伴”“送法下乡”等宣传活动246场次，营造“八五”普法浓厚氛围。深入开展“法律十进”活动，严格落实“谁执法谁普法”普法责任制，组织各单位充分结合“3·15”国家消费日、“4·15”国家安全日、“6·5”世界环境日、民族团结月等重要节点进机关、进农村、进社区、进企业、进宗教场所开展劳动维权、民法典、国家安全等相关法律法规宣传活动426场次，组织习近平法治思想进校园2场次，受众人数4500人。充分利用“贺兰司法”微信公众号、“法治贺兰”模块开展普法宣传161次，打造特色鲜明的普法宣传品牌。谋划黄河法治文化带建设工程，充分利用自然保护区、湿地公园、渡口等设施打造黄河法治文化广场、建设法治文化走廊等。借助宪法广场及法治主题公园，设置习近平法治思想宣传栏27块，营造浓厚的学法氛围。积极开展“全国民主法治示范村（社区）”创建活动，洪广镇广荣村获“第八批国家民主法治示范村”称号。

【输出司法行政能量】 2021年，贺兰县司法局切实做好政府重大事项合法性审核，充分发挥政府法律顾问参谋作用。全面推行法律顾问制度，确保各部门法律顾问全覆盖。积极组织政府法律顾问参与重点项目建设、重大合同审查以及信访等案件处理和调解工作，把好法律审查关。组织法律顾问、工作人员参与亘元地产、巨峰项目、“市县一体化”集中供热项目、洪广镇洪鑫苑信访问题化解等专题会议、常务会议40余次，组织各单位对政府法律顾问开展月度考核10次。审核政府行政规范性文件、合同、其他政策性文件119件，合法性审核率达到100%。提升营商环境服务水平。持续推动领导干部会前学法任前考法年终述法工作制度落地落细，利用法宣在线平台组织全县政法单位领导干部参加习近平法治思想、宪法、民法典、法治思维法治方式等内容的19门考试，提高全县领导素养、强化法治思维。持续开展行政执法不作为乱作为整治行动，建立监督举报登记台账，依法受理2起行政执法不作为乱作为的投诉举报案件，对执法单位存在的执法不规范等问题进行现场反馈并责令限时整改。开展公证行业专项整治，主动介入政府中心工作，为政府重点工作提供优质的公证法律服务。积极服务民生以促进社会和谐。

【提升基层治理能力】 2021年，贺兰县司法局深化矛盾纠纷排查化解工作。对全县的7个乡镇街道和82个村（社区）调委会及时进行了换届选举，并结合调委会主任例会和驻村律师法治讲座等时机及时对新换届调委会成员开展培训451人。坚持发展“枫桥经验”，采取普遍排查和集中排查、重点排查和专项排查相结合的方式，深入开展“两节”、“两会”、中国共产党成立100周年等节点矛盾纠纷化解工作。各级调委会共开展矛盾纠纷排查2629次，调解矛盾纠纷1105件，调解成功1077件。未发生“民转刑”案件。严格规范社区矫正，依法成立贺兰县社区矫正委员会，印发《贺兰县社区矫正委员会工作规则》等4项工作细则。制定《贺兰县司法局社区矫正对象心灵起航教育活动实施方案》，打造贺兰县心灵起航教育品牌。做实分类管理机制，采取一类型一方案教育模式，切实提升社区矫正质效。累计接收社区矫正对象162人，累计解除152人，完成审前社会调查评估154份，累计训诫16人次，警告8人次，表扬4人次，提请治安管理处罚1人。开展分类教育88次，回访社区矫正对象330人次。未发生因社区矫正对象漏管、脱管的情况。加强智慧矫正体系建设，打造“智慧矫正中心”，推进社区矫正信息互联网工作，实现与人民法院、人民检察院、公安机关等有关部门信息共享、业务协同、信息核查。率先在全区试点监狱远程会见，方便罪犯家属会见。让服刑人员及其家属真正享受到“数字司法”带来的便利，被《宁夏日报》、贺兰县电视台广泛宣传报道，得到群众一致好评。

【强化服务供给】 2021年,贺兰县司法局加快推进三级公共法律服务网络平台建设。积极争取中央专项资金24万元,为全县各乡镇(街道)、村(社区)配备公共法律服务可视电话88台,为欣荣村等18个村配备公共法律服务智能一体机,畅通县乡村三级法律服务网络平台,引导群众通过智能设备解决法律诉求。持续推动公共法律服务高质量服务群众。整合现有律师资源,为全县82个村和社区全部配备村(居)法律顾问,建立公共法律服务微信群,通过开展讲座、解答咨询、代写文书的方式及时开展法律服务。驻村律师开展法治讲座28次、现场咨询823人次、电话微信咨询132人次,代书28件,为村集体经济发展审查修订合同5份,为进一步增强基层干部和群众法律意识,促进了村(社区)"两委"民主管理、科学决策、依法办事,保障群众合法权益,维护社会稳定奠定了基础。为弱势群体提供切实充分的法律援助服务。突出重点服务对象,畅通法律援助"绿色通道",依法开展刑事诉讼当事人法律援助工作,为1956人提供免费法律咨询,受理法律援助申请327人,办理各类法律援助案件318件,代书530件,挽回经济损失1195.68万元。按照政法队伍教育整顿中关于开展律师行业突出问题专项治理工作要求,共对公检法离任律师30人进行核查,未发现有充当司法掮客的情况。与县广电网络贺兰分公司合作,将贺兰县法律服务资源及服务内容通过"户户通"网络电视展现在全县4万用户家里,同时将律所信息、"12348"宁夏法网、贺兰司法微信公众号二维码等信息制作成了2万张公共法律服务联系卡,张贴到各村主要路口和单元门口,真正实现了"让群众少跑腿,让数据多跑路"的服务目标。

【政法队伍教育整顿】 2021年,贺兰县司法局扎实开展政法队伍教育整顿。开展集中学习36次,开展交流研讨18次,开展专题教育9次,组织廉政主题党日活动3次,召开廉政警示教育大会2次,增强"四个意识"、坚定"四个自信",做到"两个维护"。严格落实"6+4+2+N"顽瘴痼疾整治体系要求,开展4轮个人自查事项填报,36人查摆出工作作风问题17个,逐人反馈问题制定整改方案,明确时间加以整改。紧盯线索核查不放松,制定《贺兰县司法局政法队伍教育整顿汇编》,实现源头治理,转变了工作作风,净化了政治环境。

综合执法

【概况】 2021年,贺兰县综合执法局紧密围绕完善体制机制、提升管理水平、严格依法行政的工作目标,全力推进市容市貌、环境卫生、市政管护等方面的执法检查和监督治理工作,城市管理的科学化、精细化水平不断提高。

【执法改革】 2021年,贺兰县综合执法局结合街面执法工作现状,将综合执法大队32名、事业编制人员下沉至一线综合执法中队工作。将原有执法队中队进一步调整优化,按照管理职责组建了渣土执法中队。按照管辖区域及执法队伍派驻管理要求划分了派驻街道执法中队及派驻乡镇执法中队。派驻街道执法中队1支,负责县城范围内的执法管理工作。乡镇执法中队6支,负责4个镇1个乡1个管委会区域范围内的管理和执法工作。

【执法队伍建设】 2021年,贺兰县综合执法局编制了《音像记录事项清单》,进一步完善了案件查办流程和案卷制作规范。累计办理规划、建筑、房地产、环境保护等领域执法案件82起,罚没款153.01万元。坚持执法全过程记录,推进执法信息公开,在"宁夏十公示信息报送系统"等各类平台公开行政执法信息773条。建立完善周例会常态学习、线上平台补充学习、月度案审会交流学习、年度培训班集中学习的联学机制,组织开展"半日学法""百日行动"等执法规范化建设活动,组织集中执法培训6次、执法考试1次,开展"半军事化"训练活动8期。引进"在线自助缴费系统",借助互联网和移动互联网支付渠道,实现行政处罚罚款的在线收缴、扫码收缴,被《人民日报》《新京报》转载报道。

【执法检查】 2021年,贺兰县综合执法局以市容市貌持续改善为目标,实施背街小巷"净美"环境提质、公益广告规范整饬、市容秩序执法、建筑行业领域春季开复工执法等专项行动。整治市容环境乱点，细化网格化管理模式，将管理责任细化到街、落实到人。清理整治流动摊贩、占道经营等37000余处，清理乱贴乱画、户外广告等13000余处，拆除违章建筑3000余平方米。规范户外公益广告，开展“闭门半小时”专项整治行动，对沿街商户门头牌匾进行全面冲洗。严格落实全国文明城市创建标准，对破损陈旧、表述错误、背景图案不规范、不清晰的公益广告进行深度清理，及时更新公益广告画面。共清理不规范户外广告、破损门头牌匾等790余处，新增设置公益广告4500余块。打击违规运输行为，加强源头管理和动态巡查，严查渣土运输车辆，对篷布未遮盖或遮盖不严、未按照运输标准进行运输的渣土车辆依法予以查处，严厉打击各类违规运输行为。共办理、更换商用混凝土车运输证576份，查处违规拉运行为32起，罚没款16.62万元。加强文明养犬管理，及时受理养犬投诉，持续加大流浪犬只抓捕收容工作力度，开展养犬宣传46次，办理犬证490个，抓捕流浪犬117只。规范共享单车管理，在县城范围内累计投放共享电动车6000余辆，积极开展了共享电动车“一车一盔”及挂牌管理工作，通过画清投放界线、画好约束底线、画出淘汰红线等整治共享电动车乱停乱放现象，树牢共享电动车管理规范。

【优化城市环境】 2021年，贺兰县综合执法局实施市容市貌、环卫作业分类管理标准化整治专项行动，推进城市环境精保细扫。完成新一轮的环卫市场化外包管理，针对环境卫生脏乱差的问题，一方面打好整脏治乱攻坚战，另一方面推进清扫保洁持久战，切实完善环卫设施建设，加大垃圾清运频次，确保环卫清扫保洁工作有力、有序推进。建成垃圾中转站3座，新增配置二分类果壳箱150个，对35座公厕无障碍设施及用水设施进行了改造。开展“以克论净”检查11次，考核扣罚2家环卫外包公司服务费11.4万元，清理生活垃圾4.07万吨。推进生活垃圾分类治理，持续深化生活垃圾分类，牵头组建一支40余人的垃圾分类志愿服务队，开展各类宣传活动450余场次。对城乡生活垃圾治理科普教育基地实施了提升改造，基地共接待45场次1500余人次进行参观。深入开展爱国卫生运动，结合常态化疫情防控工作要求，发动全县各单位大力开展城市“洗脸修面清脏”、城乡接合部规范整治、“四害”及病媒生物防制、健康细胞、健康村创建等爱卫重点工作。发放爱卫创卫等宣传资料、制品以及蚊蝇防治药物和用具等2.4万余份，完成了对全县居民小区、城市绿地、公共水域等区域的两轮次病媒生物消杀。

【改善绿化品质】 2021年，贺兰县综合执法局对县城绿化植被实施精细化养护管护，对县城21处约414257平方米绿地进行了补植修复，种植花灌木、常青树、地被类植物222312株，播种花草籽673公斤，整治绿地换填土方约50000平方米。修剪行道树26000余株，清理绿化垃圾2265车次，修剪色带绿植450余万平方米，清理高危枯树、倒伏树木900余株。扎实开展树木涂红刷白、病虫害防治及浇灌补水等工作，多措并举优化植被生长环境、提升绿化景观品质。

【市政设施管护】 2021年，贺兰县综合执法局对县城道路情况进行全面排查，及时掌握底数，制订维修计划，切实解决路面破损下陷、道路坑洼不平等影响城市形象的问题。完成虹桥路、大连路、睦园路、丰庆路、朔方路等破损路面的维修工作，维修坑洼路面1.9万平方米，维修破损人行道3.7万平方米，更换树框2200余套、大理石道牙7000余米。加大夜巡力度，全面排查整治市政照明设施故障情况。做好污水泵站、处理站的运营和监管，及时维修破损、塌陷市政管网，确保城市排水畅通。维修路灯270余处、电缆线3000米、箱式变电站50处，处理污水约1212万立方米。实施如意湖基础设施维修改造项目，新增设施休闲座椅120套。

军 事

Junshi

人民武装

【概况】 2021年，贺兰县人民武装部紧扣中国共产党成立100周年奋斗目标，扭住举旗铸魂，突出党史军史学习教育，注重抓备战促训练、抓基层打基础、抓作风促落实，扎实推进各项工作顺利展开。

【坚持举旗铸魂】 2021年，贺兰县人民武装部坚持以迎接和庆祝中国共产党成立100周年为主线，着力铸牢广大官兵听党指挥、维护核心的思想根基。坚持用习近平新时代中国特色社会主义思想和习近平强军思想武装头脑、引领航向。定期组织干部职工和文职人员学习《习近平谈治国理政》第三卷、《习近平论强军兴军》等理论书籍，深入学习贯彻习近平总书记在庆祝中国共产党成立100周年大会上的重要讲话精神。分专题23次开展党委中心组理论学习，组织中校以上军官参加军区理论培训班，推动理论武装工作走深走实。认真学习贯彻《关于加强省军区系统思想政治教育的意见》和《省军区系统以实际成效检验思想政治教育实施细则》。根据警备区统一部署，持续抓"传承红色基因、担当强军重任"主题教育和相关配合活动利用党支部、党小组会开展讨论交流，深化学习教育效果。持续开展"强军思想进百连"活动，大力弘扬新时代卫国戍边英雄群体先进事迹，有效凝聚起新时代国动人的精气神。围绕使命、责任、纪律、安全等内容，扎实开展经常性思想教育。

【党史学习教育】 2021年，贺兰县人民武装部坚持把党史学习教育作为一项严肃的政治任务，坚持高位筹划部署，突出重点内容搞好理论灌输、创新方式方法开展配合活动，推动党史学习教育深入开展。注重发挥党史学习教育统领作用，根据宁夏军区、银川警备区动员部署会精神，围绕"七个方面"重点内容组织专题动员部署，结合实际，研究制定党史学习教育方案和为基层办实事计划，定期分析学习教育形势，及时查纠存在的问题，确保学习教育高标准起步、高质量落实。班子成员8次带头辅导授课，部领导坚持领学带教，立起走在前列的政治标准。全体党员人人制订个人学习计划，量化每周必读内容，党史军史素养进一步增强。为全体党员购发《中国共产党简史》《论中国共产党历史》等理论书籍，制作党史军史应知应会常识"口袋书"，在营区制作宣传栏，先后6次组织党史知识考核测试，定期开展个人心得体会展评，以落实"七个一"活动为载体(学好一本书、讲好一个故事、组织一次参观学习、上好一堂党课、组织一次红色影视欣赏、重温一次入党誓词、尽好一份责任)，组织开展"坚决听党话、永远跟党走"主题党日活动，重温入党誓词，集中观看"七一勋章"颁授仪式和中国共产党成立100周年庆祝大会实况、专题片《模样》《做"四有"新时代革命军人》和优秀影片《长津湖》《守岛人》等，从中汲取丰富营养、获得奋进力量。坚持把办实事、解难题贯穿党史学习教育全过程，广泛听取群众意见建议，了解文职人员和职工所思所想所盼，坚持从最突出的问题抓起、从最现实的利益出发，紧贴基层需求，细化责任分工、明确时间节点，建立为基层办实事责任清单。承诺办10件好事，落实9件，广大职工、文职人员满意度获得感进一步提升。

【国防后备力量建设】 2021年，贺兰县人民武装部牢固树立国防动员为备战打赢服务的鲜明导向，加快国防动员信息化建设，全面提高国防动员工作质量效益。坚持以战领建、抓建为战，坚持按纲施训、依法治训。及时修订完善各类应急预案，根据军区和警备区新年度开训动员演训活动部署要求，圆满完成民兵应急分队野营拉练任务。研究制订了(《2021年度练兵备战工作计划》)，完成了春节、“两会”等时期的战备值班、维稳备勤、应急演练等任务。召开党委议战议训会议，深入分析战备训练形势，解决存在矛盾问题；围绕参谋“六会”常态组织开展识图用图、动员(行动)要图标绘、动员分析计算、动员文书拟制等专业科目训练，完成了军事职业教育学习相关内容。结合党管武装述职大会，召开全县国防动员工作会议，传达学习全国国防动员工作会议精神，研究部署年度工作任务，健全县国防动员机制和领导机构，下发2021年国防动员工作要点。注重改进和加强国防动员潜力调查统计，组织国动委成员单位，采取以会代训的方式开展业务培训，明确任务、压实责任。利用“自下而上梳理上报、集中组织会审编报”的办法，完成了国防动员潜力数据汇总上报工作。组织协调国动委各专业办公室参加了军区国防动员要素演练，提高了人员业务能力。巩固拓展“十三五”时期民兵建设成果，结合政府机构改革，调整民兵组织整顿工作领导小组，下发《贺兰县2021年民兵整组工作实施方案》，积极创新民兵编建思路、改进编组方法、优化结构布局，力争把思想好、业务精、技能强的人员纳入民兵队伍中。编实建强民兵应急、专业、特殊三支队伍，努力打造“精干、高效、管用”的后备力量。注重在用兵中练兵强兵，完成应急分队、专业分队的入队训练、集合点验、政治教育等工作，分专业分批次组织民兵集中轮训；参加银川市“精武-2021民兵及专武干部比武竞赛”取得了团体总分第一名、专武干部组第一名、6个单项第一、3个单项第二、2个单项第三的好成绩；组织开展应对强敌“反动员”行动研究性演练，取得了“六个一”联训联演成果，通过大项任务牵引带动，干部队伍和民兵应急分队多样化任务的能力素质得到提高。联合县委宣传部制定下发2021年征兵宣传方案，大力宣传《中华人民共和国国防法》《中华人民共和国兵役法》和征兵政策法规，利用线上线下结合的方式开展征兵宣传，提高适龄青年依法服兵役的政治热情。从严建立兵役登记、应征青年报名“周报告、月通报”等制度。采取电话联络、短信推送、逐人发动的方式进行精准动员，在审定兵员上，采取量化排名的方式，高质量完成了新兵征集任务。

消防救援

【概况】 2021年，全县消防工作在县委、县政府的正确领导下，在各部门的支持配合下，齐心协力、攻坚克难、狠抓落实，以改善全县消防安全环境为目标，从责任制落实、隐患排查治理、基础设施建设、监督执法服务、消防宣传教育等方面提升综合救援能力，使全县消防工作取得了明显成效。

【消防安全责任落实】 2021年，贺兰县消防大队认真贯彻落实党中央、国务院和自治区、市关于加强消防工作的重要部署，把消防工作纳入全县经济社会发展规划，坚持党政同责、一岗双责、齐抓共管，对消防工作坚持常抓不懈，对重点工作有部署、有督导，有效推动了消防安全责任落实。县委、县政府主要领导高度重视消防安全工作，多次听取消防工作汇报并作出重要指示批示。县政府先后10次召开会议研究部署消防工作，党政领导先后20余次带队检查、组织约谈、现场督办解决消防安全重大事项，有力推动了消防工作任务落实。

【消防安全管理】 2021年，贺兰县消防大队坚持采取集中排查、错时检查、每日一查等工作措施，以各项专项行动为抓手，深入开展了农村领域、危化品企业、人员密集场所及“小火亡人”多发场所等专项治理工作。组织召开“5·23”新贸路小商铺火灾警示教育暨“小火亡人”多发场所消防安全专项整治现场会；以宁夏泰益欣生物科技有限公司“6·1”火灾事故为警示，召开全县工业及商贸领域安全工作现场推进会。以“小火亡人”多发场所为重点，联合街道办、综合执法局、社区网格员开展老旧小区、“九小场所”检查，共检查各类场所23家，发现火灾隐患44处，督促整改14处，联合应急、公安开展沿街商铺经营性场所消防安全检查。开展农村地区专项整治，分析评估各乡镇消防安全形势，编写《贺兰县农村消防工作调研报告》，强化基层消防网格化管理，深入各乡镇场组织大、中、小网格员开展消防安全知识培训，发动镇、街道、社区和派出所开展沿街小商店、小旅馆等九小场所检查，大力整治居民电动车违规停放和充电、集贸市场等消防安全管理混乱的突出问题，确保不发生“小火亡人”事故。结合园区危化品企业、工贸企业多的实际，不断明确整治重点，细化部门职责，对宁夏欣奥化工有限责任公司、宁夏德圣亚科技有限公司、宁夏宝庆实业有限公司、宁夏泰益欣生物科技有限公司、银川金正源商贸有限公司5家危化品企业召开危化品企业约谈会。

【环境改善】 2021年，贺兰县消防大队结合消防安全三年行动及“小火亡人”多发场所专项整治要求，强化部门会商研判、信息共享、联勤联动工作机制，积极联合各相关行业部门，通过“联合商议、执法检查、媒体曝光、任务交办、督促整改、办结反馈、约谈问责”等环节，形成隐患督办工作闭环，全力打造“大综治”消防安全管理格局。先后开展联合检查10余次，整治各类场所60余家，约谈“不放心”场所负责人30余人次，形成了多部门齐抓共管消防安全的良好局面。联合县住建、应急、市场监管、公安、综合执法、乡镇街道等部门对全县经营性九小场所开展消防安全专项整治行动，共检查各类场所20家，发现隐患15处；联合县教育局、派出所对高考考点及周边单位进行专项检查，共检查6家，发现火灾隐患8处，督促整改6处；联合公安交巡警大队开展打通“生命通道”夜查专项行动，监督员通过“随手拍”对违法车辆进行拍照上传处理，清理违法占用消防车通道的私家车60余辆，通过随手拍上传处理20余次，宣传教育500人次；县应急管理局、县消防救援大队、县住建局联合对宁夏现代建设监理、宁夏新彩建设工程有限公司、宁夏建力建设发展有限公司等13家在建工地负责人进行约谈，督促企业有效落实消防安全主体责任。

【消防宣传】 2021年，贺兰县消防大队全方位拓宽消防宣传领域，以提升社会化消防宣传成效为目的，扎实做好消防宣传工作。开展打通生命通道、“消防志愿者送平安进万家”、“全民消防我体验”、灭火与疏散逃生大演练和消防宣传“五进”等活动，建成并开放贺兰县消防科普教育体验馆，利用云MAS短信平台业务，在重要节点及节假日发送消防安全提示短信1.5万余条，依托消防宣传车深入单位、社区、广场、农村、学校开展教育培训60余次，受教育群众8000余人，使消防安全知识深入人心。

经济事务管理

Jingji Shiwu Guanli

经济发展和改革

【概况】 2021年，贺兰县经济发展和改革局全面贯彻落实习近平总书记在庆祝中国共产党成立100周年大会上的重要讲话精神和视察宁夏重要讲话精神，坚决落实“建设黄河流域生态环境保护和高质量发展先行区示范县”的时代重任，着力在经济运行监测、项目谋划推进、节能减排提效、物资储备管理、民生保障等方面真抓实干、积极履职，力促全县经济稳中有进、稳中向好。

【经济运行监测】 2021年，贺兰县经济发展和改革局做好经济运行情况月度分析和7项经济指标季度预测工作，对经济运行中出现的突出问题和困难，及时预警并向县委、县政府提出对策建议，确保主要经济指标按照时间节点稳步持续推进，完成全年各项既定目标。

【重点项目推进】 2021年，贺兰县经济发展和改革局印发《关于进一步做好2021年全县项目谋划工作的通知》，指导各部门强化项目储备。2021年基本建设项目296个，谋划“十四五”项目446个。储备“十四五”规划暨黄河流域生态保护和高质量发展先行区建设项目清单项目37个，均已报入银川市储备库。起草《贺兰县2021年县处级领导包抓重点项目工作实施方案》，列出重点项目任务分解表，明确项目推进时间节点，确保47个县级重点项目按时建成投用。深入开展春季大会战重点项目集中开工攻坚行动，筹备贺兰县2021年一季度第一批次、第二批次项目建设集中开工仪式，下达两批政府投资项目和基本建设项目投资计划。不定期对项目进行现场督查，确保项目按月度计划如期开工建设，切实推进全县项目建设进展。印发《贺兰县政府投资管理办法（试行）》，围绕项目建设各环节，以投资计划执行情况为重点，对监管对象开展定期或不定期检查。对2017年至2020年所有政府投资审批项目进行详细梳理，深入贯彻习近平总书记关于黄河流域生态保护和高质量发展重要论述和自治区六次“先行区”建设推进会议精神，开展好“挖湖造景”和黄河河道及滩地整治工作。

【重点特色产业】 2021年，贺兰县经济发展和改革局聚焦“8+1”特色产业体系，发挥牵头协调作用，强化规划引领和项目支撑，认真做好电子信息、新型材料产业方面政策研究制定、项目洽谈对接、重点项目实施、突出问题解决等各项工作。起草《贺兰县促进工业自动化发展实施方案》《关于深入实施“工业强县”战略创新推动黄河流域生态保护和高质量发展先行区示范县建设的实施方案》《贺兰县要素市场化配置改革试点总体方案》等政策性文件，明确全县工业重点特色产业的发展思路方向及目标任务。加强工业重点项目、技术改造项目储备，组织企业申报2020年“工业稳增长24条”奖励扶持政策，奖励资金428.8万元；组织90家企业申报区市各类工业专项项目，争取自治区工业专项资金3102万元。培育“专精特新”企业7家，享受自治区优势产业电价补贴10家，有自治区绿色工厂1家，有自治区数字化车间2家，6家企业享受自治区工业项目贷款贴息979万元，3家企业获融资租赁补贴123.2万元，3家企业获2021年升规奖，泰益欣生物获突出贡献企业。锁定目标提升服务，加大企业梯队培育力度，建立“小升规”“规改股”和“股上市”名录库，储备“小升规”后备企业40家，培育拟上市企业6家，完成新三板挂牌企业6家，其中凯添燃气在北交所挂牌上市。

【低碳经济，绿色循环】 坚定不移贯彻落实新发展理念，把资源节约和生态保护融入高质量发展全过程、各领域，在节约、综合、高效利用资源上持续发力，推动产业向高端化、绿色化、智能化、融合化方向发展，推动产业融合、产网融合、产城融合，实现要素高效组合、业态推陈出新，实现经济发展量的合理增长和质的稳步提升。从严管控力促节能降耗。开展淘汰落后和化解过剩产能工作，组织园区、各乡镇场等单位对所辖区域内的企业进行摸排，淘汰落后产能2万吨，并拨付自治区淘汰落后产能专项资金243万元。塞尚乳业和银川艾尼科技公司获自治区节能减排贷款贴息专项资金113万元，宁夏领航岩棉科技有限公司申报自治区绿色工厂并获奖励资金60万元。提高企业规范发展和绿色发展水平，对泰益欣、磷肥公司等6家重点涉气企业安装废气处理设施和在线监测设备；对1家涉重金属企业进行严格环境整治；对泰益欣、恒康制药等7家重点涉水企业污水处理设施进行提升改造加强重点用能单位管理，实施节能诊断和能效“领跑者”者行动，组织6家重点用能单位完成“一企一策”节能、节水诊断服务，组织重点用能企业开展“十三五”期间能源目标任务考核和能源审计报告汇总工作。做好遏制“两高”项目盲目建设和排查清理工作。严把“两高”项目准入关，在审批过程中切实遵循项目准入原则。摸排梳理“十三五”以来节能审查方面违规项目6个，除泰益欣污水提标改造项目涉及民生环保领域范围无法停产，其余五个项目均已停产整改。

【优化营商环境】 2021年，贺兰县经济发展和改革局印发《关于贯彻落实〈全区深化“放管服”改革优化营商环境重点任务分工方案〉责任分工的通知》《贺兰县深化“放管服”改革优化营商环境工作要点及责任分工》等文件，从17个方面74条具体措施，细化工作任务，明确责任单位、完成时限，确保各项重点任务有序开展、落实落地。推行县分管领导包抓指标、牵头部门具体负责、责任部门全力配合的工作模式，积极吸收借鉴一流标杆经验做法，紧盯银川市标杆指标，加大学习力度，复制典型经验做法。组织召开基层政务服务联席会、全县深化“放管服”改革着力培育和激发市场主体活力会议，对全县优化营商环境工作进行安排部署。制作《贺兰县优化营商环境惠企政策汇编》，加强惠企政策宣传途径和宣传力度。起草《贺兰县营商环境投诉“直通车”制度》，进一步畅通网络投诉举报渠道。出台《贺兰县深入开展“一业一证”改革实施方案》《贺兰县进一步深化“综合窗口”改革实施方案》《贺兰县深化“证照分离”改革工作实施方案》等，着力在提升政务服务能力、打造优质法治环境、营造良好的创新环境上下功夫。

【民生福祉】 2021年，贺兰县经济发展和改革局全力做好疫情防控后勤保障、应急成品粮油储备等利民惠民工作。切实加强粮油应急成品粮油承储库存的监管，联合县财政局对5家应急成品粮承储企业、10家应急供应网点及1家配送中心不定期进行检查，及时准确掌握粮油和防疫物资储备动态。做好粮食收购许可证年检换证和粮食订单签约工作，对辖区内有粮食收购资格且在册的29家粮食经营企业粮食收购许可证集中开展粮食收购资格审查，签订三大粮食品种订单102333吨。完成“好粮油”行动计划2019—2020年建设项目验收工作，拨付贺兰县“优质粮食工程”子项目“好粮油”行动计划2019—2020年度建设项目第一批资金1262.5万元。以粮食购销领域腐败问题专项整治为契机，全面加强粮食购销领域长效机制建设，助推专项巡察工作有效开展。抓好防疫物资保障和物资账目管理，有力有序保障防疫工作正常开展。扎实开展城乡居民收入提升工作。制定实施《贺兰县城乡居民收入提升行动实施方案》，研究制定8个方面23条具体措施；制定《贺兰县2021年城乡居民收入提升行动工作要点》等，明确各指标具体责任单位职责，扎实推动城乡居民收入提升行动取得成效。着力营造良好价格秩序，在重要节假日期间利用价格调控基金对市场销售的牛羊猪肉实行临时价格干预措施，加强对市场28种蔬菜和粮油肉蛋等生活必需品的价格监测，及时掌握价格走势动态。深化农业水价综合改革，聘用第三方出具贺兰县自流灌区农业灌溉终端水价成本专项审核报告及贺兰县农业自流灌溉终端水价实行方案，科学核定末级渠系农业灌溉终端水价，有效提高水资源利用效率和效益。完成辖区内1所民办幼儿园的价格备案和15起商业停车场的价格审批工作。建立健全中小学校内外培训收费机制，合理制定中小学校内课后服务费标准。配合住建部门对住宅小区各项物业收费及泊车费明码标价进行检查。开展行业协会商会收费和行政事业性收费年审工作，未发现超标准收费行为。全力促进社会信用体系建设，全面归集、公示和应用行政许可、行政处罚等信用信息5415条，查询相关企业或事业单位信用报告60余份，反馈至各相关部门，进一步扩宽信用信息的应用渠道。构建信用监管机制，强化部门协同监管，充分利用贺兰县人力资源市场服务窗口，广泛开展市场主体守法诚信教育；鼓励市场主体通过信用中国（宁夏银川）网站资源申报资质证照、市场经营、合同履约等信用信息；严格落实国家、区市制定出台的红黑名单制度，督促失信市场主体限期整改，健全完善信用修复机制。

市场监督管理

【概况】 2021年，贺兰县市场监督管理局立足市场监管职能，以服务发展、强化监管、保障民生为主线，扎实推进各项工作，取得显著的成效。

【事中事后监管】 2021年，贺兰县市场监督管理局强化“双随机、一公开”制度落实，制定2021年度部门联合抽查计划、随机抽查事项清单和工作细则，建立执法人员名录库和市场主体名库，开展价格、药品广告、商标、专利、商标代理、房地产广告等领域双随机抽查工作，抽查市场主体94户次。采取多种方式开展2020年度年报信息公示工作，清理吊销连续2年未年报的企业232户，依法将未年报的518户企业、169户农民专业合作社、6073户个体经营户列入经营异常名录。

【知识产权保护】 2021年，贺兰县市场监督管理局围绕发展贺兰山东麓葡萄酒、宁夏枸杞等产业，着力打造特色农产品商标集群和地理标志证明商标，积极指导培育中国驰名商标、地理标志保护产品。加大抗疫防护用品、民生物资、农村食品等重点领域的知识产权保护力度和行政执法力度。认真落实知识产权保护政策，为16家企业核发知识产权补助资金36.7万元。全县拥有有效注册商标2234件，发明专利136件，万人拥有量为3.98件/万人。

【食品安全】 2021年，贺兰县市场监督管理局积极推进国家食品安全示范城市创建、全域创建“食品药品安全区”工作，组织召开贺兰县“食品药品安全区”创建动员会暨2021年食品安全工作会议、食品安全风险研判会议。推进“互联网+明厨亮灶”建设，学校食堂100%全覆盖。加强食品抽检，开展县级年度抽检655批次，完成快速检测3681批次，合格率99.65%。组织开展“你送我检 你点我检”便民服务活动9次，现场检测54批次，合格率100%。集中开展保健食品、校园及周边食品、农村地区假冒伪劣食品、建筑工地食堂、进口冷链食品等20余项食品安全专项整治行动，检查食品生产经营主体5629家次，排查安全隐患200余处。开展食品安全集中宣传活动116次，举办食品药品安全知识讲座8场次，张贴、发放食品安全宣传海报、宣传牌、餐饮桌签等宣传材料6.9万份。制作《食品药品安全在身边》专题电视栏目5期，宣传报道2.4万次，网络直播点击量4.5万次，营造全社会关注食品安全浓厚氛围。

【药械安全监管】 2021年，贺兰县市场监督管理局推进“阳光药店”智慧监管，在全县248家药店中成功创建185家“阳光药店”,创建率74.6%。97.5%的药店完成系统账号注册。开展元旦、春节期间药品等经营专项整治,检查药品、医疗器械、化妆品经营使用单位750家次。完成药品、医疗器械、化妆品监督抽样任务69批次。

【特种设备安全检查】 2021年,贺兰县市场监督管理局开展特种设备安全专项整治三年行动、安全生产百日大排查大整治专项行动暨“两节”“两会”期间特种设备安全保障工作,检查特种设备使用单位404家次,下达特种设备安全监察指令书64份,发现并消除安全隐患207条。推进特种设备双重预防机制试点工作,将16家特种设备使用单位列入试点单位名单。加强特种设备事故应急救援演练和宣传科普,开展安全生产宣传周、特种设备安全知识“七进”、“电梯安全宣传周”等特种设备安全宣传、法律法规培训班。

【质量技术监督检查】 2021年,贺兰县市场监督管理局组织抽检安全防护用品、床垫、电缆桥架等17种162批次产品,对不合格产品进行立案查处。开展塑料污染专项治理,收缴一次性塑料吸管2.1万支、塑料袋43.3公斤。结合“我为群众办实事”实践活动,重点抽查用于贸易结算、医疗卫生的燃气表、X光机、验光配镜设备、出租车计价器、加油机等计量器具强制检定情况,抽查计量器具1245台件。

【广告和网络交易监管】 2021年,贺兰县市场监督管理局组织开展违法违规商业营销、“护苗助老”、非法集资广告专项整治行动,严格规范商业营销宣传行为。开展网络交易市场专项整治活动,检查网站214个,网店107家,通过网络监管系统及时处置违法线索90条。

【行政执法】 2021年,贺兰县市场监督管理局办理行政处罚案件179起,罚没款585万元,没收(暂扣)物品数量3042件。严厉查处防疫物资和民生必需品价格违法行为,抽查药店、商超、农贸市场318家次。加强供气、供电、供水、供暖等公用企业价格收费专项检查,清退电费189.5万元。

【消费者权益保障】 2021年,贺兰县市场监督管理局开展为期一周的“守护安全,畅通消费”消费维权宣传活动,设立5个宣传点,发放宣传资料5000份。开展食品安全“你送我检、你点我检”便民服务活动,对金贵集贸市场、立岗农贸市场和物美超市的23种蔬菜进行抽样检测,受理各类消费者投诉举报3651件,办结3557件,办结率97.4%,消费争议金额370万元,为消费者挽回经济损169万元。

【打击传销】 2021年,贺兰县市场监督管理局推进打击传销制度体系建设,形成“链环网式”管理模式。加强房主及房屋中介管理力度,健全完善“以房管人”管理制度,实施出租房屋“双备案”制度。标本兼治,创新发展“劝返+惩治”工作模式,加强教育转化。遣散传销人员458人,捣毁传销窝点210个,立案131起,罚款454万元。

【散煤治理】 2021年,贺兰县市场监督管理局督促配煤中心履行进货验收制度,保证购销信息真实可追溯,严防高污染散煤流入,抽检煤炭25批次。全面推广使用清洁煤炭,发放清洁煤补贴149.4万元,印制清洁煤采购补贴券2.5万张,用于农村常住居民采购清洁煤。

审 计

【概况】 2021年,贺兰县审计局安排审计项目18个,完成并出具审计报告12个,正在推进6个,审计查出问题66个,查出管理不规范资金6461万元,提出审计建议28条。

【政策跟踪审计】 2021年,贺兰县审计局聚焦群众关心的教育、医疗及社会保障等多个领域,对社会保障政策执行、就业创业政策落实、义务教育经费管理使用等情况进行了跟踪审计。聚焦地方政府债务,重点关注各单位隐性债务系统中涉及民营企业、中小企业的欠款是否按要求全部纳入清欠台账,清理拖欠账数据是否真实等问题,对可能造成影响的风险隐患进行了分析、总结。

【专项资金审计】 2021年,贺兰县审计局开展贺兰县“市县一体化”集中供热项目全过程跟踪审计,重点关注项目立项、招投标管理、财政资金使用、新购资产管理使用等关键环节,下发阶段性审计建议书3次,配合银川市审计局开展涉农专项资金审计,重点检查农业项目在资金申报、分配、拨付、管理、使用过程中是否合规合法,提高资金使用效益。完成贺兰县信息化建设专项审计,重点关注资金使用、资产管理等方面,查出问题2个,提出建议2条。完成贺兰县招商引资政策执行及绩效专项审计调查,重点关注相关政策执行及目标任务完成情况等。配合自治区审计厅开展全区困难群众救助补助资金审计。

【预算执行审计】 2021年,贺兰县审计局完成2020年度县本级预算执行审计,对全县71家一级预算单位实现审计全覆盖,重点关注财政预算编制及批复、国有资产管理、政府采购、财政资金绩效评价等内容,结合贺兰县工程建设政府采购等重点领域突出问题专项治理工作,抽取30个政府投资项目进行审计,防范化解政府投资风险。完成县教体局2020年度预算执行及其他财政收支审计,重点关注固定资产管理使用、中央提前下达专项资金、幼儿园维修装修改造及清理拖欠民营企业账款等情况,查出问题6个,提出审计建议3条,帮助被审计单位建章立制2项。

【政府投资审计】 2021年,贺兰县审计局开展贺兰县五所学校EPC工程总承包项目全过程跟踪审计,对项目前期工作和前期费用、项目建设程序、招投标管理、工程造价管理、基建财务管理等方面进行了重点关注,每周对工程量及工程进度进行现场核查,每季度汇总形成审计专报。

【经济责任审计】 2021年,贺兰县审计局完成县审批局、县交通局、县科技局、县文广局、县残联及洪广镇领导干部任期经济责任审计,重点关注领导干部贯彻执行县委、县政府决策部署、重大政策落实、履职尽责等情况,查出问题36个,提出审计建议18条,帮助被审计单位建章立制3个。认真落实“三个区分开来”要求,推动经济责任审计由“问责”向“问效”转变。

【审计查出问题整改】 2021年,贺兰县审计局严格执行《贺兰县审计整改管理办法》,坚持“查出问题(立项)、明确责任、纳入台账、督查考核(销项)”的全过程闭环管理,每月核查、整理被审计单位整改情况并进行量化打分,每季度将打分情况汇总纳入全县绩效考评,确保审计查出问题应改尽改。针对中央预算执行审计及自治区预算执行审计反馈问题,积极协调并指导涉及单位开展整改工作,逐一核对整改资料上报销号。

统　计

【概况】 2021年,贺兰县统计局坚持以习近平新时代中国特色社会主义思想为指导,紧紧围绕各项目标任务,强化重点工作落实,为全县经济社会平稳发展提供了有力的统计保障。

【统计数据质量提高】 2021年,贺兰县统计局实行数据上报动态监控制度和数据异动查询制度。完成2020年各专业年报、2020年妇儿“两纲”监测工作及2020年度1—10月统计报表。加大数据核查力度,强化统计法治环境建设。对上报数据异常波动企业和重点企业进行数据核查、抽查,有问题及时跟踪落实,即知即改,做到监管无漏洞。完成数据核查263家。其中:固定资产投资项目94家,商贸65家,规模以上工业38家、服务业2家,房地产开发项目34家,从业人员劳动工资30家。

【统计执法检查】 2021年,贺兰县统计局按照“双随机”原则,对30家企业开展执法检查。其中:规模以上工业、能源8家,投资项目6个,房地产企业3家,建筑业企业3家、限额以上批发零售餐饮业5

家，规模以上服务业企业2家，农业2家，劳动工资1家，下发统计法律事务告知书28份、执法检查通知书30份、整改通知书3份。

【优化统计产品服务水平】 2021年，贺兰县统计局认真采集统计数据撰写统计报告，集体讨论研究，准确分析经济运行形势，高质量撰写季度及月度经济分析报告和信息，及时编印《统计年鉴》《季度经济要情手册》《统计公报》《月度卡片》等统计产品，为县委、县政府开好局、起好步提供科学的数据支撑。编发工作动态102篇、统计信息55篇、统计分析46篇，印制《季度要情手册》2期、《月度卡片》10期、《2020年贺兰县国民经济和社会发展统计公报》2期，在“贺兰统计”官方微博发布信息567条。

【夯实统计基层基础建设】 2021年，贺兰县统计局落实自治区统计基层基础建设部署要求，结合县乡换届，做好统计队伍、信息化、统计数据质量、统计普法执法等工作，基层基础工作通过自治区验收。加强统计业务及法律法规的学习，分级分类对各部门及企业统计人员进行统计培训及年报培训，培训企业、单位500多家。统筹落实数据采集审核报送制度、统计资料管理制度、数据质量责任追究制度、统计工作保密制度、统计人员考核制度等规章制度，及时维护更新基本单位名录库，做好“一套表”调查单位审批入库工作，健全统计信用体系，实施统计信用“双承诺”确保统计基层基础工作的健康快速发展。

【第七次全国人口普查数据公布】 2021年，贺兰县统计局编印《贺兰县第七次全国人口普查公报》6期，从全县人口数量、结构、分布以及人口性别构成、人口年龄构成、人口受教育情况、城乡人口和流动人口情况等方面对全县人口普查情况进行公开发布。对自治区、市、县人口普查公报及时印制，并呈报县委、县人大、县政府、县政协领导，分发各有关单位。

自然资源管理

【林权改革】 2021年，贺兰县自然资源管理局制定《贺兰县关于全面推行林长制的实施方案》及工作管理制度，全面推行林长制，实行网格化管理。明确保护发展森林草原资源目标责任，构建党政同责、属地负责、部门协同、源头治理、全域覆盖，实现运行有序的森林草原资源保护发展的长效机制。全面摸排林地林权，推进山林地不动产登记。按照“成熟一宗换发一宗”的原则，开展换发林权类不动产权证。登记73宗林权外业测绘工作已全部完成，建立林权类不动产数据库，动员林权产权人换发林权类不动产权证。增强营林措施，培育新型林业经营主体。优化林业和草原技术人员结构和供给，引导技术人员在部门和乡镇双向流动，评选出先进新型林业经营主体5家，引进林业企业6家，流转林地5200亩。

【国土空间总体规划编制】 2021年，贺兰县自然资源管理局落实自治区“一河三山”生态坐标和“一带三区”总体布局，构建“一山一河、保护生态，一心两翼、联动发展，三网共融、统筹城乡”的国土空间格局，统筹布局城镇多元空间，加强城乡功能综合配套，优化提升城乡空间利用效率。

【“基数转换”实践探索】 2021年，贺兰县自然资源管理局结合自然资源部“基数转换”有关政策文件，通过“上下校核、管理权限优先”等原则深入开展实践探索。突出问题导向，统筹中心城区用地布局与安排。梳理中心城区公共基础设施领域存在的短板和弱项，以社区生活圈为基本单元，构建1个10分钟和9个15分钟城市社区生活圈，提高教育、医疗、文体、娱乐设施等资源配置，

【“多规合一”实用性村庄规划编制】 2021年，贺兰县自然资源管理局完成三批共计32个行政村的“多规合一”实用性村庄规划编制工作，增加用地布局灵活性，以空间留白和指标留白两种方式为发展的不确定性预留建设用地空间和指标。

【建设用地入市】 2021年，贺兰县自然资源管理局制定《贺兰县农村集体经营性建设用地入市管理办

法》《贺兰县农村集体经营性建设用地土地增值收益调节金征收管理使用分配办法》《贺兰县农村集体经营性建设用地入市流程及决策办法》。成功完成首批2宗农村集体经营性建设用地入市交易，交易金额为1224.04万元。

【新增耕地入库】 2021年，贺兰县自然资源管理局积极推进"2019年贺兰县洪广镇、习岗镇高标准农田建设项目""2018年贺兰县常信乡于祥村耕地占补平衡项目"1285.5亩新增耕地指标进行跨省域交易和"2018年贺兰县金贵镇高标准农田建设项目""2018年贺兰县立岗镇星光村通伏村高标准农田建设项目"1385.98亩新增耕地指标入库事宜。

【用地服务保障】 2021年，贺兰县自然资源管理局加大土地供应力度，进一步盘活用好存量土地，切实提高土地节约集约利用水平。2021年供应土地43宗，供应面积1528.29亩。按照"积极主动、严格管理"的要求，对建设占用耕地的，做到"先补后占、占一补一、占优补优"，确保项目及时开工。2021年上报城镇批次5个，集体农用地转为集体建设用地1个，单独选址项目1个，总面积1691.934亩。

【闲置土地处置】 2021年，贺兰县自然资源管理局按照"全面清理。分级负责，分类处理，依法处置"的原则，对全县批而未供土地和闲置土地进行清理，通过专项清理，全面掌握批而未供土地和闲置土地的总体状况，区别不同情况依法依规分类处置，提高批后征地率和征后供地率，构建防治闲置用地的长效机制，为全县经济社会发展提供有力的用地保障。2021年，共处置闲置土地11宗，面积1295.68亩；处置批而未供土地31宗，面积960.16亩。

【建设用地增减挂钩项目】 2021年，贺兰县自然资源管理局编制完成《贺兰县城乡建设用地增减挂钩项目拆旧区复垦方案》，确定拆旧地块26个，拆旧面积64.1117公顷（962亩）。

【土地征收储备】 2021年，贺兰县自然资源管理局结合全县国有土地市场需求，为政府提供土地市场宏观调控平台。收储划拨土地10宗，共计3358.61亩，无收储成本；完成包银高铁（银川至惠农段）项目建设1072.34亩土地收回工作，申请补偿资金11588.8985万元；完成银川市重点建设项目土地征收面积486.91亩。

【完善规划体系】 2021年，贺兰县自然资源管理局完成贺兰县国土空间规划文本和图集，提交自治区自然资源厅审查并修改完善，按照自然资源部、自治区自然资源厅编制要求和进度推进、深化；编制完成《贺兰县乡村振兴战略规划（2018—2035年）》，制定《贺兰县国土空间规划留白实施意见》和《贺兰县关于乡镇人民政府统筹使用村庄规划建设用地机动指标的实施细则》；开展三批32个村庄规划编制，完成"多规合一"实用性全部成果；探索制定全区基数转换规则路径；编制完成《贺兰县近期国土空间规划实施方案》，确定近期2025城镇开发边界，完成《贺兰县静态交通规划及停车设施升级改造解决方案》。

【编制土地供应计划】 2021年，贺兰县自然资源管理局参考国家产业政策和土地调控政策，编制2021年全年国有建设用地、经营性用地和住宅用地供应计划，保障重点项目和城市基础设施用地需求，并按时将存量住宅用地情况进行公开。

【推进枸杞产业发展】 2021年，贺兰县自然资源管理局新增种植基地面积1025亩，全县枸杞及枸杞芽菜种植面积2460亩。年度招商引资实际到位资金10490万元，建设枸杞病虫害防控核心示范基地面积300亩。

【拆迁安置历史遗留问题处理】 2021年，贺兰县自然资源管理局审核并签订德胜花园拆迁安置合同122户，协助办理安置合同备案122份，塞上名居小区拆迁安置合同25户，永胜花园拆迁安置合同5户，协助办理安置合同备案5份。

【国土绿化】 2021年,贺兰县自然资源管理局围绕黄河流域生态保护和贺兰山东麓生态屏障建设,对全县道路沟渠两侧、农村庭院等区域实施造林绿化,对近5年内新植林带进行未成林抚育,对缺株断带的老林带进行退化林改造等。完成新造林3350亩、庭院经济林建设1500亩、未成林抚育及退化林改造6200亩。

【城镇绿化优化】 2021年,贺兰县自然资源管理局实施居安路小微公园工程项目,全长2.7千米,建设规模37.218亩。完成2021年“我为群众办实事”实践活动项目——正源北街绿化工程。

【新建学校绿化工程】 2021年,贺兰县自然资源管理局对贺兰县第五小学、第十小学、德胜中学(六中)、回民高级中学、第七幼儿园、第八幼儿园进行绿化苗木种植养护,绿化面积106.4亩,投资297.49万元。

【裸露空地绿化】 2021年,贺兰县自然资源管理局对4处185.6亩裸露地面进行绿化种植;对红叶加油站北侧、海亮停车场等7处裸露空地铺设绿网33536平方米;在县城区域内补植树木18万株。

【湿地保护修复】 2021年,贺兰县自然资源管理局加强湿地资源保护,坚持“先补后占、占补平衡”机制,严格执行审批流程,制定占补平衡方案,召开专家论证会。2021年办理湿地补划审批1件。

【林木检疫】 2021年,贺兰县自然资源管理局全年林业有害生物发生面积5.029万亩,林业产地检疫率100%,全县林业有害生物防控“四率”指标全部达标,有效减少了苗木病虫害发生。办理自治区内外植物检疫证1054份,现场检疫苗木923.67万株、花卉68.47万盆、木材170立方米,复检外调苗木7.26万株、木材90立方米,复检县内工程造林用苗23.1万株。

【营商环境优化】 2021年,贺兰县自然资源管理局不动产登记统一平台正式上线运行。2021年累计受理不动产登记证书19909件,不动产登记证明24025件,接收各类档案31348件;深入推进“互联网+不动产登记”,实现“不见面申请”,优化提升服务质量和效率;全面推广宁夏回族自治区不动产登记金融管理平台,向信誉优良的房地产开发企业、银行业等金融机构延伸服务,在各银行全面推广电子证照;开展生态资产产权制度改革,推进生态资产确权登记工作,重点界定林地、森林生态资产的产权主体及权利;精简审批材料,压缩办理时限,多措并举提高群众满意度,推动营商环境深入发展。积极推进规划用地“多审合一”“多证合一”改革。将审批局核发的“建设项目选址意见书”和自然资源部门合法的“用地预审意见”两个证书,合并成“建设项目用地预审与选址意见书”一个证书,申请材料精简50%。2021年共发放“建设项目用地预审与选址意见书”10本,涉及面积261.973亩。扎实推进政务公开,坚持以公开为原则、不公开为例外,推进自然资源信息“五公开”。全年公开信息970条。其中,县政府门户网站公开信息290条,政务微博发布信息623条,微信公众号发布信息57条。妥善处置信访和诉讼事宜,扎实做好信访综合平台分流转办受理工作,全年受理各类信访平台650件,解决答复647件,答复率99.4%。

【自然资源执法监察】 2021年,贺兰县自然资源管理局制定《贺兰县2021年卫片执法工作实施方案》,压实自然资源保护主体责任。认真开展土地动态巡察,开展动态巡察230余次,发现违法占地行为2起,立案查处2宗。严厉打击非法盗采矿产资源行为。发现非法盗采行为1起。扎实开展土地卫片执法,2021年自然资源部下发至贺兰县卫片图斑84个,涉及土地1963.8亩。经外业调查、内业核实后,确定违法用地图斑2个,涉及土地面积9.67亩。其中需拆除复垦图斑1个,面积1.07亩。开展农村乱占耕地建房专项整治行动。自治区自然资源厅下发贺兰县占耕地建房疑似图斑427个,其中373个图斑全部完成外业核查、系统上报工作。自治区农村乱占耕地建房专项整治领导小组办公室移交贺兰县2宗疑似新增乱占耕地建房问题图斑，1宗已责令企业尽快拆除复垦，1宗启动立案查处程序。通过动态巡查及报警受理，接收办理13起盗伐、破坏林木案件，结案7起，罚款11.02775万元，依照露天矿山扬尘整治实施方案及“一矿一策”的要求，对扬尘污染防治不合格的矿山企业，列出整改问题清单、完成时限和要求，整改情况进行督促检查，保障在服务年限内完成生产复垦工作。

应急管理

【概况】 2021年，县应急管理局深入学习贯彻习近平总书记关于安全生产、应急管理、防灾减灾的重要论述精神，全面落实市委、市政府决策部署，深化风险防控，坚守安全底线，为全市经济社会高质量发展提供坚实的安全保障。全市共发生各类生产安全事故16起（其中生产经营性道路交通事故15起，工矿商贸事故1起），死亡9人，事故发生起数和亡人数同前两年平均数相比分别下降25.6%、41.9%。成功应对“6·10”强降雨和台风“烟花”“灿都”，未发生较大及以上生产安全事故和有较大社会影响事故。

【强化统筹协调，健全组织体系】 完善“1+X”安委会组织体系，调整设立17个专业安委会，加强统筹协调和牵头抓总能力。开展安全生产巡查，今年完成二轮巡查32个重点部门、镇街，督促安全责任落实。健全基层应急管理组织体系，出台《关于坚持和发展新时代“枫桥经验”加强基层应急管理体系和能力建设实施意见》和《关于镇乡（街道）应急管理办公室设置等事宜的通知》，各镇街应急管理分管领导统一调整为政府工作常务副职或进党委班子政府副职，暨阳、店口等13个镇街增设内设机构应急管理办公室，其他10个镇乡统一在综合信息指挥室增挂应急管理办公室牌子，推动基层应急管理体系和能力建设。

【强化风险防控，确保隐患清零】 推进安全生产综合治理三年行动，112项工作清单已全部完成；开展“遏重大控较大”生产安全事故攻坚战，297项工作清单已全部完成；组织开展“平安护航建党百年”安全隐患大排查大整治、城镇燃气安全专项整治、校外培训机构安全整治等专项行动，以专项行动为抓手，全面开展隐患排查整治，落实闭环管理措施，确保隐患销号清零。强化企业安全基础，完成千企万员大培训2.1万人次，全面推进企业安全风险管控体系建设，完成建设加工制造类小微企业3295家、“三类园区”9个。推进安责险投保工作，实现高危行业安责险全覆盖，开展安全评价机构专项整治，检查安评项目118个，提升服务质量，加强安全防控能力。

【强化重点监管，守牢安全防线】 从严监管危化品重点企业、矿山企业，落实13家危化品生产、带储存经营和使用重点企业每日风险承诺制度，全市485家危化品使用企业实行分级管控，建立危化品全生命周期智慧管控平台、尾矿库在线监测监控系统，组织开展重大危险源、涉爆粉尘、有限空间、自建燃气、非煤矿山、“一厂多租”等专项整治，开展企业风险普查5693家，依托社会化服务、标准化服务、行政审批服务，切实加强高危行业企业、重点领域企业安全管控，全力守好安全生产“基本盘”。

【强化执法力度，发挥震慑效应】 坚持全员执法、委托执法，积极推进《中华人民共和国安全生产法》宣传贯彻，开展“雷霆系列”执法行动，完善执法机制，加强法治审核，全年无行政复议、诉讼案件。行刑衔接实现突破，查处的3起涉嫌危险作业罪案件已移送公安机关。全年共立案319起，罚款723万元。其中委托执法254起，罚款370万元。

【强化能力提升，做好防灾救灾】 组织开展自然灾害风险普查，完善基层防汛体系，健全会商研判和应急响应制度，建立智能化“钉钉叫应”机制，汛期启动7次防汛（台风）Ⅳ级应急响应，2次Ⅲ级应急响应，3次Ⅱ级响应，1次Ⅰ级响应，强化人员转移保障机制，成功应对“6·10”强降雨、台风“烟花”“灿都”等自然灾害。开展避灾场所规范化建设，规范化建设避灾场所362个。健全应急救援力量体系，开展预案数字化建设，全覆盖修订“1+59”预案操作手册；成立全市应急救援协会，组建镇街综合应急救援队伍23支1163人、村级应急抢险队伍503支6000余人；开展应急演练1017场，参与人数达20万余人。健全森林消防队伍体系，推进森林防火在线监控系统建设，完成安装高位监控50处。2021年新建2个综合应急消防救援站，15分钟应急救援圈基本建成。

【强化数字赋能，夯实安全基础】 应急管理综合应用平台已建成应用，一期确定76家危化、工矿企业接入监测预警平台，5000余家企业接入“一企一档”模块，逐步完善功能、推广。推进应急广播提升工程，完成平台搭建，2021年安装终端4500个。加强可视化指挥调度能力建设，配置单兵设备28部分发给各镇街和重点部门，每月开展单兵调度抽检，确保实现“可视化指挥调度100%连线成功、100%三十分钟响应、100%连线质量达标”的工作目标。开展沿街商铺多部门安全协同监管项目、小流域山洪应急救援多跨场景建设等数字化改革项目，强化数字安全赋能。

【强化履职担当，加强队伍建设】 突出党建引领，开展党史学习教育，坚持周一夜学制度，组织廉政主题党课8次。坚持问题导向，开展“讲规矩、守纪律、知敬畏”党风廉政警示教育活动，全面摸排廉政风险点，落实防控措施。修订完善《机关科室岗位目标考核办法》《个人绩效考核办法》，推行月度工作例会机制，对日常规章制度执行和工作完成进行常态督查，推进工作落实。组织开展应急系统干部防汛、应急救援等业务培训5场次，培训干部275人次，加强专业知识学习，提升干部综合素养。

社会经济调查

【概况】 2021年，贺兰县社会经济调查队坚持以习近平新时代中国特色社会主义思想为指导，深入学习贯彻习近平总书记在庆祝中国共产党成立100周年大会上的重要讲话精神和党的十九届六中全会精神，认真落实习近平总书记视察宁夏重要讲话精神，坚持以党的政治建设为统领，全面落实从严治党，严肃党内政治生活，狠抓党纪党规教育和作风建设，切实推进依法统计。

【依法统计】 2021年，贺兰县社会经济调查队充分利用各种业务培训会、入户调研时机，认真开展学教活动，牢固树立“数据质量第一”的理念，坚决杜绝统计造假、弄虚作假。认真开展统计法治自查工作。清理、纠正县级4件违反统计法精神的文件。建立领导干部违规干预统计工作记录台账，专人负责，按季度如实上报。积极宣传统计法律法规，组织培训学习统计法律法规，先后召集城乡140户记账户、38名畜禽调查员、30名劳动力调查员进行统计法律法规培训与测试。印制4000余份《中华人民共和国统计法》读本及“大家来学统计法”，“统计法十三不得”等宣传彩页进行派发宣传。积极开展送法入机关、下乡镇、入社区等活动，宣传讲解统计法律法规知识。通过普法宣传日、中国统计开放日等活动，制作横幅、展架、宣传彩页、手提袋等进行统计法宣传。

【调查数据质量管理】 贺兰队严格按照宁夏调查总队印发《业务工作规范化操作规程及数据质量评估办法》高质量完成全年粮食播种面积及产量、城乡一体化住户、固定资产投资、主要畜禽监测、农民工监测、移民监测、分乡镇农民收入调查等调查数据的上报、评估工作，及时健全、整理归档了各专业的基础台账。

社会事务管理

Shehui Shiwu Guanli

人力资源管理

【概况】 2021年，贺兰县人力资源和社会保障局以建设黄河流域生态保护和高质量发展先行区示范县为引领，实施“四大提升行动”，统筹推进就业创业、社会保险、人事人才、构建和谐劳动关系等工作，增进民生福祉，促进全县经济社会高质量发展。

【就业创业质量提升】 2021年，贺兰县人力资源和社会保障局实现城镇新增就业3544人，完成目标任务的118.1%，城镇登记失业率控制在3.7%以内；城镇失业人员再就业2625人，完成目标任务的105.0 %；农村劳动力转移就业22551人，完成目标任务的100.2%；“铁杆庄稼保”累计签单19616人，完成目标任务的109%。开展各类招聘活动60期，提供就业岗位7万余个，观看“贺贺有名·直播带岗”10万余人，达成就业意向4000人。开展各类培训5169人，其中企业培训2585人，重点群体培训1213人。开展创业培训10期290人，培育创业实体1244个，带动就业2616人，创造新岗位2058个，发放创业担保贷款3714.5万元。为46家企业发放稳岗补贴57.96万元，惠及9331人；发放失业金653万元，惠及865人；发放农民合同工一次性生活补贴114万元，惠及221人；发放失业补助金1820万元，惠及4909人。安置区级公益性岗位120人（建档立卡50人），县本级购买公益性岗位100个。

【和谐劳动关系工作机制构建】 2021年，贺兰县人力资源和社会保障局制定印发《贺兰县2021年根治拖欠农民工工资工作要点》《贺兰县2021—2022年劳动关系“和谐同行”企业培育行动方案》等文件，联合县住建局、县公安局、县总工会等部门成立农民工工资清欠工作组，完善构建和谐劳动关系工作机制。开展小微企业劳动用工管理专项检查，受理“12345”投诉咨询1167件，办结1161件，结案率99.49%；根治欠薪线索平台接收线索408条，全部办结，结案率100%。共接待申诉390件，立案359件，结案324件。追回经济标的937.129万元。

【人才人事管理】 2021年，贺兰县人力资源和社会保障局落实激励政策，审核审批事业单位奖励性绩效2892人，月工资总量203.5万元，审批61所公办中小学校（幼儿园）校长（园长）、班主任、寄宿津贴800万元。严格规范事业单位人事管理，事业单位公开招聘工作人员68人，招聘中小学事业编教师48名。持续做好人才引育工作，推荐7家企事业单位申报自治区人才小高地；6人申报享受2021年自治区特殊津贴；2人申报自治区全职引进博士硕士工作补助；7人申报自治区青年拔尖人才培养工程人选；1人申报自治区技能人才培养载体建设项目和技工院校急需特色专业建设项目；1人申报自治区高技能人才培训基地建设项目及自治区级技能大师工作室建设项目。

就业创业

【概况】 2021年，贺兰县申报参加第三届全国创业就业服务创业城市展示项目，获评城市创业优秀展示项目。宁夏丰植源花卉、祁源生态科技发展有限公司获得全国农村创业创新基地光明社区创建第五批国家级充分就业社区。农民工返乡创业工作作为全国返乡创业示范经验面向全国推广，获评自治区就业创业工作先进集体、全区职业技能提升培训暨专项资金支出使用管理成绩突出单位。就业创业工作考核名次靠前，在全区通报表扬，获得奖励资金100万元。创建丰植源花卉创业基地为自治区级创业示范园区（基地）、宁夏上源五睿科技为自治区级优秀创业企业、宁夏绿色世纪农业科技发展有限公司为自治区级就业帮扶基地。

【就业创业责任落实】 2021年，贺兰县劳动就业局成立以县长为组长，43个责任部门及乡镇场为成员的就业工作领导小组，统筹推进就业创业各项工作。制定《贺兰县就业创业工作考核奖励办法》，运用绩效考核方式落实奖惩措施，传导责任压力，激发落实动力。在全县各乡镇场建立21个就业创业工作站，将50个公益性岗位安置到各乡镇，专门负责就业工作，有力促进工作高效落实。

【就业措施创新】 2021年，贺兰县劳动就业局制定《关于扶持劳务经纪人 劳务中介机构的意见（试行）》，利用转移就业示范县100万元奖励资金，通过培训管理、政策支持、资金奖补、平台搭建等措施，有效调动了农村劳务经纪人转移就业的积极性和主动性。劳务转移促就业工作荣登《中国劳动保障报》进行经验推广。组织召开"铁杆庄稼保"安排部署暨现场赔付会，举办贺兰县首届"乡村振兴杯"创业大赛，以"党建引领乡村振兴 全民创业带动就业"为主题，历时3个月，来自各乡镇、各部门推荐的各类企业和项目共51家、个，经过大赛组委会审查、初赛、决赛等层层选拔，最终宁夏智联检测科学技术研究所（有限责任公司）获得大赛成长组金奖，银川艾尼工业科技开发股份有限公司、银川知微生物科技有限公司获得大赛创意组金奖。

【就业平台搭建】 2021年，贺兰县劳动就业局以"岗位介绍+直播选岗"的形式开展"贺贺有名·直播带岗"活动，让企业方代表和主持人一起变身"带岗达人"，从工作环境、薪酬福利、发展路径等方面全方位展示岗位信息。举办"春风行动"、校企合作、乡村振兴现场招聘会及跨区域劳务协作招聘会，组织企业深入各乡镇、行政村、学校，分类提供适合就业困难人员、零就业家庭、农民工、残疾人、离校未就业高校毕业生等群体就业岗位，让群众就地就近择业、就业。开展各类招聘活动61期，参会企业1098家，提供就业岗位7万个，"贺贺有名"直播带岗观看人数10万余人，达成就业意向5000人。

【就业创业培训】 2021年，贺兰县劳动就业局对文化水平较低又急需就业的，以实用技术培训为主，促其快速就业；对于具有一定文化水平的，实施系统性技能培训，促其稳定就业；对已掌握初级职业技能的，进行中、高级职业技能培训，促其高质量就业。全年共开展各类培训5598人，其中企业培训2585人，完成目标任务的172.3%；重点群体培训1213人，完成目标任务的151.6%；"两后生"28人，完成目标任务的140%。做好政策宣传。开展"贺兰县公共就业服务政策宣传专项行动暨劳动保障协理员培训班"，线上线下同步直播，实时解答网友提问。直播期间观看人数超1.4万人次。制作《贺兰就业》报纸，每月集中展示就业创业重点、亮点、特色工作，编制印发"惠企惠民政策十四条""就业创业政策21条"等宣传手册10000份，提高了就业工作的影响力。

【高校毕业生就业服务】 2021年，贺兰县劳动就业局对高校毕业生实名制登记406人，通过志愿者服务、"三支一扶"招募、大学生实习、企业就业等实现就业261人，升学、出国等7人，总体就业率达95.08%。成功打造青年见习基地12家，提供生产调度、车间技术员、销售经理、技术工人等各类岗位410余个。

【就业人口摸底排查】 2021年，贺兰县劳动就业局在9个移民安置区逐户逐人开展移民务工情况摸排建档工作，建立统一的移民安置区就业信息台账，准确掌握搬迁群众劳动力、就业经历情况等，做到人员底数清、掌握技能清、就业意愿清、培训意向清。全县重点移民安置区共有搬迁人口19732人，劳动力9948人，已就业9544人。其中自治区外就业1285人，自治区内就业4318人，县内就业3941人。

【就业脱贫】 2021年,贺兰县全县共有就业帮扶车间5个,累计吸纳移民劳动力就业140人,遴选自治区级就业帮扶劳务经纪人45人,吸纳带动就业5967人,其中脱贫劳动力2050人,占总带动人数的34%;培育扶贫产业化龙头企业9家,带动就业695人,其中脱贫劳动力257人,占总带动人数的37%。

【政策兜底“保就业”】 2021年,贺兰县劳动就业局实施稳岗补贴政策,为85家企业发放稳岗补贴88.62万元,惠及职工10543人;失业保险基金支出2954万,发放失业金723万元,惠及910人,为城镇职工缴纳医疗补贴155万元,发放农民合同工一次性生活补贴122万元,惠及239人;发放失业补助金1906万元,惠及5584人;发放技能提升补贴45万元,惠及职工342人;发放临时生活补贴3万元,惠及28人。

【创业带动就业示范行动】 2021年,贺兰县劳动就业局优化创业环境,加大创业扶持力度,发挥创业带动就业的倍增效应。开展创业培训11期315人,培育创业实体1244个,带动就业2631人,创造新岗位2058个,发放创业担保贷款5626.5万元。

【政策兜底保障】 2021年,贺兰县劳动就业局对就业困难人员落实公益性岗位兜底政策,安置公益性岗位130人(建档立卡50人),县本级购买公益性岗位100个。全面落实灵活就业社保补贴政策,审核发放2391人,发放养老保险补贴880万元,医疗补贴11.9万元。

社会保障

【养老保险参保】 2021年,贺兰县城乡居民实际参保190116人,城镇职工实际参保43652人,其中在职人员37273人,退休人员6379人。9类特殊困难人员18052人全部应保尽保。将11项社保事项赋权乡镇。完成6项社保业务“打包办”、4项业务“提速办”、3项业务“跨省通办”、部分事项“简便办”。贺兰县市民大厅社保窗口设置5个综合窗口,负责30余项社保业务受理。社保网上申报单位2598家,网报率95%。为4111名低保残疾等困难群体和88名脱贫不稳定户、边缘易致贫户、突发严重困难户人员代缴城乡居民养老保险,每人代缴100元,同时享受30元财政补贴。

【医疗保险费用支付】 2021年,贺兰县城乡居民区外异地备案78人,其中国家平台系统备案审批23人,转自治区外就医192人。跨省异地就医直接结算241人次,结算总费用704.49万元,医保支付464.75万元。5家医疗机构实现跨省异地就医结算,所有定点医疗机构均实现区内异地就医直接结算。扩大县域医药机构使用国家组织药品集中采购和使用35种药品的范围,将县域内所有定点医药机构纳入集中采购范围,与19家医疗机构签订药品集中带量采购协议。与271家定点医疗机构和定点零售药店签订医疗服务协议,追回4家定点医疗机构违规使用医保基金60.9万元。检查全县250家定点医药机构,限期整改20家,责令追回89家医药机构违规医保基金12.26万元,行政处罚医药机构3家,罚款79560元,暂停医保协议1家。

民政工作

【概况】 2021年,贺兰县民政局深入贯彻落实党的十九届五中、六中全会和习近平总书记视察宁夏重要讲话精神,加强党史学习教育成果和民政重点工作的有机结合,践行“民政为民、民政爱民”的工作理念,在全面推进高质量发展实践中贡献民政力量。

【织牢社会保障安全网】 2021年,贺兰县民政局全面落实社会救助政策,全年累计发放城乡低保、高龄、特困供养、困境儿童、临时救助等各项津补贴6942.058万元,发放开斋节补贴、古尔邦节补贴、采暖补贴等各类困难群众生活补贴450.86万元,惠及困难群众9375人,有效保障困难群众基本生活。强化特殊困难群体关爱,联合残联为全县符合条件的贫困重度残疾人提供“按需帮扶”的照护服务,将符合条件的131名贫困重度残疾人纳入照护范围,其中集中照护56人,居家照护75人。兜牢织密“日间照料中心为基础,老年饭桌为依托,居家照护为补充”的政策保障兜底体系，集中托养9人，日间照料87人，居家照护37人。加强未成年关爱保护，联合社会组织开展未成年人关爱保护活动10次，参与儿童340余人；结合《中华人民共和国未成年人保护法》修订实施开展形式多样的宣传活动，发放宣传资料8000份；开展为期一年的“儿童关爱保护政策进村居”宣讲活动，宣讲627次，2.51万人次参与。推进社会救助确认权限下放，制定《关于进一步推进社会救助确认权限下放乡镇（街道）工作的实施方案》，将高龄低收入老年人津补贴、低收入家庭认定、残疾人两项补贴、特困人员认定等社会救助确认权限下放乡镇街道，为困难群众提供更加便捷高效的救助服务。

【养老服务质量提升】 完善城乡养老服务体系，谋划贺兰县中心敬老院阳光房、贺兰县和居养老服务中心、银光村社区日间照料中心、太阳城老饭桌、立岗村、铁东村社区老年人日间照料中心室外附属项目5个建设项目，均已完工并陆续投入使用，有效满足项目所在地老年群体的养老服务需求。积极推进老年宜居环境改造，为69户生活困难老年人家庭进行居家适老化改造，增强老年人居家生活的安全性和便利性。对马家寨、金河、光明三个社区日间照料中心进行改造。实施老年人意外伤害保险制度，计投入83.6万元为14627名失能、失独、空巢、留守、高龄等老年人购买意外伤害保险，提高老年人抵抗风险的能力。加强养老服务机构效能管理，制定《贺兰县社区日间照料中心管理办法（试行）》《贺兰县农村老饭桌管理办法（试行）》，督促各日间照料中心、老饭桌为周边老年人提供更加优质的养老服务。拨付2021年运营补贴92.38万元。

【城乡社区治理】 2021年，贺兰县民政局完成贺兰县村（居）委会换届选举，选举产生村委员会班子成员325人，平均年龄43.3岁，35岁以下成员占比26.8%，女性数量占比32.3%，大专及以上学历人员占比46.8%，交叉任职265人。推进基层整合审批服务执法力量改革。整合划分农村网格736个，其中城市化管理网格33个。出台《贺兰县农村网格员管理办法》《贺兰县农村网格员考核办法》，明确农村网格员职责、考核、管理等内容，指导各乡镇场招聘使用网格员。规范村务监督委员会建设，统一村务监督委员会办公室、标牌、印章，印制《贺兰县村务监督委员会工作手册》《村务监督委员会工作日志》《村务监督委员会工作台账》《贺兰县村务监督委员会考核办法》，明确村务监督委员会性质、权力、工作制度，规范日常工作和考核管理。开展“社区万能章”治理专项行动，对各乡镇场、街道、各部门在村（社区）悬挂牌匾、上墙制度、工作流程、证明事项等进行全面梳理摸排并集中清理，清理不规范证明13项，标识牌匾12项，制度、流程、指南等23项。分设新增城市社区4个，划分城市社区网格389个，指导街道（乡镇）招聘使用社区工作者。投入资金109万元启动“三社联动”项目4个、“公益创投”9个、农村社区社会组织孵化培育项目1个，完成项目中期评估。出台《贺兰县城市社区专职社区工作者队伍建设实施方案》，完成城市社区专职社区工作者工资套改。

【社会事务服务】 2021年，贺兰县民政局强化社团治理，开展社会组织年检工作。推进打击整治非法社会组织专项行动，督促指导各单位对全县252家社会组织进行排摸，依法取缔非法社会组织2家。开展行业协会商会乱收费专项清理整治，联合市场监督管理局、发改局抽查检查11家行业协会商会收费情况。印发《贺兰县开展“僵尸型”社会组织专项整治行动工作实施方案》，持续清理整治“僵尸型”社会组织，注销长期不开展活动、不运行的社会组织29家，督促注销已停办的社会组织14家。强化党对社团工作的领导，组织开展全县社会组织章程梳理检查工作，指导督促8家成立党组织的社会组织规范章程内容和党组织活动。做好全县志愿者注册工作，累计实名注册志愿者60122人，审批志愿者服务项目10878个，规范行政区划和地名管理，配合西夏区完成第四轮贺兰县与西夏区行政区域界线联合检查工作，完成乡镇行政区域界线勘测和县乡政府驻地信息填报工作。规范婚姻登记，落实“离婚冷静期”制度，做好婚姻登记咨询服务，充分利用“七夕”等特殊日期开展婚事简办新风尚宣传，做好殡葬服务，完成2021年度清明祭扫工作，接待祭扫群众11万人次，祭扫车辆3万辆左右。强化移风易俗宣传，发放文明祭扫倡议书6000份，移风易俗宣传折页5000份。全面落实殡葬救助政策，发放救助金28.2万元，救助困难群众256人。做好项目建设区迁坟安置工作，完成迁坟安置200余穴。联合开展殡葬业价格秩序、公益性安葬设施建设经营专项整治工作，促进殡葬行业健康发展。

退役军人事务管理

【概况】 2021年，贺兰县退役军人事务局紧扣“十四五”开局之年工作任务，结合党史学习教育，紧紧围绕贯彻落实《中华人民共和国退役军人保障法》，夯实工作基础，强化服务意识，创新工作举措，各项工作取得了长足发展。

【退役军人安置就业】 2021年，贺兰县退役军人事务局拓宽就业创业平台，依托贺兰县退役军人创新创业孵化中心，通过“中心+企业+服务+孵化+协会+基地+产品+就业”的“1+7”军创链条式服务体系，为退役军人创业者搭建专业化、规范化的创业新平台。24家企业统一进驻到军创中心，企业生产总值2.3亿元，年带动就业300余人。加强就业创业能力培训，举办退役士兵技能和创业培训班1期，培训合格率达100%。组织退役士兵开展“退役军人SIYB创业培训班”1期，技能培训多人。召开“线上+线下”退役军人暨家属专场招聘会5场，提供就业岗位3000个，多人与企业达成就业意向，缓解了退役军人及家属就业难问题。

【退役军人优抚政策落实】 2021年，贺兰县退役军人事务局精准认定优抚对象，按照优抚对象申报审批流程，及时上报新评定残疾等级人员、带病回乡退伍军人、60周岁以上农村籍退役士兵生活补助等工作。新增优抚对象42名，为62名残疾军人完成换证工作。为优抚对象发放各类抚恤金及生活补助。为困难退役军人发放临时生活救助。为优抚对象发放医疗救助金。对全县优抚对象进行全覆盖走访核查，深入优抚对象家中对其身体状况、家庭情况、享受待遇、困难诉求等方面进行详细了解并登记，为30名由于疾病、伤残等日常行动不便需要配备轮椅但无法达到残疾人申报轮椅条件的退役军人，为其“上门送椅”，切实把各项优抚政策落实到位。

【拥军优属】 2021年，贺兰县退役军人事务局联合县武装部、县委组织部、县委宣传部，组织全县优秀党员干部代表、退役军人代表、现役军人代表、道德模范代表、中小学生代表等200余人，在银川革命烈士陵园开展“缅怀革命先烈·传承红色基因”祭扫活动，更好地继承发扬红色革命传统、弘扬革命精神。为全县18户荣立三等功现役军人家属送立功受奖喜报，发放慰问金18000元，营造了良好的拥军爱民社会氛围，使现役军人在部队安心建功立业。组织退役军人及家属开展“浓情端午粽飘香，致敬老兵送关爱”走访活动，上门为抗美援朝老战士、困难退役军人家庭、现役军人家属以及驻县部队送去新鲜的粽子和节日的问候。

【慰问活动】 元旦、春节期间为优抚对象、新兵家属、现役军人家属代表等发放慰问金。为3个驻县部队及消防救援大队送去价值8万元的慰问品。“七一”前夕，为6名烈士遗属送上慰问金1.2万元。“八一”期间，为重点优抚对象、现役军人家属及退伍军人慰问金。印发《贺兰县2021—2024年巩固提升全国双拥模范县创建成果行动方案》《贺兰县2021年双拥工作要点及任务分工》《贺兰县双拥工作领导小组成员单位工作职责》，明确各成员单位工作任务和职责，以实际工作成效推动双拥共建向纵深发展。开展“情暖寒冬”关爱活动，投入资金32.76万元，开展“情暖寒冬”走访活动5次，积极对接贺兰县企业家拥军协会、建行贺兰支行、贺兰县农商行等爱心企业开展走访慰问活动，为全县生活困难退役军人发放棉被200条、军大衣50件、米面油150份，联合贺兰县义工联合会为困难退役军人送上慰问物资。为现役军人家属发放家属优待金，为高原兵购买意外伤害保险。

工业和园区建设

Gongye He Yuanqu Jianshe

宁夏贺兰工业园区

【概况】 2021年，宁夏贺兰工业园区管委会面对严峻复杂的经济形势，面对疫情、安全、环保等方面的诸多不利因素，以习近平新时代中国特色社会主义思想为指导，全面贯彻落实党的十九大和十九届历次全会精神，按照自治区市县各级党委政府工作要求，迎难而上，攻坚克难，统筹疫情防控和经济社会发展，全力以赴做好稳增长、促改革、调结构、防风险各项工作，推动园区经济稳中向好发展，主要经济指标快速增长，重点产业提档升级，经济高质量发展深入推进。

【党史学习教育】 2021年，宁夏贺兰工业园区管委会坚持在系统谋划和统筹结合上下功夫，将学党史、悟思想与学习贯彻理论政策紧密结合，将办实事、开新局与统筹重点业务、落实目标任务一体推进，建立"两送一征集"（送党史资料、送惠企政策、征集问题需求）工作机制，不断推动党史学习教育走向深入、落到实处；共开展集中学习28次、专题讲座12次，深入企业督查指导210次，征集办实事意见建议30项，解决企业"急难愁盼"问题20件。

【非公党建工作】 2021年，宁夏贺兰工业园区管委会按照"围绕发展抓党建，抓好党建促发展"的总体思路，出台企业党组织包抓制度，管委会23名党员干部包抓46家非公企业党组织，"一对一"精准指导企业党建工作，新组建党支部7家，打造自治区级党建示范点2家（大北农、凯晨），吸收预备党员95名，转正党员57名；开展非公企业党组织"树品牌、促亮点"活动，依托重点企业创新党建模式，创建完善大北农党总支"六个结合"、百瑞源党总支"六个引领"等5个党建品牌，百瑞源、凯晨电器被评为全区非公企业"双强六好"党组织，形成党建示范效应，提升了企业党建品牌影响力，发挥了党建引领作用。

【民族统战工作】 2021年，宁夏贺兰工业园区管委会深入学习贯彻中央民族工作会议精神，开展专题交流研讨，建立党外统战人士工作台账，定期召开会议，进行走访交流，铸牢园区与企业的中华民族共同体意识；开展民族团结进步宣传教育活动，持续推进民族团结示范创建活动，厚生记、麦尔乐、金河乳业成功创建自治区级民族示范企业；落实意识形态工作责任制，把意识形态工作纳入园区党工委重要议事日程，深入开展意识形态问题专项治理，加强网络监管，加强意识形态政治引领。2021年以来专题研究统战工作4次，召开意识形态工作会议3次，开展学习民族宗教工作会议精神4次，召开专题研讨会议1次，开展网络专项检查4次，整顿问题企业3家，销毁不当宣传册4900份。

【经济运行稳步提升】 2021年，宁夏贺兰工业园区管委会积极应对新冠疫情和能耗"双控"限电、限气等不利影响，建立"周督促、月调动"机制，紧盯年度任务目标，奋力追赶，逐月补差，主要经济指标呈现逆势增长。57家规模以上企业累计完成工业总产值83.22亿元，同比增长12.4%；62家限额以上商贸企业累计完成销售额163.2亿元，同比增长2.89%；完成税收收入14.3亿元，同比增长18.1%，创历史新高。预计全年规模以上工业企业完成工业总产值90亿元，同比增长13%；完成限额以上商贸销售额180亿元，同比增长6%；完成税收收入15亿元以上，同比增长15.6%。

【紧抓项目开工】 2021年，宁夏贺兰工业园区管委会建立重点项目、技改项目、招引项目领导包抓责任制，围绕项目洽谈、签约、开工、建设各个环节，明确时间节点，压实包抓责任，全力推动30个项目开工建设，其中大一食品、中通科技等19个新建项目正在有序推进。

【紧盯项目投产】 2021年，宁夏贺兰工业园区管委会建立投产项目服务专班，采取“挂图作战”“倒排工期”“细化责任”的方式，抓好投产督促和服务保障工作。昇兴包装、北瓷新材料等6个项目已建成投产，荣宝新能源、应急调峰储气设施等13个项目正在安装调试设备预计年底建成。2021年1—11月份完成固定资产投资10.6亿元，同比增长94%，全年完成固定资产投资11亿元，同比增长86%。

【精准招商】 2021年，宁夏贺兰工业园区管委会聚焦园区产业建链、补链、强链、延链，加强与宁夏驻浙江、福建、深圳、北京等省市的外派机构及商会对接，实施精准招商；共组织外出招商考察15批次，先后邀请49批次企业的200余名客商到贺兰考察，招商入库项目37个。

【内引外联】 2021年，宁夏贺兰工业园区管委会积极对接园区现有生产企业，深挖企业改扩建和技改提升潜力，推动汤姆森电气、昇兴三片罐生产等5个项目签约落地，西夏嘉酿啤酒扩建、泰益欣液态有机肥等项目在筹备推进。1—11月累计完成招商引资实际到位资金22.5亿元，同比增长15.8%，全年完成招商引资到位资金25亿元。

【壮大创新力量】 2021年，宁夏贺兰工业园区管委会坚持围绕产业链部署创新链，围绕创新链完善服务链，推动普通企业向科技型发展、科技企业向高精尖迈进；2021年新培育各类科技型企业28家，凯晨、大北农、厚生记3家企业被认定为自治区首批创新型示范企业，新增专精特新企业4家，总数达到42家，新组建创新平台5个、创业创新示范基地2个，总数达到48个。

【加大企业技改力度】 2021年，宁夏贺兰工业园区管委会围绕传统产业改造提升，组织企业积极申报实施技改项目，推动重点产业向“高端化、智能化、绿色化、融合化”方向发展；今年以来培育自治区数字化车间2个（百瑞源、麦尔乐）、自治区绿色工厂1个（领航岩棉科技）、自治区工业互联网建设和应用试点示范项目2个（饮和食品、昊裕油脂），大北农科技、百瑞源、泰益欣等8家企业完成智能化改造。

【安全隐患整治】 2021年，宁夏贺兰工业园区管委会深入推进安全生产三年专项整治行动，开展消防安全专项检查966家次，消除安全隐患1200余处，关停企业1家，限期整改企业261家。

【环保综合治理】 2021年，宁夏贺兰工业园区管委会检查重点涉气企业300家次，拆除燃煤锅炉101台，取缔散乱污企业4家、“煤改气”35家、“煤改电”4家；完成30件中央环保督办件和6件自治区环保督办件的销号，建成园区污水处理厂改造升级、一般固废处置中心项目。

【闲置土地整治】 2021年，宁夏贺兰工业园区管委会开展批而未供和闲置土地盘活利用专项行动，完成土地整改155.5亩，招牌挂64.95亩，督促企业对358亩历史遗留问题土地加快处置进度。

【工业企业不断壮大】 2021年，宁夏贺兰工业园区管委会聚集了泰益欣、恒康等5家医药生产企业，培育百瑞源、赛尚乳业、麦尔乐、昊裕油脂等13家全区绿色食品标杆规上企业，聚集了晶峰玻璃、华泰家具、艾尼科技、凯晨电气等15家全区家具建材示范企业；将厚生记公司打造为全国最大红牛生产基地，将西夏啤酒公司培育为西北最大的啤酒生产基地，大北农公司已建成西北最大的综合饲料产业园，辛普劳公司建成西北地区最大的马铃薯生产加工基地，泰益欣公司生产的泰乐系列占全球的70%、林可系列占全球的50%、阿维系列占全球的30%。

【商贸企业发展迅速】 2021年，宁夏贺兰工业园区管委会园区聚集了韵达、中通、顺丰等16家快递物流企业，培育了天心医药、重庆医药等7家限额以上商贸医药销售企业，医药销售占自治区市场份额的40%；汽车4S店72家，入驻国内外知名汽车品牌53个，打造“买好车在德胜”品牌，汽车销售占自治区乘用车60%的市场份额。

【疫情防控】 2021年，宁夏贺兰工业园区管委会进一步细化工作措施，压实防疫责任，将园区10个疫情防控区域划分为39个网格，实行处级领导包区域、部室责任人包片区、干部职工包企业的疫情防控责任体系，推行园区“12345”工作法，完善隔离管控“六包一”“五服务”“十条”标准、“五表一册”工作机制，持续加大企业防疫督促检查力度，织密织紧疫情防控网络，实现园区疫情“零发生”。

农业农村工作

Nongye Nongcun Gongzuo

农业生产

【产业结构优化】 2021年，贺兰县农业农村局大力实施藏粮于地、藏粮于技战略，严禁耕地“非农化”，防止耕地“非粮化”。完成粮食播种31.12万亩，总产量17.8万吨，总产值4.7亿元。提升“菜篮子”生产能力，新建蔬菜现代集配中心、新品种展示园、良种繁育基地、新技术集成示范基地4个，完成蔬菜种植24.12万亩，总产量56.8万吨，总产值15.4亿元。优化畜牧业结构，牛存栏7万头（奶牛5万头）、牛出栏2.6万头，猪存栏3万头（能繁母猪0.38万头）、猪出栏2.95万头，羊存栏15.5万只、羊出栏13万只，家禽存栏80万只、家禽出栏72万只，肉、蛋、奶产量分别达到1万吨、0.78万吨、24.8万吨，畜牧业总产值14.13亿元（奶产业9.92亿元）。加快水产健康养殖和生态养殖示范区建设，启动寇家湖渔业公园建设，适水产业面积稳定在5.8万亩，水产品总产量6万吨，总产值7.2亿元。

【高效种养业提质发展】 2021年，贺兰县农业农村局深入推进农业供给侧结构性改革，坚持横向调优结构、纵向调长链条，努力把特色做特、优势做优、强项做强。启动国家葡萄及葡萄酒产业开放发展综合试验区项目，加快张骞葡萄郡、图兰朵葡萄酒小镇建设，建设富龙、德尚鼎樽、兰德瑞3个酒庄，完成2.5万亩国有土地整体移交，新建酿酒葡萄基地5985亩，改造提升低产低效葡萄园5259亩，建成酿酒葡萄基地2.1万亩、全套可生产酒庄11家，引进葡萄酒企业58家，新建塞尚乳业牧场、农垦集团暖泉第二奶牛场，改造升级金牧、鑫金元、万家3个规模化奶牛养殖场，规模养殖比例达到98%。建设绿色农产品标准化基地1个，认定全国有机水稻示范基地1个、绿色食品原料标准化生产基地2个，评定四星级绿色食品加工企业2家，认证绿色食品企业11家、有机食品认证企业5家、良好农业规范（GAP）企业1家，认证绿色食品28种、有机食品29种、地理标志产品4种，培育绿色食品、名特优新产品和区域公用品牌2个，注册中国驰名商标4个、宁夏著名商标16个。

【产业链延伸】 2021年，贺兰县农业农村局贯彻落实“以水定产”发展理念，按照“稳粮扩菜优渔增畜靓酒”方针，构建优质粮食、奶产业、葡萄酒、绿色食品、适水和蔬菜等优势特色产业集群，提高产业带贫益贫能力。加快农产品加工和流通体系建设，实施葡萄酒综合加工中心建设等项目，新认定自治区级龙头企业5家，全县农产品加工转化率达到70.2%。加快品牌化建设步伐，做大做强“贺澜农园”和“贺兰山下”区域公用品牌，实现由“卖产品”向“卖品牌”转变。推进农业生产标准化，健全农产品质量安全标准体系、监管体系和追溯体系，争创国家农产品质量安全县。打造都市近郊型休闲农业和乡村旅游精品工程，举办2021年宁夏（贺兰）首届“乡村振兴·稻田艺术节”和“贺兰县2021年中国农民丰收节”，推介精品旅游线路4条。提升“稻渔空间”建设，建成现代休闲农业和新生态农业深度融合发展示范园区5家，培育休闲农业经营主体48家，实现营业收入

5776万元,带动农户927户。加强农业自然灾害预防和农作物病虫害监测预警,加大植物检疫性病虫害防控,建立农作物病虫害监测点5个,注册农业社会化综合服务站25家。开展重大动物疫病集中强制免疫,全县应免畜禽的免疫密度和建档率达到100%,强制免疫抗体合格率达到70%。

【良种繁育基地建设】 2021年,贺兰县农业农村局启动现代农业"芯片"攻坚行动,建立商业化育种中心,确认种子生产经营企业6家,建立种子生产基地8000亩。加大畜牧品种改良,奶牛良种率达到100%。实施现代种业,提升"贺兰县黄河经济鱼类水产种质资源场建设项目",名特优新水产品主养面积1.2万亩。主要农作物及畜禽良种覆盖率达到98%。

【机械化转型升级】 2021年,贺兰县农业农村局加快农机装备更新,争取农机购置补贴885万元,补贴机具256台。建设露地蔬菜生产和水产养殖农机农艺融合机械化示范园区2个,实施农机深松整地6万亩,举办全国特色作物"田间日"活动和2021年农机驾驶操作员技能竞赛暨第四届全国农业行业职业技能大赛银川赛区选拔赛,贺兰县选手获得冠军、亚军。

【农业科技支撑服务】 2021年,贺兰县农业农村局加强农业科技创新推广,遴选推介主导品种78个,主推技术77项,主推绿色技术模式6项,主推技术到位率达到95%。争取资金270万元,实施"5G"数字渔场建设等数字农业项目4个。发展"互联网+"等新产业、新业态,提升农户种养收益。

【农业绿色生产】 2021年,贺兰县农业农村局大力发展高效节水农业,新增高效节水灌溉面积0.94万亩,调减高耗水作物2.1万亩,高效节水面积达到11.57万亩,农田灌溉水有效利用系数提高到0.56。打好农业污染防治攻坚战,实施化肥农药减量增效、药物饲料添加剂退出和兽用抗菌药使用减量化行动,建立完善农用残膜、农药包装废弃物回收再利用机制,建立畜禽粪污肥料化和有机肥替代化肥示范区5个。粮食作物测土配方施肥技术覆盖率达到94.75%,农药利用率达到41%,兽药残留监测合格率达到95%,农作物秸秆、农用残膜资源化利用率分别达到88%和86%,农药废弃包装物旧农膜回收率和处置率分别达90%和100%,规模养殖场粪污处理设施配套率达到100%,畜禽粪污资源化利用率达到98%。

【农产品质量安全监测】 2021年,贺兰县农业农村局建立农产品质量安全监管固定监测点19个,推行食用农产品达标合格证制度,探索"合格证+追溯""合格证+检贴联动"模式,农产品质量安全监测合格率保持在98%以上。

【农村人居环境整治】 2021年,贺兰县农业农村局完善农村人居环境整治长效机制,建成农村公厕4座、户厕4600户,农村卫生厕所普及率91%。统筹抓好农村生活污水治理和垃圾处理,农村污水厂达到11家,农村生活污水治理率达60%。巩固农村人居环境整治示范县成果,创建示范乡镇2个、示范村10个。

【农村公共服务】 2021年,贺兰县农业农村局实施乡村建设行动,完成6个村庄规划,积极编制11个集聚提升类村庄规划,加强农村供水、乡村清洁能源、数字乡村、村级综合服务等公共基础设施建设。

【乡村治理水平提升】 2021年,贺兰县农业农村局推行"村组报告、乡镇吹哨、部门报到"工作机制,实施"一村一年一事",构建镇、村、社三级网格化管理体系,整合司法所、派出所、综治中心、民生服务中心、新时代文明实践站等职能,建立乡村治理"135"模式。建设2个乡村治理中心和2个乡村综合服务中心,推行"一窗受理、一站办结"。深化村民自治制度,推行村民代表会议制度"55124"模式,提高村民自治能力。自治区百万农民数字应用培训启动会在贺兰县召开。中国电信"村村享"信息化平台建设稳步推进。

【一村一年一事行动】 2021年，贺兰县农业农村局建立自治区市县乡村“五级联动”长效管理机制，实施“一村一年一事”行动事项64件，投资5678.05万元，努力实现“一年办一事，三年上台阶，五年大变样”。

【农村土地制度改革】 2021年，贺兰县农业农村局坚持“厘清一宗、确权一宗”原则，确权承包地43.9万亩，颁证率95.6%。流转土地32.14万亩，流转率48.3%。扎实推进农村产权流转交易体系建设，积极开展农村承包土地经营权抵押贷款和财政贴息，完成抵押贷款登记备案6笔64.6万元，办理贷款登记备案2430笔17647.77万元。

【农村产权制度改革】 2021年，贺兰县农业农村局完善村集体经济管理制度，加强农村集体“三资”常态化管理，探索推行农村集体经济政经分离，实行自治区市县乡村“五级”监管，在10个行政村试点开展农村集体经营性资产的所有权和使用权确权登记颁证。完成36个股份经济合作社95360人股权证登记发放。依托银川市产权交易平台，完成村集体资产入场交易4场次745.4万元。

【农村宅基地制度改革】 2021年，贺兰县农业农村局稳慎推进农村宅基地制度改革试点，完成52个行政村36780宗宅基地入户调查，颁发农村不动产登记证书23878本。建立农村宅基地制度改革信息化平台“1125”模式和配套政策“1189”模式，创新“整体退出”“入股经营”“异地置换”模式，探索建立农村集体建设用地和房屋评估机制、农村集体经营性建设用地入市交易机制。

【家庭农场和农民合作社质量提升】 2021年，贺兰县农业农村局开展家庭农场和农民合作社风险担保试点，通过自治区级项目资金145万元与县金融部门合作，按照1∶10的比例放大贷款额度到1450万元，为示范家庭农场和示范农民合作社提供金融贷款。创建示范家庭农场46个、示范合作社80个。

【农业生产专业化社会化服务】 2021年，贺兰县农业农村局推进农业生产托管服务试点县建设，建立区域性农业社会化综合服务中心，完成“耕种防”托管作业2.4万亩，力促小农户和现代农业有机衔接。

【“十四五”农业农村规划落实】 2021年，贺兰县农业农村局制定《贺兰县农业农村经济社会发展“十四五”规划》《贺兰县葡萄酒产业高质量发展“十四五”规划》《贺兰县绿色食品产业高质量发展“十四五”规划》《贺兰县农业农村瓜菜“十四五”规划》，出台配套专项规划和建设规划，建立规划落实机制，制定规划实施年度任务清单和工作台账，跟踪督促规划任务落实。实施高素质农民培育专项工程和农民工返乡创业专项行动，建设返乡创业园区1个，培育高素质农民400人。

【农业农村有效投资持续】 2021年，贺兰县农业农村局实施现代农业产业园、农业现代化示范区、农村人居环境整治、智慧农业和数字乡村建设等项目62个，总投资4.29亿元，年度投资2.03亿元。争取资金1.25亿元，全面提升农业农村基础设施。完成招商引资6460万元、固定资产投资3242万元。

【农业综合治理】 2021年，贺兰县农业农村局开展农业综合执法能力提升行动，查处销售假农资和无证经营农资案件3起，受理处置各类投诉纠纷案件33件，立案查处各类农业执法案件12起。加强法治政府建设，加大普法宣传力度，稳步推进农业执法“三项制度”。

乡村振兴

【概况】 2021年，贺兰县乡村振兴中心全面落实自治区市党委、政府决策部署，围绕产业、就业和社会融入三件事，大力实施移民致富提升行动，持续巩固拓展脱贫攻坚成果同推进乡村振兴衔接。

【压实工作责任】 2021年，贺兰县乡村振兴中心出台《贺兰县2021年移民致富提升行动实施方案》《贺兰县2021年乡村振兴产业扶持意见》等政策性文件，严格落实“四个不摘”，力促责任落实、政策落实、工作落实。强化脱贫攻坚帮扶包抓机制，县委主要领导牵头抓总，四套班子领导分片包抓、具体负责，人大、政协相关领导专项督查，全县9个移民致富重点村分别由自治区、市、县三级领导包抓，实现全覆盖。制定《贺兰县三级书记抓乡村振兴工作制度》，选派驻村第一书记64人，派驻8个驻村工作队，明细县乡村三级书记责任，形成了“各级书记抓脱贫成果巩固、促全面乡村振兴”的良好工作格局。

【巩固“三保障”成果】 2021年，贺兰县乡村振兴中心结合基础教育质量提升行动，选派36名年轻优秀教师到农村学校任教，有效提升教育教学质量，落实“五位一体”控辍保学措施，实现失学辍学动态清零。结合全民健康水平提升行动，加强重点移民村乡村医生配备，村级标准化卫生室实现全覆盖，全面落实健康医疗服务，三类人群参保率达100%。紧盯安全住房保障，定期组织开展住房安全排查，及时消除隐患，改造抗震宜居房、危房14户。持续巩固提升农村人饮安全水平，农村集中供水100%，自来水入户率100%，供水工程供水保证率达到98%以上，自检水质均符合农村饮用水卫生标准。

【产业壮大】 2021年，贺兰县乡村振兴中心全面推进落实移民致富提升行动，坚持政府主导、群众参与，因地制宜，打造“一村一品”特色产业，实施乡村振兴重点产业项目19个，总投资1.2亿元。其中，广荣村建设1200亩枸杞芽菜基地，配套高标准厂房、车间，形成种植、加工、销售完整产业链；隆源村强化闽宁协作成效，依托香菇、线椒等特色产业，打造科技示范产业发展基地；欣荣村大力发展食用菌、红树莓等高附加值产业，全面推行“企业+合作社+农户+党支部”机制，强化利益联结，引领农户融入产业发展。

【稳岗就业】 2021年，贺兰县乡村振兴中心深入实施就业优先战略，着眼提升脱贫群众增收能力，实施失业保险援企稳岗“护航行动”和“展翅行动”。以“党建引领乡村振兴全民创业带动就业”为主题，举办贺兰县首届“乡村振兴杯”创业大赛，通过技能培训、线上线下招聘会、公益性岗位安置等措施，有效促进移民就业创业。在重点移民安置区建立劳务工作站9个，成立移民稳岗就业服务专班，积极开展公共就业服务，开展各类培训5282人，吸纳移民劳动力就业4600余人次，重点移民安置区劳动力就业率达到95%以上，安置自治区级公益性岗位工作人员120人，县本级购买公益性岗位100个，实现有劳动能力、有就业愿望的移民家庭户均至少1人稳定就业。

【金融服务】 争取中央、自治区市财政衔接推进乡村振兴补助资金7819.92万元，县级配套乡村振兴资金1200万元，用于重点村产业和基础设施建设，助力全面乡村振兴。投放脱贫人口小额贷款471笔2318.83万元，为移民群众发展产业持续增收提供有力保障。大力开展妇女小额担保贴息贷款，发放贷款503笔5662.5万元，落实贴息资金501万元，助推妇女就业创业。加强资金监督管理，修订完善项目和资金管理办法，健全全过程监管制度，确保乡村振兴衔接资金使用安全。

【“四查四补”常态化】 完善“四查四补”常态化机制，建立工作台账，围绕公共服务、基础设施、产业项目、就业创业等重点环节，排查各类问题423个。加强防止返贫动态监测工作，举办健全防止返贫动态监测和帮扶机制培训班，集中开展防返贫动态监测“大排查”6次，建立完善“4+4”快速发现和响应机制（即“红黄蓝绿”四级预警，县级领导、部门、乡镇、村社干部四级包抓帮扶），对可能存在返贫致贫风险的监测对象，第一时间落实帮扶措施，及时消除风险隐患。

【人居环境改善】 按照“提升、打造、撤并”的工作思路，制定《贺兰县农村人居环境整治提升五年行动2021年工作方案》，明确任务分工，加大农村人居环境整治力度。积极探索农村生活垃圾分类处理，深入开展农村生活污水治理行动，完成金贵村、关渠村等污水处理站改造提升工作，全县农村污水站达到11家。实施农村改厕500户，建设农村公厕4座，完成率100%。实施村庄清洁行动，集中解决违建危房、农村巷道“脏乱差”等突出问题，一体推进植绿增绿，村容村貌有效提升。围绕“居室美、厨厕美、庭院美、家风美、村庄美”，打造市县乡三级“美丽庭院”4800户，营造家家参与、户户争创美丽庭院的良好氛围。

【推动乡村治理】 探索党建引领“五组共治”模式，成立党支部领导下的基层治理、产业项目、纠纷调解乡风文明、环境整治五个功能党小组，统筹推进产业发展、纠纷调解、人居环境整治等各项工作落实落地，在全区“四大提升行动”观摩中得到充分肯定。大力推行网格化管理，按照“四员合一”的原则，每个网格配备1名专职网格员，及时准确收集移民村、建档立卡户动态信息，广泛宣传党的政策，提高群众政策知晓率及满意度。

【促进社会融入】 2021年，贺兰县乡村振兴中心采取“党组织推动、党示范带动、奖罚驱动、村民互动”的“四轮驱动”形式，建立幸福积分奖励机制，引导村民收拾院子、打扫屋子，主动参与环境整治。加强精神文明建设，开展“文明细胞”创建活动，有效发挥新时代文明实践站(所)作用，积极倡导弘扬文明新风。广泛组织开展“最美人物”“好媳妇”“好婆婆”“文明家庭”“星级文明户”等道德模范推荐评选活动，发挥好各类道德模范、身边好人和最美人物的引领作用，用群众身边的榜样教育群众、影响群众、带动群众，增进群众融合互动和情感交流。

农业技术推广

【概况】 2021年，贺兰县农业技术推广中心坚持稳中求进工作总基调，立足新发展阶段、贯彻新发展理念、构建新发展格局，坚持创新驱动发展，深化农业供给侧结构性改革，全力保障国家粮食安全和重要农副产品有效供给。加快农业农村现代化，为全面建设现代化国家开好局、起好步提供有力支撑。

【优质粮产业】 2021年，贺兰县农业技术推广中心开展小麦绿色高产高效技术模式示范点1个，面积480亩；开展不同品种、不同播量、不同机型、不同追肥对比等相关试验4个；开展不同小麦品种对比试验1个，匀播示范1个；开展大豆不同品种对比试验1个；建设水稻保墒旱直播轻简示范区1个；开展水稻保墒旱直播轻简栽培技术示范1个；开展不同品种、化肥减量、不同播期等相关技术试验3个；创建贺兰县稳粮保供绿色转型科技创新示范区1个，面积1030亩。

【蔬菜产业】 2021年，贺兰县农业技术推广中心建设蔬菜现代集配中心1个，在全县新建日光温室、大中跨度拱棚316亩，新建冷凉蔬菜良种繁育基地1个，新建蔬菜新技术集成示范基地1个，新建蔬菜新品种展示园1个。

【化肥减量增效】 2021年，贺兰县农业技术推广中心在金贵镇红星村建设小麦化肥减量增效技术示范区1个，示范面积550亩，示范区示范4种化肥减量技术模式，即“高效缓控释肥+种肥同播”“成品配方肥+种肥同播”“机械深耕翻+增施有机肥+配方施肥”；新型肥料硅肥示范减少化肥，全县粮食作物测土配方施肥技术覆盖率96.63%。

【有机肥替代】 2021年，贺兰县农业技术推广中心在金贵镇、立岗镇、常信乡、洪广镇、习岗镇5个乡镇开展有机肥应用示范。全县20家堆肥主体完成畜禽粪便堆制有机肥3.37万立方米，示范应用面积2.34万亩。建设有机肥替代化肥核心示范园区5个，示范面积0.6万亩。开展有机肥应用试验3个；培训技术人员及农户131人次。示范区基施化肥平均减少12.46%，带动全县化肥使用量实现负增长。

【农药减量】 2021年，贺兰县农业技术推广中心建立专业化统防统治与绿色防控融合示范区和农企合作示范基地，通过示范带动大面积病虫害防治工作开展。推广新型高效低毒农药，减量增效，通过各项措施提高农药利用率达到41%。建立5个农作物病虫害监测点，做好草地贪夜蛾、黏虫、小麦条锈病等主要病虫害的监测调查及普查。引领全县统防统治，推进代防代治、联防联治，带动群防群治，提高专业化防治水平。注册农业社会化综合服务站25家。其中：评星定级为三星级的4个，二星级的7个，三星级的10个。

【农药包装废弃物回收】 2021年，贺兰县农业技术推广中心大力推广厚度合格、便于回收的农用塑料薄膜，提高农膜回收率。建设村级回收点47个，回收地膜254.81吨，加强农药包装废弃物回收，布设35个点，回收11.2吨。

【农残检测】 2021年，贺兰县农业技术推广中心完成定量抽检170份，送到银川市检测中心进行有机氯类、有机磷类及氨基甲酸酯类近20种农药参数检测，合格率98%。建立农残速测站点19个，基层农残速测点共完成果蔬农药残留定性检测20000份，合格率98%。配合银川市完成自治区重点蔬菜交叉监督抽检，抽检芹菜、韭菜、辣椒共25份。配合银川市完成自治区蔬菜第三次例行抽检，共抽检4家生产企业的18份蔬菜样品。

【农产品质量检测】 2021年，贺兰县农业技术推广中心及时上传监测站和乡镇速测点农产品检测数据，做到检测数据实时公开。加强对已建乡镇速测点农残速测业务指导和培训力度，确保按时完成各项检测任务。

【小麦滴灌水肥】 2021年，贺兰县农业技术推广中心在红星村建立水肥一体化示范，干播湿出，早关头水，肥、药随滴灌施，施肥灌水不受外界影响，根据作物长势随水灌水追肥，提高化肥利用率，降低面源污染。

【小麦立体匀播】 2021年，贺兰县农业技术推广中心在先进、红星等村开展小麦立体匀播示范，应用当地洪栋农机公司生产的一体匀播机，将施肥、旋耕、播种、镇压一次性完成，节省成本。

【水稻保墒精量穴直播】 2021年，贺兰县农业技术推广中心在丁北、京星农场开展水稻保墒旱直播穴播、不同品种及覆膜除草试验示范。为提高贺兰县乃至全区水稻保墒旱直播生产提供科学理论依据。

【蔬菜根结线虫综合防控】 2021年，贺兰县农业技术推广中心针对贺兰设施园艺产业发展中根结线虫普遍发生、设施土壤质量衰退、作物产量显著降低，品质明显下降等问题，与宁夏大学创新创业学院、农学院建立院县合作关系，按照边研究，边培训、边示范的思路，开展抗根结线虫砧木、氰氨化钙药肥、抗线虫药剂使用、高温闷棚等试验示范。

【日光温室绿色防控】 2021年，贺兰县农业技术推广中心积极与区园艺站对接，引进优新品种及新型设施结构，大力推广化肥农药双减、水肥药一体化、无土栽培、秸秆生物反应堆等技术模式，改变种植户"以治为主"的植保理念，推动设施农业提质增效，走规范化、标准化、品牌化的发展之路。

【创新联农机制】 2021年，贺兰县农业技术推广中心建立以"贺兰县常信乡东生稻谷专业合作社"为代表的创新联农带农机制，把"小辣椒"做成"大产业"。通过"以销定产"与农户形成利益联结机制。通过土地入股方式，建立"租金保底+标准化生产+分级包装优质优价+品牌销售溢价+利润分红"模式。通过合作共建基地方式，建立"标准化生产+分级包装优质优价+品牌销售溢价+利润分红"模式，扩展朝天椒蔬菜单品种植规模。

水 务

【构建完善河长体系】 2021年，贺兰县水务局召开2021年总河长第一次会议，安排部署2021年河长制工作，审议并印发《2021年河(湖)长制工作要点》《贺兰县县、乡、村三级河(湖)长履职细则(试行)》。每月印发巡河提醒函，督促各级河长履行巡河责任。

【河道划界确权】 2021年，贺兰县水务局根据《宁夏河湖名录》，完成水普名录内未划界确权41处、金山拦洪库1~4号泄洪闸退水沟的划界确权及复核工作，完成未划界确权河湖界桩埋设招标工作。

【重点沟道治理】 2021年，贺兰县水务局针对典农河、第三排水沟水质不能稳定达标情况。编制整治方案，对典农河补水450万立方米，第三排水沟补水30万立方米，加快水体流动性。对典农河沿线产业规划进行调整，严格落实典农河沿线禁限养区相关规定，从源头治理渔业养殖、农业面源对典农河水质污染。摸排黄河滩地构筑物31处，需拆除整改12处，整改拆除12处，保留泵站18处。

【安全饮水】 2021年，贺兰县水务局建成运行的农村饮水安全工程10处，总投资9000万元，涉及全县4个镇1个乡2个农牧场，56个行政村，全县自来水管网实现全覆盖，水质均符合农村饮用水卫生标准；供水工程供水保证率达98%以上，全县农村自来水普及率97%。全县使用浅层地表水的农户，水量满足、水质基本符合要求，取用水方便，供水有保障，达到基本饮水安全。

【推进黄河流域高质量发展】 2021年，贺兰县水务局坚持“安全第一，常备不懈，以防为主，全力抢险”的防汛方针，立足防大汛、抢大险，落实备汛措施。制定印发《贺兰县2021年水旱灾害防御工作要点》，指导各乡镇（场）、相关部门做好防汛备汛工作。组织开展全县水旱灾害防御知识培训，修订完善《2021年贺兰县防汛抗旱应急预案》总预案及5个专项预案，储备清点防汛物资，编制2021年防汛物资采购计划，保障防汛物资供给与储备。明确防汛“三个责任人”，做好防汛预测预警及值班值守工作，全面检查自动雨情测报系统，严格落实24小时防汛值班制度。组建2021年水旱灾害防御专业队伍、水旱灾害应急处置专家队伍。加强汛前隐患排查，组织开展灾害隐患排查和险工险段普查。实施引二入银工程，将二排水通过如意大道水系与银新干沟连通交汇，有效缓解二排防汛压力，积极争取自治区水利厅水库维修养护资金10万元，实施1号闸、2号闸、3号闸闸房维修，堤防雨淋坑修复、四号闸溢流堰退水池修复工程。

【水权改革】 开展农业、工业和规模化畜禽养殖业用水权确权及全县水资源概况摸底调查工作。完成所有工业、农业以及规模化养殖业的基础摸底调查。全面清理整治违法违规取水行为，关停县域内公共管网覆盖范围内违法自备井29眼，填埋乡镇场废弃自备井41眼。选取常信乡旭光村及立岗镇通义村作为用水权改革试点村，开展用水权确权的摸底调查，形成名录库，确定合理的确权单元及计量单元，核定确权水量，安装渠口电子计量设施。加快水资源环境论证及地下水取水智能计量设备安装。

城乡建设与环境保护

Chengxiang Jianshe Yu Huanjing Baohu

住房与城乡建设

【概况】 2021年，贺兰县住建局紧紧围绕“十四五”规划和“五个示范县”的奋斗目标，精准发力、务实苦干，不断提升政务服务水平，推动贺兰县住房城乡建设事业高质量发展。

【项目建设】 2021年，贺兰县住建局完成固定资产投资41.7亿元，其中房地产项目完成40.99亿元，政府投资项目7109.07万元。非税收入完成7490万元。争取4个项目补助资金共计3153万元。按照“一高三化”目标要求，推动“市县一体化”集中供热项目落地，完成一座中继泵站、九座中心换热站建设，铺设供暖管道24.2千米，实现县城1157万平方米的冬季清洁采暖全覆盖，解决以往采用燃煤锅炉分散供热方式带来的供热效率低、环境污染的问题。实施贺兰县2021年度无集中供暖区域煤改电（清洁取暖）试点示范项目，对立岗、洪广、金贵、常信、南梁台子区域内的学校、卫生院实施煤改电，改造面积8.9万平方米，促进采暖系统能源结构优化，改善空气质量。完善城市排水系统，投资8781.02万元，实施排水系统提升改造工程及北环路（红旗沟桥—富兴北街）排水工程，新建一体化泵站3座、排水管道16.5千米，实现雨污分流，从源头控制污染，加快污水收集率，提高污水处理率，避免污水对河道、地下水造成污染，有效缓解道路排水不畅，雨季积水内涝等问题。投资2451.83万元，实施桃李路道路及给排水、第十小学南侧道路及给排水、正源北街与园艺路交叉口交通整治、G109国道（园艺路—北环路）路灯亮化、富兴街（丰庆路—利民路）人行道改造机非分离、德胜商住区滨河路人行道加宽、贺兰县太阳城小区公厕建设、广源街转盘至欣荣村路灯安装工程及通山路（园艺路—新建北环路）路灯安装9项工程，疏通城市道路节点，加快城市设施更新，补齐城市短板，缓解县域交通压力，推进城乡建设贴近民生。

【住房保障】 2021年，贺兰县住建局实物配租公共租赁住房76户，发放租赁补贴26户，动态清查腾退公共租赁住房54户，制定《贺兰县行政事业单位职工住房货币化分配方案和实施细则》，推动城镇住房制度改革，带动提升全县干部职工人均可支配收入。征收贺兰县新华百货商业广场项目二期房屋76套，建筑面积9000平方米；拆除影响北环路建设的宁夏特种设备检验所门房及同力驾校锅炉房。投资3150万元，对永泰花园北区、惠泽园、中恒花园北区3个老旧小区进行改造，共涉及19栋楼，改造建筑面积7.75万平方米，受益879户。

【房地产市场】 2021年，贺兰县住建局新建商品房销售面积108.1万平方米，其中住宅102.1万平方米，商业用房6万平方米；商品房均价7131.7元/平方米，商品房去库存周期10.47个月，环比上升14.3%。制定《贺兰县新建商品房预售资金监管实施细则》，健全商品房预收款专户监管机制，充分运用预售资金监管平台，对预售资金实施有效监管，防止新的“烂尾楼”产生，切实保障商品房交易双方的合法权益。

【建筑工地安全监管】 2021年，贺兰县住建局对建筑工地进行春季复工综合大检查、施工脚手架、消防安全等专项检查，下发限期整改通知书251份、停工通知书130份，约谈企业62家。聘请专家对全县15家燃气企业开展专项检查，下发限期整改通知书30份，查处、整改燃气安全隐患200处。进一步推动工程质量安全管理和“智慧工地”建设工作，评定县级安全标准化工地9个，提高工程质量、安全、文明施工的精细化管理水平，进一步夯实安全生产主体责任，有效降低安全隐患风险。狠抓施工现场环境“脏、乱、差”开展联合检查8次、专项检查4次，下发整改通知单159份、停工通知单29份，对32个项目企业移交综合执法局进行行政处罚，对36个施工项目责任主体进行了约谈，对15个项目施工单位扣除企业诚信分值。对11个项目经理扣除个人诚信分值，66个在建项目建立了扬尘治理动态管理清单，安装视频监控设备项目50个，远程视频监控在线项目16个，全县在建项目安装扬尘监测设备并与局监控中心平台系统对接在线监测项目61个。组织开展人防工程关键节点钢筋隐蔽验收及结构分部验收工作及综合执法检查，深入开展防灾减灾宣传工作，修订完善《贺兰县地震应急预案》，指导地震应急疏散、救援演练6次，逐步提高居民防灾减灾意识。

【美丽乡村建设】 2021年，贺兰县住建局指导各乡镇开展住房安全排查，做到即增即改，督促各乡镇改造完工抗震宜居房12户、危房改造2户，补齐农村住房安全隐患的短板。提升乡村基础设施水平，指导南梁台子铁东村、立岗镇通伏村，常信乡四十里店村根据自身特色推进美丽村庄建设。实施广源街转盘至欣荣村路灯亮化、通山路至北环路路灯亮化及立岗镇星光村8社、金贵镇关渠中心村天然气入户工程，助力乡村振兴。指导金贵镇打造康养商贸休闲特色小镇，提升镇村综合环境、基础设施和公共服务能力。

【城市环境提升】 2021年，贺兰县住建局进一步规范物业小区、建筑工地围挡公益广告设置，清理、更换陈旧公益广告884块，清理小区杂物5600余处，墙面楼道“牛皮癣”480余处，劝导“飞线”充电2000余起，清理违规停放车辆1560多辆，更换破损垃圾桶120个，整治圈地种菜83处、维修破损路面380余处，开展春季绿化苗木补植258000余株。淘汰更换物业小区农用四轮垃圾清运车辆，有效改善居民小区环境面貌。狠抓物业小区常态化防疫工作，督查疫情防控工作266次。

【农民工工资拖欠问题整治】 2021年，贺兰县住建局健全农民工工资“一卡通”制度，督促企业按月发放农民工工资，为5297名农民工办理了工资银行卡，发放农民工工资12161.8486万元，保障农民工合法权益。受理各类平台信访投诉件10248件，已办结10190件，推进一品尚都C区、乌托邦小镇等烂尾项目复工建设。

银川住房公积金管理中心贺兰分中心

【概况】 2021年，银川住房公积金管理中心贺兰分中心结合工作实际，党建与业务工作统一谋划，统一部署、相互协作、共同实施，努力实现两手抓、两手硬、两促进，推动住房公积金事业高质量发展。2021年，贺兰分中心业务整体运行良好，归集扩面有序推进、贷款发放持续增长、公积金个贷率完成情况创新高。

【业务指标完成情况】 2021年归集住房公积金17402万元，同比增长27.73%，完成全年任务12000万元的145.02%；提取住房公积金12178笔、11631万元，同比增长17.66%和16.76%，占当期缴存额的69.98%。向545户家庭发放公积金贷款23487万元，同比分别增长-20.55%和-17.87%。

【住房公积金归集扩面】 2021年，贺兰县住建局新增归集单位84个，同比增长236%，新增归集人数4415人，同比增长305.80%，超额完成全年任务401.36%。加大催建、催缴执法力度，将更多的缴存对象纳入公积金制度的保障范围，清理欠缴特岗教师住房公积金691人，1680万元，保障了职工的合法权益，体现了住房公积金制度的严肃性和公平性。推行网上服务大厅24小时不间断服务，网厅签约率100%。使缴存单位效率提高，满意度提升。2021年，实际正常缴存单位370家，实际缴存职工13149人，缴存总额11.82亿元，缴存余额4.69亿元。

【住房公积金网上办理】 2021年，贺兰县住建局开通网上办理提取业务，有337户职工在网上自主办理了公积金逐月还贷、一次性还贷提取业务，职工办理更方便、更快捷。

【风险防控】 2021年，贺兰县住建局重视贷前调查，风控关口前移。对开发企业预售楼盘进行严格审核，对预售楼盘项目、工程进度等进行双人现场勘查，密切关注预售楼盘的销售状况，明确告知开发企业的责任、权利、义务，杜绝楼盘烂尾风险。有序推动按转抵业务，增强风险防控意识。应办未办按转抵1768笔，办理按转抵业务1128笔，按转抵率达63.8%，有效维护了职工的合法权益。提高信贷授权额度，贷款审批效率明显提升，管理中心授权40万元以下贷款由贺兰分中心自行审批，缩短了贷款审批时间，精减了贷款审批流程，放款速度大幅提高，深受职工好评。严格贷后跟踪管理，切实履职尽责，加强逾期贷款跟踪管理。继续推进结清贷款档案整理工作，对已结清的贷款档案，进行分类整理，单独存放，方便销毁。

生态环境保护

【督察转办问题整改】 2021年，银川生态环境局贺兰分局2016年中央生态环境保护督察转交办理的41件信访投诉件，全部办结；反馈需完成整改的18项任务，已全部完成。2018年中央生态环境保护督察"回头看"及水环境问题专项督察转交办理的89件信访投诉件，全部办结；反馈需完成整改的17项任务，全部完成。2020年自治区生态环境保护督察转交办理的20件信访投诉件，全部办结，移交现场核查发现的30个具体问题全部完成。2021年6月，贺兰县共收到自治区生态环境保护专项督察转办件4件，全部办结，反馈意见24项及移交的9个方面29项问题，已制定整改方案执行整改。

【水环境治理】 2021年，银川生态环境局贺兰分局强化饮用水水源保护，对银川市东郊饮用水水源地一级保护区范围内10家餐饮店和加油站逐个进行检查。东郊饮用水水源地一级保护区范围内金贵加油站拆除，富贵农庄关停。加强对污水处理厂监督管理，采取定期、不定期等检查方式对2个污水处理厂和8个农村污水处理站污水处理设施运行情况、出水情况进行检查，委托第三方检测公司对废水总排口进行水质监测。强化泰益欣等11家重点及非重点涉水企业的执法检查；督促食品行业规范化排污口建设和污水处理设施建设，宁夏麦尔乐食品股份有限公司按要求规范化建设排污口。开展黄河流域（银川段）入河排污口排查整治专项行动，完成银新干沟、三二支沟等重点沟道共计101.48千米巡查。经排查有入黄排口1个，污水处理厂排污口2个、农村污水处理站排污口5个及大量农田退水排口，未发现违法排污口。配合自治区生态环境厅完成跨地市突发环境事件应急演练，切实提升各相关部门及企业快速反应、协同作战、环境应急处置的实战能力。

【大气污染防治】 2021年，银川生态环境局贺兰分局对燃煤燃气锅炉使用单位加强监督检查，确保各企业污染防治设施正常运行，在线监测数据稳步上传。稳步推进66家114台燃气锅炉低氮改造工作，发放39家56台燃气锅炉低氮改造补助资金392万元。发放318万元补助资金，推动43家重点企业实施挥发性有机物治理。落实环境保护督察责任，督查66家建筑工地"六个百分百"扬尘管控措施，裸露空地4处，下发交办整改通知单14份，发现扬尘治理不到位的企业3家，移交处理3家。对全县10家商砼企业扬尘治理进行全面检查，对上料、运输、提出明确要求，精细化管理，加强降尘力度，增加洒水冲洗频次，并做好每日降尘工作日志。督查全县加油站、储油罐、油罐车油气回收治理情况，对加油站使用、检查、维护回收装置，制度落实、操作流程进行指导。全县30家加油站均已安装油气回收装置并能正常使用。发放第二批非道路移动机械环保登记标牌72个，对335台（辆）审核通过的非道路移动机械累计发放环保登记标牌216个。

【土壤污染防治】 2021年，银川生态环境局贺兰分局按照“全覆盖、零容忍、严执法、重实效”的总体要求，完成黄河流域“清废行动”两批4个点位清理的工作任务。持续实施土壤污染防治攻坚行动，开展兄弟彩兴化工优先管控地块土壤污染状况详细调查和风险评估工作，督促7家土壤环境污染重点监管单位签订目标责任书，开展土壤污染隐患排查和自行监测工作，共整改28处隐患。加强农村生态环境质量监测，完成金贵村、兰光村2个行政村9个点位的土壤监测，检测结果均达标。配合自治区生态环境厅开展地下水污染环境状况调查，完成贺兰工业园区和11家地下水重点企业的前期调查工作。督促299家企事业单位在全国固体废物管理信息系统完成网上申报。推进“危险废物专项整治三年行动”，对73家涉危险废物或危险化学品企业开展“一废一库一品”专项检查。开展汽修行业危险废物专项联合检查，检查企业31家。下达限期整改通知书8份。开展危险废物规范化自查评估，考核重点企业5家，抽查非重点企业11家，14家企业合格，2家基本合格。加强企事业单位突发环境事件应急预案管理，完成备案审批37家；对贺兰县中医院等13家使用Ⅲ类射线装置的医疗机构开展辐射环境安全检查，督促5家医疗机构申请辐射安全许可证，确保辐射环境安全。开展疫情防控应急状态和常态化监管，紧盯涉疫医疗废物规范化收集、储存、转运，确保100%安全处置。

【环保项目落实】 2021年，银川生态环境局贺兰分局实施贺兰县第三排水沟综合治理项目，项目位于常信乡至洪广镇段，总治理长度14.42千米。主要内容有控源截污、内源控制、生态修复、水务信息化建设四大工程。强化饮用水水源保护，巩固县级及以上饮用水源保护地环境问题清理整治成效，实施金贵水源地等4个“千吨万人”农村水源地保护区规范化建设，有序实施隔离防护、警示宣传、界标界桩、污染源清理整治等水源保护工程，加强水源地监督检查力度，确保群众饮水安全。

【环保执法监测】 2021年，银川生态环境局贺兰分局对31家工业企业、11家葡萄酒庄、4家医院和8家农村污水处理站等55个涉水污染源和24家涉气污染源开展季度监督性监测。在11条河沟湖地表水系上设置26个监测断面，监测频次提高至每月两次，增加有机废气挥发性有机化合物的监测41家。设置4个声环境质量监测区域，及时准确地掌握声环境质量现状。进一步加大环境监察执法力度，推进专项检查、夜查、突击检查、双随机等形式多样的执法工作，对环境违规违法行为严肃查处。出动执法人员2615人次，检查1182家次，处罚4起，处罚金额45万元，下发限期整改通知书41份。

【环保宣传】 2021年，银川生态环境局贺兰分局广泛宣传“谁排污谁付费、谁减排谁受益”理念，对初始排污权、可交易排污权、政府储备排污权、新增排污权进行全面梳理核算，21家重点排污企业完成自核。宁夏西夏嘉酿啤酒有限公司和宁夏恒康科技有限公司通过宁夏公共资源交易平台自然资源要素交易市场平台完成了排污权交易，为银川市首例排污权交易，也是全区首例二级市场交易。打造《环保在线》网络宣传专栏，对生态环境保护工作成效进行宣传报道，对环保违规违法进行深度曝光，通过正面引导和反面警示相结合的方式，发挥新媒体舆论导向作用。举办“5·22”生物多样性日、“6·5环境日”、节能宣传周等主题宣传教育活动，调动全社会关注环保、参与环保的自觉性和主动性。

交通运输

Jiaotong Yunshu

交 通

【概况】 2021年，贺兰县交通运输局贯彻落实全县建设黄河流域生态保护和高质量发展先行区示范县目标，统筹发展和安全，立足新发展阶段，贯彻新发展理念，积极构建新发展格局，扎实推进交通治理体系和治理能力，努力加快现代化交通运输体系建设，为促进全县经济社会持续、健康、快速发展提供了先行保障。2021年共实施交通建设项目7个，完成固定资产投资16719万元，完成年度投资计划的100%。争取资金2992万元，招商引资完成4050万元。

【重点项目建设】 2021年，贺兰县交通运输局完成贺兰县北环路（广源街—富兴北街）段工程建设，该项目的建成进一步拉大了贺兰县城框架，同时分流缓解了G109和广源街（S101）的交通压力。

【农村公路建设】 2021年，贺兰县交通运输局完成农村公路建设30.3千米，投资5349.0639万元；实施危桥改造3座，投资683.52万元。通过加快农村公路建设，极大改善了群众出行条件。

【人大政协议案提案办理】 2021年，贺兰县交通运输局完成人大议案交办交通事项3件，实施农村道路硬化9.763千米，投资644.71万元；完成政协提案交办交通事项3件，完成农村公路改扩建4.965千米，投资875.54万元。

【行业管理】 2021年，贺兰县交通运输局联合公安交管部门24小时驻站联合执法，严查"百吨王"、非法改装（拼装）等违法违规行为，共检查车辆109887辆，查处超载车辆343辆，卸载转载3201吨货物。落实道路运输行业扫黑除恶联合执法工作机制，联合交警部门严厉打击非法营运行为，开展联合执法11次，联合开展夜查行动7次，查扣非法营运车辆46辆。全力推进交通运输行业大气污染防治工作。排查汽修企业311家，其中二类汽修企业21家，三类专项修理企业290家。从事钣金喷漆业务的汽修企业共69家，67家按要求安装挥发性有机物治理设备，2家已不从事钣金喷漆。涉及危险废物回收处理的企业112家，签订危险废物回收合同112家。加强渣土车治理。检查存在扬尘隐患嫌疑车辆782辆，对涉嫌扬尘和抛洒污染等车辆19辆移交至交警部门进行了处罚。

【农村公路养护】 2021年，贺兰县交通运输局积极推进农村公路养护体制改革。出台《贺兰县深化农村公路管理养护体制改革实施方案》《贺兰县农村公路管理养护"路长制"实施办法（试行）》，建立"县总路长+县乡村"四级农村公路路长管理体系，形成"政府主导、部门联动、镇村负责、联管联治"的工作格局。完成2021年农村公路养护工程建设项目。投资900万元，实施全县农村公路路面修复、路基加固、桥梁修复、安装护栏等工程。农村公路县道平均优良路率为81.19%，乡道平均优良路率达到80.87%，村道平均优良路率为81%，专用公路滨河大道优良路率为74.42%。

【完善交通运输体系】 2021年，贺兰县交通运输局科学合理调配运力，认真做好春运、五一、十一等节假日旅客运输工作，输送旅客160余万人次，优化群众出行方式，延伸301公交线路，解决和平安置区、祥和家园等周边居民的出行需求；开通南梁台子到火车站定制公交、暖泉农场到火车站定制公交线路，为周边群众出行提供便利。加快推动新能源公交车推广，投入运营新能源公交车43台，建成配套充电站桩27个；强化运营企业主体责任，落实疫情防控常态化工作要求，全县有农村客运班线经营企业2家，运营线路14条，线路覆盖4个镇1个乡、2个农牧场，行政村客运班线通达率稳定在100%。积极推进“快递进村”工作，制定印发《贺兰县乡村振兴快递进村便民服务活动实施方案》，建立县、乡、村三级物流网络，解决民营快递下乡进村困难。

【安全运行】 2021年，贺兰县交通运输局加强危货运输企业监管，圆满完成2020年度货物运输企业质量信誉考核工作。督导9家危货企业完成安全生产标准化建设，取得安全生产标准化二级证书。督促9家危货企业修改完善应急预案，开展应急演练。加大道路安全隐患整治，投入治理资金80余万元，增设、更换省道101（广源街）贺兰段、银石线中分带交通安全设施，整治辖区农村主干道路隐患146处。投入资金700万元，实施通山公路团结排水沟东桥等3座危桥改造工程，落实好主体责任，重点加强施工用电、土方坍塌、高处作业等方面安全防范措施落实情况，督促施工企业增强从业人员的安全防范意识，提高从业人员安全素质。持续抓好公交运营安全，建立《运营安全管理制度》《公司岗位安全绩效工资考核管理办法》，重点开展183台运营车辆安全检查，定期对车辆“三检”及履行检查“三品”职责等情况进行检查，做到早发现、早处理，形成闭环管理，确保车辆安全运营。加强水上交通及防汛、防凌工作，制定《贺兰县水上交通事故应急预案》，加强道路通行保障，扎实做好夏秋季防汛及冬季防凌工作。

公路养护

【概况】 2021年，贺兰县管养公路总里程为1099.165千米，其中省道60.938千米、县道86.366千米，乡道354.104千米、村道577.707千米，专用公路滨河大道20.05千米。

【公路养护体制改革】 2021年，贺兰县农村公路养护段按照“精干高效、专兼结合、以专为主”的管理目标体系，根据《贺兰县深化农村公路管理养护体制改革实施方案》《贺兰县农村公路管理养护“路长制”实施办法（试行）》，将省道、县道、部分主要乡道和专用公路滨河大道243千米主干道路日常保养工作通过政府采购由专业化养护公司组织实施。全面建立了农村公路总、县、乡、村四级路长的路长管理体系，各单位权责清晰，运行高效，实现了农村公路管理养护长效机制。形成“县道县管、乡村道乡村管”的工作格局，提高了农村公路养护覆盖率和经常性养护率，村民们爱路、护路的意识明显增强，有效解决了农村公路因责任不明确，养护机制不顺、养护工作不到位和养护经费投入不足等原因导致的路况水平劣化、路产保护弱化、路域环境恶化、安全隐患突出等问题。农村公路路容路貌得到明显改善，道路干净整洁，交通井然有序，基本达到路面干净平整，桥涵畅通无阻淤，路肩整洁无高草，路基边坡坚实稳定，沿线设施无缺损。

【农村公路养护工程建设】 2021年，贺兰县将农村公路养护工程纳入“为民办十件实事”项目，坚持以工程质量、安全、效益为中心，积极对接、提前谋划。根据工程性质和工程特点，科学指导施工单位合理编排和调整工程实施进度计划。加强工程施工日常监督巡查，密切与工程参与单位之间的协调沟通。工程共计完成路面灌缝16064平方米，沥青路面集中挖补16801.51平方米，加宽路基1137米，增设维修3座桥梁钢管护栏共计90.6米，施画路面标线1566.5平方米、减速振荡标线2147.83平方米。

【农村公路交通安全隐患排查治理】 2021年，贺兰县农村公路养护段开展“安全百日会战、喜迎百年华诞”大检查大整治行动，投入资金10.5万元对146处隐患路段开展集中整治，农村公路交通安全状况明显改善。开展“农村公路千灯万带”示范工程项目建设，对金河路与和民路交叉口等4处安全隐患点完善了减速震荡标线、热熔标线、标志牌等交通安全设施，实现农村公路隐患点整治向标准化迈进。加强桥涵的日常动态管理，重点做好四、五类桥梁及旧险涵洞维修，协调交通运输局改建危桥3座，改建涵洞2道，公路段实施改建危涵2道，全面做好省道银石线交通安全设施维护工作，投入19.83万元设置锥形桶、爆闪灯、防撞桶共计4000余个，有效防范和预防银石线道路交通安全事故的发生。

交通运输综合执法

【概况】 2021年，贺兰县交通运输综合执法大队认真贯彻落实县委、县政府各项工作部署，认真抓好交通运输行业管理，严厉打击非法违法运输经营行为，维护交通运输市场秩序，保障交通运输安全。2021年，全县拥有营运汽车3206辆，其中载货汽车2985辆，营运客车221辆。有班线客运公司2家，县内客运班线14条，旅游运输公司2家，出租车公司1家。检测站2家，机动车维修企业311家，驾驶员培训学校9家，危险品运输企业10家，规模以上普通货物运输企业3家，水运管理溜山头渡口渡船1艘，路政管理农村公路374条，里程1097.732千米，固定治超检测站2个。

【加强运输安全管理】 2021年，贺兰县交通运输综合执法大队召开贺兰县交通运输行业季度安全生产例会3次、安全紧急会议2次、警示教育会1次、安全培训会2次，安排部署季度及重大活动期间安全生产工作。督导交通运输企业层层签订安全生产责任书和安全管理承诺书，强化企业安全责任意识。持续推进安全生产专项整治三年行动，加强企业安全专项监督检查，约谈客运企业负责人4次、货运企业负责人7次，对客运、维修、驾培、货运企业开展安全检查469家次，检查出一般安全隐患311处，督促企业整改隐患311处，实现闭环管理。深入开展“安全百日会战 喜迎百年华诞”安全生产和灾害防御百日专项整治、“安全生产月”“安全生产万里行”等专项活动，制定活动方案，悬挂和播放宣传标语，开展“安全咨询日”宣传活动，组织客运企业开展防恐、消防、公共卫生综合应急演练，危货运输企业根据运输介质开展危货泄漏应急演练，扎实推进各项安全整治专项活动。全力做好春节、清明、端午等节假日运输保障服务工作，假日期间严格落实值班值守，督导企业落实安全生产主体责任，及时消除安全隐患，圆满完成节假日旅客运输任务。落实疫情防控常态化工作要求，每天对中巴车站安检、发班情况进行检查，每月对企业安全管理、经营行为进行检查。组织开展“爱心送考”活动，两家客运企业参加爱心送考的车辆共计259辆，共接送学生300余人次。加强对溜山头渡口的日常监管，共检查6次，船舶已报废停航。

【货运管理】 2021年，贺兰县交通运输综合执法大队加强普货、危货运输企业的日常检查和重大节假日前安全专项检查。督促辖区危货运输企业及普货企业根据新修订的法律法规，重新修订企业内部安全生产管理制度。加强普通货物运输企业监管力度，对普通货物运输企业进行全面核查梳理，对不符合安全管理要求的70家货物运输企业上报县交通运输局按程序注销。圆满完成2020年度货物运输企业质量信誉考核工作。结合“安全生产月”活动，督促辖区各危货企业根据公司拉运介质开展应急演练，提高应急处置能力。督促9家危货企业修改完善应急预案。督导9家危货企业完成安全生产标准化建设。

【机动车维修行业管理】 2021年，贺兰县交通运输综合执法大队强化维修行业危险废物管理宣传，及时在贺兰县机动车维修企业微信群发布行业管理和环保信息。监督机动车维修企业规范经营，保障消费者合法权益，调解维修质量矛盾纠纷37起。

【驾培行业管理】 2021年，贺兰县交通运输综合执法大队督促辖区驾培学校落实疫情防控常态化工作要求，规范存储和使用消毒液、酒精等防疫物资，按要求设立隔离室，做好员工、学员、外来人员测温登记和查验行程码。认真做好驾培市场日常监督检查，对辖区驾驶员培训学校的安全生产和日常经营情况进行检查。及时处理“12328”和“12345”转办驾培学校服务质量投诉56件，督导驾校提高服务质量。

【交通运输行业大气污染防治】 2021年，贺兰县交通运输综合执法大队扎实抓好道路运输行业大气污染防治工作，印发《贺兰县道路运输行业2021年大气污染防治工作实施方案》《贺兰县道路货物运输行业大气污染防治工作实施方案》，成立贺兰县交通运输综合执法大队开展道路运输行业大气污染防治工作领导小组，明确责任领导和责任人，以加强机动车维修行业监管，货车超限超载治理、路面污染管控为重点，开展渣土车治理，通过多项措施的落实，努力推进交通运输行业大气污染防治工作。

【维修企业监督管理】 2021年，贺兰县交通运输综合执法大队对新申请备案的钣金喷漆汽修企业，没有同步安装挥发性有机物治理设备设施的企业不予备案。积极劝导和鼓励机动车维修企业使用水性等低挥发性有机物含量的环保型涂料。限制使用溶剂型涂料；对从事喷漆作业的机动车维修企业和涉及危废回收处理的企业进行全面摸排，督促喷漆作业的维修企业按要求安装挥发性有机物治理设备，涉及危险废物回收处理的企业与有资质的危废回收企业签订危废回收合同，做好危废物回收处理。

【渣土车治理】 2021年，贺兰县交通运输综合执法大队积极开展乡村道路渣土车超限、超载、飘洒、未遮盖篷布等违法行为，对过往货车驾驶员进行宣传教育，督导其运输过程中遮盖好篷布，防止飘洒。依托五渠治超检测站共计检查存在扬尘隐患嫌疑车辆782辆。其中存在篷布遮盖不严的大型货运车辆10辆，责令现场整改，并对当事人进行批评教育。采取联合交警流动巡查的形式，严查贺兰山东麓葡萄园区拉运砂石料的大型货运车辆。对于存在超载和冒尖装载、篷布遮盖不严的车辆。

【路面污染管控】 2021年，贺兰县交通运输综合执法大队对发现公路用地范围内存在摆摊设点、倾倒垃圾、焚烧物品、利用公路边沟排放污物或者其他污染环境的情况，及时报告生态保护部门，配合做好调查取证工作。在公路巡查中发现涉嫌超载和扬尘、洒漏、带泥上路的大型货运车辆和机械，依法查处涉嫌扬尘、抛洒、污染车辆23辆，劝导机械驾驶人员消除带泥上路12次，清理摆摊设点82处，清理堆积物5处。加强涉路施工扬尘治理，在土方开挖、回填施工中，监督施工企业做好洒水、降尘和防止车辆泥土外泄等措施，有效控制施工扬尘。巡查监管北环路、包银高铁、金河大道排污管道、滨河大道供电等大型在建工地16次，督促其洒水降尘8次，铺垫碎石路口4处，清扫污染路口10处。

【超载治理】 2021年，贺兰县交通运输综合执法大队依托五渠治超站和公安交管24小时驻站联合执法，按照路警联合治超工作职责和执法流程，依法严厉打击货车超限超载违法运输行为。强化源头治理，督促辖区货运源头单位落实装载管理工作主体责任，严格按照标准装载配载货物、遮盖篷布，通过明察暗访、签订装载协议和治超承诺书、流动巡查等方式，严管“车”和“货”两个源头。配合公安交警部门开展严打“百吨王”、非法改装（拼装）、渣土车、危化品运输车辆等联合执法行动，严格落实联合流动治超执法工作流程，加强信息抄告工作。共检查车辆109887辆，查处超载车辆343辆，卸载转载3201吨货物，有效遏制了超限超载运输行为，车辆严重超限超载的态势得到有效遏制，超限车辆破坏农村公路的情况明显减少，道路运输环境和农村公路通行秩序明显好转。

【打击非法营运】 2021年，贺兰县交通运输综合执法大队采取疏堵结合的方式，一方面督促融晟公司和致远出租汽车公司，加大车辆投放力度，满足群众多样化的出行需求，另一方面继续严厉打击非法营运。专门成立稽查执法中队，加大非法营运打击力度。落实道路运输行业扫黑除恶联合执法工作机制，联合交警部门严厉打击非法营运行为，不定时开展联合执法和夜查行动，共开展联合执法11次，联合开展夜查行动7次，共查扣非法营运车辆46辆。大力开展打击非法营运和拒乘黑车宣传，将宣传活动延伸到各乡镇，开展“农村集市安全行”宣传活动，向社会群众广泛宣传违法从事非法营运的后果和乘坐非法营运车辆可能发生的危害，营造打击非法营运的浓厚氛围。

邮　政

Youzheng

邮　政

【概况】 2021年，贺兰县邮政分公司实现收入3280.75万元，排银川市各分公司第二位。

【金融业务提速】 2021年，银川市贺兰县邮政分公司6个金融网点，储蓄时点余额9.76亿元，点均1.62亿元。有亿元网点5个，定期年净增1.31亿元，网点点均定期提升突破千万元。金融总资产14.9亿元，同比增长11%。共有存量客户12.35万户，新增1090户，其中有效客户新增337户，新增资产5563万元，VIP客户新增357户，新增资产6377万元。将储蓄、保险、理财作为大金融发展共同体。截至年底，实现收入663万元。

【寄递业务】 2021年，银川市贺兰县邮政分公司寄递业务对标竞品，以销售化转型为抓手，稳快包，抢特快，收入稳中有升。实现收入899.51万元，同比增长47.31%，完成全年预算的111.05%。寄递业务发展呈现抬升趋势，收入增幅与快递行业差距逐月缩小，特别是特快业务实现快速增长，累计完成490.24万元，增长90.53%，特快收入占比达54.5%。现费收入95.71万元，同比增长4.32%，其中特快现费收入50.93万元，同比增长133.41%，特快现费占比53.21%，占比较2020年提高30个百分点。用好加盟制，优化揽投员13名进行标快揽收。通过销售化转型，抢抓市场拓展，新签约客户84户，累计特快签约客户77户。落实“一县一品”项目，积极走访农业、水产养殖基地，共同开发惠农寄递项目促进收入增长，与宁夏新明水产公司合作，全员线上销售对虾280件，实现收入35840元。为农户销售麒麟瓜2850公斤，实现收入22800元。

【传统业务】 2021年，银川市贺兰县邮政分公司紧跟网络营销新模式，通过“丰富产品开发、拓展增收渠道、巩固深化合作”等途径，不断拓宽集邮与文化传媒业务发展渠道。组织全员线上+线下宣传、推广，厅堂推介，成功举办时代金典、一本万利、龙头瑰宝的销售，全年实现集邮收入80.09万元，完成年预算的100.11%。持续抓好报刊投递质量服务，巩固报刊收订成果。通过壮大代理人队伍，专管员定期进企业、进校园、进社区回访，分析报刊业务发展困难，了解投递服务质量，制定揽投员投递服务奖励考核办法，用客户反馈作为奖罚依据，有效提升了报刊投递的服务口碑。全年实现报刊收入109.78万元，完成年预算的121.98%。

【内生动力强根基】 2021年，银川市贺兰县邮政分公司坚持以机制体制创新推动发展、激发活力，充分激发员工发展的动力和活力。打造理财经理团队，提升团队专业能力。设有9名专职理财经理，2名兼职理财经理，其中：持有AFP金融理财师证书2人，持有基金从业资格证4人，基金从业资格考试通过2人，持证率44%，有效激发业务发展活力。加快基础建设步伐，提升行业形象。对院坪进行维修、对会议室老旧桌椅进行了更换、对银河东路营业所、立岗镇营业所进行重新装修改造，改善了员工生活和工作环境，品牌形象持续改善。不断深化“平安邮政”建设和安全生产专项整治三年行动，全面整治各领域安全风险。做好保密安全和信访工作，未发生重特大安全生产事故和重大金融风险案件。积极服务大局，融入地方经济，顺势而为、主动作为。扎实开展普遍服务和特殊服务集中整治工作，全年普遍服务平稳运行。严格执行建制村“四固定”要求，未发生违反普遍服务“两条红线”的情况，建制村打卡、外勤监控点扫描率均达到100%。强化业务支撑职能，组织开展压降普服给据邮件丢损、乡镇普服局所、问题邮件等专项整治，夯实普服基础，不断提升普遍服务水平。

财政税务

Caizheng Shuiwu

财　政

【概况】 2021年，贺兰县财政局坚持稳中求进总基调，积极贯彻新发展理念，全力服务高质量发展，巩固拓展疫情防控和经济社会发展成果，为"十四五"开好局起好步提供了坚实的财力保障。

【强化税收征管】 2021年，贺兰县财政局加强税收分析，抓好重点行业、重点税源管理。精准预测预判，全面规范征收征管，以服务提升征管效能，确保税收均衡入库，税收占比达到80%以上。紧盯非税收入，在欠费清缴、盘活闲置资产和土地资源等方面下功夫，实现税费收入、基金收入"量质齐升"、协调增长。紧盯上级支持重点，加强项目储备申报，全年争取到位各类资金132991万元，有效弥补了县级财力不足。

【兜牢"三保"底线】 2021年，贺兰县财政局加大对疫情防控及"六稳""六保"等相关重点领域的支出保障，全年八项重点民生支出213125万元。全力支持实体经济，投入科技创新、企业奖补及贷款贴息资金10338万元，为企业纾困解难。全力支持乡村振兴，投入涉农资金60493万元，巩固扶贫攻坚成果，支持农业特色产业发展，改善农村人居环境，促进农民增收。全力支持污染防治，投入生态环保资金16093万元，支持大气、水、土壤污染防治和系统治理，促进全县环境质量稳步提升。全力支持重点项目，投入资金9483万元，支持中小学幼儿园建设、县城排水系统提升改造、老旧小区改造及县医院救治能力提升等重大项目建设。助力县属国有企业投资8亿元，实施"市县一体化"集中供热项目，大力营造城市宜居宜业的良好环境。全力支持深化改革，投入资金4197万元，支持基层整合审批服务执法力量改革、"四权"改革、"四优四提"等重点工作，落实提高村组干部、社区网格员待遇有关政策，促进基层治理能力提升。

【减税降费】 2021年，贺兰县财政局继续落实制度性减税政策，持续释放政策红利，助力市场主体纾困发展。减免税收8.14亿元，社保降费1.15亿元，惠及企业及个人1.2万户次。深化县属国有企业改革，推进现代企业治理体系建设，落实党建引领、绩效目标考核、风险防控等制度，增强企业造血能力。落实"四权"改革任务，制定出台改革配套的相关制度，组建"土地银行"和贺兰县综合产权交易服务中心，助推"四权改革"深入推进。推进政府采购改革。大力实施"互联网+政府采购"，积极推进网上备案、网上商城采购和政府采购质疑、投诉信息化管理，政府采购更加"阳光、高效、透明"。全年完成政府采购项目494个，节约资金593.13万元。深化"政银企"合作机制，积极发挥政府融资担保平台作用，全年共办理2400笔政策性融资担保业务，撬动银行贷款3.15亿元。推行会计分级化管理改革，建立健全聘用会计人员定期培训、绩效考核与薪酬挂钩等机制，努力提升基层财务管理水平。

【依法理财】 2021年，贺兰县财政局强化财政预算约束，落实预算管理一体化要求，推行项目预算支出关联，有效加强直达资金监管，预算执行效率大幅提升。推进监管机制融合，预算绩效管理和监督检查双向发力，强化对重点领域、重点资金的监管，扭转部门"重分配、轻管理"和"重资金、轻绩效"问题。狠抓专项治理，牵头政府采购领域专项治理工作，指导134家单位健全政府采购内控制度，督促整改问题184个，专项治理取得初步成效。夯实国有资产监管，开展经营性资产、账外资产清理清查工作，着力推动9个方面31项问题的整改，补齐国有资产管理短板。规范政府投资项目评审，修订完善评审制度，规范评审工作流程，全年审定结算项目465个，审减金额5909万元。加大金融领域监管力度，健全部门联动机制，深入开展地方金融领域风险排查、整治及电信诈骗、非法集资案件查办工作，有效防范化解金融风险。

税　务

【税费收入量稳质优】 2021年，贺兰县税务局共组织各项收入38.3亿元，同比增长3.7%，增收1.4亿元。其中，税收收入28.3亿元，同比增长6.4%，增收1.7亿元，完成年度目标27.9亿元的101.5%，超收4182万元；组织社保费入库8.3亿元；组织其他收入1.7亿元。各项收入为贺兰县域经济社会发展提供了强大财力保障。

【税费优惠政策落实落细】 2021年，贺兰县税务局认真落实政策红利直达市场主体的机制措施，印制发放政策落实指引2000余份，线上推送政策信息300余条，持续释放改革红利，做到应减尽减、应抵尽抵、应退尽退、应缓尽缓。全年享受减税降费政策1.4万户次，减免税费1.8亿元，更好地激发了市场主体活力。

【税收数据分析服务经济发展】 2021年，贺兰县税务局从行业、规模等不同维度分析经济运行动态，全年撰写税收分析报告4篇，税收月度分析12篇，班子成员向县主要领导汇报工作、走访相关部门30余次，为上级科学决策提供有力参考。

【税收执法】 2021年，贺兰县税务局进一步推进“精确执法”，严格落实“首违不罚”事项清单，对纳税人实施“容错纠错”，让执法更温情。全年落实首违不罚232户次。严格落实三项制度，实现执法过程公开透明、留痕可追溯，拍摄的税收执法规范化宣传片，在全市宣传推广，为规范执法提供有效参考。积极配合审计检查，比对核查7类共1400条疑点数据，对“六税两费”政策落实不力的责任人进行追责，有效降低执法风险。

【税费征缴专项检查】 对217条契税疑点数据、7万户次车购税档案进行全面检查，制定《现金税费征缴管理办法》，有效堵塞管理漏洞。简化税费优惠政策办理流程和手续，大力推广“非接触式”办税服务，让办税缴费更便利、更省时。实现企业税费事项100%网上办，个人税费事项100%掌上办，税务注销平均7分钟办结，企业开办“一表集成”1个工作日完结，顺利实现“十税”合并申报，表单数量减少2/3，申报数据项减少1/3。

【税务监管】 2021年，贺兰县税务局强化纳税信用管理，不断深化“线上银税互动”合作机制，77户企业通过“银税贷”获得信用贷款6330万元。持续加强发票全链条监管，全年共设置214户风险纳税人，认定涉嫌走逃虚开纳税人16户，有效震慑税收违法行为。

【服务环境优化】 2021年，贺兰县税务局开展对551户企业所得税核定转查账征收企业、67户信用等级D级企业进行大走访，主动送政策问需求解难题。2021年纳税人满意度综合调查贺兰得分86分列135名，较2020年进度幅度12.92%。“便民办税春风行动”深入开展。细化分解10类30项95条便民办税服务措施，使涉税资料精简25%以上，办税缴费效率提升20%以上。成立“春雨团队”，通过“跟进式”服务，为小微企业办实事解难题。发挥“马丽工作室”的品牌效应，组建导税和网报为一体的综合辅导团队，提供专业化服务。全年提供容缺服务1800余人次、延时服务200余小时，累计接听咨询电话3万余个，接待现场咨询7万余人次，发放各类宣传品3万余份。“放管服”改革持续深化，大力推广宁夏电子税务局和宁夏税务App，进一步完善“5+1+N”便民缴费服务体系，改造升级办税大厅自助办税区域，打造15分钟办税服务圈，逐渐构建起“网上办为主、自助办为辅、实体办兜底”的办税缴费格局。

金 融

Jinrong

中国建设银行贺兰支行

【概况】 2021年，中国建设银行贺兰支行紧盯稳存增存工作不放松，紧紧围绕数字化打造和乡村振兴战略，立足服务贺兰县，积极践行新金融，带领三个网点找准目标，切实力行，深入开展工作，不断细化工作举措，筑牢发展基石，不断提升综合竞争力，有序地推进各项工作。

【存款情况】 2021年，中国建设银行贺兰支行不断巩固经营基础，夯实存款根基，积极抢占县域市场，全行一般性存款时点余额19.97亿元，较年初新增2.35亿元，日均余额19.44亿元，较年初新增2.83亿元。个人存款时点余额16.20亿元，较年初新增1.94亿元，日均余额15.76亿元，较年初新增2.47亿元。对公存款时点余额3.77亿元，较年初新增0.41亿元，日均余额3.69亿元，较年初新增0.36亿元。

【贷款情况】 2021年，中国建设银行贺兰支行全行各项贷款余额12.30亿元，较年初新增3.51亿元。其中：对公贷款余额0.76亿元，较年初新增0.13亿元；个人贷款余额11.54亿元，较年初新增3.39亿元。

【资产质量】 2021年，中国建设银行贺兰支行贷款额0.0266亿元，不良贷款率0.22%，比年初减少0.38个百分点。其中：公司类不良贷款额0.0033亿元，不良贷款率0.04%；个人类不良贷款额0.0233亿元，不良贷款率0.20%。

【客户结构】 2021年，中国建设银行贺兰支行个人有效客户34002户，比年初新增1933户，计划完成率102%；个人加权有效客户126316户，比年初新增18992户，计划完成率352%；全面关系客户3982户，比年初新增799户，增速25.10%。对公有效客户601户，比年初新增110户；对公加权有效客户1542户，比年初新增280户。

【指标稳中求进】 2021年，中国建设银行贺兰支行普惠金融持续推进，截至12月末，小微企业贷款较年初新增1267万元，为159户小微企业提供融资支持，小微快贷授信客户数192户，较年初新增33户。同时不断加大贷款投放力度，实现“塞上”系列产品落地，最大限度解决农民“融资难”“融资贵”痛点，共发放移民贷2笔，金额7万元，养殖贷1笔，金额20万元。不断助力乡村振兴，12月底，累计拓展双十服务点22个，双五十服务点8个，双一百服务点3个。乡村振兴卡发行3064张。累计签约农户数1815户，2021年新增87户。服务点当年时点资金沉淀新增1369万元，年日均资金沉淀当年新增874万元。住房租赁业务新突破，配合县住建局完成了公租房管理信息系统的上线运行，大力发展金融科技平台。共签约党费云平台11户、建融慧学平台6户、校园e码通1户、智慧村务25户。

【提升资产质量】 2021年，中国建设银行贺兰支行狠抓逾期贷款的常态化催收工作，持续做好客户履约提醒工作，利用新一代系统功能支持，每天查询次日还款全部客户的扣款账户余额，对账户余额不足的逐户进行电话提醒，最大程度地减少客户逾期，提高催收效果。对拖欠时间5天以上的逾期贷款利用班后及周末实行双人上门催收、送达逾期贷款催收通知书现场了解客户状况，与客户现场制定还款计划，坚决遏制逾期贷款下迁不良。通过以上措施，收回或上迁不良资产500余万元。个人贷款不良额和不良率双降，提升了防范风险的能力。

【消费者金融知识宣传】 2021年，中国建设银行贺兰支行开展了网点防范非法集资宣传活动、“3·15”金融消费者权益集中宣传活动、“普及金融知识，守住你的‘钱袋子’”、全民国家安全教育日和反洗钱宣传等大型金融知识普及活动，通过播放宣传教育口号、印制宣传海报、设立户外咨询台发放宣传折页等形式，吸引群众广泛参与，全面落实消费者权益保护工作，加强消费者金融知识与技能普及力度，提升消费者风险识别能力，强化自我保护意识和责任承担意识。以“内控合规管理建设年”为主线，主动发现经营发展中的内控合规问题，开展合规调研、宣传工作，举办“合规文化大家谈”征文活动，全面筑牢合规经营底板。

贺兰农村商业银行

【概况】 2021年，贺兰农村商业银行按照稳中求进的工作总基调，以推进高质量发展为主题，着力做好“培育特色、优化结构、提质增效、激发活力”四篇文章，坚决打好存贷款结构调整、不良贷款清收、合规管理“三大攻坚战”，各项经营管理工作实现了可持续、高质量发展。

【负债结构进一步优化】 2021年，贺兰农村商业银行推动对公存款稳步增长。建立起分级联动的对公存款营销体系，确定由董事长、行长对接县委、县政府主要领导及财政部门，班子成员对接政府职能部门和乡镇党委政府，支行行长对接各乡镇（街道）、管委会、村组主要负责人、重点客户，客户经理开展上下游产业全流程营销，有效促进了财政性存款稳步增长。加大农村各类对公账户营销，由班子成员主抓，部门、支行配合，对全县64个行政村的经济合作组织账户开展营销，建立商事登记服务平台，通过营销成为贺兰县唯一一家入选贺兰县行政审批线上工商开户合作单位的金融机构，有3家网点可以办理开户登记业务。对接贺兰县集中供热改造工程项目，全力营销昊阳供热运营公司收费账户及“五大”供热公司改造补偿款，加大收单码牌布放力度，为小微商户提供一揽子金融服务，进一步提升对公小微客户存款留存度。

【低成本存款稳步增加】 2021年，贺兰农村商业银行强化考核导向，优化完善考核指标和标准，通过发挥存款付息率指标的杠杆作用，引导支行在低成本存款营销上下功夫。

【个人基础客群稳步增加】 实施个人基础客户增户扩面，持续加强借记卡、社保卡、收单商户等业务营销攻关力度，加大开户力度，力求拓户扩面增量增效。在全县64个行政村，设立便民金融服务点60个，与贺兰县社保中心签订银政联办社保卡“服务窗口”协议，成功进入社保卡制卡、换卡行列。在政务大厅“服务窗口”安排机具、人员开展换卡工作。

【信贷结构优化】 2021年，贺兰农村商业银行结合黄河流域现代农业高质量发展示范区建设、黄河银行“三个银行”战略目标、贺兰县“十四五”规划及“8+1”重点特色产业高质量发展总体布局，确定了以农户为基础、新型农村经营主体为支撑、小微企业为补充、乡村振兴基础设施项目支持为新增长点的发展方向，通过优化服务方式、开展差异化授权、实施“大干60天”信贷攻坚活动等，实现贷款稳步增加、结构进一步优化。围绕城乡两个市场，按照“额小、面广、分散”的原则，抓实“三农”关键领域金融供给，深入推进整村授信工程，依托黄河e贷、兴农e贷，重点围绕存量农户担保人、粮补医保农户、流失农户，采取上门错峰办理、村队集中办理、预约批量办理等措施，大力拓展未授信农户、已授信未用信农户及他行优质客户。完成60个行政村的整村授信工作，授信户数14652户，授信金额86243万元，用信户数5866户，用信金额34674万元，整村授信工作初见成效。结合贺兰县“8+1”产业体系和“十四五”规划，围绕黄河银行九大特色产业名单，开展走访营销，重点对粮食、蔬菜、奶牛养殖业、葡萄产业开展全方位的金融支持，确保名单客户“户户见面”；主动对接各类新型农村经济组织，打造“企业+基地+农户”模式，大力支持农业产业链、供应链上下游客户，夯实农村基础客群。下发的80户九大特色产业名单中，支持25户，金额1.67亿元；支持贺兰县主营特色优势产业6178户，发放贷款8.2亿元。按照“有退有进”的原则，逐步降低贷款集中度，从贷款行业、客户群体、客户区域、战略额度严把新增客户准入关，新增客户贷款额度原则上不超过1000万元；对关联关系贷款和超出战略额度贷款全面梳理，实行名单制管理，对超战略额度的，逐步压降至战略额度内，并把基础客户的占比作为支行经营考核的一项重要指标。严格执行信贷政策指引，主动退出、压降“负面清单”行业贷款，严控涉房地产等贷款业务，贷款集中度及限控行业风险管控逐步加强。

【资产质量整体向好】 2021年，贺兰农村商业银行严控新增贷款质量，强化贷款“三查”制度，定期开展信贷业务专项检查和“回头看”自查，不定期对集中风险点和薄弱环节进行规范培训，切实提升信贷业务合规操作水平，不断强化风险防控力度。在调整充实风险官2人的条件下，对支行审批权限进行差异化授权，调整优化贷款营销权限和部门设置，设立小微金融部，对500万元以上大额贷款集中管理，由班子成员兼任部门负责人亲自抓，并选配专业能力强、经验丰富的优秀客户经理，有效提升风险控制能力。适度控制存量客户增信业务，把挖转他行优质成熟客户作为贷款营销的一个主要方向，做实资产质量。强化不良贷款管理。强化监督力度，发挥监事会、纪委监督作用，制定监督方案，组织开展“清非攻坚”专项监督，跟踪督导落实情况，确保各项不良清降工作推进有序、落地落实。强化清收措施，成立“清非攻坚”工作领导小组，印发《2021年“清非攻坚”专项活动实施方案》，持续推进“清非攻坚”竞赛活动，全面梳理不良贷款，建立健全台账，逐户对接，按周督导，对符合缓释政策的贷款，积极推进，减少存量贷款裂变风险。强化问责力度，修订完善不良贷款管理办法和不良贷款清收奖励办法，严格不良贷款管控，严惩新官不理旧账等现象。对转授权业务、征信业务、信贷基础数据治理、线上贷款贷后管理、新增大额贷款、按揭贷款转抵押等16项内容开展专项检查。

【内控管理】 2021年，贺兰农村商业银行制定《贺兰农商行合规文化建设三年规划（2021—2023年）》，持续推进包括合规理念、制度文化、执行力提升等内容的合规文化建设，推动形成由“人盯人”到“制度管人”，最终达到“文化育人”的合规文化建设目标。成立“内控合规管理建设年”活动领导小组，由董事长任组长，下设6个专项工作组，从重点业务领域、重要岗位及关键人员管理、内控合规机制运行及合规文化建设、屡查屡犯集中整治、消费者权益保护及内控合规治理架构6个方面进行排查，有效覆盖重点领域和关键岗位。为审计、信贷、合规等部门配备专职检查人员5名。强化员工合规教育，印发《贺兰农商行2021年员工教育培训计划》，编制《员工合规教育手册》，通过现场培训、登塔学苑App培训、参观警示教育基地、观看警示教育片、案防演练等，促使员工学制度、用制度、守制度，全年开展各类培训50余场次，有效提升了员工合规意识，增强了廉洁从业的主动性。组织开展员工异常行为排查，签订合规承诺书及案件防控责任书，按季开展合规知识测试，在内网设立“内控合规管理建设年”活动专栏，持续传导合规理念，营造合规文化氛围。开展内部规章制度“立改废”工作，修订完善内控规章制度，新制定制度37项，修订制度41项，制度体系进一步完善。修订《贺兰农商行支行薪酬管理办法》《贺兰农商行支行薪资考核实施细则》，简化考核制度体系，整合减少考评制度2个，优化薪酬组成体系，建立以基础薪酬体现岗位价值，考核薪酬强化业绩激励，延期薪酬有效覆盖风险，强化后续激励的薪酬组成架构，按照主责主业突出化、目标任务差异化、考核导向明确化的原则，优化考评指标，着重解决基础薪酬比例不符合监管要求、考评指标过多、考核方式过繁的问题，在保持总体收入水平基本稳定的前提下，拉开了薪酬考评等次，充分调动员工积极性，切实体现了多劳多得、按绩取酬的分配原则。制订年度检查计划，开展会计运行、反洗钱、网络信息安全、安全保卫、代理保险及理财、新增大额贷款、按揭贷款及抵质押品等专项检查，及时纠正管理工作中的风险漏洞和薄弱环节。发挥审计监督职能，聚焦经营管理中的薄弱环节，有针对性地开展审计项目。加大对运行条线高风险及特殊业务的检查力度。

商贸　流通

Shangmao Liutong

商务和投资

【社会消费品零售】 全县累计实现社会消费品零售总额106.85亿元，同比长7.9%，比2019年同期下降4.2%，两年平均下降2.1%。

【招商引资】 全县招商引资项目102个，协议总投资155.95亿元，实际到位资金51.73亿元。其中，新引进、新开工项目68个，协议总投资89.30亿元，实际到位资金36.45亿元；续建项目34个，协议总投资66.65亿元，实际到位资金15.28亿元。预计全年招商引资项目实际到位资金60亿元。

【电子商务】 贺兰县实现电子商务交易额80.07亿元，网络零售额37.99亿元，同比增长46.19%，在银川网络零售额中占比27.87%，排名第1位。

【企业管控】 2021年，贺兰县招商局制定《贺兰县进口物品"四查验"机制》《贺兰县进口物品报备、追溯机制》《关于海吉星物流园疫情防控的工作方案》，组织召开疫情防控推进会20余次，发放宣传海报500余份、宣传条幅150条、文明一米线4000余条、温馨提示50份。分片包抓责任到人，41家商超、30家加油站、8家二手车市场积极履行企业主体责任，切实做好测温、验码、消毒、通风、戴口罩、健康监测、疫苗接种、物资储备和宣传等，确保防控工作宣传到位、检查到位、监管到位、整改到位。多举措保供稳价，协调各流通企业推广线上点单、无接触配送方式配送生活必需品，及时协调县内大型蔬菜供应商加大采购、调运力度，海吉星物流园日均库存保持在3500吨。

【推动产业发展】 2021年，贺兰县招商局编制《贺兰县商贸流通业"十四五"发展规划》《关于提升贺兰县汽车销售及服务产业的实施方案》《贺兰县汽车销售及服务产业发展扶持政策》，推动产业发展。积极组织汽车企业参与"3·15""五一"车展，配合市商务局对购买1.6升及以下汽车、新能源汽车给予交强险补贴行动，进一步稳定和扩大汽车消费。联合县委宣传部、县文旅局、县总工会发布《关于举办贺兰县2021年首批绿色智能家电以旧换新惠民工程暨"美丽乡村 文化大集"文化科技卫生三下乡活动的通知》，为承办方银川新华百货东桥电器有限公司协调相关事宜，落实惠民政策。完成促销21万元，家电以旧换新12笔。

【立项资金争取】 积极向自治区商务厅、银川市人民政府争取2021年春节储备肉菜投放点19个，保障全县居民春节期间生活消费需求。出台《2021年贺兰县"爱尚贺兰 惠享生活"消费促进活动方案》，开展10项促销活动，促进消费市场全面回暖。申报银川市2021年现代物流业发展项目13个、银川市2021年农产品市场体系建设项目3个、2021年度银川市企业品牌培育及展示展销中心建设奖励资金项目5个。拨付常信乡农贸市场提升改造建设项目补助资金52.4万元。争取商务服务业发展专项资金50万元。

【市场品牌建设】 2021年，贺兰县招商局推荐厚生记、百瑞源、绿天果业、杞乐康等20家企业参与银川市名优产品推介名录企业、品牌评选；推荐百瑞源、厚生记、原歌葡萄酒代表自治区优秀企业参加第三届中国西部国际投资贸易洽谈会；推荐厚生记参加“缤纷塞上·惠民乐购”消费季暨宁夏“6·18”全民购物季，与西吉世昌商贸有限公司、盐池人人乐商贸有限公司形成合作意向；推荐宁夏兴耘田现代农业开发有限公司参加2021全区产销对接暨农商互联赋能乡村振兴大会，同海口琼山梁马保蔬菜批发档口达成合作，双方签订采购协议总额6100万元；推荐伊聚德参加2021国际肉类产业博览会暨牛羊肉产销对接大会，与天津羊大爷餐饮管理有限公司签署宁夏滩羊生鲜羊肉供应合作战略，提高品牌知名度，助力企业扩大实物型产品线上市场销售份额。

【行业监管】 2021年，贺兰县招商局成立食品安全“双创”宣传工作组，与市场监督管理局联动配合，通过发放宣传海报126张、悬挂横幅41条、播放电子标语等，全力加强商超领域食品安全宣传工作。制定《关于开展贺兰县食品安全示范夜市创建的活动计划》，依托“六六大集”开展食品安全示范夜市创建活动。建立商务系统失信联合承接名单制度，对全县41家大中型商超、30家加油站、8家二手车市场进行失信联合惩戒对象管理；开展商务领域信用承诺制度建设，与企业签订《贺兰县商务领域信用承诺书》，进一步引导企业树立诚信经营理念，规范经营行为。制定《2021年贺兰县开展单用途商业预付卡专项检查工作方案》，完善单用途商业预付卡发售备案流程，排查商超28家、加油站20家、二手车市场6家，完成登记备案企业17家。

【电商发展】 2021年，贺兰县招商局引入第三方电商运营公司，全力推动宁浙电商创业园发展。园区入驻企业和电商交易额呈现快速增长态势。成功申报“2021年度国家级电子商务进农村综合示范县”，争取到国家级资金1500万元。宁浙电商创业园成功申报获批自治区创业孵化基地、银川市青年人才见习基地。组织电商企业及团队积极报名参加宁夏全民电商节活动，宁夏赤潮科技有限公司、宁夏中锐文化传播有限公司分别进入银川赛区前20强、50强，进一步带动电商热情，激发全民消费潜力。

【招商引资】 2021年，贺兰县招商局制作《银川·贺兰重点产业招商引资项目册》《贺兰县“十四五”招商引资行动计划》，为招商引资宣传和项目对接提供保障。出台《贺兰县关于加大产业招商引资力度服务高质量发展的若干意见》，为集中优势力量招大引强提供政策保障。积极对接第三方招商机构协助园区招商，贺兰工业园区与古川联行、中产集团商洽委托招商；银川市军民融合产业服务中心积极对接武汉光谷联合集团有限公司洽谈委托招商。

【项目签约落地】 2021年，贺兰县招商局与中核汇能、国家电投、碧桂园、浙江甲骨文、苏州立讯国内知名企业洽谈合作。主动对接京津冀、长三角、珠三角、川渝等地区项目。园区新引进、新开工项目26个，各乡镇场新引进、新开工项目17个，各重点责任部门新引进、新开工项目18个；园区实施续建项目20个，各乡镇场实施续建项目10个，各重点责任部门实施续建项目6个。借助银川市“春季大会战”相关活动平台，组织4家外资企业参加在银投资外资企业座谈会，促成宁夏爱至礼食品有限公司花园观光式烘焙项目、宁夏康泰隆中药饮片生产加工项目和昇兴（宁夏）包装有限公司三片罐制罐生产线建设项目3个项目签约。借助在厦门举办的“闽宁经贸合作交流恳谈会”平台，积极宣传推介贺兰并对接考察项目6个，签约项目1个，线上签约项目2个。举办“奋战一百天、冲刺四季度”项目签约仪式暨政银企座谈会，促成宁夏晟安建设工程有限公司总部经济项目、中核汇能有限公司水光互补生态治理示范光伏项目、宁夏康泰隆中药饮片有限公司中药饮片生产加工项目、宁夏碳鑫隆科技有限公司微波等离子体化学气相沉积法设备研制及单晶碳量产项目、汤姆森电气有限公司复合材料项目5个项目签约落地。

【安全生产】 2021年，贺兰县招商局认真贯彻落实2021年度安全生产工作任务，严格落实安全生产责任制，安排部署全县商贸流通行业安全生产工作要点，召开安全生产工作会议和安全生产季度专题会议，与辖域内商贸流通企业签订安全生产目标管理责任书，严格要求企业落实好各领域的安全生产主体责任，明确其目标任务和工作措施，切实做好安全生产"五到位"。召开季度商贸流通领域安全生产暨消防安全专项整治三年行动部署会议、商贸流通领域消防及安全防范会议共4次，组织安全暨消防培训2次，各企业制定及完善安全生产事故应急预案，配备应急救援人员、器材和设备，开展经常性的安全生产自查，并定期组织培训和演练。结合重大节假日和不同时期安全生产工作的重点，在春节、两会、五一、中秋、国庆等重大节假日和重要时段前开展所辖区域商超、加油站等人员密集场所消防安全检查工作，制定方案督促企业进行自查自纠和隐患排查工作。

【二手车流通管理】 2021年，贺兰县招商局按照《二手车流通管理办法》对二手车交易市场和二手车经销企业进行备案，严把准入条件，严格按照相关行业规定对全县二手车交易市场及二手车经销企业进行备案管理。不定期对县域内二手车市场开展执法检查，对县域内8家二手车市场开展摸排检查，与二手车流通市场逐一签订"安全生产"责任书，联合税务部门对二手车市场发票开具行为及安全生产（消防）进行检查，强化企业主体责任，规范二手车交易行为，营造合法有序的市场经营环境。

供销合作

【"两个体系"建设】 2021年，贺兰县供销合作社共建立村级综合服务社8家、为农服务中心1家、仓储配送中心2家，进一步解决了城乡居民对生活日用品、农业生产资料、农产品销售、农机作业服务等一系列的需求。争取自治区供销社"两个体系"建设资金60万元，扶持立岗供销合作社和宁夏红樱荟萃农业发展有限公司的发展。

【强化联合社监督作用】 2021年，贺兰县供销合作社本着社企分开和便于资产监管的原则，发挥贺兰县商供资产管理有限公司作用，在社总支的监督下，盘活用好社有资产，以股权投入的方式扶持社属企业经营发展，并及时做好日常监督，确保国有资产保值增值。

【服务乡村振兴】 2021年，贺兰县供销合作社不断深化供销合作社综合改革，切实加强"五个供销"建设，深度融入乡村振兴战略，全面落实开放办社各项工作，有效提升供销合作社的社会影响力和品牌凝聚力，更好地发挥供销合作社服务农民生产生活的综合性平台作用，成为党和政府密切联系农民群众的桥梁纽带。开展了蔬菜病虫害防治、测土配肥、育苗等各种技术培训，为农户提供田间观摩，专家授课，提升农户种植水平，采取统一订购农资，提供订单种植，帮助农户销售产品。开展飞防作业、播种作业、深翻作业等社会化农机服务面积达3万亩。上报市商务局冷链物流建设项目4个，建设面积5000余平方米，开展土地托管农业社会化服务面积6万亩，通过一系列社会化服务举措，为农民增收，为乡村振兴助力。立岗镇通义村村民委员会实行村社共建，共同成立宁夏通义香田农业发展有限公司，注册资金300万元，开展水稻、种植、仓储、加工、销售一条龙作业，探索为农服务、乡村振兴新模式。

【农资供应服务】 2021年，贺兰县供销合作社年初储备各类化肥7000多吨、各种农药2000多件、小麦种子1300多吨、水稻种子2500多吨、玉米种子120000多袋，满足了春耕生产的需求。疫情期间，发挥了主渠道作用，春耕供应工作平稳度过。积极配合县农牧局、县市场监管局等部门开展农资市场执法检查，清理整治制假售假、哄抬价格等违法行为，维护农民群众权益。积极与化肥储备企业负责人对接，做好化肥储备工作。

【项目资金争取】 2021年，贺兰县供销合作社完成招商引资到位资金2500万元，占全年任务的50%；

固定投资入库300万元，占全年任务的33%，争取上级部门项目资金1724万元，占全年任务的115%。

烟草专卖

【概况】 2021年，烟草专卖局认真落实全国、全区、全市烟草工作会议精神，以党建为统领，聚焦高质量，凝心聚力求发展、脚踏实地讲奋斗，全力做好常态化疫情防控工作，各项工作稳中有进。

【营商环境】 2021年，烟草专卖局建成现代终端388户，其中农网现代终端52户，占农网客户的比重为8.38%。深入开展“我与客户共成长”实践活动，扎实推进客户满意度提升百日攻坚战工作，全年上缴利税12094万元。

【监管效能】 2021年，烟草专卖局集中精力打击涉烟违法活动，重点整治中小学校周边销售零支卷烟，电子烟、无证经营等违法违规行为。依托“5+”工作模式，精确严打物流寄递涉烟违法行为。稳步推进《贺兰县烟草制品零售点合理布局规定》，合理布局规定实施。查获真烟非法流通案件85起、非法流通卷烟43.45万支。查获物流寄递渠道涉烟案件265起，涉案数量52.8万支，涉案金额16.63万元。

教育　体育　科技　气象

Jiaoyu Tiyu Keji Qixiang

教　育

【概况】 2021年，贺兰县教育工作以习近平新时代中国特色社会主义思想为指导，深入贯彻党的十九大和十九届二中、三中、四中、五中、六中全会精神和全国、全区教育大会精神，聚焦立德树人根本任务，坚持从政治上看教育、从民生上抓教育、从规律上办教育，大力实施基础教育质量提升行动，先后制定落实《贺兰县基础教育质量提升行动实施方案》《贺兰县教育高质量发展三年行动计划》《贺兰县关于深化教育教学改革全面提高义务教育质量的实施方案》《贺兰县学前教育深化改革规范发展实施方案》《贺兰县关于全面加强新时代中小学劳动教育的实施方案》《贺兰县创建义务教育优质均衡发展实施方案》，持续探索教育高质量发展的贺兰路径，为建设黄河流域生态保护和高质量发展先行区示范县贡献教育力量。

【提升育人质量，坚持德育铸魂】 2021年，贺兰县教育局组织开展全县"互联网+创新素养教育"背景下思政一体化建设中小学道德与法治学科课堂教学展示与评比活动，持续深化"三全育人"综合改革，加快推进中小幼各学段德育一体化、中小学思政课一体化建设，构建不同学段循序渐进、螺旋上升的工作体系。组织参加银川市创新素养教育小学语文、初中道德与法治学科优课大赛，自治区市"互联网+"背景下部分学科教学评比观摩等活动，邀请自治区市教研员开展基于创新素养教育的初中学科课堂教学建议等讲座及研讨18场次，持续创建创新思维发展教育教学环境。在全区创新素养教育和"互联网+教育"背景下中考原创试题征集评选活动，获奖22件；在全区基础教育精品课遴选工作中，县级上传92节精品课，其中县优推选86节，市优推选69节，省优推选29节上报教育部。积极搭建体育活动平台，让孩子走出教室、走进操场、奔向跑道。组织开展2021年校园足球夏令营最佳阵容选拔活动，13名中小学生入围自治区级足球最佳阵容。在2021年全区学生田径锦标赛中，取得初中组第二名，高中组第四名的佳绩。开展贺兰县中小学生合唱艺术节，组织参加银川市"童心向党——庆祝中国共产党成立100周年"中小学生绘画大赛暨绘画作品展，"笔墨中国 汉字书写大赛"、庆祝中国共产党成立100周年"感党恩 共筑梦"银川市中小学生书法作品展、宁夏教育厅庆祝中国共产党成立100周年书法教师作品展、2021年银川市第十三届经典诵读比赛等活动，提升美育工作水平。在银川市第十三届经典诵读比赛中获团体一等奖1个、二等奖5个。制定《贺兰县新时代中小学劳动教育方案》，全县各中小学、幼儿园多角度、多形式开展学校劳动、家庭劳动、社区劳动教育和社会实践活动，不断丰富劳动教育途径。上报自治区劳动教育、劳动实践及劳动实践活动课精品课12节，获一、二等奖各1节。成功创建"全国中小学劳动教育实验区"。通过开展全国第26个"爱眼日"系列活动、全县中小学近视防控工作落实推进会、全县中小学学生视力健康电子档案培训、预防近视培训、督查各中小学眼保健操开展情况等方式，完善近视防控体系。组织开展全县中小学、幼儿园心理健康教育培训，贺兰县2021年中小学心理健康教育主题班会展评等活动，持续提升心理健康教育专业化水平。

【教育公平】 2021年，贺兰县教育局新建、扩建4所幼儿园，新增6所配套园，增加学前教育学位3060个。推动建立与新型城镇化和乡村振兴战略相适应的学校布局，投资43556万元，新建、续建10所学校，增加学位8070个，保障学生就近入学，有效化解大班额、大校额。投资15511万元，迁建贺兰回中，改善贺兰回中办学条件。全面推进贺兰一中特色示范高中建设，培养模式和管理方式改革，整体提升人才培养水平。探索合作办学模式。与华中师范大学签订项目合作意向书，在基础教育领域建立了合作关系，以充分利用华中师大的优质教师资源、科学的管理制度、先进的教育理念促进贺兰县基础教育高质量发展。设立"贺兰县教育高质量发展基金"，引导更多社会资本支持贺兰教育事业发展，为改善办学条件、优化教师队伍、培养创新人才、提升教育教学质量凝聚更强大的社会力量。

【学生"五项管理"】 2021年，贺兰县教育局以加强作业布置管理、加强作业指导管理、加强作业批改管理等"三个加强"，全面实现作业"减量提质"；以落实学校责任、加强家校协同、加强睡眠监测等举措明确"三个主体"，实现学生睡眠时长有保障、监测有方法、质量有提高；落实手机入校申请制度、学生手机校内统一管理制度、禁止手机布置或完成作业制度等"三项制度"，做到手机"管得住、用得好"；成立学校课外读物推荐与管理领导小组、抓好进校园读物监管、加强监督检查"三项举措"，实现课外读物全过程管理；以建设全国青少年近视防控试点县、全国中小学劳动教育实验区、创建全区体教融合示范县等"三个示范"为引领，抓好体质管理。

【"双减"工作】 2021年，贺兰县教育局制定《校外培训机构专项治理实施方案》，建立定期协商机制，成立专项治理专班，召开贺兰县教育工作领导小组"双减"工作推进会，进一步明确校外减负工作各部门职责。严格按照"三个一批"的要求加快推进校外培训机构专项治理工作。印发《贺兰县教育体育局关于组织开展暑期托管服务的实施方案》，组织各校在暑期托管服务的基础上，对2021年秋季开学后推行的课后服务"5+2"模式进行进一步的细化，在严格做好规定动作外，实行"一校一案"，采取"1+X"模式，在统一作业辅导、答疑解惑外，开展丰富多彩的科普、文体、艺术、劳动、阅读、兴趣小组及社团活动，增强课后服务吸引力。

【师德师风建设】 2021年，贺兰县教育局坚持把师德师风作为第一要求，落细落实新时代教师职业行为十项准则，切实加强教师思想教育工作，让教育者先受教育。大力弘扬高尚师德，严格执行师德师风一票否决制，对师德失范行为始终保持零容忍。持续优化教师资源配置。通过自主招聘、选调、事业单位招考、公费师范生招录、特岗教师录用等方式招录在编教师321人。抓实培训促教师能力提升，配合中教云平台，组织6所中小学校开展数字教材入校培训16场次，960余人参加。提升教师地位和待遇，以庆祝第37个教师节为契机，通过深化一次党史学习教育、组织一次教师走访慰问、举行一次为教师"亮灯"公益行动、制发一份感谢信函、开展一次师德师风承诺活动等"五个一"系列活动，在全社会营造尊师重教的浓厚氛围，增强教师铸魂育人的荣誉感。组织10次明察暗访，专项督查教师有偿补课等师德失范行为，处理2名教师师德失范行为。在校园和网站等媒介公示学校师德师风监督举报电话、邮箱，邀请"两代表一委员"担任师德师风监督员，全方位加强师德师风监督。

【校园治理】 2021年，贺兰县教育局扎实推动校园治理工作基础性、创新性、先导性任务落实落细，2021年被自治区党委教育工作领导小组评为全区第一批校园治理达标县。努力净化校园及周边安全环境。重点整治流动商贩不规范经营、校园周边200米范围内存在娱乐性经营场所、商铺向学生偷售香烟、"三无食品"、低俗玩具及非法出版物等问题。开展扫黑除恶,加强校园欺凌问题整治,师生安全感、满意度明显提升。有效预防各类安全事故发生,将中小学生安全教育纳入年度教育教学课程安排,开展卫生防疫、食品安全、消防安全、道路交通、用电安全、防溺水、防震减灾等安全教育活动,有效预防各类安全事故发生。

【精神文明建设】 2021年,贺兰县教育局积极开展文明城市常态化创建工作,全县各中小学、幼儿园以不同形式开展"爱国卫生日"活动,力促疫情防控和文明城市创建。扎实开展未成年人思想道德建设工作。成立以教育体育工委书记、教育体育局党组书记、局长为组长的"贺兰县教育系统未成年人思想道德建设工作领导小组",指导各中小学建立和完善以政教处、德育处、共青团、少先队、年级组及班主任为主线的德育工作网络,组织开展"文明宿舍""文明班级"和"新时代好少年"评比活动,全县评选县级"新时代好少年"25名,校级"新时代好少年"2687名,2名同学被评为银川市"新时代好少年"。常态化开展志愿服务活动,充分发挥教育系统志愿服务在参与文明城市创建工作中的积极作用,努力打造教育系统"蓝精灵"志愿服务品牌,重点开展"小手拉大手 共创文明城""红领巾在行动"等代表性志愿服务项目10个,下设"蓝精灵"志愿服务分队176个。

【教育服务能力提升】 2021年,贺兰县教育局实施"一校一对策、一生一责任人"的帮扶机制,采取进村入户、帮扶救困、"教师大走访"等措施,落实劝学复学4人,落实46名残疾学生送教上门。农村义务教育阶段学生零辍学,义务教育阶段儿童无因贫辍学。全面落实教育惠民政策,不断探索助学新渠道,提高学生资助工作的社会效益。认真落实学前至高中阶段各类惠民政策。2021年,落实教育资助资金239.46万元,惠及学生4352人。

体 育

【概况】 2021年,贺兰县体育运动中心坚持体育以满足广大群众日益增长的精神需求为出发点、以增强全县人民体质和提高健康水平为目标、以培养优秀体育后备人才为着眼点、以培育体育品牌为突破口,群众体育、竞技体育和体育产业协调发展,各项工作顺利推进。

【群众体育】 2021年,贺兰县体育运动中心组织贺兰县中小学生运动会于4月9日至5月25日举行,共设中小学组7个单项比赛,全县28所中小学参加。5月15—25日举行了全县第六届职工运动会,全县50个单位近2000名运动员激烈角逐。举办了全国第十四届运动会群众比赛乒乓球项目宁夏地区选拔赛,全区近500名运动员参加比赛。9月21日、22日举办"中国农民丰收节"贺兰县农民篮球赛。10月12、13日举办了贺兰县第九届离退休干部、老年人运动会,参加比赛的运动员700余名。11月27日、28日举办了贺兰县2021年乒乓球团体联赛。11月15日至12月27日举办贺兰县中小学生跳绳大赛(线上)。11月15日至12月27日举办2021贺兰县助力北京冬奥倒计时100天线上跑活动。

【竞技体育】 2021年,贺兰县体育运动中心坚持早、晚训练,周末、寒暑假集训,平均每天训练3小时,全年训练280天以上。2021年4月体育中心运动员代表贺兰县参加全区学生田径锦标赛暨中华人民共和国第十四届学生运动会选拔赛(中学组)比赛分别获得中学甲、乙组团体总分第四名和第二名的优异成绩,单项比赛共获得金牌7枚、银牌5枚、铜牌8枚。在银川市中学生篮球比赛中,贺兰县代表队获得初中男子组冠军,初中女子组季军。在区青少年田径锦标赛中取得甲组、乙组团体总分第三名的成绩,单项比赛共获金牌7枚、银牌5枚、铜牌3枚。在全区青少年锦标赛武术、跆拳道、羽毛球、轮滑、短道速滑、拳击等项目中取得金牌29枚、银牌17枚、铜牌23枚的好成绩。

【体育设施建设】 2021年，贺兰县体育运动中心先后争取了国家、自治区体育局专项经费674万元，投资建设贺兰县东环带状公园健身步道3千米、贺兰县半岛酒店健身步道320米及迎宾公园、通义村多功能运动场。投资52万元为贺兰县老旧物业小区和24个单位配发健身路径、休闲座椅等体育器材。自筹资金维修、改造贺兰体育馆。实现体育基础在城市社区、乡镇农村的全覆盖，人均体育面积3.07平方米，机关、学校体育设施向社会开放、公共体育场馆免费或低收费向公众开放，公共体育设施开放率达到90%以上。积极打造县城10分钟健身圈。

【体教融合】 2021年，贺兰县体育运动中心从加强学校体育工作、完善青少年体育赛事体系、促进青少年全面健康发展等方面着手，坚持五育并举，加强体育和文化教育的充分融合，努力构建德智体美劳全面发展的培养体系。通过"抓课程，强体质""抓活动，强品质""抓品牌，强特质""抓协同，强素质"的举措推动贺兰县体教融合发展。积极开展"一校一品"或"一校多品"体育项目培育工作，落实"阳光体育工程"，打造形式多样、各具特色的品牌活动。

科 技

【概况】 2021年，贺兰县科技局深入学习贯彻党的十九大和习近平新时代中国特色社会主义思想及习近平总书记视察宁夏重要讲话精神，主动适应新发展阶段，贯彻新发展理念，融入新发展格局，进一步推动科技创新体系建设、加大科技创新投入、优化科技创新平台、引育科技创新人才、加快科技成果转化，为县域经济高质量发展奠定了坚实基础。

【创新政策体系】 2021年，贺兰县科技局出台《贺兰县推动科技创新引领高质量发展实施意见（2021—2023年）》《贺兰县促进科技成果转移转化实施方案》《贺兰县关于深入推进科技特派员制度的实施方案（2021—2025年）》等政策，优先保障扶持科技创新。积极落实区市县奖励扶持政策，配套自治区企业研究开发费用财政后补助县级资金521.83万元，配套银川市企业研发后补助县级配套资金769万元，兑现贺兰县2020年度创新驱动奖补资金720万元。

【创新投入】 2021年，贺兰县科技局围绕贺兰县"8+1"特色产业，以科技项目为抓手，以政策落实为支点，建立财政科技投入稳定增长机制，力保县级财政R&D投入以30%年增长率稳步提升。2021年县本级财政R&D投入达到2357万元，2020年增加441.23万元；争取自治区各类资金3437.4万元，其中研发费用后补助1220.2万元，企业培育资金奖励390万元，重点研发计划项目资金等1827.2万元。指导企业申报自治区重点研发、乡村振兴成果转化项目和科技特派员等项目，立项37项，资金1650.4万元。立项银川市科技创新项目11项，资金591.5万元。支持2021年度县级科技计划项目31项，支持资金520万元。

【创新主体培育】 2021年，贺兰县科技局从技术创新、研发投入、科研组织、成果转化等方面制定贺兰县创新主体培育计划，进一步强化企业技术创新主体地位，加快推动产业向"四化"发展。2021年第一批国家高新技术企业认定3家，第二批申报国家高新技术企业2家，备案自治区科技小巨人企业4家，自治区科技型中小企业26家，自治区创新型示范企业3家，新增有研发活动规模以上工业企业8家。

【创新平台建设】 2021年，贺兰县科技局引导科技型企业、规上企业加大研发投入，支持有条件的企业建立创新平台。2021年规模以上工业企业建立研发机构占比达到24%，指导泰益欣、荣光电节能、塞尚乳业3家企业申报自治区工程技术研究中心，拟备案欣安瑞电气、裕凌丰、领航岩棉等5家企业为自治区技术创新中心，贺兰县科技创新中心被认定为国家级科技企业孵化器。

【人才队伍建设】 2021年，贺兰县科技局吸纳清华大学、上海海洋大学、宁夏大学、宁夏农科院等科研院校的高层次科技人员60余人参与20家企业科研攻关。百瑞源、嘉日康诚2家企业柔性引进的枸杞红素靶向新功能食品开发创新团队、有机废弃物资源化再利用技术开发创新团队拟获得自治区科技厅支持。新选聘科技特派员46人，其中高校、科研院所专家教授7人，全县累计选派科技特派员121人。

【科技成果转移转化】 2021年，贺兰县科技局围绕贺兰县"8+1"特色产业，突出培育战略性新兴产业，重点聚焦企业技术攻关。登记技术合同49项，成交额1761.18万元。登记"垂直壁挂式平板太阳能热水器研发及应用"等8项自治区科技成果。促成20家农业企业与宁夏大学、清华大学、上海海洋大学开展合作，成功对接20个项目。其中：清华大学的生物絮团养虾技术、淡水养虾技术及水循环项目在科海生物、天荣现代、蓝湾渔业落地转化；水稻机械旱直播关键技术、大棚农作物生产智能检测应用技术、贵州辣椒漂浮育苗技术在广银米业、众合绿源、安品绿源落地转化。欣荣和探索贺兰山紫蘑菇、赤松茸栽培试验示范新模式，引进筛选食用菌品种4个，加大赤松茸在不同盐碱地、经果林、玉米套种地等不同区域的试验示范，实现了菌种本土化繁育，菌棒机械化生产。

【科技服务水平提升】 2021年，贺兰县科技局积极开展"科技服务进百企"活动，以片区包干责任制为抓手，围绕政策解读、需求征集举办各类培训、沙龙共13场次，入企业送服务100余次。进一步拓宽科技金融渠道，为艾尼、华泰家具争取科技金融贴息补助63.6万元；为18家科技型企业争取"宁科贷"资金4475万元；兑现创新券138张，金额109万元。提升科普服务能力，稻渔空间、丰利源认定为自治区科普基地；利用全国科技活动周、科技下乡等活动载体，积极开展科技扶贫、科技下乡等科普志愿活动，突出宣传县域科技创新成果，大力弘扬科学家精神，营造全民创新的良好氛围。

【企业发展动力提升】 2021年，贺兰县科技局依托宁夏股券交易中心大力推进多层次资本市场建设，深入开展企业融资、科技龙头企业展示培育、私募证券发行、转让及相关活动，组织全县17家企业在宁夏股权托管交易中心集中挂牌，帮助企业进一步利用多层次资本市场对接资本，提升企业发展动力。

【激发企业创新活力】 2021年，贺兰县科技局组织全县50余家企业参加自治区市县创新创业大赛，恒康科技在第十届中国创新创业大赛（宁夏赛区）暨"中国银行杯"宁夏创新创业大赛中获生物组二等奖，诺克银丰获新一代信息技术行业赛三等奖，知微生物科技获优胜奖。举办科创中心第二届创新创业大赛，16家创业企业及贺兰县6家退役军人创业企业参加，通过组织企业参赛激发企业创新创业活力。

气象服务

【概况】 2021年，贺兰县气象局紧密围绕"生命安全、生产发展、生活富裕、生态良好"和"监测精密、预报精准、服务精细"的战略任务，大力提高综合气象防灾减灾能力，为建设黄河流域生态保护和高质量发展先行区示范县提供坚强保证。

【汛期气象服务】 2021年，贺兰县气象局汛期前调整汛期气象服务领导小组，及时安排汛期工作检查，对国家级台站所有计算机、观测设备、网络、供电系统、防雷设施、车辆等进行了全面的检查和维护，修订完善了应急预案和各项业务规章制度，并严格执行。紧紧抓住灾害性、关键性、转折性天气做好预测预报及资料服务工作。

【气象防灾减灾】 2021年，贺兰县气象局更新完善全县预警接收人员信息1900余人，实现全县全覆盖。针对年内先后出现的霜冻、大风、暴雨、高温、山洪地质灾害、城市积涝等灾害性天气，通过电子显示屏、行政村大喇叭、微博和微信公众号、短信平台等渠道发布预报预警和农业气象服务信息，全力做好气象防灾减灾服务。全年共制作发布各类气象灾害预警信号161期，《气象信息专报》66期，《农用天气预报》29期。通过手机短信、显示屏、大喇叭、微博微信等发布各类信息26万余条。

【生态文明气象保障服务】 2021年，贺兰县气象局强化重污染气象条件服务能力，加强与县环保局会商，为重污染天气治理提供精准、科学决策依据。加强人工影响天气作业管理，做好生态文明气象保障，组织实施人工增雨防雹作业待命24次，作业5次，共发射增雨火箭弹27枚。

【特色气象服务】 2021年，贺兰县气象局制定《贺兰县气象局水产气象服务指标及周年服务方案》，打造贺兰县气象局适水产业气象服务示范基地，建设2块技术指标展板，建立水产特色气象服务站，购置鱼塘水温溶解氧监测自动仪。制作《贺兰水产气象服务专报》45期，撰写《贺兰县适水产业气象服务调研报告》1份。积极做好酿酒葡萄、设施蔬菜、水稻和玉米等粮食作物气象服务工作，制作《番茄气象服务专报》6期、《农用天气预报》29期、葡萄专报4期。

【气象法治建设】 2021年，贺兰县气象局同审批管理局对接气象审批权限调整后续流程事宜。做好“互联网+监管”平台应用，录入相关监管信息。更新全县易燃易爆场所名录库。大力提高气象依法行政能力，全年共开展防雷安全检查30次，检查企业36家。

【气象宣传】 2021年，贺兰县气象局利用“3·23”气象日、“5·12”防灾减灾日、“6·16”安全生产宣传咨询月以及每月下基层“三进”活动开展防灾减灾知识进社区、进学校、进农村宣传活动，对气象法律法规、防雷减灾知识、探测环境保护、气象科技服务等内容进行了系统的宣传。活动期间，共发放报刊、宣传册等5000余份、科普信息5000余条。

医疗　卫生与健康

Yiliao Weisheng yu Jiankang

卫生健康

【健康贺兰建设】 2021年,贺兰县卫生健康局纵深推进健康贺兰建设,实施全民健康水平提升行动,大力推进自治区健康促进县建设。纵深推进27个专项行动,着力打造健康环境,累计建成健康促进场所128家,其中健康促进机关45家、健康社区11家、健康促进学校31家、健康促进医院8家、健康促进企业8家、健康社区11家、健康村14家。评选出健康家庭100户。加强无烟环境建设,无烟党政机关覆盖率达到100%,创建无烟党政机关33家,建成率为60%。积极引导居民养成健康生活方式,组织开展健康科普巡讲暨"六进"活动共70余场次,发放各类宣传册3万余份;先后在融媒体中心发布信息720余条次,县电视台共播放"健康贺兰"12期,录制"健康教育课堂"12期,举办大型直播节目4场次,组织各医疗机构临床专家录制"健康小视频"70余部。

【医药卫生体制改革】 2021年,贺兰县卫生健康局组建医疗健康总院,以县人民医院为牵头医院,将县域内其他公立医疗机构、公共卫生机构、乡镇卫生院、社区卫生服务机构等作为成员单位,着力形成县域紧密型医共体落实。严格执行药品耗材采购"两票制",优化提升公立医院费用指标,两所公立医院医疗服务收入占比23.57%,门诊次均费用127.69元,住院次均费用4332.59元。推进疾控体制改革,完成县人民医院、疾控中心PCR实验室建设并投入使用,1家卫生院设置了发热门诊,7家卫生院建成了发热哨点并投入使用。为疾控中心引进6名专业人员,进一步提升实验室检测、病学调查、疫病预警等方面能力。

【健康扶贫】 2021年,贺兰县卫生健康局运用国家健康扶贫动态监测管理系统,强化对建档立卡户的跟踪管理,继续落实"三个一批"分类救治,大病集中救治、慢病签约服务、重病兜底保障率均达到100%。对脱贫村移民村所在卫生院、卫生室设置和人员情况进行摸底,查漏补缺,隆源村、广荣村、江南村、银光村等8个重点村卫生室设备配置增加到40种,基本药物配置增加到130种,增配了乡村医生,开通乡村医疗卫生机构网络,安装信息化设备,基础卫生服务能力显著提升。

【妇幼保健】 2021年,贺兰县卫生健康局全县孕产妇健康系统管理率98.7%,住院分娩率100%。孕前优生健康检查完成率82.55%,未出现孕产妇死亡病例。农村妇女宫颈癌、乳腺癌筛查覆盖率100%。新生儿四种及48种先天性疾病筛查率99.42%。儿童营养包发放率96.49%。落实卫生健康惠民政策。为824名计划生育奖扶对象发放扶助金98.88万元,为127名国家特别扶助对象发放奖扶金105.84万元。

【基本公共卫生服务管理】 2021年,贺兰县全县居民健康档案建档覆盖率89%,老年人健康管理率66%,高血压健康管理率44.48%,糖尿病健康管理率49.38%,精神障碍患者管理率96.27%。家庭医生签约124461人，签约率47.17%，其中重点人群65874人，签约服务59287人，签约服务率90%，特殊人群应签尽签。

【县级医院等级提升】 2021年，贺兰县卫生健康局协助县人民医院已完成二级甲等医院区级专家初评，金贵卫生院完成"优质基层服务行"国家推进标准验收，立岗卫生院通过了自治区级标准的验收。

【"千名医师下基层"对口支援】 2021年，贺兰县卫生健康局选派38名专业技术人员进乡镇、社区卫生机构开展技术、设备、人才、管理等方面的业务帮扶活动，通过优质医疗资源下沉的方式逐年提升乡镇、社区医疗卫生机构的服务能力。大力推广中医药适宜技术，全县乡镇卫生院实现了"中医馆"建设的全覆盖，85%的村卫生室、社区卫生服务站可提供中医药服务，为群众提供便捷服务。

【"互联网+医疗健康"】 2021年，贺兰县卫生健康局推进"互联网+医疗"远程医疗服务体系建设。所有乡镇卫生院与上端二级、三级综合医院实现了远程心电、影像会诊。开展远程心电诊断2万余例，远程影像诊断5000余例，其中完成基层远程心电8000余例，基层远程影像5000余例。

【人才队伍建设】 2021年，贺兰县卫生健康局推进重点学科和人才队伍建设，获批区市级继续教育项目共38项，有120名卫生专业技术人员通过资格考试。

【重点学科建设】 2021年，贺兰县卫生健康局协助县人民医院成功创建县危重孕产妇救治中心并由自治区卫健委授牌；县人民医院心内科顺利通过省级2021年第三批次中国胸痛中心认证资格审核预检，积极推进危重新生儿救治中心创建工作。

【基础设施建设】 2021年，贺兰县卫生健康局完成县人民医院救治能力提升项目建设主体封顶工程和14所村卫生室标准化建设任务。宁夏国良医院建设项目已竣工，南梁台子卫生院综合楼建设项目列入2022年项目谋划并做好项目对接的前期准备工作。

疾病预防控制

【概况】 2021年，贺兰县疾控中心稳步推进疾控机构体系建设，科学应对新冠等重点传染病疫情防控，努力提升疾病预防控制和应对突发公共卫生事件能力，确保全县无重大传染病暴发疫情和突发公共卫生事件发生，为维护社会安定、保障人民身体健康夯实了基础。中心党支部被县委评为全县先进基层党组织。

【疫情防控】 2021年，贺兰县疾控中心全力做好疫情防控技术保障主力军核心作用，始终坚守新冠疫情防控主责主业，加大完善防控措施，全方位科学部署，严格执行全天候值班值守。多层次开展专题培训及医院学校、养老机构、商贸物流、公共场所、园区企业等全方位疫情防控督导技术指导。全县无确诊及疑似病例、无症状感染病例报告。

【提升应急防控检验检测能力】 2021年，贺兰县疾控中心投资320万元建成疾控中心核酸实验室，改善了核酸检测机构不足现况，提高了处置能力。

【夯实群体性免疫基础】 2021年，贺兰县疾控中心实施、技术培训、疫苗保障、异常反应监测（AEFI）等。

【老年人流感疫苗接种】 2021年，贺兰县疾控中心认真组织实施65周岁以上老年人免费流感疫苗接种，保证适龄老人应种尽种。完成18995名适龄老人接种，达到群体性预防接种工作指标。

【儿童青少年近视防控】 2021年，贺兰县疾控中心稳步推进全国儿童青少年近视防控适宜技术试点县工作，进一步健全政府主导、部门协作、社会参与机制，如期完成监测、干预工作目标任务。接受上海等先进地区现场技术指导、交流，并被推荐在全国专题工作会上进行经验交流。

【传染病防控】 2021年，贺兰县疾控中心认真执行《中华人民共和国传染病防治法》，做好传染病监测、疫情处置等。全县无甲类传染病（含乙类传染病甲类管理）报告；报告乙丙类传染病20种1132例，无死亡病例报告。传染病全年发生聚集性疫情1起，及时处置1起。

【艾滋病防控】 2021年，贺兰县疾控中心全年新增报告HIV（病例及感染者）9例。规范开展AIDS及HIV感染者随访、CD4及病毒载量检测，完成新增HIV阳性配偶及子女检测13人，自愿咨询检测1098人。

【结核病防治】 2021年，贺兰县疾控中心进一步落实结核病“三位一体”防治工作模式，全年登记初诊病人258人次，接诊随访病人327人次，确诊各类活动性结核病人72例，确诊病人均落实免费治疗；完成8000余名大中专、初高中新生结核病筛查工作。

【儿童免疫】 2021年，贺兰县疾控中心规范实施冷链运转，筑牢免疫屏障。国家免疫规划疫苗10种83460剂次，非免疫规划疫苗15种55009剂次。全年无群体性疑似预防接种异常反应。

【慢性病综合防控】 2021年，贺兰县疾控中心国家级慢性病综合防控示范区创建基础工作有序开展，居民健康档案建档覆盖率、高血压健康管理率、糖尿病健康管理率、老年人健康管理率，均达到或超过国家防控指标。

【重点慢性病监测】 2021年，贺兰县疾控中心共报告各类恶性肿瘤996例，其中新发病例679例，肿瘤死亡病例317例。报告心脑血管疾病850例，以脑梗死为主。

【重大慢病医疗机构机会性筛查】 2021年，贺兰县疾控中心举办贺兰县2021年重大慢性非传染性疾病机会性筛查启动会暨培训班，机会性筛查录入5385例，超额完成自治区下达的任务。

【慢性呼吸系统疾病防治行动】 2021年，贺兰县疾控中心在四个乡镇启动基层呼吸系统疾病早期筛查干预工作，共筛查慢阻肺人数2543人，进行肺功能检测人数1204人，全人群筛查率和肺功能检测率分别为0.96%、0.46%。

【地方病防治】 2021年，贺兰县疾控中心完成碘缺乏病、饮水型地方性砷中毒、地方性氟中毒等监测、检测工作。完成1100份土源线虫病国家监测点工作。完成布病高危人群检测1800人次，诊断新发病例5人，调查网报辖区新发病例170例。完成国家级包虫病监测工作。实施B超监测1013人，学生B超筛查1705人，未查出阳性患者。申请包虫病外科手术救助病人1例；完成1000只中间宿主（羊）检测，未发现感染棘球蚴病变脏器。完成全县8194只登记家犬9轮次驱虫，驱虫治疗率为95.9%，完成犬粪棘球绦虫抗体检测600份。

【公共卫生安全监测】 2021年，贺兰县疾控中心完成7家学校、5家幼儿园、5家校外培训机构采光照明“双随机”抽检工作；完成2302名学生常见病和健康影响因素监测现场调查，对1470名中小学生开展健康常识问卷调查。开展5所学校的教室环境卫生监测。完成职业卫生监测设备招标采购，共购进设备16件。完成11家医疗机构40名放射诊疗人员个人剂量监测4次。完成农村人饮工程生活饮用水水质监测106份，以乡为单位覆盖率达到100%。完成全县30家医疗卫生单位及个体诊所医疗消毒用品188份采样监测，总合格率为94.68%。开展12轮次覆盖全县的病媒生物监测，指导县城街道、社区开展病媒防治消杀。食源性疾病监测全覆盖，年内共报告食源性疾病病例156例，完成食源性疾病事件调查处置3起。

【检验检测工作】 2021年，贺兰县疾控中心完成PCR实验室建设并投入使用，保证疫情防控核心工作的有序、有效开展。强化实验室内部质控，顺利通过国家尿碘、盐碘盲样考核和水质氟砷检测项目。通过自治区水中阴离子合成洗涤剂、梅毒样考核。完成食源性疾病、饮用水安全等公共卫生事件及包虫病、布氏菌病等现场采样监测工作。

【健康宣教】 2021年,贺兰县疾控中心向社会发布新冠疫情防控、重点传染病、慢性病等疾病预防、健康生活信息1120余条,接受群众电话咨询900余人次,制作、分发健康宣传用品近20万份。坚持日常宣传教育与主题日宣传教育活动有机结合,以线上和线下、健康扶贫、三进三下相融合的模式,全面推进"健康贺兰"建设。

卫生监督

【概况】 2021年,贺兰县卫生监督所在做好常态化疫情防控工作同时,忠实履行卫生监督职责,严厉打击各类卫生违法行为,全面完成了各项业务指标。

【疫情防控】 2021年,贺兰县卫生监督所对县级医疗机构、民营医院、乡镇卫生院疫情防控工作进行督导检查。检查医疗机构预检分诊落实情况。门诊大厅挂号处、收费取药处一米线落实情况。要求医疗机构严格落实预检分诊制度,共对100多家个体诊所、50家村卫生室进行了督导检查,对1家村卫生室诊所未严格落实预检分诊制度、1家诊所超范围开展诊疗活动的违法行为给予警告的行政处罚,对10家诊所未落实预检分诊制度、诊所内环境卫生差、接诊新冠相似症状患者的行为责令暂停执业活动。对群众举报的一起在疫情防控期间非法开展诊疗活动的"黑诊所"依法进行了立案查处。对辖区内一家医学检验中心进行检查,对其因缓报一起传染病疫情的违法行为责令改正,给予警告,对其未严格落实消毒隔离制度,医疗废物未做到日产日清的违法行为进行了立案处罚。与各医疗机构签订疫情防控责任书,加强医疗机构疫情防控意识。结合日常监督对学校托幼机构、公共场所常态化疫情防控工作进行监督检查,对存在的问题的单位下达卫生监督意见书,要求限期整改。配合县卫健局对5所驾校的疫情防控工作进行监督检查,对存在的问题提出整改意见。

【学校、托幼机构传染病防控工作监督】 2021年,贺兰县卫生监督所认真落实学校卫生责任清单,完成了春季学校及托幼机构学校卫生、新型冠状病毒疫情和学校传染病防控及饮用水安全专项督查,完成了9所学校双随机监督任务,并联合县疾控中心完成了7家学校、5家托幼机构和5家校外培训机构教室采光、照明等检测任务。针对部分学校出现的小的疫情或散发传染病病例的情况及时进行处置,防止发生较大疫情。

【卫生监督检查】 2021年,贺兰县卫生监督所对宁夏中地牧场、上陵牧业两家养殖大户开展了布病防控检查,调查处理了4起职业病鉴定纠纷上访事件,开展职业卫生双随机专项监督工作,对30家职业危害较严重的单位开展了专项检查,完成卫生监督信息录入。

【职业健康宣传下乡镇、进企业】 2021年,贺兰县卫生监督所利用农村集市设立宣传咨询点,开展职业病法律法规的科普知识宣传,提高居民对职业卫生工作的关注度。走进企业车间,结合企业特点和车间现状,宣传职业危害的种类和防护措施、劳动者职业健康权益。共协助企业培训一线职工500余人次,组织开展主题宣讲活动5次,开展宣传咨询活动20场次,印发毛巾、购物袋等宣传品和各种宣传手册共4000余份。

【公共场所卫生监管】 2021年,贺兰县卫生监督所对全县700余家公共场所室内环境卫生状况、卫生许可证、从业人员健康证持有情况进行了监督检查,共检查公共场所经营单位980户次,下达卫生监督意见书560份,公共场所经营单位卫生状况有较明显好转。协助县疾控中心对18家单位的顾客用具进行了采样检测。做好节日期间公共场所卫生安全专项检查和高考、中考、"两会"等重大活动卫生安全保障工作。进一步加强公共场所控烟管理,开展了公共场所控制吸烟专项监督,下达了责令整改通知书26份。对3家电影院、3家洗浴场所开展了公共场所通风卫生专项监督检查。

【饮用水卫生监督】 2021年，贺兰县卫生监督所加强集中式供水单位饮水卫生管理，保障群众用水安全，对2家市政供水单位、11家农村集中供水单位进行了监督检查，对58家二次供水单位进行了监督检查，检查重点是二次供水设备运行维护情况、水箱是否按规定清洗消毒、消毒设施设备使用情况，对存在的问题下达卫生监督意见书。检查县域内涉水产品经营单位4家、直饮水经营单位11家、直饮水机44台，全部按要求进行了备案。协助自助区卫生健康综合服务中心对1家涉水产品生产经营单位进行了采样检测。

【医疗机构日常监管】 2021年，贺兰县卫生监督所对全县183家医疗机构开展了日常监督检查和医疗机构不良执业积分管理。在全县范围内开展了打击非法行医专项行动。严肃查处民营医院和个体诊所、门诊部违法违规行为。对2家口腔诊所使用非卫生技术人员开展诊疗活动的行为立案处罚。对县城太阳城早市、金贵、立岗、常信、洪广等乡镇的集贸市场进行巡回检查，严厉打击游医、假医。对县城135家生活美容机构进行监督检查。对近视防治、眼镜制配机构是否开展眼科医疗服务行为进行监督检查。对辖区内是否有私自开展救护车营运工作进行监督检查。对5家医疗美容机构、135家生活美容机构开展了打击非法医疗美容服务专项整治工作。对1起医疗美容机构将场地租借给他人开展非法去疤痕手术的违法行为进行立案查处。对4家健康体检机构、3家从业人员健康体检机构进行了监督检查。

【消毒产品卫生监督】 2021年，贺兰县卫生监督所对15家放射单位和6家消毒产品生产单位进行了卫生监督，对存在问题的单位下发了整改通知，对1家存在违法行为的放射工作单位立案处罚。对1家餐具消毒单位没有取得卫生许可证擅自营业的单位进行立案处罚。开展抗（抑）菌制剂类消毒产品专项监督检查，配合自治区卫生健康综合服务中心对5家药店销售的19个抗（抑）菌制剂类样品进行抽样检查。

【乡镇卫生监督协管指导】 2021年，贺兰县卫生监督所加强对乡镇卫生监督协管人员的培训和指导，共举办月度例会培训10次，每季度对卫生监督协管工作进行督导考核。经卫生监督协管督导及绩效考核，各乡镇及社区卫生监督协管工作逐步规范，协管巡查覆盖率达到100%，协管资料逐步完善，卫生监督协管人员素质进一步提高。

文化旅游与广播影视

Wenhua Lüyou Yu Guangbo Yingshi

文化旅游

【文化活动】 2021年，贺兰县文化旅游局开展各项文化活动733场次，其中文艺演出527场次，文化艺术培训206场次。开展贺兰县2021年党史学习教育红色故事宣讲——文化系统“红色音符”文化志愿服务宣讲活动11场次；举办“颂歌献给党”贺兰县庆祝中国共产党成立100周年大合唱；开展党史学习教育专题文艺巡演67场次。结合“我们的节日”开展文化宣传活动，举办“金牛迎春·网络过大年”贺兰县文化科技卫生“云下乡”、贺兰县“迎新春”群众书法绘画摄影大赛。在各乡镇开展“文化三下乡”活动。举办第五届“书香贺兰”启动仪式。举办贺兰县2021年广场舞大赛及庆祝中国共产党成立100周年非遗创意大赛。举办“迎新春”、“党史学习教育”、“民族团结”群众美术书法作品展等形式多样、丰富多彩的文化活动。结合文化惠民，开展文艺演出活动和图书流动服务，开展“文化惠民·送戏下乡”113场次、“乡村文艺巡演”233场次、“精品剧目展演”32场次；承办“乡村文化旅游节”及“中国农民丰收节”启动仪式。组织民间文艺社团、非遗传承人开展“文化进景区”活动12场次。针对未成年人开展寒暑假假期培训；针对成年人开展2期培训班。县人社局、县老年大学等单位利用图书馆电子阅览室举办各类讲座培训23场次。

【挖掘文化遗产，弘扬民族文化】 2021年，贺兰县文化旅游局列入自治区级非遗保护项目6个，列入市级非遗保护项目23个、市级传承人16个，公布县级非遗保护项目60个、县级以上传承人53人。组建贺兰县非物质文化遗产专家评审委员会，发展壮大了非物质文化遗产保护专家队伍。新建4个非物质文化遗产传承保护基地。

【文旅发展措施】 2021年，贺兰县文化旅游局完成《贺兰县文化旅游高质量发展方案》《贺兰县文化旅游广电发展“十四五”规划》编制。主动融入《贺兰县国民经济“十四五”规划》《银川市文化旅游产业发展规划》《贺兰县乡村振兴战略规划》等综合性规划。起草《贺兰县加强旅游服务质量监管提升旅游质量实施方案》《贺兰县建设黄河文化传承彰显区实施方案》。“一核四镇六组团”全域化发展新格局进一步形成。

【新动能进一步彰显】 2021年，贺兰县文化旅游局谋划文化旅游项目6个，规划总投资1.62亿元，开工率100%。重点对接推进宁夏引黄古灌区世界灌溉工程遗产展示中心建设项目。深入挖掘贺兰工业园区的区位优势及产业基础，重点谋划对接宁夏百瑞源枸杞博物馆国家AAAA级旅游景区改造提升、西夏啤酒音乐广场公园、宁夏营养科技馆（塞尚乳业）等项目，推进工业旅游在贺兰县“多点开花、连点成线”，打造贺兰县工业旅游精品线路，打响贺兰“工业旅游”品牌。

【文化旅游】 2021年，贺兰县文化旅游局依托既有12个A级旅游景区、23家乡村旅游示范点，形成以稻渔空间大米“宁夏故事”、百瑞源“好枸杞可以贵一点”、黄河玉米村等系列产品创意为示范推广的文创产业。洪广镇金山村、立岗镇通义村、金贵镇联星村成功创建宁夏特色旅游村；艺丰农场、山河原野小镇成功创建三星级以上星级乡村旅游示范点，“两晒一促”第二季主题宣传营销活动圆满完成，网络点赞量达100余万个。

【文化旅游监管】 2021年，贺兰县文化旅游局制定了《贺兰县文化旅游广电局安全生产专项整治三年行动2021年攻坚行动方案》，先后4次召开县域文化旅游行业安全生产工作会议，推进安全生产（消防）工作综合治理，会同各部门联合开展检查。开展联合检查13次，检查各类企业260余家次，发现隐患41处，整改完成40处，隐患整改率达97.56%。组织文化旅游市场50余家经营单位负责人参加应急演练活动。严厉查处接纳未成年人上网、违规暂停技术监管等违规经营活动，坚决杜绝违法违规行为出现。出动执法检查人员120人次、检查文化市场经营企业260余家次，受理举报42起，办结率100%。开展各类宣传活动150余次，张贴海报200余张，发放各类宣传资料300余份。联合县委宣传部，对县融媒体中心、网络公司安全播出保障工作进行检查，共检查融媒体中心、网络公司12家次，出动检查人员共计30余人次。

【文化市场监督检查】 2021年，贺兰县文化旅游局县域正常营业的6家旅行社分社均购买了旅行社责任保险。累计检查各类出版物经营单位76家次。重点查处社会艺术水平考级机构未经批准擅自开办艺术考级活动、艺术考级承办机构不符合相关规定等违法违规行为，累计检查举办艺术考级活动的考点40家次，对26家不举行艺术考级活动的考级机构进行备案登记。加强禁毒工作宣传力度。向全县各网吧、歌舞娱乐场所、影院、游戏厅等场所发放禁毒小折页、禁毒宣传画300余份。

【安全隐患排查整治】 2021年，贺兰县文化旅游局每月组织人员进行安全巡查，及时发现并处理了多处安全隐患，制定文物火灾隐患整治及消防能力提升实施方案，对32处文物、博物馆单位组织了24次火灾隐患排查整治，现场整改15处，限期整改24处。协助各文保单位开展了5次消防安全培训、12次消防安全宣传及5次消防安全演练工作。

文化馆

【概况】 2021年，贺兰县文化馆充分发挥文化馆职能，整合社会文化资源，推动文化繁荣，组织开展丰富多彩的文化活动，不断提高管理能力和服务水平，全县群众文化工作取得新的突破。

【创新文化活动】 2021年，贺兰县文化馆开展各项文化惠民活动2099场次，其中文化活动673场次，送电影下乡1426场次，累计受益49.84万人次。广开艺术门类、积极开展文化辅导，培育文艺人才。贺兰县文化馆充分发挥文化辅导职能，开展各类免费艺术培训。历时两个月开展文化志愿者“乡村行”文化辅导培训活动；开展两期民族民间舞培训；开展两期广场舞培训。开设未成年人寒、暑假短期免费培训班；开设两期成年人免费培训班，极大地丰富了群众精神文化生活，全面提高了群众的艺术修养，为贺兰县文化建设打下坚实的基础。

【文化惠民】 2021年，贺兰县文化馆开展“美丽乡村”文化大集暨文化科技三下乡活动12场次、“民宿＋民俗”文旅融合过大年系列活动8场次；开展“迎新春”文化惠民文艺巡演3场次；组织并参演“童心筑梦快乐成长”贺兰县少儿春晚、“金鼠迎春欢乐贺兰”首届乡村春晚、“文化之春”戏曲春晚暨“民宿＋民俗”文旅融合过大年；举行庆“七一”慰问演出2场次、“送戏下乡”惠民文艺巡演（戏曲专场）7

场次、“送戏下乡”文化惠民文艺演出50场次、“文化惠民·乡村文艺”巡演300场次。

【深度融合文旅】 2021年，贺兰县文化馆推进乡村文化旅游繁荣兴旺。举办“首届乡村文化旅游节”启动仪式3场、“寻味行动”启动仪式、文艺演出进景区8场、第三届“中国农民丰收节”6场、贺兰县全域旅游推介暨宁夏百瑞源枸杞博物馆国家AAAA级旅游景区揭牌2场、“迎中秋·庆国庆”文艺演出进景区11场。

【书法作品展】 2021年，贺兰县文化馆举办“迎新春”、“庆七一”、“迎中秋·庆国庆”、“这是个好地方”群众美术书法作品展。弘扬了中华优秀传统文化，营造健康向上的节日文化氛围，进一步丰富全县人民精神文化生活，构建现代公共文化服务体系，宣传社会主义核心价值观，全面展示贺兰县经济社会发展成果和全县人民良好的精神风貌。

【文艺演出】 2021年，贺兰县文化馆开展“严打黑恶犯罪·弘扬社会正气”扫黑除恶专题文艺巡演10场次、“健康人生·绿色无毒”禁毒专题文艺巡演10场次、“共创健康促进县·争做健康贺兰人”专题文艺演出2场次、“移风易俗深化年”专题文艺巡演8场次；“塞上儿女一家亲·同心共筑中国梦”民族团结专题文艺巡演15场次、“七五”普法专题文艺巡演10场次。

【创新引领】 2021年，贺兰县文化馆开展贺兰县“彰显黄河文化·展示黄河文明”文旅季精品剧目展演活动36场次，推进黄河文化遗产保护利用各项工作，丰富贺兰县广大群众的文化生活，满足广大戏剧爱好者的文化需求，引导广大市民在慎终追远、缅怀先辈的情怀中认知传统、尊重传统、继承传统，增进爱党、爱国、爱社会主义的情感，营造出文明、和谐、健康的社会氛围，进一步提升群众文明素质和社会文明程度。

【挖掘文化遗产】 2021年，贺兰县文化馆开展“多彩非遗美好生活”贺兰县2020年“文化和自然遗产日”宣传展示活动2场次，开展贺兰县非物质文化遗产“德才兼备以德为先”新时期传承人培训，组织非遗传承人参加自治区“民族团结月”启动仪式非遗展示，组织非遗传承人进景区。对贺兰县文化遗产保护成果进行了广泛宣传，彰显了文化遗产的社会功用，增进了群众对文化遗产的认识和了解，营造了全县共同参与文化遗产保护的良好氛围。

【疫情防控】 2021年，贺兰县文化馆为及时有效地控制和阻断新冠疫情，保障群众的健康发展和社会稳定，切实做好贺兰县新冠疫情防控应急工作，1月28日，文化馆在会议室召开对新冠疫情防控工作落实安排会议，由馆长主持会议，对文化馆新冠疫情防控工作进行了安排部署，文化馆全体工作人员参加会议。根据疫情情况，决定取消文化活动4项48场次，取消各类免费培训班14个班次，关闭文化馆及分馆（马家寨、如意湖、欣荣村）4个，关闭各乡镇场文化站（习岗镇、金贵镇、常信乡、洪广镇、立岗镇、京星农场、南梁台子文化站）7个，综合文化服务中心41个。办公室做好信息总结汇报，思想认识要再提高。坚决落实县委县、政府相关指示要求，进一步提高政治站位，充分认识做好新型冠状病毒感染的肺炎疫情防控工作的重要性，清醒认识贺兰县疫情扩散蔓延风险、疫情造成的危害等问题，保持高度警惕，坚定必胜信心，全力以赴做好防控工作，坚决打赢新冠疫情防控攻坚战。协助县文广局对贺兰县景区、网吧、KTV、农家乐等娱乐场所新冠疫情防控工作进行了实地检查，对场所是否存在正常营业、消毒工作是否开展，宣传情况是否到位进行检查。创作主题作品“艺”起战“疫”，录制音频《致全县人民的一封信》；创作音乐快板《你我共建艳阳天》宣传防控知识，创作主题歌曲《抓紧我》发出公益之声；录制《文化馆大喇叭系列》《志愿者王大妈系列》为防疫助力。

【精准扶贫】 2021年，贺兰县文化馆按照脱贫攻坚任务要求，贺兰县文化馆在洪广镇欣荣村积极开展精准扶贫、定点帮扶工作。明确责任、文化扶贫，利用“美丽乡村文化大集”，于1月28—29日在贺兰县欣荣村和广荣村为当地群众进行送节目、送图书、送春联活动；重新梳理，填写建档立卡户基础档案，制作贫困户帮扶明白卡，对扶贫领域形式主义官僚主义问题专项督查进行整改；春节前夕，文化馆扶贫帮扶人员到欣荣村建档立卡户家进行慰问，进一步详细了解他们的生产、生活和家庭收入改善情况，询问了他们在医疗、就业和子女上学等方面遇到的困难，鼓励大家要坚定生活的信心，给他们带去了米面油等生活必需品。

【志愿者服务】 2021年，贺兰县文化馆开展旧衣服回收捐赠活动，县文化馆与县图书馆合作设立旧衣服捐赠点，发动全体干部职工捐赠旧衣物，到欣荣村赠送给当地贫困人员；开展志愿者服务日活动，每周五下午文化馆志愿者团队对卫生区域内环境脏乱差的整治，纠正了垃圾乱倒、乱扔纸屑烟头、污水乱泼、杂物乱堆、车辆乱停、门窗广告乱贴、店外经营等行为，增强商户、居民的卫生意识和文明意识。进行交通疏导，以口头说教方式，对乱闯红灯的行为进行规劝。

图书馆

【概况】 2021年，贺兰县图书馆以繁荣文化事业、促进图书馆事业发展为基础，紧紧围绕年度工作目标任务，从阵地建设、阅读推广、读者服务等方面入手，有序组织、扎实开展，圆满完成了各项业务工作。

【读者服务】 2021年，贺兰县图书馆举办了第五届“书香贺兰”全民读书节活动、“阅享端午·扫码有礼”公共数字文化推广活动等阅读推广活动。实施夏季延时开放服务，每周平均开放时间达到65小时。对一楼多能厅进行升级改造，改造后的大屏幕画质更加清晰，观影效果一流。“书香贺兰”微信订阅号全年发布推文共104期，阅览人数达到9088人次。县人社局、县老年大学等单位利用图书馆电子阅览室举办各类讲座培训共23场次。

【文化惠民活动】 2021年，贺兰县图书馆以开展文化活动为依托，并结合“我们的节日”活动主题，开展各项文化宣传活动。春节期间，在各乡镇开展“文化三下乡”活动。在金贵镇为广大居民赠送福字春联200幅、副。开展全民阅读推广活动，读者只要轻轻地扫一扫，就能将3.5万余册图书、3000余种人文期刊、300余种主流报纸、50000余集听书资源轻松带回家。在“书香贺兰”微信订阅号上举办“赏春意 品书香 暖万家”春节主题系列名家讲座活动和“幸福贺兰——寻找记忆中的年味儿”线上图文短视频手绘摄影作品大赛活动。开展第五届“书香贺兰”全民读书节活动，在活动现场为广大群众免费发放数字阅读卡和宣传折页，同时开展“党史百年红色经典”图书阅读推广活动，微信扫码阅读的电子图书达到250种。端午节期间，在欣兰广场开展“阅享端午·扫码有礼”党史百年红色经典数字图书阅读推广活动。共展出展板16块，展出党史百年红色经典数字图书共192册，发放240份小礼品。国庆节期间，开展“我们的节日·中秋国庆”数字媒体讲座，讲座旨在以社会主义核心价值为根本，在充分挖掘传统节日文化内涵的基础上，引导读者热爱传统节日、尊重传统节日、过好传统节日。

【公共数字文化项目】 2021年，贺兰县图书馆积极对标“小康指标”并谋划“十四五”项目，努力做到促提升、补短板、惠民生。围绕党史学习教育开展为基层办实事活动。为全县18个阅读岛、3个社区综合文化服务中心、1个街道文化站进行公共文化服务建设项目提升改造，配书14000册。

【线上阅读推广】 2021年，贺兰县图书馆以“我们的节日”为活动主题，开展了一系列文化惠民活动，在春节期间，开展春节系列主题名家讲座活动；联合博看网开展“百年荣光 薪火相传”庆祝中国共产党成立100周年有奖知识竞答活动；在民族团结进步月期间，开展线上专项答题活动；在疫情期间，推出线上“携手抗疫情 书香伴我行”疫情防控知识有奖竞答活动。“书香贺兰”订阅号经过几年的实践，已经打造成为集移动阅读于一体的数字媒介。

乡镇(场)街道

Xiangzhen (Chang) Jiedao

习岗镇

【概况】 2021年,贺兰县习岗镇深入贯彻党的十九大及十九届历次全会精神,紧紧围绕县委、县政府绘制的发展蓝图和重点产业布局,以党史学习教育为契机,以项目带动为重点,以改善民生为根本,以乡村治理为抓手,深入推进乡村振兴,各项工作取得了较好成绩。

【党史学习教育】 2021年,贺兰县习岗镇通过党委中心组集中学、读书班集体学、专题研讨交流学、分类培训分层学、实地调研一线学等方式,强化理论武装,凝聚思想共识,推进党史学习教育起好步;切实发挥微信、宣传栏等宣传阵地作用,举旗帜、聚民心,累计发布相关信息140余篇,其中国家级媒体采编15篇,为高标准高质量推进党史学习教育营造浓厚氛围。扎实开展"我为群众办实事"实践活动,共征集实事线索189件,办结179件,切实把学习成效转化为工作实效;深入开展"传承红色基因 献礼建党百年"等庆祝中国共产党成立100周年系列活动,颁授"光荣在党50年"纪念章77枚,大力营造庆祝中国共产党成立100周年浓厚氛围。

【基层组织建设】 2021年,贺兰县习岗镇从严落实"四个一"工作机制,聚焦"基层党建全面提升年"、"一抓两整"工作任务,召开党建例会7次、支部书记抓党建述职评议会议2次,开展党建工作专项督查3次,深入推进"三大三强"行动、"两个带头人"工程,培养选拔后备干部35名、致富带头人159名。深化党员教育关怀,申报发放党内关爱资金4.8万元;完成村"两委"换届和镇领导班子换届工作,圆满召开习岗镇第十六次党代会和第十六届人代会。

【意识形态工作】 2021年,贺兰县习岗镇通过强化责任落实,抓好舆论引导,凝聚起推进意识形态工作的强大合力。严格落实意识形态责任制,召开意识形态工作分析研判会6次;加强对微信公众号及其他媒体平台的管理,对媒体平台推送的内容进行层层审核把关;采取线上与线下相结合、内部培训与外出学习相结合、思政教育与业务知识相结合等方式,夯实干部理论功底,筑牢意识形态思想阵地;大力开展爱国主义、中国特色社会主义教育、党的路线方针政策教育、思想道德和民主法治教育、民族团结进步教育等,不断挖掘正面典型,弘扬社会正能量,引导广大干部群众听党话、感党恩、跟党走。

【推进"导师帮带制"试点工作,锻造铁军干部队伍】 2021年,贺兰县习岗镇确定镇村帮带对子29组,建立村—社区—企业互帮对子5组,开展共建活动21次,争取自治区专项资金20万元,打造新平村"两个带头人"导师帮带实训基地;激活基层治理"神经末梢",建立"行政村党组织—网格(村民小组)党支部(党小组)—党员联系户"的党组织体系,落实村"两委"班子包组联系困难户,充分发挥党员先锋模范作用。

【党风廉政建设】 2021年,贺兰县习岗镇认真履行全面从严治党主体责任，落实“一岗双责”，专题研究部署党风廉政建设工作7次，梳理年度工作任务47项，签订党风廉政建设责任书28份；精准运用“四种形态”，初核了结问题线索11件，党纪处分1人，下发监察建议书2份，批评教育2人。建立领导班子“提醒函”制度，发函提醒2人，督促整改问题5个。紧盯各项工作落实，下发督查通报7期，督促整改问题42个，约谈相关责任人6人，建立财务收支等3项工作制度；开展工程建设政府采购领域突出问题和违规吃喝隐形变异问题专项整治，对发现的问题及时整改销号；加大县委巡察整改“回头看”反馈问题整改力度，细化整改措施，14个问题完成整改11个；注重村居自督体系构建，在11个村聘请镇级特约监察员，推进纪检监察工作高质量发展。

【项目建设】 2021年，贺兰县习岗镇实施盛唐花卉产业园、鲜丰现代农业产业创新驱动示范园等建设项目9个，总投资5.42亿元，年签约招商引资项目3个，落地资金2.1亿元。

【农业技术稳步提升】 2021年，贺兰县习岗镇大力推广有机肥料和生物肥料，依托星火农业科技支持，推广零残留种植技术，有效降低农药污染。开展葡萄栽培技术、无人机驾驶技术等现代高效农业新技术，积极引进樱桃种植技术，为农业产业经济高质量发展提供有力支撑。

【农业基础夯实】 2021年，贺兰县习岗镇在黎明片区集中实施农田水利基本建设，改造中低产田1200余亩，实施土地改良、清沟配渠、除草植树等工程，大幅提升农业生产条件；严守耕地红线，开展耕地“非粮化”整治工作，排查“非粮化”土地面积1850.34亩，恢复粮食种植1058.84亩。申请自治区扶持发展村集体经济项目资金300万元，在五星村实施黎明村、新平村、新胜村联合体蔬菜初加工包装冷链配送项目，实现可持续性的村集体经济收入，全镇村集体经济收入550万元。

【土地改革实现突破】 2021年，贺兰县习岗镇明确“盘活增值”的土地权改革思路，红旗村第一宗77.9亩集体经营性建设用地以918.84万元摘牌，敲响了贺兰县集体经营性建设用地入市交易第一槌，村集体经济走向“造血式”发展快车道。

【人居环境改善】 2021年，贺兰县习岗镇扎实推进人居环境整治提升五年行动，累计清理农村垃圾4467吨、农业生产废弃物3010吨，拆除残垣断壁660处，改造危房2户。开展“大棚房”回头看，排查整改二、三类问题390处；推行农村生活垃圾分类治理，打造新胜七社垃圾分类示范点。新增国土绿化面积462.5亩，栽植苗木37645株，补植缺损林带620亩，以“路长制”“林长制”为抓手，完成林带修植抚育和涂红刷白工作。常态化开展封育禁牧巡查，强化日常管护。污染防治成效显著，压实“河长制”责任，累计清理河道8千米，清除淤泥及漂浮物90余吨；开展“散乱污”专项整治“回头看”，依法关停取缔“散乱污”企业2家；加强废旧农膜回收利用，建立村级农膜回收点8个，回收率达到90.63%。

【基础设施完善】 2021年，贺兰县习岗镇按照分类整治标准，对1个标杆村、2个提升村、8个整顿村着力打造、整顿提升，旧貌换新颜；将秸秆综合利用与“厕所革命”有机结合，通过项目引进，建设秸秆厕所750座，农村生产生活条件和功能日益完善。

【社会保障】 2021年，贺兰县习岗镇对全镇3户3人脱贫户、9户19人边缘户、1户2人突发严重困难户实施动态帮扶管理，形成稳定长效帮扶机制。抓好养老保险、医疗保险两大保险，做到应保尽保；落实社会救济扶贫政策，保障困难全体基本生活，全年五保、低保、医疗救助、残疾补贴等经济救助类民生工程累计发放资金485万元；积极做好创业扶优，发放失地农民扶持资金810万元，办理灵活就业社保补贴998人，申请公益性岗位41个。持续推进棚户区改造，完成北环路及历年来棚户区改造遗留户房屋征收，安置房屋220余套，兑付征地拆迁补偿资金2433万元；完成德胜花园、东湖之春等小区450余户安置房不动产证办理，启动和平社区

1280套安置房不动产证办理，有效解决了民生难点痛点问题。

【社会和谐稳定】 2021年，贺兰县习岗镇大力弘扬社会正能量，成功将沙渠村打造为新时代文明实践示范点，围绕传统佳节，精心组织各类主题活动20场次，帮扶慰问困难群众500余人次；全年累计推选“文明家庭”“三八红旗手”等各类道德模范80余人次。壮大做优13支志愿服务队伍，组织开展志愿服务活动980次，各村新时代文明实践站兑换奖励积分7.2万分，折合金额8.5万元，兴起了先进带动、全民参与的志愿服务热潮。实施“平安细胞工程”，大力营造平安和谐氛围，积极开展法律知识、风险防范、国家安全等方面宣传活动，群众法治意识、维护国家安全意识不断增强；重点排查打击传销、小作坊、散乱污企业，大力整治电信网络诈骗、非法集资等各类社会乱象，综合治理水平有效提升。充分发挥“人民调解+行政调解+司法调解”“三调联动”机制作用，累计排查化解矛盾纠纷43件。抓紧抓实重点领域关键部位安全防患，与辖区重点企业、场所签订安全生产协议155份，落实安全生产网格化监管机制，联合多部门开展安全生产大检查11次，排查整治各类安全隐患280处，全镇安全形势持续稳定向好。

立岗镇

【概况】 2021年，贺兰县立岗镇坚持以习近平新时代中国特色社会主义思想为指导，紧紧围绕县委、县政府的中心工作，团结带领全镇上下不忘初心、牢记使命，统筹推进乡村振兴与脱贫攻坚有效衔接、疫情防控和经济社会协调发展，谱写了立岗建设的壮丽篇章。

【人才队伍建设】 2021年，贺兰县立岗镇落实“三大三强”行动和“两个带头人”工程，培养后备干部45名、“两个带头人”207名。推行村党组织书记和村委会主任“一肩挑”，完成率达93.3%。开展“导师帮带制”试点工作，结成35对帮带对，强化人才队伍建设。

【基层组织建设】 2021年，贺兰县立岗镇建立“包村领导+包村组长+村党支部书记”三级包抓机制，全面部署“基层党建全面提升年”，建立督导机制，严格设置考核指标，形成以制度管人、流程管事的科学管理机制。

【党风廉政建设】 2021年，贺兰县立岗镇履行党风廉政建设责任制，严肃查处各类违纪案件，初核问题线索20件，立案审查13件，开展各类督查40余次。加强软弱涣散村党组织监督整顿，将通义村、通伏村、星光村等8个三星级以上党组织评定为基层党建示范村，以示范促引领，推进党支部建设标准化规范化。

【产业结构】 2021年，贺兰县立岗镇培育家庭农场、农民专业合作社146家，开展技能培训500余人次，产业向优向好发展。依托龙头企业，主推优势品种，自然之星有机蔬菜、稻渔立体综合种养、晶诚水产等成为农业产业发展新亮点。

【项目建设】 2021年，贺兰县立岗镇谋划项目13个，总投资4.88亿元。完成投资2.72亿元，固定资产投资入库1.86亿元，招商引资1.86亿元，两项指标均居于全县前列，实现经济建设新突破。争取农村公益事业财政奖补、改水改厕、秋季农田建设等各类资金2015万元，整修沟渠11.38千米，硬化道路6.55千米，建设高标准农田2万亩。

【生态治理】 2021年，贺兰县立岗镇全面开展村庄清洁行动，清理生活垃圾2624吨，新建20个垃圾分类亭，清理残垣断壁65处，植树355.5亩，拆除危房33户，推进防治农业面源污染，秸秆资源化利用率达85%，完成户改厕1107户，完成率100%，农村风貌大幅改观。充分利用“积分超市”，评选红榜“美丽庭院”126户、县级“最美家庭”4户、市级“最美家庭”1户，全年完成积分兑换119次4273人，兑换积分68256分，价值67839.5元。

【社会民生】 2021年，贺兰县立岗镇发放疫情补贴、雨露计划、产业园分红等共216.6万元。推广“支部+企业+建档立卡户”产业发展模式,有效带动建档立卡户158人务工,增收120余万元。培育小老板、小企业25家,转移劳动力4028人,获利3082.02万元。

【社会综合治理】 开展矛盾纠纷排查210次,调解各类矛盾纠纷106起,办结信访案件407件,办结率99%。安全生产形势平稳,签订安全生产责任书20份,完成消防培训、演练21次,开展检查30次,完成问题整改190余条,镇域安全系数提升。民族宗教和谐稳定,坚持思想引领,对辖区内23处宗教场所检查6次,召开宗教场所教职人员、寺管会成员等“三定”学习教育,铸牢中华民族共同体意识。文明乡风更加和谐,开展各类志愿服务2000余人次,开展道德“红黑榜”评选151次,覆盖面达100%,成立宣讲队16支,组织开展“四史”、党政方针、身边好人好事等宣讲活动135场,受众4809人,乡风文明建设深入人心。

金贵镇

【概况】 2021年,贺兰县金贵镇坚持以习近平新时代中国特色社会主义思想为指导,坚决贯彻落实党中央重大决策部署和自治区市县党委各项工作要求,坚决守好三条生命线,统筹推进疫情防控和经济社会发展,推动康养商贸休闲小镇建设。金贵镇脱贫攻坚战取得全面胜利,自治区高标准重点小城镇建设高效推进,经济社会高质量发展迈出新步伐。

【基层组织建设】 2021年,贺兰县金贵镇实施“一抓两整”,从严从实抓好党建基础工作、党员队伍培养、乡村人才选育、村级集体经济发展等工作从致富带头人、返乡创业青年、退伍军人中发展党员、培育干部、选育人才,打造联星村牡丹园导师帮带基地人才党建品牌。健全“村党组织—网格党小组—党员联系户”村级组织体系,发挥网格党小组和党员在为民办事、矛盾调解、环境整治上的作用,打造金贵村党建引领乡村治理党建品牌。推动落实银河村、金贵村、联星村申报自治区市集体经济项目,巩固4个百万元村,实现村级集体经济总量突破850万元。加强党风廉政建设。聚焦工程项目建设、政府采购、征地补偿款发放、党员教育管理等廉政高风险领域,深化廉政警示教育与监督检查,从严从快查处违纪违法案件,让党纪在基层生威发力。

【铸牢中华民族共同体意识】 2021年,贺兰县金贵镇围绕“铸牢中华民族共同体意识示范县”目标,坚决守好民族团结生命线,促进民族团结民族发展互融互促。深入推进“五进”宗教场所,分期分类举办宗教界教职和管理人员学习培训班,常态化开展民族团结进步宣传教育“十进”和马克思主义“五观”大宣讲活动。组织开展“民族团结进步月”系列活动、“我们的节日”、“社区邻里节”等群众喜闻乐见的活动,引导各族群众广泛交往、全面交流、深度交融。深化民族团结进步创建,争创金贵村市级民族团结进步示范村,培育选树金贵东寺、新民寺、金贵南寺市级和谐寺观。坚持依法依规管理宗教事务,自觉运用法治思维和法治方式处理民族事务,依法管理教职人员,教育宗教人士带头向信教群众讲国家政策、法律法规、社会公德、移风易俗,引导信教群众爱国爱教,维护团结,树立文明新风尚。

【基础设施建设】 2021年,贺兰县金贵镇按照“政府投资、企业参与”的模式,统筹推进小城镇街区公共基础设施提档升级。实施燃气下乡清洁能源改造工程,集中建设小城镇范围居民天然气中低压管道配套设施,实现镇区燃气覆盖率60%以上。实施污水管网建设工程,新建雄英村、银河村、保南村、银光村等8个村污水管网项目,污水处理率达到60%以上。

【农业产业项目】 2021年,贺兰县金贵镇实施关渠村麒麟西瓜项目(新建)、宁夏龙冠信鸽文化产业园项目二期(新建)、起点农业科技创新示范园区分拣车间及教育培训基地建设项目(新建)、宁夏潘昶农科融创投资建设项目(新建)、金贵镇江南村乡村振兴车间项目(新建)、金贵镇银光村扶贫产业园温棚项目(新建)、金贵镇银河村优质农产品集采集配中心建设项目(新建)。

【基础设施建设项目】 2021年,贺兰县金贵镇实施高标准重点小城镇建设项目基础配套工程(新建)、金贵镇雄英、潘昶、银光污水管网项目(新建)、金贵镇银河村、保南村、银光村、联星村、汉佐村污水管网项目(新建)、金贵镇江南新村人居环境提升改造项目(新建)、金贵镇2022年农村改水改厕项目(新建)、金贵镇2022年春季植树造林项目(新建)、金贵镇2022年秋季农田水利基本建设项目(新建)、贺兰县金贵镇银光村及小城镇居民天然气接入工程(新建)、关渠村绿化改造提升项目(新建)、银川—石嘴山天然气储气输配管道复线项目(续建)。

【民宿康养项目】 2021年,贺兰县金贵镇实施健康养老中心项目(新建)、金贵镇夏都小镇原生态改造项目一期(续建)、"金贵堡"老街文旅综合体二期(新建)。

【拓展脱贫攻坚成果】 2021年,贺兰县金贵镇建成江南村乡村振兴车间、银光村扶贫产业园温棚等。分类实施就业技能培训,鼓励移民自主创业,组织开展劳务输出转移,完善低收入移民分类帮扶机制,确保移民收入达到金贵镇人均收入水平。

【农业产业提质增效】 2021年,贺兰县金贵镇扛牢粮食安全政治责任。落实"米袋子""菜篮子"负责制,严守全镇10万亩耕地红线,保证粮食种植6万亩以上,建设雄英关渠高标准农田1.8万亩,改造中低产田0.4万亩,实施农机三项作业1.5万亩,促进蔬菜产业提质增效。围绕汉延渠系现代农业产业带,稳定汉佐村、银河村、金贵村等蔬菜种植面积3.5万亩,建设红星、保南"五优"高标准露地蔬菜基地2000亩,建设银河村、金贵村、雄英村等蔬菜育苗中心5个,打造银河村、雄英村"四好"设施农业园区1000亩。完善农业二、三产业链条,建设银河村优质农产品集采集配中心项目,招引贺兰县优质农产品采集配送中心、贺兰县供销社农业社会化综合服务中心等项目,延长农业产业服务链条。

【打造美丽宜居村庄】 深入推进农村人居环境整治五年提升行动,重点打造关渠村全市"四美"标杆村。全面完成潘昶、红星村"多规合一"村庄编制规划。加大拆违拆危力度,集中拆除镇域内废弃房屋200套。实施109国道、滨河大道、丰庆路两侧造林和未成林抚育提升工程,植绿补绿2000亩。改造提升四三支沟、二排沟等主要沟渠防护林带。

【农村产权改革】 2021年,贺兰县金贵镇深入推进用水权、土地权、排污权、山林权四权改革。推进用水权改革,加快发展节水农业,实施红星、关渠村、银光村高效节水灌溉工程2500亩,严格取用水量管理,持续开展水资源论证,对种植大户超额用水累进加价收取水费,增强农户农业节水意识。推进农村宅基地改革。推动宅基地改革"保南模式",盘活农村闲置房屋;规划实施银河村和关渠村美丽村庄建设,采取宅基地使用权流转等模式,让农民共享更好的居住环境。全面开展林地权属勘界,推行林长制,坚持集体林地所有权不变,依法开展林地承包经营。

【改善生态环境】 2021年,贺兰县金贵镇树牢"绿水青山就是金山银山"的发展理念,坚决打好蓝天碧水净土三大保卫战,全力推进生态环境保护。扎实开展黄河滩区综合治理,做好通昌村、关渠村黄河滩地清查整治工作,大力推进禁牧封育、粮食种植、违建拆除"三个清零"。配合银川市国资委做好1.65万亩河滩地移交管理,全力保障滩区生态系统完整。从严落实河湖管理,打好黄河"清四乱"歼灭战,加大镇域河渠沟道巡查检查频次,严肃查处休渔期违法捕鱼行为,重点开展第二排水沟、滨河水系、四三支沟、银新干沟等河道水草垃圾清淤治理。重点治理汉佐村、银河村、联星村"小散乱污"企业,常态化开展专项执法行动,切实巩固整治成果。加大农业面源污染防治,充分发挥8个农残膜回收点作用,实现回收率达86%,推广使用复合标准农膜,巩固3家规模养殖场畜禽粪污资源化处理成果,畜禽粪污资源化利用率逐年提升。实施雄英村、金贵村、银河村有机肥堆肥项目5000亩,实施温棚果菜茶有机肥全覆盖,从源头治理农业面源污染。

【基层治理能力现代化】 2021年,贺兰县金贵镇发挥基层组织力量,坚守社会风险防范底线,维护基层社会稳定,增强人民群众的获得感幸福感安全感。全面实施“八五”普法,广泛开展《中华人民共和国民法典》普法工作,严厉打击传销行为,坚持以房管人,严防传销组织和人员聚集活动。开展邪教和非法宗教专项整治。完善信访矛盾处置机制,健全信息联采、隐患联排、矛盾联调,全力以赴化解历史遗留问题,做到“小事不出村、大事不出镇”。规范农村网格化管理,发挥网格员基础力量,实现资源在网格内联用、问题在网格内联治、服务在网格内联动。全面落实安全生产责任制,加强公共安全、交通安全、食品药品、建筑施工等重点领域监管。

洪广镇

【概况】 2021年,贺兰县洪广镇以实施乡村振兴战略为抓手,紧盯发展目标,聚力攻坚突破,全镇经济社会各项事业全面发展。2021年被评为自治区先进基层党组织。

【项目建设】 2021年,贺兰县洪广镇落实领导包抓项目责任制,积极协调解决项目建设过程中存在的问题,确保项目按期开工建设。欣荣村双创基地二期建设、欣荣村污水处理厂中水回用及绿化灌溉工程等11个工程已完工并投入使用,完成招商引资总投资1.42亿元,固定资产投资1.62亿元。

【产业发展】 2021年,贺兰县洪广镇枸杞芽菜种植面积扩大至1000余亩,新建枸杞芽菜加工车间,产品深加工能力进一步提升。种植酿酒葡萄1.5万亩、鲜食葡萄1300亩,葡萄酒产业初具规模,带动能力显著增强。实施欣荣村、广荣村日光温室建设项目等乡村振兴产业项目7个,带动群众就业增收能力不断增强。

【农业基础改善】 2021年,贺兰县洪广镇坚决遏制耕地“非农化”,有效防止耕地“非粮化”,持续优化种植结构,种植粮食作物80930亩,蔬菜1093亩。

【脱贫成果巩固】 2021年,贺兰县洪广镇建立健全防止返贫动态监测和帮扶机制,累计纳入全国防返贫监测信息系统“三类人口”25户103人。落实各项帮扶措施,多措并举措织密防贫网。把实施“四大提升行动”与乡村治理、农村改革等重点工作结合起来,抓关键、抓短板、抓难点,确保各项工作取得实效。完成落实扶贫小额信贷政策、优化社区日间照料中心等社区养老机构建设等工作任务41项,加快绿色食品产业发展、提升传染病防控能力等29项工作任务已取得阶段性成效。

【农村产权改革】 2021年,贺兰县洪广镇稳慎推进宅基地改革,完成宅基地制度改革房地一体确权入场登记1100户,宅基地资格权认定102户,发放房地一体及资格权证各62户。规划实施农民新居项目,改善群众居住环境。成立集体林地改革试点领导小组,完成金山村1585.4亩集体林地面积踏勘。做好用水权改革工作,完成辖区内5个用水协会审计,水资源论证有序开展。

【生态环境改善】 2021年,贺兰县洪广镇扎实开展农村人居环境整治提升五年行动和“四拆四平四清四治”专项提升行动,结合爱国卫生日活动,动员群众积极投身到农村人居环境整治的工作中。开展生活垃圾分类处理、上门收集,实现垃圾不落地,建成垃圾分类示范村2个,金鑫村、欣荣村获评全区农村人居环境整治示范村。各村“多规合一”实用性村庄规划编制取得初步成果。实施欣荣村污水处理站中水回用项目,广荣村、吉荣苑天然气入户项目等基础设施建设项目14个。完成年度改厕任务500户，摸排2013年以来户厕改造问题438户，整改405户。高质量完成抗震宜居农房改造28户。持续抓好中央和自治区环保督察反馈问题整改，开展大气污染防治攻坚行动，坚决整治辖区内“散乱污”企业，进一步落实秸秆禁烧工作职责，对12起秸秆焚烧行为作出行政处罚，罚款金额合计1.21万元。严格落实河湖长制，持续开展常态化巡河，对第三排水沟及三二支沟进行河道疏浚整治。开展农残膜回收，推动农业绿色发展，累计回收农药包装废弃物1000余公斤，回收残膜2万余公斤，全镇残膜回收率达到86%以上。建立完善污水处理运行、维护、监测体制机制，加强对欣荣村污水处理站运行维护的监督力度。

【民生福祉增进】 2021年，贺兰县洪广镇启动“强化基层治理 助力乡村振兴”平安大巡防工作，建设乡村治理中心，构建综治信访、公安司法、民生服务等多部门联动的综治大格局。深入开展矛盾纠纷滚动式排查，开展矛盾纠纷排查79起，化解纠纷76起。落实安全生产责任制，重点整治道路交通、消防安全等问题。扎实开展普法宣传工作，深入开展防范和打击电信诈骗专项行动。以新时代文明实践所(站)阵地和积分超市为依托，推行“暖心积分联盟”，开展“美丽庭院”评选、移风易俗宣传活动，以德治、自治推动社会治理水平不断提升。广荣村获评第八批“全国民主法治示范村(社区)”。公共服务体系不断完善，洪广镇全民健身中心投入运营。协调县体育运动中心完善各村体育健身设施，提高群众健身热情。强化社会心理服务体系建设，完成镇村心理咨询室挂牌工作。加强学校周边治安环境治理，提升校园治理水平，全镇学前教育入园率达到100%，义务教育入学率达到100%。开展特殊人群救助帮扶，强化社会救助核查力度，新增低保52户61人。办理被征地农民养老保险490户1472人，为3692名农村外出务工劳动力购买“铁杆庄稼保”，累计安置乡村公益性岗位126人，完成27387名城乡居民基本医疗保险缴费。

【基层组织建设】 2021年，贺兰县洪广镇完成村级换届选举工作，选举村(社区)“两委”成员66名，村监会委员33名，团委、妇联群团组织换届工作圆满结束。圆满完成乡镇领导班子换届选举工作，推选镇级党代表96名、县级党代表23名、镇级人大代表67名、县级人大代表25名。全面启动“导师帮带制”试点工作，通过“老带新”“传帮带”，形成结对帮带师徒23对，提升基层队伍的治理能力和水平。

【基层党建】 2021年，贺兰县洪广镇全面落实意识形态工作责任制，严格落实“一岗双责”，将意识形态工作作为党的建设重要内容，为洪广镇全面发展提供了有力思想保证、舆论支持和精神动力。顺利推进农村发展党员排查整顿工作，共排查党员173名。推进“基层党建全面提升年”“一抓两整”“六项行动”等各项重点工作落实落细，发展党员13名，申报2021年为民服务发展专项资金项目3个，自治区壮大村集体经济项目1个。颁发“光荣在党50年”纪念章141枚，发放党内关怀资金35805元，培养后备干部34名、致富带头人141名。做好1个后进村党组织整顿和4个移民村党组织党建提升工作。

【党史学习教育】 2021年，贺兰县洪广镇以“十百千万”行动为抓手，重点围绕“一个支部一课堂”“两项清单”等重点工作，有力有序有效推进党史学习教育落到实处。开展集中学习408次，专题党课、专题宣讲145场次，覆盖党员群众6299人次，梳理需要解决的问题150个，办结142个，办结事项惠及群众2万余人。

【党风廉政建设】 2021年，贺兰县洪广镇召开廉政警示教育会议，与新选举上任的77名村干部开展集体廉政谈话，开展“讲廉洁 守初心 干实事”廉政党课、组织廉政主题党日等活动，受众人数210人。处置问题线索15件，初步核实15件，核实了结11件，立案审查3件，暂存待查1件，给予党内警告处分1人，诫勉谈话2人。

【乡镇机构改革】 2021年，贺兰县洪广镇完成基层整合审批服务执法力量改革,全镇内设办(中心)由25个站所精简为9个,打破了原来"条条管理"的模式,为助力乡村治理驶向快车道奠定了坚实的基础。

常信乡

【概况】 2021年,贺兰县常信乡紧紧围绕"稻渔文旅节水小镇"建设目标,抓党建、引项目、促发展、优环境、重治理、保民生,较好地完成全年各项任务目标。

【党的建设】 2021年,贺兰县常信乡创新党史学习教育"学习氛围做加法,急难愁盼做减法,学习创新做乘法,庸政懒政做除法"的"加减乘除"学习教育模式,全乡5支宣讲小分队开展宣讲500余次,覆盖人数7000人次。征集我为群众办实事311件,已办结288件,有效化解群众上访多、意见大的问题。结合巡察整改、组织生活会以及民主生活会查摆问题整改工作,修订完善各类制度5项,整改问题309个,乡村两级干部作风建设不断加强。党建引领中心工作高质量发展,成立61个党小组,探索党员"1+N"网格化联户带动模式,党员联系群众6238户,党组织战斗堡垒作用及党员先锋模范作用不断增强。全乡16个基层党组织240名党员积极投身疫情防控工作。全年共走访慰问困难党员146人次,发放党内关爱资金29人36500元,发放"光荣在党50年"纪念章71枚。导师帮带有成效,确定导师22名,帮带对象29名。试点四十里店村四星级党支部带动王田村软弱涣散党支部的支部联动帮带机制,王田村软弱涣散党组织整顿工作顺利通过县委组织部验收。依托全乡农业产业发展优势及企业技术资源,打造"稻渔空间"导师帮带工作室。严肃换届纪律,签订严肃换届纪律承诺书69份,谈话30人,组织观看换届警示专题片2次80人,开展培训11次485人,营造风清气正换届环境。乡党委及村"两委"换届选举工作圆满完成,各村"两委"班子成员学历和年龄均实现"一升一降"。

【新建项目稳步推进】 2021年,贺兰县常信乡实施农业产业项目18个,完成固定资产入库1.33亿元,招商引资到位资金2.3亿元。深入落实"以水定产"奋斗目标,实施稻渔空间智慧农业项目,实现园区稻渔综合种养模式节水45%以上。新增于祥、新华、丁义等稻渔、鱼菜综合种养5000亩,完善尾水循环、新开沟渠、平田整地等基础配套,促进产业提质扩面。加工、物流等产业优势凸显,产业利益纵向延伸。伊永真粮食加工厂、兴耘驿站农产品集采集配中心、悦海农牧高质量协同创新中心、科海种质资源场等项目,提升了农产品加工业、物流配送、渔业生产线和品种技术革新增色提亮。

【争取资金】 2021年,贺兰县常信乡争取渔业公园基础配套设施项目奖补资金270万元用于扶持园区产业发展、基础完善,争取农业公园2021年美丽宜居村庄建设奖补资金200万元用于提升四十里店村村庄环境;四批农村公益事业累计资金990万元用于新民村等10个村庄人居环境整治及便民服务等;争取三产融合资金510万元用于扶持奖励蓝湾、广银、红日及兴耘田企业发展,完善产业基础,激励企业干事创业热情。

【产业融合发展】 2021年,贺兰县常信乡促成宁旅集团与广银米业合作,实施现代农业,持续推动四十里店乡村旅游业发展,完善提升《稻渔空间提升规划方案》,按照整体发展规划,继续以稻、渔产业为基础,提档升级稻渔空间产业融合,优化内部功能。规划稻渔小镇农业全产业链科技示范园区项目,结合天荣公司现有南美白对虾养殖和农产品加工基础,主打科技引领示范,带动农产品全产业链协同发展。

【美丽乡村建设】 2021年,贺兰县常信乡坚持"规划先行",编制四十里店村、团结村等7个村"多规合一"村庄实用性规划。围绕"五清一绿一改"及贺兰县人居环境整治"十大专项行动",拆除清理危旧房屋140余户,拆除残垣断壁及废弃圈舍60余处,清理乱堆乱放8000余处,完成水冲式农厕改造661

户，增加绿化面积400余亩。争取农村公益事业、人大议案等资金1338万元，实施新民村等10个村环境整治工程，新增小广场1处。充分发挥新时代文明实践活动作用，评选“美丽庭院”2201户，发动志愿者5300余人次参与农村人居环境整治，奖励兑换积分9.5万分，全乡居民爱卫护卫、爱绿护绿意识明显提高，农村人居环境整治成效明显增强。

【生态环境优化】 2021年，贺兰县常信乡深入践行“绿水青山就是金山银山”发展理念，打好“蓝天碧水净土”保卫战。守护“银川蓝”。成立四个乡级秸秆禁烧巡防组，构建乡级巡防组包抓片区、村“两委”干部包抓到社、网格员包抓到田间地头的网格化禁烧巡防网格化管理体系，训诫、处罚焚烧秸秆当事人34人次，罚款9000元。整治“散乱污”。联合生态环境、综合执法等部门，清理“散乱污”企业、小作坊50余家，督促整改30余家。落实“河长制”。全年巡河4600余次，开展沟道清淤、河道清理，湖面整治100余次。

【民生建设】 2021年，贺兰县常信乡大力开展困难群众帮扶工作，新增低保66户75人，新增特困供养人员1人，办理临时救助209户524人，发放救助资金49.65万元，审核发放残疾人护理补贴514人62万元。办理城乡居民养老保险213人、医疗保险缴费22992人，死亡丧葬费办理464人、养老认证6380人、“40”“50”灵活就业人员社会补贴审核393人；完成劳动力转移就业5500人以上，实现劳务收入6021.95万元；铁杆庄稼保收缴工作，在全县率先超额完成目标任务，参保人数5500人。乡村图书室累计开放1000次，借阅图书600人次；联合常信中心小学举办“红色经典诵读会”，举办诵读红色经典暨诗歌朗诵比赛；组织开展常信乡“文化惠民，送戏下乡”党史学习教育文艺巡演活动，在全乡各村共进行30场巡演活动。退役军人服务保障到位。开展对辖区内复员军人、残疾军人、60周岁农村籍退役士兵等七大类退役军人优抚对象的核查工作和体检工作。

【综合治理】 2021年，贺兰县常信乡坚持加快“塞上枫桥”基层治理体系建设，完善重大决策社会稳定风险评估机制，构建多元化纠纷解决体系，及时解决群众关心的热点、难点问题。摸排调处各类矛盾纠纷112起，成功调处110起，调处率100%，成功率98.2%。

【法治宣传】 2021年，贺兰县常信乡扎实开展国家安全宣传活动，组织乡村干部观看国安宣传公益片，张贴海报50余张，发放宣传材料2000余份，制作法治宣传栏8期；开展法治宣传27场次，组织律师进村社开展普法讲座23场，受教育800余人次；提供法律咨询600余人次。

【安全生产】 2021年，贺兰县常信乡开展安全生产大检查19次，排查事故隐患70余处，下发整改通知书25份并开展常态化督导“回头看”。开展应急救援、消防安全培训3场，开展应急演练1次。开展消防、安全生产法律法规教育宣传活动2次。

京星农牧场

【概况】 2021年，贺兰县京星农牧场大力开展农田水利建设、基层党组织换届选举、基层党建全面提升等专项工作，不断加快基础设施配套、农村人居环境整治提升等工作步伐，注重改善民生，促进社会和谐，各项工作都取得了新成绩。

【党的建设】 2021年，贺兰县京星农牧场紧密结合本场党建工作实际和业务工作需要，认真贯彻落实《中国共产党章程》和《中国共产党党员教育管理工作条例》，结合党史学习教育，坚决贯彻落实全面从严治党要求，突出政治引领，加强党对农村工作的指导，切实树牢“四个意识”，坚定“四个自信”、做到“两个维护”。坚持每周二、四理论学习，组织党员干部和职工深入学习贯彻党的十九大和十九届五中、六中全会精神，特别是习近平总书记视察宁夏重要讲话精神和在庆祝中国共产党成立100周年大会上的重要讲话精神，深刻把握蕴含其中的治国理政新理念新思想新战略，确保用党的最新理论武装头脑、指导实践、推动工作、规范行为，教育引导广大党员干部领会精神实质。场党总支召开会议53次、干部职工例会82次、党史学习教育会议26次，撰写心得体会26篇。

【基层党组织建设】 2021年，贺兰县京星农牧场依托村“两委”选举，2020年成立的京宁村已配齐村“两委”班子。从基层组织建设、生态环境保护、综治维稳、扫黑除恶、河长制、土地管理、农村人居环境整治、应急管理8个方面，倒逼农村“两委”干部履职尽责，落实党员网格化管理。提高党员队伍整体素质，强化党员的创先争优意识，切实增强基层党组织的创造力、凝聚力和战斗力。

【作风建设】 2021年，贺兰县京星农牧场不断强化党建目标管理责任制。党总支、党支部两级实现层层定目标，层层抓落实，使党建和业务工作形成统一的整体，相互促进，互为保障的良好局面。持续纠正“四风”问题和违反中央八项规定精神突出问题。通过开展违规吃喝隐形变异问题专项整治、召开“深化作风建设”专题组织生活会等工作，做到“用制度管权、用制度管事、用制度管人”观念深入人心，营造了风清气正的良好政治生态。通过开展党史学习教育，大力倡导比奉献、比创新、比干劲、比业绩，发挥党员先锋模范带头作用，将为民办实事做到实处。按照市委第十四轮第十一巡察组巡察反馈意见和巡察整改有关要求，场党总支切实承担起巡察整改主体责任，成立了京星农牧场第十四轮巡察整改工作领导小组，认真制定整改措施51条，完善制度5项，主动认领问题，形成了有效的整改合力。巡察中发现的三个方面的10个问题已全部完成，县纪委约谈3人，在全场通报批评4人，整改工作基本完成。

【生态环境改善】 2021年，贺兰县京星农牧场深入推进农村人居环境整治三年提升、五年巩固行动，压实各级网格责任，落实“美、好、新、治”目标，建立健全农村环境综合整治长效机制，续写天蓝、地绿、水清环境保护新篇章。清理农村生活垃圾24吨，清理村内水塘2口，清理村内渠沟48千米，完成路面维修整治1480平方米，清理畜禽养殖粪污等农业生产废弃物22吨，拆除违章建筑3处，养殖棚1处，村庄植树17000株，开展进村入户宣传教育12次，发放宣传资料数量700份，张贴宣传标语45条，发动农民群众投工投劳1800余人次。深入开展大气污染、水污染防治及黄河滩涂清“四乱”行动。严格落实河长制、林长制、路长制工作，坚决打赢蓝天保卫战、污染防治攻坚战，及时组织人力对全场范围内沟、渠、路、林带内的杂草进行收割清理，共清理杂草面积20余万平方米，有效减少了火灾隐患，实现农业农村生态环境持续改善；进一步加强清洁能源推广，辖区内无散乱污企业和散煤销售点，完成场部冬季取暖煤改电工作。

【农业基础设施建设】 2021年，贺兰县京星农牧场通过项目带动实现农田水利建设惠民利民效益，京宁村争取到农村公益事业财政奖补项目，总投资53.5万元，改造混凝土道路1条0.32千米，新建带节制闸生产桥1座。村集体经济收入5.7万元，立足于稻渔高效种养产业长远发展，促进农业结构不断优化升级。2021年全场玉米种植面积3800亩。

【民生保障】 2021年，贺兰县京星农牧场以铸牢中华民族共同体意识为主线，深入开展第23个“民族团结月”系列宣传教育活动，撰写学习贯彻习近平总书记在中央民族工作会议上的重要讲话精神心得体会8篇，利用LED电子屏滚动播放宣传标语，积极参与“传承党的百年光辉史基因 铸牢中华民族共同体意识”网络答题活动。对13户18名低保户实现应保尽保，20户20名残疾人和弱势群体的利益得到有效保障。将十四轮巡察整改出的困难户两人纳入2021年城市低保范围。

南梁台子农牧场

【概况】 2021年，南梁台子农牧场围绕建设“肉牛蔬菜致富南梁”产业强镇目标要求，聚焦产业发展、生态建设、综合治理、民生保障、移民增收致富等方面，统筹推进各项工作，较好地完成了2021年各项目标任务，经济社会保持平稳健康发展。

【党史学习教育】 2021年，南梁台子农牧场制定党史学习教育推进计划表，让党史学习教育有目标、有计划、有安排。开展学习100余次，上专题党课9次，开展专题研讨4次，征集"我为群众办实事"活动10件，让党史学习教育走深走实、入脑入心。开展党史知识竞赛、主题演讲活动，让党史学习教育凝心聚力、出彩出新。积极开展主题党日活动，赴永宁县委党校宁夏工委纪念馆重温党的历史，进一步做到深学真用、知识明理。

【意识形态工作】 2021年，南梁台子农牧场召开党委会议研究、研判、安排意识形态工作3次，将意识形态工作考核纳入场党委工作重要议事日程、纳入党建工作责任制、纳入党风廉政建设责任制、纳入领导班子和领导干部目标管理、纳入全场的年终考核当中。

【党组织建设】 2021年，南梁台子农牧场深入开展"三大三强"行动、"两个带头人"工程，完成村"两委"换届工作，选配村"两委"成员19名，培养后备干部9名、致富带头人14名。建立导师和帮带对象"双库"，形成帮扶对子11对。组织6名村干部参加了2021年银川市委党校业余大专班。开展农村发展党员违规违纪问题排查整顿工作，对2012年11月以来发展的34名党员进行了全面排查。完成争取为民服务和发展专项资金项目2个、银川市党建项目1个。完成铁西村后进村基层党组织整顿，坚持"把脉画像"，逐项研究解决措施。

【党风廉政建设】 2021年，南梁台子农牧场认真落实党风廉政建设"两个责任"，层层签订党风廉政建设目标责任书，建立健全全面从严治党责任体系，切实履行"一岗双责"，严格执行"三重一大"、"五个不直接分管"和个人重大事项报告等制度，强化抓早抓小。开展工程建设政府采购等重点领域专项整治工作，查找问题12个，整改完成12个。

【巡察反馈问题整改】 2021年，南梁台子农牧场银川市第十四轮巡察第十一巡察组反馈的三个方面10个问题，8个已整改完毕并长期坚持，483处违建未拆除等2个问题正积极推进整改。

【巩固脱贫攻坚成果】 2021年，南梁台子农牧场严格落实"四个不摘"的要求，以巩固脱贫攻坚成果为核心，收入增长和满意度提升为主旨，乡村振兴为主线，各项工作推进有力，顺利完成自治区四大提升行动观摩。

【就业创业】 2021年，南梁台子农牧场新增公益性岗位人员7人，续签公益性岗位协议人员13人，公益性岗位总人数达到63人，发放20户创业贷款100万元。依托扶贫产业项目、龙头企业、物流运输协会等，扩充就业岗位，实现在隆源村蔬菜扶贫产业园、梅花鹿扶贫产业园、铁东村伟民家庭农场等地就近务工350余人，从事长途物流运输420余人。

【优化产业布局】 2021年，南梁台子农牧场坚持以项目为抓手，以产业为龙头，按照政府主导、企业参与、市场带动的工作思路，狠抓产业发展。谋划实施项目14个，完工项目8个，正在施工项目5个，未开工项目1个。

【污染防治】 2021年，南梁台子农牧场严格实行秸秆禁烧目标责任制，与中国移动合作，建立平安乡村智慧管控平台，加强巡察监管，确保秸秆禁烧措施落实到位。持续改善大气环境质量，全面整治"散乱污"企业，扎实开展拉网式排查，对全场范围内的所有企业摊点进行全面摸排，完成清理1家、提升改造1家。严格落实水污染防治和河（湖）长制工作要求，清理各类垃圾46吨，完成典农河除草50余亩，栽植各类苗木2000余株。印发《南梁台子农膜回收实施方案》，明确农膜回收责任主体，对全场蔬菜种植户农膜回收情况开展专项检查，建立农户主动上交农膜激励机制。建立村级农膜回收点3个，完成全覆盖。签订回收协议3份，回收农膜5784公斤，回收率87.02%。

【人居环境整治】 2021年,南梁台子农牧场重点打造"一村一示范队、一队一示范巷、一巷一示范户",通过以点带面实现全面推进、整体提升,切实改善村容村貌。累计动用机械900余台次,参与人数8456人次,清理各类垃圾6958.8吨,清理乱堆乱建126处,清理废弃房屋残垣断壁72处,完成改厕1046户;实施丰南公路环境综合整治和常金公路环境提升工程,整治距离8.5千米;开展铁东大渠专项整治,拆除违建61处;完成隆源村1~8排雨水排水项目,解决农户院落内涝与巷道排水不畅问题;针对部分农户未接入污水管网及污水管网存在排污不畅问题,实施铁东村人居环境整治重点村建设项目;将隆源村作为试点,新建液化天然气供气系统,方便隆源村居民日常生活和冬季安全取暖;搭建临时建筑垃圾堆放点2处,安装警示牌20处;结合乡风文明建设,绘制以中国传统文化、社会主义核心价值观、庆祝中国共产党成立100周年、新二十四孝、孝老爱亲等为主要内容的文化墙3000余平方米,开展讲文明、树新风嵌入式宣教,全场面貌焕然一新。

【安全生产】 2021年,南梁台子农牧场严格落实企业安全生产主体责任和行业领域专项整治,对辖区企业开展安全生产隐患排查10次,共计排查场所186个,排查安全隐患103处,开展安全生产宣传10余次,发放宣传彩页6000份。

【平安创建】 2021年,南梁台子农牧场坚持和发展新时代"枫桥经验",继续织密人民调解"四张网",建立"一站式"矛盾纠纷多元化解中心,巩固和谐稳定大好局面,排查出矛盾纠纷21件,调解成功21件,律师参与调解3件,调解率100%,调解成功率100%。

【村级民主治理】 2021年,南梁台子农牧场严格落实"四议两公开"制度,健全基层民主协商制度,村级事务管理民主规范,积极探索"五组共治"的乡村发展治理新体系,不断完善乡村治理体系,提升治理能力。

富兴街街道办事处

【概况】 2021年,贺兰县富兴街街道办事处坚持为民服务的总基调,创新社区治理,强化社区建设,加强队伍管理,增强人民群众的获得感、幸福感、安全感,各项工作呈良好态势。

【党建创新全覆盖】 2021年,贺兰县富兴街街道办事处打造基层党建品牌,形成一社区一特色、一社区一品牌的基层治理创新示范点。友爱社区打造"红哨驿站"社区治理品牌,虹桥社区打造"小虹车志愿"服务品牌,团结社区深化"红融商困"党建示范点,天鹅湖社区打造"红色幸福里"党群文化活动中心,开展党建引领民族团结进步示范创建活动,解开群众想就业、想成家、想读书、想娱乐等家长里短"心头愁"。

【网格治理精细化】 2021年,贺兰县富兴街街道办事处建立"1+2+X"网格治理模式,将县城区域划分为365个网格,细化为668个微网格,配备284名网格员,通过"工作责任明确到位、服务措施落实到位、群众诉求解决到位"三到位的工作思路,实行"大网络、小网格"的高效管理模式;全网安装运用"银川城运"App,将治安、调解、民政、公共卫生等为民服务事项进行网格征集、网络整合、网络解决,提高社区治理效能。

【结对共建】 2021年,贺兰县富兴街街道办事处深化"1+4+N""街道吹哨,部门报到"机制,定期召开"三级联席会议",以"我为群众办实事"实践活动为主线,征集居民微心愿848条,携手党建联席会议成员单位、辖区"志愿联盟"、在职党员等认领居民"微心愿"558条,圆梦微心愿546条,其中,解决下水管道堵塞、人居环境整治、私搭乱建拆除等群众热点难点问题82项,凝聚温暖力量,提升城市温度。

【优化人员队伍结构】 2021年,贺兰县富兴街街道办事处选举产生新一届社区"两委"班子成员143

人，15个社区完成了书记和主任“一肩挑”工作，“两委”班子成员实现了年龄、学历、能力结构大幅优化；建立社区“两委”后备干部名单，对22名“两委”成员、41名网格员进行重点培养。

【队伍培训】 2021年，贺兰县富兴街街道办事处组织开展新晋“两委”培训班1次139人、社区工作者岗前培训班2次91人；开展“安心助老”App采集老年人基础数据培训90余人、市域社会治理系统平台操作培训班240余人；累计开展民生、医保，消防、就业等各类业务培训30余次。

【服务质量提升】 2021年，贺兰县富兴街街道办事处推行民政、就业、审批等公共服务事项可由社区和网格代办，实现“一站式”办理、“一门式”服务，街道民生中心设置综合窗口5个，设置社区服务站15个，结合雷锋志愿服务驿站，建立15分钟便民服务圈，畅通服务群众“最后一公里”。以居民服务需求为主导，建成并投入使用迎宾、朔方、和平三个社区新阵地，合理设置党群活动服务站功能，满足居民办事需求。积极协调虹桥社区阵地，对友爱社区、光明社区、花园社区阵地进行改造。引进社会组织与社区开展“三社联动”，孵化爱心理发、爱心家政、安全巡查等志愿服务队；“1+N”银龄互助公益创投项目、科普惠民计划等公益项目和扶持资金入户社区，惠及居民。协助贺兰县住建局对老旧小区进行绿色改造，改造面积7.75万平方米，惠及居民879户，投放垃圾桶92个，确保老旧小区垃圾分类购置全覆盖。

【安全生产】 2021年，贺兰县富兴街街道办事处健全应急救援和灾害救助志愿服务机制，常态化开展安全生产隐患排查并落实隐患整改，对九小场所和高层建筑、消防安全、道路交通安全等领域进行专项排查。发现安全隐患261处，整改隐患254处。

荣 誉

Rongyu

人物名录

2021年受到表彰的"全国最美家庭"

沙学兰家庭　贺兰县金贵镇江南新村

2021年2月受到中共中央、国务院表彰的全国脱贫攻坚先进个人

陈立新　贺兰县扶贫和农业综合开发服务中心主任

2021年4月受到自治区党委、自治区人民政府表彰的脱贫攻坚先进个人

王　涛　贺兰县委副书记

张　鑫　贺兰县扶贫和农业综合开发服务中心副主任

蔡　霞　贺兰县洪广镇党委书记

顾　玮　贺兰县洪广镇欣荣村驻村第一书记，银川市农业综合执法支队四大队副大队长

2021年受到中共银川市委、银川市人民政府表彰的银川市脱贫攻坚先进个人

陈立新　贺兰县扶贫和农发中心主任

蔡　霞　贺兰县洪广镇党委书记

杨文军　贺兰县南梁台子管理委员会副主任

张海军　贺兰县民政局副局长

安建忠　贺兰县教育体育局局机关党支部书记

顾　玮　贺兰县洪广镇欣荣村驻村第一书记

王洪勇　贺兰县洪广镇隆源村驻村第一书记

刘文军　贺兰县洪广镇广荣村驻村第一书记

马　鑫　贺兰县洪广镇广荣村驻村工作队队员

2021年受到自治区党委表彰的优秀共产党员

陈学忠　贺兰县金贵镇金贵村党支部书记

赵建文　宁夏广银米业有限公司总经理

阮世忠　宁夏厚生记食品有限公司党总支书记、董事长

2021年受到自治区党委表彰的优秀党务工作者

马瑞宁　贺兰县立岗镇通义村党支部书记、村委会主任

马吉业　贺兰县第三小学党支部书记、校长

2021年受到中共银川市委表彰的优秀共产党员

殷正勤　贺兰县农业农村局离退休党总支书记

叶　宏　贺兰县政协党组成员

杨元科　贺兰县公安局德胜工业园区派出所副所长

翟彦奎　宁夏泰益欣生物科技有限公司党委书记

方　琦　贺兰县洪广镇欣荣村村委会副主任

王　宁　宁夏冠名食品加工专业合作社负责人

俞一潮　贺兰县回民高级中学教科室副主任

王学山　贺兰县常信乡司法所调解员

任学良　贺兰县慈善总会会长

樊利宁　贺兰县委政法委副书记、秘书长

2021年受到中共银川市委表彰的优秀党务工作者

苏建河　贺兰县公安局派驻习岗镇沙渠村第一书记

李　英　国家税务总局贺兰县税务局机关党委专职副书记

张　立　贺兰县常信乡四十里店村党支部书记、村委会主任

徐艳荣　贺兰县富兴街街道团结社区党委书记、居委会主任

2021年受到中共贺兰县委表彰的优秀共产党员

章安娜　贺兰县富兴街街道党务专干

彭发孝　贺兰县富兴街街道太阳城社区第二党支部书记

李晓迪　贺兰县富兴街街道如意湖社区亲水嘉苑小区第二党支部书记

张学兰　贺兰县富兴街街道利民社区安泊物业服务有限公司党支部书记

马利军　贺兰县富兴街街道光明社区迎宾苑小区党支部党员

李彬利　贺兰县供销社退休人员党支部党员

朱　亮　贺兰县习岗镇德胜村党员

蒋宁兵　贺兰县习岗镇经济桥村党员

王志江　贺兰县金贵镇雄英村党支部书记

郭文庆　宁夏智控能源科技有限公司总经理

杨银林　贺兰县金贵镇农业服务中心负责人

丁海兵　贺立岗镇通义村党支部副书记

杨伏生　贺兰县立岗镇金星村党员

马佳丽　贺兰县立岗镇社会事务管理办公室负责人

刘秀琴　贺兰县立岗镇通伏村党员

黎　伟　贺兰县立岗镇星光村党支部书记、村委会主任

李国强　贺兰县立岗镇幸福村村医

马生瑞　宁夏生瑞米业有限公司总经理

宋　和　贺兰县洪广镇金鑫村党支部书记、村委会主任

王永娇　贺兰县洪广镇洪广社区党支部书记、居委会主任

张景宇　贺兰县洪广镇金山村第一书记

丁兆兰　贺兰县洪广镇欣荣村驻村工作队队长

黄　华　贺兰县洪广镇欣荣村日间照料中心负责人

马丽亚娜　贺兰县常信乡谭渠村第一书记

全海鹏　贺兰县常信乡桂南村党员

李学林　贺兰县常信乡谭渠村党支部委员、村委会副主任

郑凤萍　贺兰县常信乡桂文村妇联主席

李生红　贺兰县南梁台子隆源村驻村工作队队长

卢鹏举　贺兰县南梁台子隆源村村书记助理

常雪峰　贺兰县发展和改革局党委书记、局长

达淑宁　贺兰德胜实验小学党支部书记、校长

张国强　贺兰一中高中部教务主任

刘晓芳　贺兰县西幼幼儿园教师

慕　娟　贺兰县第二小学教师

张晓慧　贺兰县银光小学教师

王建国　贺兰县公安局交通管理大队三级警长

马　玲　贺兰县公安局德胜工业园区派出所警务辅助人员

杨国强　贺兰县洪广镇中心卫生院党支部书记、院长

魏忠刚　贺兰县人民医院内科党支部纪检委员、公共卫生科主任

李天麟　贺兰县疾病预防控制中心党支部书记、主任

高彭彭　贺兰县人民医院信息科主任

杨凯军　宁夏贺兰工业园区党政办公室副主任

王文堂　宁夏恒康科技有限公司工会主席

阮　鑫　宁夏厚生记食品有限公司电商部经理

何立荣　宁夏大北农科技实业有限公司产品研发经理

孙　艳　宁夏塞尚乳业有限公司项目研发总监

张少明　贺兰县交通运输综合执法大队工作人员

周正国　贺兰县财政局评审中心主任

张　婕　贺兰县人民检察院二级检察官

禹 磊 国家税务总局贺兰县税务局税政二股股长

顾思敏 贺兰县人民法院二级法官

马建宁 贺兰县农业农村局党组书记、局长

吴静波 贺兰县审计局党组书记、局长

朱春芳 宁夏功达建筑工程有限责任公司高级工程师

仲 浩 贺兰县交通运输综合执法大队九级职员

张 鑫 贺兰县扶贫和农业综合开发服务中心副主任

霍文娟 贺兰县商务和投资促进局副局长

李 军 宁夏原种场副场长

赵重阳 宁夏金域医学检验所(有限公司)党支部书记、总经理

2021年受到中共贺兰县委表彰的优秀党务工作者

孙文菲 贺兰县习岗镇党务专干

马 青 贺兰县习岗镇习岗村党支部书记、村委会主任

谭 春 贺兰县习岗镇经济桥村党支部委员、村委会委员

马思宇 贺兰县富兴街街道居安社区党委副书记

马 诚 贺兰县金贵镇银光村驻村工作队队长

朱雪艳 贺兰县洪广镇党委组织委员、宣传委员

蒋占胜 贺兰县常信乡桂文村党支部书记、村委会主任

王宁利 贺兰县退役军人事务局副局长

马玉虎 贺兰县南梁台子铁东村党支部副书记

魏丽霞 贺兰县发展和改革局党委党务专干

钱建国 贺兰七小党支部书记、校长

沈 淼 贺兰潘昶小学党支部书记、校长

夏 勇 贺兰县公安局政工监督室事业编警务人员

桂韶华 贺兰县财政局党组成员、党支部书记、副局长

保碗青 贺兰县人民法院党总支副书记、政治部主任

陈 晨 贺兰县人民政府办公室党务专干

赵 晶 贺兰县人力资源和社会保障局仲裁院院长

马 娟 贺兰县纪委党支部委员、党务专干、巡察办科员

李来喜 贺兰县立岗镇中心卫生院党支部书记院长

姚卫鹤 百瑞源枸杞股份有限公司常务副总、党总支书记

2021年度受到自治区表彰的“最美庭院”

杜延宁 贺兰县常信乡张亮村二社

罗建民 贺兰县金贵镇关渠长河新村

海玉兰 贺兰县金贵镇通昌村五社

胡存信 贺兰县洪广镇金沙九社

黄世龙 贺兰县立岗镇幸福村二社

刘少勤 贺兰县立岗镇金星村二社

路稳强 贺兰县习岗镇新胜小康村

杨志山 贺兰县南梁台子铁西村二社

马虎林 贺兰县南梁台子铁东村三社

2021年度受到银川市表彰的“健康家庭”

马艳芹 贺兰县德胜花园

申学玲 贺兰县和平社区A区

赵伏梅 贺兰县塞上名居

汤凤兰 贺兰县森林海小区

于志发 贺兰县立岗镇清水村一社

马小立 贺兰县立岗镇兰光中心村

杨春俊 贺兰县立岗镇民乐村十社

张建兵 贺兰县立岗镇兰丰村九社

吴云良 贺兰县洪广镇暖泉农场

王海林 贺兰县金贵镇江南新村

马文海 贺兰县常信乡旭光一社

田彦福 贺兰县南梁台子铁东村九队

周方根 贺兰县京星农牧场京宁村三队

霍寿岐 贺兰县奥林匹克花园

彭发孝 贺兰县太阳城B区

李天珍 贺兰县中恒北区

2021年度受到银川市表彰的"文明家庭"

严俊荣　贺兰县长城惠兰园B区
高师陶　贺兰县派胜金溪里

2021年度受到银川市表彰的"最美家庭"

海　军　贺兰县月湖名邸B区
历惠芹　贺兰县育才苑
徐锦玉　贺兰县育才家园
吕江鱼　贺兰县一品尚都B区
罗桂霞　贺兰县祥和家苑
孙进龙　贺兰县习岗镇五星村
尹庆庆　贺兰县天鹅湖小镇东区
石　莹　贺兰县三鑫亚龙湾
金生祥　贺兰县亲水嘉苑
马建华　贺兰县暖泉农场七队
张学保　贺兰县暖泉农场场部
罗兵宏　贺兰县立岗镇兰星村九社
王燕红　贺兰县金贵镇保南村四社
李炳红　贺兰县洪广镇金山村陈家沟
赵　良　贺兰县常信乡四十里店村十七社
马燕君　贺兰县奥林匹克花园

人物名表

2021年贺兰县获县级以上表彰奖励的先进个人一览表

表1

姓　名	获奖名称	授奖单位	获奖日期
钱忠军	退役军人服务保障先进个人	退役军人事务部　中央军委政治工作部	2021.11
周惠君	全国群众体育先进个人	国家体育总局	2021.9
叶安祥	国务院第七次全国人口普查先进个人	国家统计局	2021.9
朱建新	自治区"七五"普法先进个人	自治区党委　自治区人民政府	2021.11
郑　莹	自治区"七五"普法先进个人	自治区党委　自治区人民政府	2021.11
范椿林	自治区"七五"普法先进个人	自治区党委　自治区人民政府	2021.11
马吉业	全区优秀党务工作者	中共宁夏回族自治区委员会	2021.6
陈学忠	全区优秀共产党员	中共宁夏回族自治区委员会	2021.6
丁丽媛	英模学习宣传主题征文三等奖	最高人民法院政治部、新闻局和人民法院新闻传媒总社	2021.12
王海峰	全区第七次全国人口普查先进个人	宁夏回族自治区第七次全国人口普查领导小组	2021.12
王　蓉	全区第七次全国人口普查先进个人	宁夏回族自治区第七次全国人口普查领导小组	2021.12
宋永明	全区第七次全国人口普查先进个人	宁夏回族自治区第七次全国人口普查领导小组	2021.12
孟　浩	全区第七次全国人口普查先进个人	宁夏回族自治区第七次全国人口普查领导小组	2021.12
罗艳芹	全区第七次全国人口普查先进个人	宁夏回族自治区第七次全国人口普查领导小组	2021.12
方　娟	全区第七次全国人口普查先进个人	宁夏回族自治区第七次全国人口普查领导小组	2021.12
虎　彩	全区第七次全国人口普查先进个人	宁夏回族自治区第七次全国人口普查领导小组	2021.12
仇国华	全区第七次全国人口普查先进个人	宁夏回族自治区第七次全国人口普查领导小组	2021.12
汪学文	全区第七次全国人口普查先进个人	宁夏回族自治区第七次全国人口普查领导小组	2021.12
李　浩	全区第七次全国人口普查先进个人	宁夏回族自治区第七次全国人口普查领导小组	2021.12
嬉玉斌	全区第七次全国人口普查先进个人	宁夏回族自治区第七次全国人口普查领导小组	2021.12
姜安娜	全区第七次全国人口普查先进个人	宁夏回族自治区第七次全国人口普查领导小组	2021.12
宋英涛	全区第七次全国人口普查先进个人	宁夏回族自治区第七次全国人口普查领导小组	2021.12
乔美婷	全区第七次全国人口普查先进个人	宁夏回族自治区第七次全国人口普查领导小组	2021.12
张　迁	全区第七次全国人口普查先进个人	宁夏回族自治区第七次全国人口普查领导小组	2021.12
刘　阳	全区第七次全国人口普查先进个人	宁夏回族自治区第七次全国人口普查领导小组	2021.12
王　金	自治区扫黑除恶专项斗争先进个人	宁夏回族自治区扫黑除恶专项斗争领导小组	2021.4
祁玉芬	自治区精神文明建设先进个人	宁夏回族自治区精神文明建设指导委员会	2021.5

续表 1

姓　名	获奖名称	授奖单位	获奖日期
李昺蓉	自治区未成年人思想道德建设工作先进工作者	宁夏回族自治区精神文明建设指导委员会	2021.5
李满银家庭	第二届自治区移风易俗模范户	宁夏回族自治区精神文明建设指导委员会	2021.5
杨伏生家庭	第二届自治区移风易俗模范户	宁夏回族自治区精神文明建设指导委员会	2021.5
王　欣	全区统战系统信息工作优秀信息员	自治区党委统战部	2021.2
刘燕军	自治区百名政法先进典型	自治区党委政法委	2021.10
赵　涛	自治区百名政法先进典型	自治区党委政法委	2021.10
刘燕军	全区法院先进个人	自治区人民法院	2021.2
赵　涛	全区优秀人民警察	自治区公安厅	2021.1
郭建忠	个人二等功	自治区公安厅	2021.1
张永峰	个人嘉奖	自治区公安厅	2021.8
杨　刚	个人嘉奖	自治区公安厅	2021.8
柴永清	个人嘉奖	自治区公安厅	2021.8
曹彦忠	个人嘉奖	自治区公安厅	2021.7
陈　思	优秀退役军人服务站站长	自治区退役军人事务厅	2021.2
马　青	优秀退役军人服务站站长	自治区退役军人事务厅	2021.2
王永娇	优秀退役军人服务站站长	自治区退役军人事务厅	2021.2
焦　斌	优秀退役军人服务站站长	自治区退役军人事务厅	2021.2
胡金云	优秀退役军人服务中心主任	自治区退役军人事务厅	2021.1
刘　艺	全区创业报表统计工作先进个人	宁夏回族自治区就业创业服务局	2021.12
贾春辉	全区财政文化宣传教育作品征集三等奖	自治区财政厅	2021.6
苏建河	银川市优秀党务工作者	中共银川市委员会	2021.6
徐艳荣	银川市优秀党务工作者	中共银川市委员会	2021.5
张　立	银川市优秀党务工作者	中共银川市委员会	2021.5
杨元科	银川市优秀共产党员	中共银川市委员会	2021.6
白文皓	全市政府系统公文写作比赛一等奖	银川市人民政府办公室	2021.5
李秀珍	全市政府系统公文写作比赛二等奖	银川市人民政府办公室	2021.5
李亚新	全市政府系统公文写作比赛二等奖	银川市人民政府办公室	2021.5
李　燕	全市政府系统公文写作比赛三等奖	银川市人民政府办公室	2021.5
杨　鹏	全市政府系统公文写作比赛三等奖	银川市人民政府办公室	2021.5

集体名录

2021年度受到自治区表彰的脱贫攻坚先进集体

中共贺兰县委组织部

贺兰县扶贫和农业综合开发服务中心

贺兰县洪广镇广荣村驻村工作队

2021年度受到银川市表彰的脱贫攻坚先进集体

贺兰县扶贫开发办公室

贺兰县洪广镇欣荣村

2021年受到自治区党委表彰的全区先进基层党组织

贺兰县洪广镇党委

贺兰县人民法院党总支

贺兰县中心敬老院党支部

百瑞源枸杞股份有限公司党总支

2021年受到银川市委表彰的全市先进基层党组织

贺兰县富兴街街道利民社区党委

宁夏大北农科技实业有限公司党总支

贺兰县审批服务管理局党总支

贺兰县南梁台子隆源村党支部

贺兰县第二中学党总支

2021年受到贺兰县委表彰的全县先进基层党组织

贺兰县习岗镇党委

贺兰县习岗镇习岗村党支部

贺兰县金贵镇党委

贺兰县金贵镇金贵村党支部

贺兰县洪广镇欣荣村党支部

贺兰县常信乡四十里店村党支部

贺兰县南梁台子铁东村党支部

贺兰县委宣传部党支部

贺兰县委统战部党支部

贺兰县委政法委党支部

贺兰县人民检察院党支部

贺兰县财政局党支部

贺兰县农业农村局离退休党总支

贺兰县扶贫和农业综合开发服务中心党支部

贺兰县税务局直属机关党委

贺兰县疾病预防控制中心党支部

贺兰县人民医院党总支

贺兰县教育体育党工委

贺兰县第四中学党总支

贺兰县回民小学党支部

贺兰县回民高级中学党总支

贺兰县富兴街街道党工委

贺兰县富兴街街道如意湖社区党委

贺兰县富兴街街道花园社区党委

宁夏双玉防水防腐材料集团有限公司党委

集体名表

2021年贺兰县获县级以上表彰奖励先进集体一览表

表2

获奖单位	奖 项	授奖单位	获奖日期
贺兰县委统战部	全国民族团结进步示范县	国家民族事务委员会	2021.1
贺兰县委统战部	2020年度全区统战系统信息工作先进单位	宁夏回族自治区党委统战部	2021.2
贺兰县委组织部	全区脱贫攻坚先进集体	中共宁夏回族自治区委员会 宁夏回族自治区人民政府	2021.4
贺兰县委组织部（老干部局）	2021年度全区离退休干部信息宣传调研工作先进集体	宁夏回族自治区党委老干部局	2021.12
贺兰县委组织部（贺兰县老科技工作者协会）	宁夏老科协先进集体	宁夏老科学技术工作者协会	2020.12
贺兰县委宣传部	第二届自治区移风易俗工作先进县	宁夏回族自治区精神文明建设指导委员会	2021.5
贺兰县科协	2021—2025年度第二批全国科普示范县(市、区)创建单位	中国科协	2021.11
团县委（宁夏百瑞源枸杞博物馆）	全国青年文明号	共青团中央	2021.8
贺兰县总工会（百瑞源）	全国工人先锋号称号	中华全国总工会	2021.4
贺兰县总工会（如意集团）	全国工人先锋号称号	中华全国总工会	2021.4
贺兰县工商联	2020—2021年度全国“五好”县级工商联	中华全国工商业联合会	2021.12
贺兰县农业农村局	第一批全国农作物病虫害绿色防控示范县	农业农村部种植业管理司	2021.10
贺兰县农业农村局	第二批全国农作物病虫害绿色防控示范县	全国农业技术推广服务中心	2021.3
贺兰县农业农村局（宁夏主要粮食作物病虫草害农药减量控害技术示范推广项目）	2020年度自治区科学技术进步二等奖	宁夏回族自治区人民政府	2021.6
贺兰县农业农村局（畜牧水产技术推广服务中心）	全国星级基层农技推广机构	农业农村部	2021.11
贺兰县农业农村局	2020年度乡村振兴“一村一年一事”行动考评结果(三等奖)	宁夏回族自治区党委农村工作领导小组办公室	2021.2
贺兰县农业农村局	2020年度实施乡村振兴战略先进集体(二等奖)	宁夏回族自治区党委农村工作领导小组办公室	2021.1

续表2

获奖单位	奖　项	授奖单位	获奖日期
贺兰县农业农村局	2020年实施乡村振兴战略综合考评(川区:第二名 进位奖)	宁夏回族自治区党委农村工作领导小组办公室	2021.1
贺兰县农业农村局	全区农村人居环境整治示范县	宁夏回族自治区党委农村工作领导小组办公室	2021.1
贺兰县农业农村局	2021年度全区农业行政处罚优秀案卷	宁夏回族自治区农业农村厅	2021.11
贺兰县农业农村局	2021年度实施乡村振兴战略先进集体(一等奖)	宁夏回族自治区党委农村工作领导小组办公室	2022.1
贺兰县乡村振兴服务中心	2020年度自治区农田水利基本建设“黄河杯”竞赛(一等奖)	自治区农田水利基本建设指挥部	2021.1
贺兰县退役军人事务局	全区双拥模范县	中共宁夏回族自治区委员会 宁夏回族自治区人民政府 中国人民解放军宁夏军区	2021.1
贺兰县退役军人事务局(县退役军人服务中心)	全国示范型退役军人服务中心(站)	宁夏回族自治区退役军人事务厅	2021.1
贺兰县退役军人事务局(县退役军人服务中心)	全区示范型退役军人服务中心(站)	宁夏回族自治区退役军人事务厅	2021.1
贺兰县人民法院	全区先进基层党组织	中共宁夏回族自治区委员会	2021.6
贺兰县人民法院	全区扫黑除恶专项斗争先进集体	宁夏回族自治区扫黑除恶专项斗争领导小组	2021.4
贺兰县公安局	全区公安机关警务实战大比武执法现场临战处置单项第三名	宁夏回族自治区公安厅	2021.9
贺兰县公安局	全区优秀公安基层单位	宁夏回族自治区公安厅	2021.1
贺兰县公安局	贺电	宁夏回族自治区公安厅	2021.2
贺兰县公安局	2021年宁夏公安机关刑事技术技能大赛——新型案件现场勘查大比武中获一等奖	宁夏回族自治区公安厅	2021.9
贺兰县公安局	集体三等功	宁夏回族自治区公安厅	2021.8
贺兰县审批服务管理局	节约型机关	国家机关事务管理局 中共中央直属机关事务管理局 国家发展和改革委员会	2021.8
贺兰县统计局	节约型机关	国家机关事务管理局 中共中央直属机关事务管理局 国家发展和改革委员会	2021.8
贺兰县统计局	自治区第七次全国人口普查先进集体	宁夏回族自治区第七次全国人口普查领导小组	2021.12
贺兰县教育体育局	2017—2020年全国群众体育先进单位	国家体育总局	2021.9
贺兰县教育体育局(第二小学)	第三批全国中小学中华优秀传统文化传承学校(书法)	教育部	2021.11
贺兰县教育体育局	2020年国家义务教育质量监测实施优秀组织单位	教育部基础教育质量监测中心	2021.1

续表2

获奖单位	奖　项	授奖单位	获奖日期
贺兰县教育体育局	第一批校园治理达标县	宁夏回族自治区教育工作领导小组办公室	2021.10
贺兰县教育体育局	自治区未成年人思想道德建设工作先进单位	宁夏回族自治区精神文明建设指导委员会	2021.5
贺兰县教育体育局（第一小学、第四中学）	先进基层党组织	中共宁夏回族自治区教育工委 中共宁夏回族自治区教育厅党组	2021.6
贺兰县教育体育局	2020年全区学前教育普及普惠（城镇小区配套幼儿园治理）先进单位	中共宁夏回族自治区教育工委 自治区教育厅	2021.1
贺兰县教育体育局	2020年全区义务教育均衡发展（化解大班额）先进单位	中共宁夏回族自治区教育工委 自治区教育厅	2021.1
贺兰县教育体育局（第一中学五中校区）	“没有共产党就没有新中国”庆祝中国共产党成立100周年全区诵读类比赛（中学组）一等奖	宁夏回族自治区教育厅	2021.10
贺兰县教育体育局（教研室）	2020—2021年度基础教育质量提升行动三等奖	中共银川市委员会 银川市人民政府	2021.9
贺兰县教育体育局（秦永贵名师工作室）	2020—2021年度“三名”工作室考核评估先进集体	中共银川市委员会 银川市人民政府	2021.9
贺兰县人力资源和社会保障局	城市创业优秀展示项目	第三届全国创业就业服务展示交流活动组委会	2021.10
贺兰县人力资源和社会保障局	2020年全区就业创业工作考核C类	宁夏回族自治区就业工作领导小组	2021.2
贺兰县文广局（立岗镇综合文化站）	2021年全区乡村文化示范性评选优秀乡镇（街道）综合文化站	宁夏回族自治区文化和旅游厅	2021.12
贺兰县司法局（广荣村）	全国民主法治示范村	司法部 民政部	2021.2
贺兰县融媒体中心	2020年度全国县级媒体中心舆论引导能力建设十大典型案例	中国新闻出版研究院 全国县级媒体中心舆论引导能力建设年会组委会	2020.12
贺兰县卫生健康局	2020年度健康宁夏建设考核一等奖	宁夏回族自治区健康宁夏建设领导小组	2020.1
贺兰县富兴街道办（金河社区）	全国综合减灾示范社区	国家减灾委员会 应急管理部 中国气象局 中国地震局	2021.2
贺兰县富兴街道办（花园社区）	第九批全国民族团结进步示范单位	国家民族事务委员会	2021.11
贺兰县富兴街道办（如意湖社区）	自治区健康社区	宁夏回族自治区卫生健康委员会办公室	2021.3
贺兰县富兴街道办（如意湖社区）	第二届自治区移风易俗工作先进红白理事会	宁夏回族自治区精神文明建设指导委员会	2021.5
贺兰县富兴街办（街道退役军人服务站）	全国示范型退役军人服务中心（站）	宁夏回族自治区退役军人事务厅	2021.1

续表2

获奖单位	奖 项	授奖单位	获奖日期
贺兰县富兴街办（街道退役军人服务站）	自治区标杆型退役军人服务中心（站）	宁夏回族自治区退役军人事务厅	2021.1
贺兰县常信乡（贺兰县“稻渔空间”一二三产融合促进）	第三批生态产品价值实现典型案例	自然资源部办公厅	2021.12
贺兰县常信乡（常信乡退役军人服务站）	全国示范型退役军人服务中心（站）	宁夏回族自治区退役军人事务厅	2021.1
贺兰县常信乡（常信乡退役军人服务站）	自治区标杆型退役军人服务中心（站）	宁夏回族自治区退役军人事务厅	2021.1
贺兰县洪广镇	全区先进基层党组织	中共宁夏回族自治区委员会	2021.6
贺兰县洪广镇	第二届自治区移风易俗工作先进村镇	宁夏回族自治区精神文明建设指导委员会	2021.5
贺兰县洪广镇（金鑫村）	全区农村人居环境整治示范村	宁夏回族自治区改善农村人居环境工作领导小组	2021.1
贺兰县洪广镇（欣荣村）	全区农村人居环境整治示范村	宁夏回族自治区改善农村人居环境工作领导小组	2021.1
贺兰县洪广镇（洪广镇退役军人服务站）	全国示范型退役军人服务中心（站）	宁夏回族自治区退役军人事务厅	2021.1
贺兰县洪广镇（洪广镇退役军人服务站）	自治区标杆型退役军人服务中心（站）	宁夏回族自治区退役军人事务厅	2021.1
贺兰县洪广镇（广荣村）	全国民主法治示范村	司法部 民政部	2021.2
贺兰县立岗镇（通义村）	自治区精神文明建设工作先进集体	宁夏回族自治区精神文明建设指导委员会	2021.5
贺兰县立岗镇（永华村）	全区农村人居环境整治示范村	宁夏回族自治区改善农村人居环境工作领导小组	2021.1
贺兰县立岗镇（立岗镇综合文化站）	2021年全区乡村文化示范性评选优秀乡镇（街道）综合文化站	宁夏回族自治区文化和旅游厅	2021.12
贺兰县立岗镇（立岗镇退役军人服务站）	全国示范型退役军人服务中心（站）	宁夏回族自治区退役军人事务厅	2021.1
贺兰县立岗镇（立岗镇退役军人服务站）	自治区标杆型退役军人服务中心（站）	宁夏回族自治区退役军人事务厅	2021.1
贺兰县习岗镇（习岗镇退役军人服务站）	全国示范型退役军人服务中心（站）	宁夏回族自治区退役军人事务厅	2021.1
贺兰县习岗镇（桃林村）	全区农村人居环境整治示范村	宁夏回族自治区改善农村人居环境工作领导小组	2021.1
贺兰县金贵镇（金贵镇退役军人服务站）	全国示范型退役军人服务中心（站）	宁夏回族自治区退役军人事务厅	2021.1
贺兰县金贵镇（通昌村）	全区农村人居环境整治示范村	宁夏回族自治区改善农村人居环境工作领导小组	2021.1
贺兰县金贵镇（关渠村）	全区农村人居环境整治示范村	宁夏回族自治区改善农村人居环境工作领导小组	2021.1

续表2

获奖单位	奖　项	授奖单位	获奖日期
南梁台子农牧场（隆源村）	第二届自治区移风易俗工作先进红白理事会	宁夏回族自治区精神文明建设指导委员会	2021.5
南梁台子农牧场（隆源村）	全区农村人居环境整治示范村	宁夏回族自治区改善农村人居环境工作领导小组	2021.1
南梁台子农牧场（南梁台子退役军人服务站）	全国示范型退役军人服务中心（站）	宁夏回族自治区退役军人事务厅	2021.1
南梁台子农牧场（南梁台子退役军人服务站）	自治区标杆型退役军人服务中心（站）	宁夏回族自治区退役军人事务厅	2021.1

附　录

Fulu

一、统计公报

2021年贺兰县国民经济和社会发展统计公报

贺兰县统计局　贺兰县社会经济调查队

2021年，在县委、县政府坚强领导下，全县沉着应对新冠疫情反复带来的严峻考验，始终坚持“稳中求进”工作总基调，扎实做好“六稳”工作、全面落实“六保”任务，经济运行稳中向好，高质量发展扎实推进，全县经济社会发展实现“十四五”平稳开局[1]。

一、综合

全县实现地区生产总值(GDP)158.50亿元[2]，同比增长5.0%，高于上年4个百分点，分别低于全国、全区、银川市3.1、1.7和1.3个百分点，两年平均增长3.0%。其中：第一产业增加值23.51亿元，增长5.6%；第二产业增加值45.05亿元，下降4.2%；第三产业增加值89.94亿元，增长5.1%。三次产业结构比由上年同14.3∶26.2∶59.5调整14.8∶28.4∶56.7，一产、二产、三产分别拉动GDP增加0.8、1.1和3.1个百分点，三次产业对GDP增长的贡献率分别是16.2%、22.5%、61.4%。

全年居民消费价格总指数(CPI)为101.4%[3]，比上年同期上涨1.4%，从调查的八大类商品和服务价格来看，食品烟酒类上涨1.57%，衣着类下降0.47%，居住类上涨0.13%，生活用品及服务上涨0.99%，交通和通信类上涨3.89%，教育文化和娱乐类上涨1.53%，医疗保健类上涨2.65%，其他用品和服务下降1.23%。商品零售价格总指数为102%。

表3　2021年贺兰县国民经济主要指标完成情况表

指标名称	单位	1-12月累计	比去年同期增减(%)
一、地区生产总值	亿元	158.50	5.0
第一产业	亿元	23.51	5.6
第二产业	亿元	45.05	4.2
工业	亿元	34.18	3.8
建筑业	亿元	10.99	5.3
第三产业	亿元	89.94	5.1
其中：批发和零售业	亿元	15.13	0.2
交通运输、仓储和邮政业	亿元	8.10	34.6
住宿和餐饮业	亿元	1.86	6.8
金融业	亿元	8.58	4.4
房地产业	亿元	14.46	-0.4
其他服务业	亿元	40.84	4.6
农林牧渔业服务业	亿元	0.84	3.6

全年规模以上服务业企业营业收入46076.8万元，同比增长21.52%；利润总额3171.7万元。

一般公共预算收入完成13.23亿元，同比增长5.01%，两年平均增长4.6%，其中税收收入完成10.05亿元，同比增长1.18%；一般公共预算支出完成31.01亿元，同比下降12.86%，两年平均下降2.5%，其中，八项支出21.23亿元，同比下降4.26%。

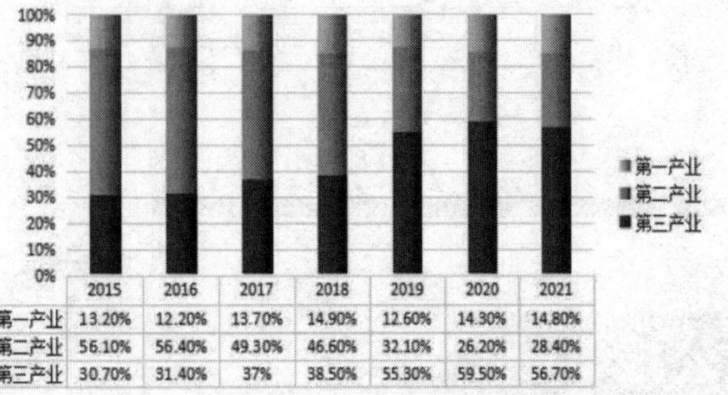

图1 2015—2021年贺兰县地区生产总值三次产业结构文化趋势示意图

表4 2021年贺兰县规模以上服务业主要行业营业收入情况表

行　业	营业收入（万元）	比上年增长（%）	利润总额（万元）
总 计	46076.8	21.52	3171.7
交通运输、仓储和邮政业	9106.8	35.98	983.1
房地产业	8095.8	-13.17	667.3
租赁和商务服务业	9197.3	-1.79	99.6
水利、环境和公共设施管理业	1284.1	40.66	-960.4
居民服务、修理和其他服务业	2054.3	77.02	233.6
教育	2020.6	0.09	-407.6
卫生和社会工作	14317.9	69.67	2556.1

2021年末，全县常住户数13.5万户，常住人口34.4万人。按性别分：男性17.7万人，女性16.7万人；按居住地分：城镇人口22.7万人，乡村人口11.7万人，城镇化率为65.99%；按民族分：汉族26.99万人，占总人口的78.46%，回族7.08万人，占总人口的20.57%，其他少数民族0.33万人，占总人口的0.97%。出生人数为0.35万人，出生率为10.20‰，死亡人数为0.17万人，死亡率为4.96‰，自然增长率为5.24‰。

二、农业和农村

全年完成农林牧渔业总产值49.71亿元，按可比价计算，比上年增长5.9%。其中农业产值23.73亿元，同比增长5.5%；林业产值0.30亿元，同比增长33.3%；牧业产值15.34亿元，同比增长6.4%；渔业产值9.01亿元，同比增长8.3%；农林牧渔服务业产值1.33亿元，同比增长4.2%。

据调查队监测：全年粮食作物播种面积为31.12万亩，同比增长0.03%，其中小麦面积为2.32万亩，同比下降65.6%；水稻12.03万亩，同比下降19.9%；玉米16.77万亩，同比增长79.4%。全年粮食作物产量为17.47万吨，同比增长6.8%：其中小麦产量为0.87万吨，同比下降64.6%；水稻产量为6.45万吨，同比下降20.0%；玉米产量为10.15万吨，同比增长74.1%。蔬菜播种面积为23.33万亩，同比增长7.5%。蔬菜产量49.00万吨，同比增长1.9%。园林水果播种面积2.89万亩，同比下降11.0%。园林水果产量1.79万吨，同比增长31.3%。全年生猪、牛、羊、家禽分别出栏33732头、26036头、119664头、68.46万只，同比分别增长14.8%、4.7%、8.0%、-2.4%；肉产量10558吨，同比增长7.8%，其中猪肉产量2632吨，同比增长10.4%；牛肉产量4438吨，同比增长9.9%；羊肉产量2100吨，同比增长12.1%；禽肉产量1388吨，同比下降7.2%。奶产量25.80万吨，同比增长5.6%；蛋产量8425吨，同比下降11.1%。水产养殖面积5.81万亩，面积与去年基本持平，水产品产量为6.00万吨，同比增长3.4%。

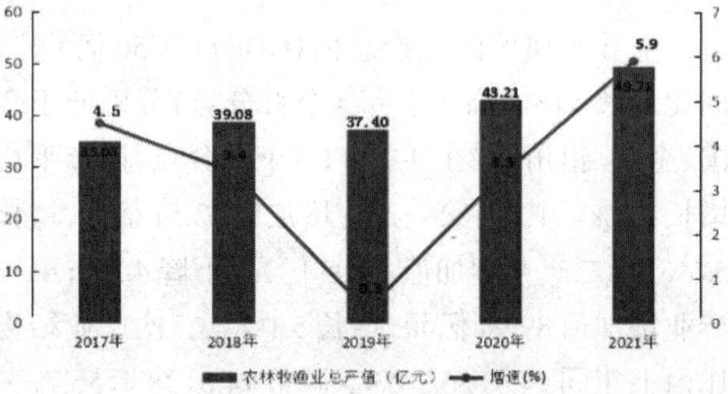

图2 2017—2021年贺兰县农林牧渔业总产值及增速示意图

三、工业和建筑业

全年工业增加值34.18亿元，比上年增长3.8%，其中，规模以上工业增加值增长8.5%。在规模以上工业中，分轻重工业看，轻工业增加值增长13.3%，重工业增加值下降1.3%。分经济类型看，国有企业增加值同比增长13.2%，外商及港澳台商投资企业增加值同比增长37.8%，股份制企业同比增长6.6%。非公有企业增加值同比增长8.3%。

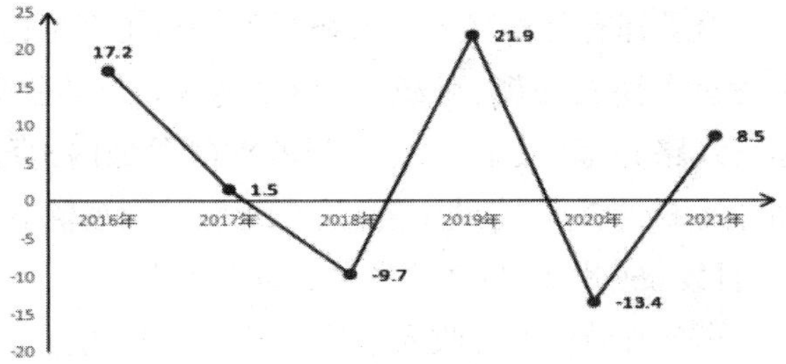

图3　2016—2021年贺兰县规模以上工业增加值增速示意图

全年规模以上工业中，八大重点行业“六增一降”，增加值同比增长11.7%，占规上工业增加值比重为86.4%，拉动规上工业增长9.9个百分点。医药制造业增加值同比增长13.0%，酒、饮料精制茶制造业增加值同比增长6.1%，农副食品加工业增加值同比增长12.2%，化学原料和化学制品制造业增加值同比增长7.3%，纺织业增加值同比增长38.7%，食品制造业增加值同比增长20.6%，非金属矿物制品业增加值同比增长12.4%，电力、热力生产和供应业增加值同比下降6.4%。六大高耗能行业增加值下降2.1%，占规模以上工业增加值比重为19.0%；高技术产业增加值增长11.2%，占规模以上工业增加值比重为35.3%。

全年规模以上工业企业实现销售产值108.81亿元，比上年增长15.5%，工业产品销售率为94.2%。规模以上工业企业营业收入119.34亿元，比上年增长17.8%；营业成本93.66亿元，增长15.7%；实现利润总额7.50亿元，增长23.2%。工业品出口交货值11.21亿元，应收账款28.73亿元。年末规模以上工业企业资产负债率74.6%，比上年末提高1.3个百分点；亏损企业共24家，亏损面34.3%，亏损企业亏损额2.60亿元。全年规模以上非公有工业企业实现营业收入117.27亿元，增长18.5%。

全县规模以上工业综合能源消费量为55.64万吨标准煤，同比增长3.8%，单位工业增加值能耗2.29吨标准煤/万元，同比下降4.3%。分轻重工业看，轻工业能源消费量为43.4万吨标准煤，同比增长6.0%，重工业能源消费量为12.2万吨标准煤，同比下降3.1%。分行业大类看，医药制造业增长1.3%、纺织业增长25.8%、化学原料和化学制品制造业增长5.4%、电力热力生产和供应业增长1.5%、非金属矿物制品业增长40.5%、石油煤炭及其他燃料加工业下降11.2%。六大高耗能行业能耗同比下降5.5%，占规模以上工业能耗比重为20.2%。

全县资质以上建筑企业29家，实现建筑业总产值37.28亿元，同比增长11.9%。其中：建筑工程产值32.21亿元，增长4.2%；安装工程产值3.53亿元，为2020年的3.2倍；其他产值1.54亿元，下降20.3%。全年签订施工合同额47.2亿元，同比增长2.1%。房屋建筑施工面积45.1万平方米，同比增长58.8%。实现营业利润130亿元，同比下降887%。

四、固定资产投资和房地产业

全县固定资产投资同比增长10.0%[5]，从投资结构看，第一产业投资同比增长1.1倍，占全社会固定资产投资的3.3%；第二产业投资同比增长80.8%，占全社会固定资产投资的21.2%，第三产业投资同比下降2.7%，占全社会固定资产投资的75.5%。

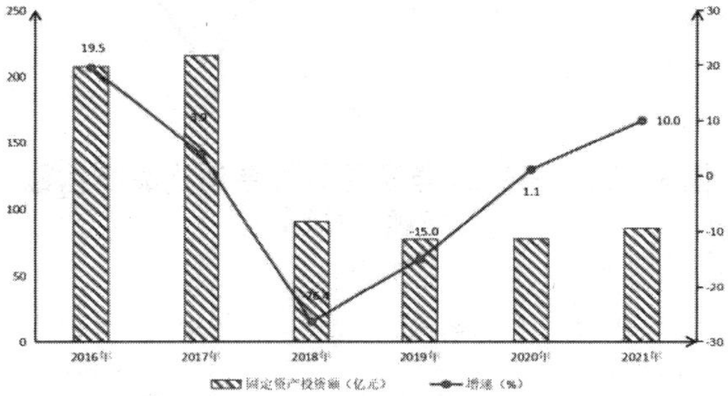

图4　2016—2021年贺兰县固定资产总量及增速变化示意图

全年完成房地产开发投资48.06亿元，同比增长4.0%，其中，住宅开发投资36.70亿元，同比增长6.8%。商品房施工面积483.71万平方米，同比增长7.2%，其中，住宅施工面积356.94万平方米，同比增长6.7%。商品房销售面积118.30万平方米，同比下降13%，其中，住宅销售面积92.71万平方米，同比下降22.1%。商品房待售面积108.45万平方米，同下降12.8%，其中，住宅待售面积为39.26万平方米，同比下降13.1%。全年商品房销售额81.37亿元，同比下降10.4%，其中，住宅销售额为69.13亿元，同比下降15.2%。

五、贸易

全县实现社会消费品零售总额143.2亿元，同比增长1.9%。分城乡看，城镇实现消费品零售额136.29亿元，同比增长1.4%；乡村实现消费品零售额6.91亿元，同比增长10.6%。分行业看，批发业实现消费品零售额21.94亿元，同比增长3.1%，零售业实现消费品零售额112.48亿元，同比增长1.5%，住宿业实现消费品零售额0.44亿元，同比下降1.6%，餐饮业实现消费品零售额8.34亿元，同比增长4.2%。分登记注册类型看，国有经济、集体经济、个体经济、股份制经济和其他各种经济实现消费品零售额分别同比增长10.6%、10.6%、10.5%、1.6%和11.6%，私营经济实现消费品零售额同比下降4.0%。

(%)

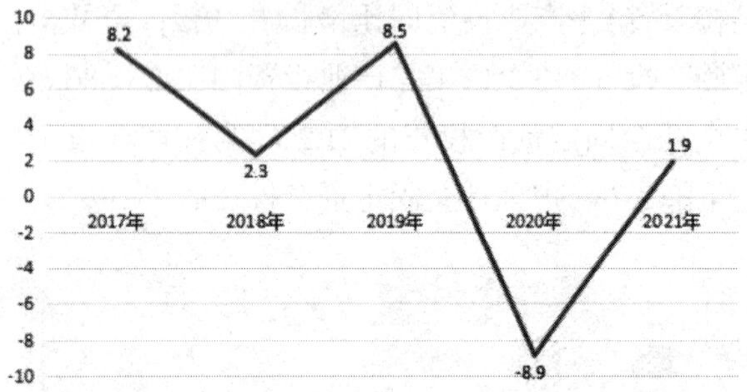

图5　2017—2021年贺兰县社会消费品零售额增速示意图

(%)

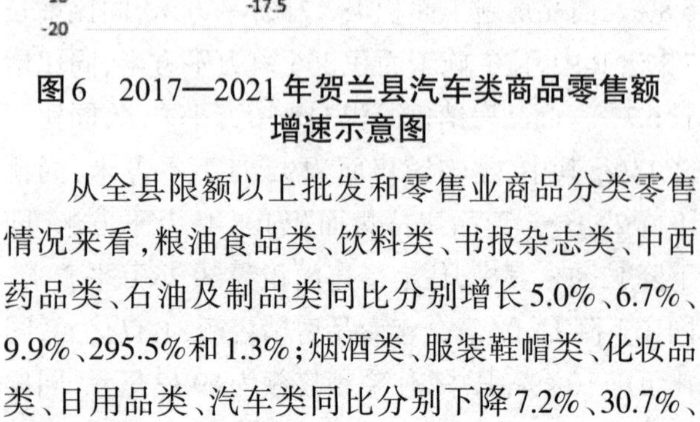

图6　2017—2021年贺兰县汽车类商品零售额增速示意图

从全县限额以上批发和零售业商品分类零售情况来看，粮油食品类、饮料类、书报杂志类、中西药品类、石油及制品类同比分别增长5.0%、6.7%、9.9%、295.5%和1.3%；烟酒类、服装鞋帽类、化妆品类、日用品类、汽车类同比分别下降7.2%、30.7%、13.3%、12.7%和5.3%。

六、交通运输、邮政、旅游

全县拥有公路客运车辆154辆，3935个客位；公路货运车辆3346辆，可载重51863吨位。全县公交运营线路14条，其中，通往银川的8条，县域内3条，通往乡村的2条，专线1条；共有公交运营车辆155台，日发669班次，日客运量约4.34万人次。

全年邮政业业务收入累计完成3456.16万元，同比增长6.7%。快递业务收入累计完成870万元，同比增长58%。全年定销报纸业务累计完成190余万份，同比上升5%；杂志业务累计完成8.4万份，同比增长3%；邮政函件业务量累计完成0.86万件，下降7.2%。

全年接待国内游客172万人次，比上年增长20%。国内旅游总收入1.43亿元，增长20%。全县共有旅行社14家，其中，国内社14家。全县共有旅游星级饭店3家，其中，四星级2家，三星级1家。

七、金融

年末全县金融机构人民币各项存款余额239.08亿元，比上年末增长9.42%，其中，住户存款185.25亿元，增长8.41%。年末全县金融机构人民币各项贷款余额174亿元，比上年末增长17.13%。其中，中长期贷款111.51亿元，增长24.3%；短期贷款50.48亿元。

八、教育和科学技术

年末全县有普通高中3所，招生2056人，增长6.75%；在校生5892人，增长5.2%；毕业生1910人，增长10.6%。初中学校5所，招生3268人，下降2.42%；在校生9919人，增长1.06%；毕业生3302人，增长5.46%。普通小学28所，招生4496人，增长0.36%；在校生25222人，增长4.3%；毕业生3792人，增长4.6%；学前三年毛入园率达96.81%，增长0.32%；小学六年巩固率达到103.21%，初中三年巩固率达到100.46%。资助困难学生7807人次。

全县全年有效发明专利拥有量136件，万人发明专利拥有量4.28件。

九、文化、卫生和体育

年末全县拥有艺术表演团体26个，文化艺术馆和文化馆1个，公共图书馆1个，博物馆4个，全国重点文物保护单位4处。广播电台1座，电视台1座，有线广播电视覆盖用户10.1万户。

全县拥有卫生机构179个，其中，医院和卫生院15个（医院7个）。卫生机构床位1159张，其中，医院、卫生院床位1159张。卫生技术人员1904人，其中，执业医师及执业助理医师703人，注册护士903人。疾病预防控制中心1个，卫生技术人员19人，免疫规划接种率达98%；妇幼保健机构1个，卫生技术人员166人；乡镇卫生院8个，床位数88张，卫生技术人员231人。卫生监督所1个，卫生技术人员13人。

全年获得金牌42块，银牌28块，铜牌29块。

十、人民生活和社会保障

全县城镇新增就业3940人，年末城镇登记失业率3.6%。

全年城镇居民人均可支配收入37473.5元，比上年增加2278.4元，增长6.5%。城镇居民人均消费性支出24734.6元，增长11.6%。

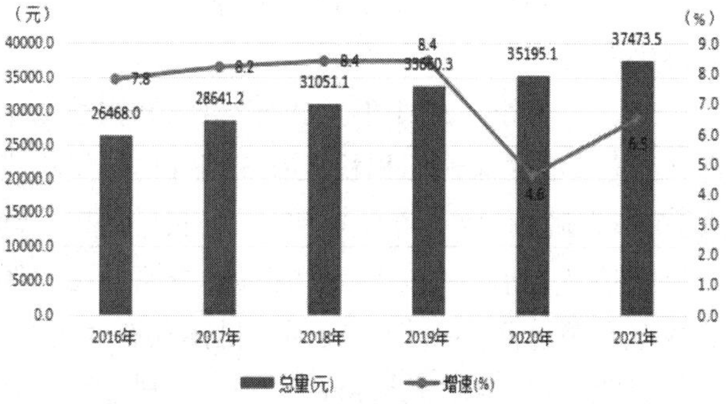

图7 2016—2021年贺兰县城镇居民人均可支配收入及增速示意图

2021年贺兰县农村居民人均可支配收入18909.7元，比上年增加1660.9元，增长9.6%。农村居民人均生活消费支出16659.8元，增长9.1%。

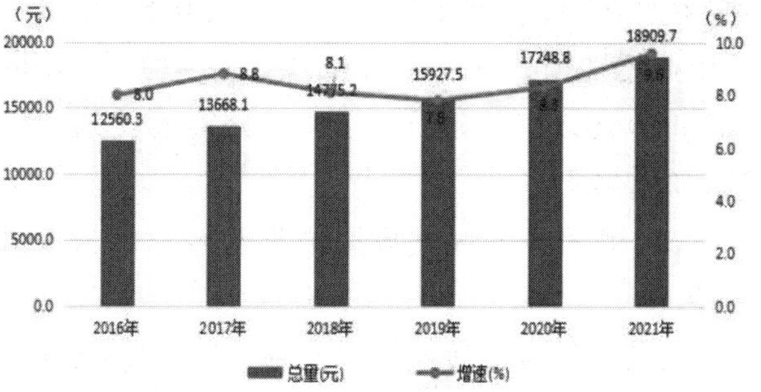

图8 2016—2021年贺兰县农村居民人均可支配收入及增速示意图

年末全县参加基本养老保险18.88万人，比上年增长3.1%，其中参加城镇职工基本养老保险7.01万人，参加城乡居民基本养老保险11.87万人。

全县拥有6家养老机构（包括公建民营3家，民办3家）、13个日间照料中心、11个居家养老服务站、46个农村幸福院、19个老饭桌，共有床位847张，其中护理型床位423张。全县享受城镇居民最低生活保障人数为1741人，全年发放城镇居民最低生活保障金万990.27万元；农村享受最低保障人数5237人，发放农村最低生活保障金2338.34万元。城镇建立各种社区服务站17个。全年销售社会福利彩票24.1474万元，筹集社会公益资金121.7030万元，直接接受社会捐赠130.21万元。

十一、城市建设

全县面积1204.715平方公里，城市建成区面积33.71平方公里。城市道路长度153.3公里，城市道路面积486.53万平方米（包括人行道）。污水年排放量1849.6万立方米，污水处理率100%。年末建成区绿化覆盖面积1348.4公顷；2021年末建成区园林绿地面积1222.03公顷，建成区公园绿地面积252.3公顷。

全县拥有公路客运车辆154辆，3935个客位；公路货运车辆3346辆，可载重51863吨位。全县公交运营线路14条，其中，通往银川的8条，县域内3条，通往乡村的2条，专线1条；共有公交运营车辆155台，日发669班次，日客运量约4.34万人次。

十二、环境与应急管理

全年空气质量优良天数（实况）288天，优良天数比例（实况）79.3%。城市饮用水源水质达标率100%，黄河银川段水质达到二类。本年度实施贺兰县乡镇级及以下集中式饮用水源地暨千吨万人农村水源地规范化建设项目，投入资金87.9215万元。2021年，全县共发生生产安全事故15起，死亡11人，受伤13人（其中工矿商贸领域9起，死亡8人，受伤1人；交通领域6起，死亡3人，受伤12人），事故起数同比上升87.5%，死亡人数同比上升175%，受伤人数同比上升86%。亿元GDP生产安全事故死亡率0.069。

二、文献选编

关于全面推进乡村振兴加快农业农村现代化的实施意见

（贺党发〔2021〕23号）

“十三五”时期，全县上下始终把解决好“三农”问题作为重中之重，坚持农业农村优先发展，现代农业三大体系加快构建，农村产业融合发展步伐加快，乡村振兴开局良好，脱贫攻坚圆满收官，农村居民人均可支配收入稳步增长，农村改革纵深推进，乡村治理创新推进，农村人居环境整治明显改善，农村面貌焕然一新。“十四五”时期是开启全面建设社会主义现代化国家新征程的第一个五年，也是全面推进乡村振兴、加快农业农村现代化的关键五年，更是贯彻落实习近平总书记视察宁夏重要讲话精神，努力建设黄河流域生态保护和高质量发展先行区的重要五年。使命在肩不容须臾懈怠，重任在前必须铁肩担当。进入新发展阶段，融入新发展格局，承担新发展使命，全县上下要坚持把解决好“三农”问题作为重中之重，树立以人民为中心的发展思想，进一步增强做好三农工作的责任感、使命感、紧迫感，全面推进乡村振兴，加快农业农村现代化，不断增强人民群众的民生福祉。

一、总体要求

1. 指导思想。以习近平新时代中国特色社会主义思想为指导，深入贯彻党的十九大和十九届二中、三中、四中、五中全会精神、中央农村工作会议精神，全面落实区市党委农村工作会议精神，坚持稳中求进工作总基调，立足新发展阶段、贯彻新发展理念、融入新发展格局，以推动农业高质量发展为主题，以深化农业供给侧结构性改革为主线，以建设国家农业绿色发展先行区为使命，以改革创新为根本动力，全力保障粮食安全和重要农副产品有效供给，巩固脱贫攻坚成果，全面推进乡村产业、人才、文化、生态、组织振兴，推动形成工农互促、城乡互补、协调发展、共同繁荣的新型工农城乡关系，促进农业高质高效、乡村宜居宜业、农民富裕富足，为建设黄河流域生态保护和高质量发展先行区示范县提供有力支撑。

2. 目标任务。2021年，农业供给侧结构性改革深入推进，粮食播种面积稳定在32万亩，产量稳定在16.95万吨，高效种养业提质增效，农村居民人均可支配收入增长8%以上，增幅高于城镇居民。脱贫攻坚政策体系和工作机制同乡村振兴有效衔接、平稳过渡，脱贫攻坚成果持续巩固。乡村建设行动全面启动，农村人居环境质量持续提升，农村改革重点任务深入推进，农村社会保持和谐稳定。

到2025年粮食安全保障水平稳步提升，现代乡村产业体系基本形成，农民收入和生活水平大幅提高，城乡融合发展水平显著提升，农村基础设施和人居环境全面改善，农村基层治理能力显著增强。到“十四五”末，实现农牧渔业总产值46.85亿元，第一产业增加值23.38亿元，农村居民人均可支配收入25000元以上，较“十三五”末分别增长27.6%、27.6%和44.9%。

二、巩固拓展脱贫攻坚成果与乡村振兴有效衔接

3. 落实衔接过渡期要求。制定贺兰县《关于实现巩固拓展脱贫攻坚成果同乡村振兴有效衔接的实施方案》。过渡期内严格落实“四个不摘”要求，保持现有帮扶政策总体稳定并根据工作实际优化调整，逐步实现由集中资源支持脱贫攻坚向全面推进乡村振兴平稳过渡，推动“三农”工作重心转移。适时制定、完善、优化各项政策，确保工作不留空档、政策不留空白。

4.巩固拓展脱贫攻坚成果。健全防止返贫致贫监测预警和动态帮扶机制，织密兜牢特殊困难群体基本生活保障网。强化易地扶贫搬迁后续扶持，对欣荣村、广荣村、隆源村、银光村等重点村，聚焦产业、就业、社会融入“三件事情”，深入开展移民致富提升行动，统筹抓好产业发展、技能培训、基础设施配套、公共服务完善、人居环境整治和社会融入等重点工作。实施欣荣村设施温棚、隆源村尾菜加工车间等20个扶贫项目，支持红树莓、线椒等扶贫产业做大做强。突出抓好就业帮扶，组织劳务输出4000人以上，确保脱贫人口不返贫、边缘人口不致贫。加强扶贫项目资产管理和监督，全面摸清扶贫资产底数并纳入台账管理，明确资产权属，提高使用效益。加大对收入支出、“两不愁三保障”的监测力度，持续巩固脱贫攻坚成果。

5.完善农村低收入人口常态化帮扶机制。对农村低保对象、农村特困人员、农村易返贫致贫人口，以及因病因灾因意外事故等刚性支出较大或收入大幅减少导致基本生活出现严重困难等农村低收入人口实行动态监测，做到及时发现、精准帮扶、动态清零。分层分类实施社会救助，完善低保制度，做到困难群众应保尽保。统筹发挥基本医疗保险、大病保险、医疗救助三重保障制度综合梯次减负功能。全面梳理脱贫攻坚期超常规保障措施，逐项分类优化调整，合理把握调整节奏、力度、时限，逐步取消不可持续的过度保障措施。兜牢无劳动能力或丧失劳动能力的农村特殊困难群体基本生活保障底线，按规定纳入农村低保或特困人员救助供养范围，并按困难类型及时给予专项救助、临时救助。

6.加强政策有效衔接。加大金融扶持力度，完善针对脱贫人口的小额信贷政策。适度调整优化原财政专项扶贫资金使用方向，适当向乡村振兴重点乡镇(场)、村和易地扶贫搬迁后续扶持任务较重的安置区倾斜。保持现有金融扶贫小额贷款政策不变，做好土地政策衔接，新增建设用地计划指标优先保障巩固拓展脱贫攻坚成果和乡村振兴用地需要，过渡期内专项安排脱贫地区年度新增建设用地计划指标，不得挪用专项指标。持续推动城乡建设用地增减挂钩结余指标出让收益返补农村建设发展。

三、加快推进农业现代化

7.保障粮食和重要农产品供给。持续推进高标准农田建设，集约高效利用耕地，确保粮食生产稳定发展和重要农产品有效供给。加强农田水利设施建设，提高防汛抗旱能力，加大农业节水力度。加强仓储保鲜、冷链物流设施建设，确保产销平稳、价格稳定。巩固提升粮食储备和应急能力。组织开展粮食节约行动，积极倡导允许消费、不许浪费的理念，引导全社会形成爱惜每一粒粮食的行动自觉，营造“浪费可耻，节约为荣”的社会氛围。2021年，创建“四好”设施农业园区2个，建设高标准露地蔬菜基地2个、“五优”露地蔬菜基地3个，续建蔬菜新品种展示示范园1个、冷凉蔬菜繁育基地1个，实施农产品仓储保鲜冷链设施建设项目4个，新建蔬菜生产设施500亩以上，蔬菜种植面积达到24.12万亩。新建标准化牧场2个，改造升级规模化奶牛养殖场3个，打造洪广万亩黄金奶源基地。

8.坚守耕地保护红线。深入实施藏粮于地、藏粮于技战略，统筹布局城镇、农业、生态空间，科学划定管控布局，严格实行土地用途管制。落实最严格的耕地保护制度，坚决遏制耕地“非农化”、防止“非粮化”。健全耕地数量和质量监测监管机制，对耕地和永久基本农田采取不同管制目标和管制强度，全面完成区市下达我县的耕地保护目标任务。2021年建设高标准农田10万亩，改造中低产田2万亩。

9.大力发展高效种养业。因地制宜推进“6+3”特色产业发展，坚持绿色化、高端化、智能化、融合化发展方向，建设特色农产品优势区。立足贺兰山东麓葡萄酒产业整体布局，完成2.8万亩山坡地回收移交工作，牢固树立“好葡萄酒是种出来的”理念，加大栽培模式创新、新技术应用和酿酒设备提升改造力度，实施德尚鼎樽、澜德瑞、富龙3个酒庄建设项目，新增酿酒葡萄种植8500亩，全面提升源头品质。发展高端奶产业，支持塞尚、金河、东君、中地等龙头企业做优做强，提升蛋白粉、稀奶油等产品市场竞争力，深化与雀巢、伊利等国内外知名企业合作。加快农产品质量安全追溯体系建设，健全农产品质量安全标准体系、监管体系，促进农产品产地环境、产品质量、包装标识等全流程标准化。支持合作社认证绿色食品、有机农产品、地理标志保护产品。将产品标准由生产向加工、流通等领域延伸，主动对标国家标准、行业标准，以标准化水平提升推动产业全面升级，争创国家农产品质量安全示范县。提档升级“蔬菜公园”，建设露地蔬菜基地5个、外销型蔬菜基地5万亩，高标准打造绿色农产品生产示范基地。加快建设“渔业公园”，建设生态渔业协同创新中心，争创国家现代农业循环产业示范园。

10.着力发展现代种业。按照区市统一部署，编制现代种业发展规划，分作物、分区域、分阶段提出发展目标、方向和重点，明确今后5年推进现代种业发展的任务和措施。启动现代农业“芯片”攻坚行动，鼓励“育繁推一体化”种子企业整合资源力量，建立商业化育种新机制，打造黄河流域优质种源示范基地。加大制种企业扶持力度，支持育种企业做大做强。建成自治区级农业科技示范推广基地3个，优质良种覆盖率达到100%，确保主要农作物高产高效。加强奶牛良种繁育推广，巩固扩大中地生态牧场国家级核心育种场优势，支持新型经营主体“保母扩群”。实施黄河宁夏段水产经济动物种质资源保护项目，巩固提升水产原(良)种场大宗淡水鱼苗种繁育能力，稳步提升水产名优苗种本地化繁育水平，打造西北地区水产苗种繁育中心。

11.大力发展绿色农业。以支撑引领农业绿色发展为主线，以绿色投入品、节本增效技术、生态循环模式、标准化生产为主攻方向，全面构建高效、安全、低碳、循环、智能、集成的农业绿色发展技术体系，推动形成绿色生产方式和生活方式。加强绿色优质农产品和生态产品供给，创建国家农业绿色发展先行区。加快绿色食品产业高质量发展，实施爱里烘焙产业园、大一肉制品等项目，支持西夏啤酒、厚生记、麦尔乐等企业做优做强，推广“企业+基地+农户”发展模式，畅通农产品产地直采渠道。选树一批绿色发展标杆企业，打造全国绿色食品加工优势区。2021年，种养业疫病统防统治覆盖率达到66%以上，绿色防控技术应用率达到58%以上，农产品检测合格率稳定在98%以上，主要产品标准化覆盖率达到65%以上。到2025年种养业疫病统防统治覆盖率达到70%以上，绿色防控技术应用率达到60%以上，农产品检测合格率稳定在99%以上，主要产品标准化覆盖率达到70%以上。

12.强化农业科技支撑。坚持农机农艺融合，积极推进作物品种、栽培技术和机械装备集成配套。创新合作模式，积极与清华大学、上海海洋大学等高校院所合作，针对产业发展关键环节建立创新平台、培养创新人才、实施创新项目，提升农业科技创新能力。加强农业绿色生态、提质增效技术研发应用，加快新品种引进和新技术、新成果转移转化，集成推广养殖尾水处理等新技术。强化基层公益性农技推广服务，通过大数据服务、在线教育培训、远程技术指导等途径，持续提升服务能力和技术水平。创新农业科技推广服务方式，鼓励科技人员“带项目”下乡，支持基层农技人员包村联户。

13.完善农业社会化服务体系。规范有序推进土地流转，加快培育现代农业经营主体。围绕“五大农业特色产业”，加大招商引资力度，引进培育壮大一批产业化龙头企业，增强带动能力。持续推进家庭农场和农民合作社高质量发展，实施农民合作社规范提升行动，支持农民合作社补齐设施设备、技术服务、冷链物流、产地初加工、产品销售等产业链短板，拓展服务领域。深化供销合作社综合改革，推进现代、开放、市场、数字、活力“五个供销”建设，打造服务农民生产生活综合平台和联系农民群众桥梁纽带。组建家庭农场服务中心、农民合作社联合社、农产品加工企业联盟，推广菜单式、保姆式托管服务，促进小农户与现代农业有机衔接。提高农业社会化综合服务站服务水平，将服务领域拓展到环境整治、防灾减灾、金融保险等方面，建设2个农业农村综合服务中心，打造集农业产业服务与农村事务服务为一体的综合平台。到2025年，家庭农场、农民合作社、农业农村综合服务中心对乡镇、产业集中区小农户服务实现全覆盖。

14.大力发展数字农业。整合分散在各部门的数据，建设以农业农村为基础的资源数据库。以“五大农业特色产业”和新型农业经营主体为重点，推动产业数据、农村集体经济、农业种质资源、农业投入品在线监管、农产品质量安全追溯监管、农产品价格等数据库建设，统一农业数据标准规范、数据接口，推进智能感知、智能分析、智能控制、智能决策。实施“互联网+现代农业”行动，推广集农业遥感、精准控制、远程诊断等功能于一体的智能精准农业生产系统，建设农业物联网、农业监测预警云平台，实现生产全过程可监可控。加快推进北斗卫星导航系统在农业农村领域应用。完善农业气象综合监测网络，提升气象灾害预警防范能力。支持农民合作社、家庭农场、农业社会化服务组织以及农产品加工园运用现代信息技术打造智慧农业示范点。

15.完善农村产业体系。开发农业多种功能，打造集研发、种植、加工、营销、文化、生态于一体的现代农业全产业链，把产业链主体留在县域，让农户参与产业链、分享收益。实施农产品加工提升行动，立足现有产业布局，建设产业强镇、优势特色产业集群。农产品初加工企业用电执行农业生产电价。加快构建城乡冷链销售配送体系。大力发展绿色食品产业，适应消费升级需求。开发功能、营养、保健等适销对路的“贺兰美食”，推动特色农产品从产品到名品、种养到养生链式发展。推出一批休闲农业和乡村旅游精品线路，完善配套设施。以贺兰工业园德胜片区资源集聚区和物流节点为重点，促进绿色食品加工业前延后伸、横向配套、上承市场、下接要素，构建与农业生产紧密关联、高依存度的全产业链，加快产业高端化、绿色化、智能化、融合化发展。到2025年，农产品加工转化率达到80%，农产品加工业总产值达到100亿元，与农业总产值的比值达到2.5:1。

四、促进乡村生态文明

16.修复农村生态系统。树牢绿水青山就是金山银山理念，统筹山水林田湖草沙系统治理，守好改善生态环境生命线。推进农村生态系统自然恢复、人工修复和综合康复，确保黄河贺兰段干流水质稳定在Ⅱ类进Ⅱ类出，重点入黄排水沟水质达到Ⅳ类以上。下大气力整治黄河两岸乱占乱用问题。强化河湖长制，实现“四乱”问题存量清零。巩固提升“挖湖造景”整治成效。实施贺兰山东麓生态廊道修复治理和国土综合整治项目，推进国土绿化和湿地保护修复重点工程，2021年完成营造林7700亩，森林覆盖率达到12.57%以上。

17.推进资源高效利用。坚持以水定城、以水定地、以水定人、以水定产，坚持水资源总量控制、结构优化、用途管控，强化水资源刚性约束。建立分类分区管控体系，制定覆盖各行业各领域的节水定额标准。对水资源超采区实行用水和项目“双限批”，在线监测1100眼自备井，实施一批蓄水池建设、灌溉水替代工程，探索农业生产超定额使用地下水收费机制，稳步推进黄河水替代地下水。全面实施节水控水行动，推广农业成套综合节水技术，发展节水型生态农业、涵水型生态林业、保水型生态牧业，深入推进节水型社会建设。严格执行土地以补定占、先补后占，实行新增建设用地占用耕地总量控制，整合盘活拆迁庄点建设用地。继续实施盐碱地和中低产田治理，实施以深松整地、秸秆还田、种植绿肥等为重点的培肥地力工程。2021年，新增高效节水灌溉面积0.8万亩，调减高耗水作物1万亩，农田灌溉水有效利用系数达到0.54。到2025年，高效节水灌溉面积达到25万亩，农田灌溉水有效利用系数达到0.6以上。

18.持续推进农业面源污染治理。实施耕地土壤质量类别划分，推进农用地分类管理。实施化肥农药减量增效行动，全面推行测土配方施肥，普及种肥同播、机械深施、精准施肥和水肥一体化技术，2021年粮食作物测土配方施肥覆盖率达到90%以上。加快实施化学农药减量替代计划，扩大有机肥施用。推广使用可降解农膜和残膜回收技术，实现农用残膜应收尽收。开展畜禽养殖场区、散养密集区粪污无害化治理行动。实施习岗豫泰生物质天然气等资源化利用项目，推进农作物秸秆资源化利用，提高饲料化、肥料化、基料化利用水平。到2025

年，测土配方施肥覆盖率达到95%以上，农用残膜回收利用率达到90%以上，畜禽粪污综合利用率达到98%以上。

五、大力实施乡村建设行动

19.统筹城镇和村庄规划。严格划定生态保护红线、永久基本农田、城镇开发边界“三条控制线”，统筹规划产业发展、土地利用、基础配套、生态建设，全面优化县域空间布局。强化县城综合服务能力，把乡镇建成服务农民的区域中心。统筹城乡发展，合理优化村庄布局，加快聚集提升类村庄规划编制，城郊融合类村庄纳入城镇控制性详规统筹编制。推动实用型村庄规划的落实落地，优化农房、产业、基础设施和绿化布局，依托山水格局现状，对村域内全部国土空间要素作出规划，明确空间形态管控要求，保护历史文化和乡村风貌，2021年，完成10个村庄“多规合一”实用性村庄规划编制工作，建成2个“宜居宜业宜游”特色村落。加强村庄规划实施监督和评估。严格落实规范村庄撤并指导意见，稳妥有序推进中心村规划建设，尊重农民意愿，不搞大拆大建。

20.完善农村基础设施。完善乡村水、电、路、气、房、通讯、网络、物流等基础设施，健全运营管护长效机制。推动“四好农村路”高质量发展，全面建立农村公路路长制，强化农村道路交通安全监管。实施城乡供水一体化工程，全面推广“互联网+城乡供水”，巩固提升农村人饮安全水平，农村自来水普及率稳定在100%。实施农村电网巩固提升工程。试点建设安全可靠的乡村储气罐站和微管网供气系统。推动农村千兆光网、第五代移动通信(5G)、移动物联网与城市同步规划建设。统筹推进乡村物流配送站点建设，实施“快递进村”工程。建立农村低收入家庭住房安全保障长效机制，提升农房建设质量。

21.实施农村人居环境整治提升五年行动。坚持基础设施建设和村庄布局一体规划、生活污水处理和农村改厕同步实施、农村生活垃圾处理和村容村貌改善统筹配套，制定农村人居环境整治提升五年行动方案，持续推进农村人居环境整治。示范农村固液废物综合治理与资源化利用技术，推广适宜本地气候特点的改厕模式，严把选型关、施工关、验收关，对已建农村厕所运维使用开展“回头看”。2021年，农村卫生厕所普及率达到91%以上。推行“两次六分、四级联动”垃圾分类处理模式，推进农村生活垃圾源头分类减量，农村生活垃圾分类和资源化利用覆盖面达到50%以上。综合考虑居住集中度、水系等因素，采取以城带乡、多村联建等方式，配套农村生活污水集中处理设施，农村生活污水处理率达到50%以上。健全规模化、专业化、社会化农村人居环境整治运营机制，做到有制度管护、有资金维护、有人员看护。以环境美、田园美、村庄美、庭院美为目标，每年创建一批示范性美丽宜居村庄和美丽庭院。到2025年，农村卫生厕所普及率达到95%以上，农村生活垃圾分类和资源化利用覆盖面达到70%以上，农村生活污水处理率达到65%以上。

22.开展“一村一年一事”行动。把开展“一村一年一事”行动作为推进乡村建设的重要载体，每年为每个行政村办一件最迫切、最现实、最根本的实事，解决农村基础设施、产业发展、公共服务、乡村治理、农村改革等涉及群众切身利益的“急难愁盼”问题。坚持规划先行、农民主体，实行县乡村分级办理，注重引入社会资本，形成利益共同体。制定“一村一年一事”管理考核办法，所需资金列入财政预算，按照考核结果兑现奖补。

六、持续深化农村改革

23.深化农村土地制度改革。强化承包地确权成果数字化应用，推进流转租赁、抵押担保，探索“三权分置”有效实现形式。加强承包地用途管制，加大对工商资本租赁农地资格审查、项目审核，强化风险防范。探索开展农村集体经营性建设用地入市。建立土地征收公共利益用地认定机制，缩小土地征收范围。

24.深化农村产权制度改革。加强农村集体资产监督管理，推进资源变资产、资金变股金、农民变股东，多途径发展集体经济。鼓励村级集体经济组织以集体资产和财政扶持资金等参股农民合作社和企业。推进村级集体经济组织规范运行，实行政经分离，建立现代管理制度。实施好财政资金项目，高质量发展壮大村级集体经济。进一步扩大农村集体产权确权范围,继续推进“四荒”地、农业设施等农村产权确权登记颁证,协同推进农村产权在金融机构可抵押、可融资。完善农村产权交易流通体系,探索开展银行抵押的不良农村产权盘活处置。

25.探索开展用水权山林权排污权交易改革。完善水资源使用权收储、抵押、转换机制,推进用水权市场化交易,促进农业节水指标向高效益行业和区域流动。建立水权交易制度,探索实行市场动态调节价,建立反映水资源稀缺程度、供水成本和市场供求关系的水价形成机制。全面建立水资源“四定”指标体系和分区管控体系,水权交易平台建成并投入运营。对林地按照国有和集体所有权属进行勘界,在坚持集体林地所有权不变前提下,依法将林地承包经营权确权到村集体经济组织成员。放活林地经营权、落实处置权、保障收益权,鼓励转让、出租、转包等,支持发展乡村旅游、休闲农业等新业态。全面推行林长制。探索建立反映环境损害成本的排污权初始分配和有偿转让机制。

26.稳慎推进宅基地制度改革试点。完成农村宅基地管理职能移交接管。开展农村宅基地和农房利用情况摸底调查,为推进宅基地制度改革和闲置宅基地、农房盘活利用提供基础支撑。建设宅基地信息平台,建立“信息一张图、管理一条链、监测一张网”数字化管理模式,实现宅基地信息数据共享共用。完善《贺兰县农村宅基地管理办法》,探索建立宅基地农户资格权保障、自愿有偿退出、有偿使用、收益分配、审批、监管6项制度。在立岗镇通义村、金贵镇保南村、洪广镇北庙村开展试点,探索闲置宅基地和农房盘活利用机制。

七、完善乡村治理体系

27.提高乡村治理效能。健全以党组织为核心的乡村治理组织体系,落实县乡村三级责任,推行领导干部“四个走遍”包抓机制。建立“村组报告、乡镇吹哨、部门报到”工作机制,提高乡镇在公共卫生、生态环境、社会治安、宗教事务等方面的应急和安全管理能力。加强乡村公共消防设施建设。6月底前完成基层整合审批服务执法力量改革。落实乡村干部“三优”政策,提高乡村干部工资报酬,保障乡村治理工作经费。整合综治、信访、公安、司法等资源,建成2个乡村治理中心,实现一站式接收、一揽子调处、全链条解决。加大乡村“互联网+公共服务”建设,推行“一网通办”。推广完善“村村享”数字应用平台,2025年实现行政村全覆盖。

28.提升村民自治能力。完善村委会内部决策、执行和监督机制,推进民主选举、民主决策、民主管理、民主监督。建立健全村委会下属的人民调解、治安保卫、公共卫生等委员会。规范落实村民代表会议制度。落实村级重大公共事务听证会、协调会、评议会制度,建立自下而上的自治议题和自治项目形成机制,提高村民参与度。完善党务、村务、财务公开制度,推广村级事务“阳光公开”监管平台,推进村级事务线上线下即时公开、全程公开。完善“四议两公开”机制。

29.推进乡村法治建设。以“法律进农村”为抓手,扎实推进法治宣传教育。落实好“一村一法律顾问”制度,开展“法律明白人”培养工程,培育学法用法示范户,三年内实现每个村至少培育3名“法律明白人”骨干。创建法治示范乡镇、民主法治示范村。坚持和发展新时代“枫桥经验”,健全社会矛盾纠纷多元预防调处化解机制,促进调解、仲裁、行政裁决、诉讼等有机衔接。落实领导干部定期下基层大接访制度和包案化解制度。健全农村公共安全体系,完善网格化管理运行机制。落实好“一村一辅警”制度。加快推进农村“雪亮工程”建设。建立健全常态化推进农村扫黑除恶长效机制,巩固扫黑除恶专项斗争成果,建设平安乡村。依法推进乡村宗教治理,严防宗教势力把持、操纵、干预、破坏乡村政权和农村公共事务,依法整治农村非法宗教和境外渗透活动,坚决纠治乱象、整治乱点、根治乱源。开展民族团结进步示范乡村创建。

30.建设文明乡村。围绕提升农村文明程度和农民文明素质,拓展新时代文明实践所、站功能,增强宣传、教育、服务能力。深入开展习近平新时代中国特色社会主义思想和中国梦宣传教育,牢牢占领农村思想文化阵地。深入开展“听党话、感党恩、跟党走”宣讲活动。创新实施文化惠民工程,开展寓教于乐、群众喜闻乐见的送戏下乡、送文化下乡活动，实现流动文化服务常态化。加大乡村“文化大院”建设。践行社会主义核心价值观，深入实施公民道德建设工程，开展好邻居、好媳妇、好公婆评选，深化文明村镇、文明家庭创建。健全合法有效的村规民约奖惩机制。持续推进移风易俗，全面推行积分制，加大高价彩礼、人情攀比、厚葬薄养、铺张浪费、封建迷信等不良风气治理，推动形成文明乡风、良好家风、淳朴民风。办好中国农民丰收节。

八、提升农村生活质量

31.实施百万移民致富提升行动。推进移民安置区特色种养业高质高效发展，对移民安置区培育发展特色优势产业和建设帮扶车间给予资金奖补支持。通过“龙头企业+合作社+移民”等模式，推动移民与经营主体建立稳定紧密利益联结机制。激发内生动力，扶志与扶智相结合，通过企业订单、培训机构列单、移民群众选单、政府买单方式，对移民群众分层进行技能培训，提高持证率，确保有劳动能力有意愿的移民家庭至少一人稳定就业。鼓励移民安置区利用现有资源，成立建筑施工、保洁服务等经营性实体，加大有组织劳务输出力度。继续实施“百企帮百村”行动。持续改善移民安置区基础设施条件和公共服务水平。2021年实现贺兰县3个生态移民安置区、3个劳务移民安置区、1个插花移民安置区和1个自发移民聚集区脱贫攻坚成果得到巩固拓展。

32.实施城乡居民收入提升行动。引导农民因地制宜发展种养业，通过土地入股、合作经营、订单收购等方式实现小农户与新型经营主体的有机衔接，把农民“嵌”在产业链上，增加经营性收入。深化农村产权制度改革，盘活农村资产资源，赋予农民更多财产权，把农民“融”入产业链，增加财产性收入。实施高素质农民培育工程和农村劳动力就业能力提升行动，围绕农村产业发展需要，有针对性地对农民开展特色种养、餐饮服务、物业管理、农机作业、产销对接、信息技术等职业技能培训，把农民“粘”在产业链上，增加工资性收入。鼓励各类人才返乡下乡创新创业，根据实际给予贴息贷款、房租减免等优惠政策。在农业农村基础设施建设领域实行以工代赈，鼓励村级集体经济组织承建或村民自建，促进农村劳动力就地就近就业。统筹用好乡村公益性岗位。扩大乡村消费，促进耐用消费品更新提代。引导城市居民下乡消费。

33.实施基础教育质量提升行动。着眼于提升农村基本公共教育服务水平，科学合理优化农村学校布局。完善强校带弱校、城乡对口支援的办学机制，推进集团化办学，扩大城乡优质教育资源覆盖面。统筹利用闲置校舍等资源增加普惠性学前教育资源供给，办好乡镇中心“公办园”。纵深推进“互联网+教育”示范县创建，推动专递课堂、名师课堂、名校网络课堂常态化按需应用，构建城乡学校协同发展模式。实施乡村教师专项培训普惠行动。推进教师“县管校聘”改革，统筹调配城乡教师资源，促进城乡优秀校长教师合理有序流动。健全经费保障机制，推进乡村学校普遍实施课后服务，鼓励和支持有条件的村开办“四点半课堂”。精准实施家庭经济困难学生资助政策，确保除身体原因不具备学习条件外，实现农村家庭义务教育阶段适龄儿童不失学辍学。落实乡村教师待遇保障政策，完善普惠性幼儿园教师待遇保障机制，确保幼儿园教师同工同酬。

34.实施全民健康水平提升行动。完善公共卫生体系建设，健全县乡村三级医疗卫生服务软硬件建设，提高农村地区重点疾病救治服务能力，确保2所乡镇卫生院达到国家标准。实施村中心卫生院传染病防控提升项目。建设县域紧密型医共体，实行医疗健康总院（集团）医疗卫生一体化管理新模式，构建管理、服务、发展、利益、责任“五位一体”机制，建立健全远程诊疗体系，推动“互联网+医疗健康”向乡村延伸。加快县乡村医疗卫生服务一体化，推行卫生专业人员“县聘乡用、乡聘村用”模式，加强职业化乡村医生队伍建设。完善农村基本公共卫生服务和重大疾病、传染病综合防控体系。

35.持续完善农村社会保障体系。推进全民参保计划，落实被征地农民参加养老保险政策调整。推动建立城乡统筹的基本公共服务经费投入机制，完善农村基本公共服务标准。畅通异地就医结算通道。加强生活困难群众基本生活救助、专项救助、临时救助，强化兜底保障。全面落实农村留守儿童、妇女、老年人关爱服务体系。支持发展多层次农村养老事业,办好农村老饭桌。发展多元化托养托育服务。

九、加强党对“三农”工作的全面领导

36.强化五级书记抓乡村振兴。全面落实《中国共产党农村工作条例》《自治区党委贯彻落实〈中国共产党农村工作条例〉实施办法》,根据实际需要将脱贫攻坚形成的组织推动、要素保障、政策支持、协作帮扶、考核监督等工作机制,运用到推进乡村振兴中,建立健全上下贯通、精准施策、一抓到底的乡村振兴工作体系。乡村振兴领导小组下设产业、人才、文化、生态、组织专项工作组,确保“五大振兴”落实落细。压实县、乡、村三级党组织书记工作责任,落实重点任务分工、重大项目实施、重要资源配置。建立乡村振兴联系点制度,明确县委和政府负责同志、县委农村工作领导小组成员单位负责同志联系点及责任目标要求。做好党组织书记乡村振兴轮训工作。

37.加强县委农村工作领导小组和工作机构建设。充分发挥县委农村工作领导小组组织领导、牵头抓总、统筹协调作用,督导落实党中央及自治区、银川市党委关于农村工作重大决策部署,定期听取成员单位工作汇报。成员单位出台重要涉农政策须经领导小组审议并备案。加强县委农村工作领导小组办公室机构设置和人员配置,配备1名农办专职副主任、不少于4名专职工作人员,全面履行决策参谋、统筹协调、政策指导、推动落实、督导检查等职能,分解“三农”重点任务,建立工作落实台账,定期督导调度工作进展。

38.加强党的农村基层组织建设。认真组织开展“基层党建全面提升年”活动,全面推进农村基层党建“抓乡促村、整乡推进、整县提升”示范县乡创建引领乡村振兴行动,深入实施基层党建“六项行动”,巩固深化“三大三强”行动和“两个带头人”工程,持续推进抓党建促乡村振兴。有序做好换届选举工作,选优配强乡镇领导班子、村“两委”班子。加大村级后备力量储备力度,为村级班子建设提供“源头活水”。实行软弱涣散村党组织乡镇评乡镇定,不设指标、应整尽整,推进基层党组织全面进步、全面过硬。推进农村党风廉政建设,切实加强基层纪检监察组织与村务监督委员会的沟通协作、有效衔接,坚决惩治侵害农民利益的腐败行为。统筹做好新一轮第一书记和驻村工作队选派工作。加快建设政治过硬、本领过硬、作风过硬的乡村振兴干部队伍,选派优秀干部到乡村振兴一线岗位,把巩固拓展脱贫攻坚成果和乡村振兴作为培养锻炼干部的广阔舞台,对工作表现突出的干部优先重用。

39.加大农业农村优先发展要素保障。把巩固拓展脱贫攻坚成果同乡村振兴有效衔接的重大举措纳入“十四五”规划和各类专规详规,谋划实施一批重点项目工程。财政一般公共预算优先保障农业农村领域。制定出台《关于调整完善土地出让收入使用范围优先支持乡村振兴的实施方案》,实行严格考核制度,确保到“十四五”末,土地出让收益用于农业农村比例提高到50%以上。完善涉农资金统筹整合长效机制,用好产业引导基金,撬动各类金融机构社会资本参与乡村振兴。落实支农支小再贷款、再贴现政策,加大对县域金融机构的支持力度。鼓励商业银行设立服务乡村振兴内设机构。建立涵盖农业新型经营主体的信用信息数据库,实现与金融机构终端信息共享。落实地方特色优势农产品保险以奖代补政策,开发价格保险、指数保险。探索不同性质土地用途转换路径,提高土地供给效益。开展专业人才服务乡村振兴行动,将乡村人才振兴纳入党委人才工作一体规划,重点加强专业人才统筹使用和农村人才定向委托培养,强化人才服务乡村激励约束。

40.健全乡村振兴督查考核机制。建立摸清基本底数、把握基本政策、掌握基本规律“三基本”工作法,推行在一线谋划发展、在一线检视问题、在一线推动落实“三个一线”工作机制。实行乡村领导班子和领导干部推进乡村振兴战略实绩考核制度。健全乡、村党组织书记抓乡村振兴考核机制,考核结果作为党政领导班子综合考核评价的重要依据。对考核排名落后、履职不力的党政主要负责同志进行约谈,建立常态化问责问效机制。实行乡村振兴年初建账明责、年中督查促责、年底考核验责机制，推动政策举措落实落地。“十四五”期间，全县乡村振兴年度考评在全区考评中进入前3名的，按考核指标权重对牵头单位给予每分1万元的奖补。把握好农村工作的时效度，驰而不息纠治基层形式主义、官僚主义，切实为基层减负。

站在新的历史起点上，让我们紧密团结在以习近平同志为核心的党中央周围，真抓实干、攻坚克难，推动巩固拓展脱贫攻坚成果同乡村振兴有效衔接，促进农业高质高效、乡村宜居宜业、农民富裕富足，努力书写新时代“三农”工作新篇章。

附件：1.《实施意见》相关名词解释

2.《关于全面推进乡村振兴加快农业农村现代化的实施意见》任务清单

附件1：

《实施意见》相关名词解释

1.“6+3”特色产业：葡萄酒产业、奶产业、电子信息产业、新型材料产业、绿色食品产业、文化旅游产业、适水和蔬菜产业、生物医药产业、汽车销售及服务产业。

2. 五大农业特色产业：优质粮食、蔬菜、水产、草畜、葡萄酒五大特色产业。

3. 河湖“四乱”问题：河湖乱占、乱采、乱堆、乱建问题。

4.“两次六分、四级联动”垃圾分类处理模式：“两次”，即引导农户初次对可变卖、可喂牲畜等“有用”垃圾进行自主分类，剩余垃圾由乡镇保洁员进行二次分选分类；“六分”，即把农村生活垃圾分为6种基本类型，按类进行处置；“四级联动”，即从农户—村庄—乡镇—县城，统筹设置垃圾回收、存放、分选等各环节设施设备，形成科学经济、无缝衔接的收置网络和工作链条。

5.“四荒”地：荒山、荒坡、荒丘、荒滩（包括荒地、荒沙、荒草和荒水等）。

6. 领导干部“四个走遍”机制：一个任期内，市委书记走遍所辖乡镇，县委书记走遍所辖行政村，乡镇党委书记每年走遍所属的自然村和困难户，乡镇干部走遍分片包村的农户。

7.“三优”政策：乡村干部工资待遇优厚、选拔使用优先、生活条件优待。

8.“村村享”数字应用平台：“村村享”是中国电信针对基层乡村治理开发的应用平台。在公共服务、应急管理、乡风文明、智慧党建等方面，为乡村提供全方位、多维度的数字化治理解决方案与产品服务，用数字化组织管理方式促进居民生活服务数字化。

9. 四议两公开：村党组织提议、村“两委”会议商议，党员大会审议、村民会议或村民代表会议决议和决议公开、实施结果公开。

10. 基层党建“六项行动”：实施习近平新时代中国特色社会主义思想入脑入心、党建引领发展、党建制度落实落地、强化基础保障、党建优化提升、立标杆作表率六项行动。

中共贺兰县委员会

贺兰县人民政府

2021年6月4日

贺兰县法治社会建设实施方案(2021—2025年)

(贺党发〔2021〕30号)

为加快推进我县法治社会建设，落实好中央、区市关于法治社会建设精神，根据中央《法治社会建设实施纲要(2020—2025年)》和《宁夏回族自治区法治社会建设实施方案(2021—2025年)》《银川市法治社会建设实施方案(2021—2025年)》，结合我县实际，制定本实施方案。

一、总体要求

(一)指导思想

坚持以习近平新时代中国特色社会主义思想为指导，全面贯彻党的十九大和十九届二中、三中、四中、五中全会精神和习近平法治思想，深入贯彻习近平总书记视察宁夏重要讲话精神，增强“四个意识”、坚定“四个自信”、做到“两个维护”，坚持法治贺兰、法治政府、法治社会一体建设，在全社会培育和践行社会主义核心价值观，弘扬社会主义法治精神，建设社会主义法治文化，增强全社会厉行法治的积极性和主动性，推动全社会尊法学法守法用法，健全社会公平正义法治保障制度，保障人民权利，提高社会治理法治化水平，增强人民群众获得感、幸福感、安全感，为努力建设黄河流域生态保护和高质量发展先行区示范县筑牢坚实法治基础。

(二)总体目标

到2025年，高标准完成“八五”普法规划，法治观念深入人心，社会领域制度规范更加健全，社会主义核心价值观要求融入法治建设和社会治理成效显著，公民、法人和其他组织合法权益得到切实保障，社会治理法治化水平显著提高，形成符合县情、体现时代特征、人民群众满意的法治社会建设生动局面，为2035年基本建成信仰法治、公平正义、保障权利、守法诚信、充满活力、和谐有序的社会主义法治社会奠定坚实基础。

二、建设内容

1.深入开展学习宣传宪法活动。把学习宣传宪法作为永恒主题，列入我县“八五”普法规划主要内容和党校重要教学内容，加强国家工作人员特别是各级领导干部学习宪法的意识和自觉。把宪法学习列入到各级党委(党组)理论学习中心组“第一议题”，常态化开展。全面落实县人大常委会选举或任命国家工作人员宪法宣誓制度，树立宪法意识、弘扬宪法精神。在中小学中持续开展“学宪法讲宪法”活动，让宪法陪伴其成长。深入开展“12·4”国家宪法日和“宪法宣传周”集中宣传活动，提升宣传宪法、普及宪法的水平，在全县推动形成尊崇宪法、学习宪法、遵守宪法、维护宪法、运用宪法的社会氛围。(牵头领导：张宁龙；牵头单位：县委全面依法治县办；责任单位：全县各单位、各部门；完成时限：2021年12月)

2.深入开展全民法治观念培育活动。把民法典纳入各级领导干部学法必修课，充分发挥领导干部带头尊法学法守法用法示范带动作用。严格落实领导干部会前学法、任前考法、年终述法工作制度，推动党政主要负责人履行推进法治建设第一责任人职责落地落细。县委理论学习中心组、政府党组理论学习中心组每年至少举办两期领导干部专题法治讲座。全面落实《青少年法治教育大纲》，强化青少年法治教育基地建设。完善法治副校长制度，配齐配强法治课教师，不断提高青少年法治教育质量。推动企业法治文化建设，定期开展企业

“法治体检”“法治暖企”活动，营造法治化营商环境。常态化开展民法典进机关、进工地、进农村、进社区、进企业、进军营、进学校、进家庭等活动，营造法治社会氛围。（牵头领导：张宁龙；牵头单位：县委全面依法治县办；责任单位：县委宣传部、县委组织部、县委政法委、县教育局、县司法局；完成时限：2021年12月）

3.全面落实普法责任制。制定出台《贺兰县“八五”普法规划》，落实“八五”普法责任，有序推动“八五”普法规划全面开展。把法治宣传教育纳入国民教育体系和精神文明创建内容，列入公共法律服务主要内容，全面铺开推进。加大执法执纪部门以案释法力度，提升普法成效。组建新一轮普法讲师团、村居法律顾问、法律志愿者、法律明白人、普法联络员五支队伍，发挥法律服务队伍在普法宣传教育中的重要作用。健全融媒体公益普法制度，推动公益融媒体普法建设，创建一批宣传覆盖面广、群众认可度高的法治品牌栏目、节目。（牵头领导：冯俊；牵头单位：县司法局；责任单位：全县各单位、各部门；完成时限：2021年12月）

4.实施法治文化惠民工程。开展法治文艺作品创作及演出，将身边的案例改编成群众喜闻乐见的法治文化作品和节目，利用重大节日和宣传节点开展法治文化基层行活动，推动法治文化深入人心。加强法治文化阵地建设，依托新时代文明实践中心、爱国主义教育基地和公共文化机构等阵地，大力推进法治文化广场、公园、青少年法治教育基地、法治书屋等法治阵地建设，推动法治文化阵地建设从有形覆盖向有效覆盖转变。结合民主法治示范村创建活动，打造沿黄法治文化带，切实推动法治文化和黄河文化、红色文化、地方文化、行业文化、民族文化有机融合发展。（牵头领导：冯俊；牵头单位：县司法局；责任单位：全县各单位、各部门；完成时限：2022年12月）

5.健全社会领域制度规范。加强居民公约、村规民约、行业规章、社会组织章程等社会规范制度的建设。加强对社会规范制定和实施情况的监督，推动社会成员自我约束、自我管理、自我规范。加强行风建设，规范行业行为，倡导行业从业人员自觉遵守国家法律、法规和职业道德，合法有序公平开展行业竞争和经营。加强道德规范建设，深入开展家庭美德和个人品德教育，倡导助人为乐、见义勇为、诚实守信、敬业奉献、孝老爱亲等美德善行，增强法治的道德底蕴。推进社会公德、职业道德建设，努力形成良好的社会风尚和社会秩序。深入开展道德领域突出问题专项教育和治理，依法惩处公德失范的违法行为。建立违法违规违纪人员“黑名单”制度，对行业从业人员严重违法违纪违规的、严重影响行业形象造成恶劣社会影响的纳入“黑名单”管理。（牵头领导：刘炳炳；牵头单位：县政府办；责任单位：全县各单位、各部门；完成时限：2022年12月）

6.推进社会诚信体系建设。加快推进社会信用体系建设，提高全社会诚信意识和信用水平。健全公民和组织守法信用记录，建立以居民身份证号码和组织机构代码为基础的统一社会信用代码制度。健全覆盖全社会的征信体系，建立完善失信惩戒制度。建立信用修复机制和异议制度，鼓励和引导失信主体主动纠正违法失信行为。加强行业协会商会诚信建设，完善诚信管理和诚信自律机制。加强诚信理念宣传教育，组织诚信主题实践活动，鼓励各类媒体深入报道诚实守信先进典型和对失信行为、事件的舆论监督，为社会信用体系建设创造良好环境。（牵头领导：刘炳炳；牵头单位：县发改局；责任单位：全县各单位、各部门；完成时限：2023年12月）

7.健全公众参与重大公共决策机制。畅通公众参与重大公共决策的渠道，多种形式广泛听取群众意见建议。实行重大公共决策公开制度，为公众查阅提供服务。全面推行文化教育、医疗卫生、食品安全、资源开发、生态环境保护、公用事业等重大民生决策事项民意调查制度。落实法律顾问、公职律师在重大公共决策中发挥积极作用的制度机制，提高依法行政、依法决策水平。（牵头领导：刘炳炳；牵头单位：县政府办；责任单位：全县各单位、各部门；完成时限：2021年12月）

8.开展行政执法评价体系建设。建立人民群众监督评价机制，促进食品药品、公共卫生、生态环境、安全生产、劳动保障、野生动物保护等关系群众切身利益的重点领域执法力度和执法效果不断提高。持续加强政务诚信和营商环境建设，将产权保护列为专项治理、信用示范、城市创建、营商环境建设的重要内容，建立健全政府失信责任追究制度及责任倒查机制，加大对政务失信行为惩戒力度。推进政府信息公开，依法公开行政规范性文件、行政许可决定、行政处罚决定、行政强制决定、行政征收决定。（牵头领导：刘炳炳；牵头单位：县政府办；责任单位：全县各单位、各部门；完成时限：2022年12月）

9.加强人权司法保障。加大涉民生案件查办力度，探索建立消费者权益保护集体诉讼制度，完善涉诉信访机制和律师辩护代理意见工作机制，切实保障诉讼参与人的诉讼权利。严格执行非法证据排除规则，建立健全案件纠错机制，有效防范和纠正冤假错案。深化执行体制机制改革，健全执行工作长效机制，完善执行监督管理体系，提高执行公信力。加强检察机关对民事、行政、刑事诉讼活动的法律监督，维护司法公正。全面落实人民陪审员制度，进一步加强人民陪审员的选拔、培训、任用力度。完善“互联网+诉讼”模式，全面建成诉讼与调解、仲裁互联互通的现代化诉讼服务体系，实现数据共享。（牵头领导：张宁龙；牵头单位：县委政法委；责任单位：政法各单位；完成时限：2022年12月）

10.深化公共法律服务体系建设。加强公共法律服务实体、热线、网络三大平台建设，推行公共法律服务体系建设“1335”工作模式，大力推广运用可视电话、宁夏广电、“12348”宁夏法网、视频远程网络法律服务模式，促进优质法律服务资源向农村（社区）辐射，打通公共法律服务“最后一公里”。加强法律援助和国家司法救助制度落实力度，进一步拓宽低收入群体、残疾人、农民工、老年人、青少年、留守妇女儿童、军人军属、退役军人等特殊人群的救济渠道和方式，保障困难群体、特殊群众的基本公共法律服务权益。健全村（居）法律顾问制度，充分发挥村（居）法律顾问在村居治理、法律咨询、法律服务、法治宣传、人民调解方面的专业法律服务作用。到2022年，基本形成覆盖城乡、便捷高效、均等普惠的现代公共法律服务体系。（牵头领导：冯俊；牵头单位：县司法局；责任单位：全县各单位、各部门；完成时限：2022年12月）

11.开展社会主体法治责任建设。结合文明城市创建活动，教育引导公民自觉履行法定义务、社会责任、家庭责任，强化公民规则意识，倡导契约精神，弘扬诚实信用等法治精神。推动企业及其他组织履行法定义务，承担社会责任。严格落实各项惠企政策，切实帮助企业解决实际困难，营造优质高效的营商环境。强化社会组织管理服务意识，探索建立各领域社会组织行业自律联盟，通过发布公益倡导、制定活动准则，实行声誉评价等形式，引导和规范行业内社会组织的行为。（牵头领导：刘炳炳；牵头单位：县政府办；责任单位：全县各单位、各部门；完成时限：2023年12月）

12.完善社会治理体制机制。加强党对社会治理工作的领导，构建党组织领导的区域统筹、条块协同、共建共享的基层社会治理新格局。全面正确履行政府职责，加强市场监管、质量监管、安全监管，完善基本公共服务体系。加强社会治理制度建设，推进社会治理规范化、制度化、程序化。拓宽群团组织维护公共利益、救助困难群众、预防违法犯罪的制度化渠道。发挥社会组织在社会治理中的重要作用，重点扶持发展城乡基层生活服务类、公益事业类、慈善互助类、专业调处类、治保维稳类等社会组织。（牵头领导：张宁龙；牵头单位：县委全面依法治县办；责任单位：全县各单位、各部门；完成时限：2023年12月）

13.推进多层次多领域依法治理。全面落实“1+6”基层治理体系，持续推进市域社会治理，使法治成为市域经济社会发展的核心竞争力。深化乡村、社区依法治理，完善党领导乡村社区治理体制机制、党建引领社会参与制度，组织党员、干部下沉参与基层治理，有效服务群众。将城乡社区治理具体内容依法纳入政府各职能部门权责清单和乡镇政府（街道办事处）权力清单。健全村级议事协商机制，推动村级议事制度化、规范化、程序化。全面实施村级事务阳光工程，做好“四议两公开”工作，加强群众对村级权力有效监督。开展村干部任期和离任经济责任审计全覆盖。开展法治乡村创建活动，实施“法律明白人”培养工程，2023年实现全县每个行政村有3名以上“法律明白人”骨干。全面推进基层单位依法治理，建立运用法治方式解决企业、学校等基层单位问题的平台和机制。广泛开展行业依法治理，依法妥善处置涉及民族、宗教等因素的社会问题，及时防范化解风险。（牵头领导：张宁龙；牵头单位：县委全面依法治县办；责任单位：全县各单位、各部门；完成时限：2023年12月）

14.发挥人民团体和社会组织在法治社会建设中的作用。完善人民团体代表、委员联系群众制度，畅通群众诉求表达渠道，创新人民团体参与社会治理方式方法，保障群众各项权益和诉求。加大社会组织培育力度，建立健全社会组织法人治理结构和运行机制，重点培育行业协会商会类、科技类、公益慈善类、城乡社区服务类社会组织，促其作用发挥。建立志愿服务工作协调机制，切实推进志愿服务标准化建设。探索建立行业自律组织，制定出台行业自律公约，创造行业良好发展环境。建立社区社会组织与社区建设、社会工作联动机制，发挥社区社会组织在创新基层社会治理中的积极作用。完善政府购买公共服务机制，实行政府购买公共服务目录管理制度，明确购买服务领域，实行动态管理，促进社会组织在提供公共服务中发挥更大作用。（牵头领导：杜钧；牵头单位：县民政局；责任单位：全县各单位、各部门；完成时限：2022年12月）

15.增强社会安全感。完善平安贺兰建设协调机制、责任分担机制，健全平安贺兰建设领导责任制和考核奖惩体系。制定“互联网+公共安全”行动计划，强化公共安全“四个体系”建设，强化风险管控。大力开展网络治理净网行动、防范化解社会矛盾风险、加强安全生产监管执法、食品药品专项治理和质量提升行动。健全扫黑除恶常态化工作机制，深入开展打击非法集资犯罪和打击电信诈骗专项行动。完善突发事件风险管控和监测预警处置机制，完善县级物资储备网络和防灾减灾大数据平台建设，全面提升突发事件响应和处置能力，推进应急管理现代化。全面落实《银川市社会心理服务体系建设试点工作实施方案》，健全社会心理服务体系和疏导机制、危机干预机制，搭建多样化、多层次的社会服务心理平台。推进“青少年维权岗”“青少年零犯罪零受害社区（村）”创建，强化预防青少年犯罪工作的基层基础。（牵头领导：张宁龙；牵头单位：县委政法委；责任单位：全县各单位、各部门；完成时限：2022年12月）

16.依法有效化解社会矛盾纠纷。全面落实诉讼与信访分离制度，进一步完善人民调解、行政调解、司法调解联动工作体系，健全前置调解工作制度。鼓励和规范律师参与重大复杂涉法、涉诉以及行政管理矛盾纠纷化解，引导群众理性表达诉求，依法维护权益。探索建立一站式纠纷解决机制，打通调解、仲裁、诉讼衔接通道。加强行政复议、行政调解、行政裁决工作，发挥行政机关化解纠纷的“分流阀”作用。建立仲裁委员会与人民法院、行政调解组织、人民调解组织、基层群众性自治组织工作衔接机制，共同做好矛盾纠纷化解工作。（牵头领导：张宁龙；牵头单位：县委政法委；责任单位：全县各单位、各部门；完成时限：2022年12月）

17.完善网络管理制度。严格落实国家网络安全、个人信息保护、互联网信息服务管理、未成年人网络保护等方面的法律法规，建立健全关键信息基础设施安全保护、数据安全管理和网络安全审查等管理制度，加强互联网信息服务、网络直播、关键信息基础设施安全保护、大数据、云计算人工智能等新技术研发应用等方面的规范和引导。（牵头领导：王芳；牵头单位：县委网信办；责任单位：政法各单位、县文广局、县民政局；完成时限：2021年12月）

18.培育网络法治意识。深入实施网络内容建设工程，加大网络内容作品扶持奖励力度，优化全县主流媒体的平台矩阵建设能力，积极稳妥应对网络舆情，让正确道德价值取向成为网络空间主流。推动互联网信息服务领域严重失信“黑名单”制度和惩戒机制，加强网络诚信制度化建设。建立健全互联网违法和不良信息举报一体化受理处置体系，加强全社会网络法治和网络素养教育，制定网络素养教育指南。加强青少年网络安全教育，增强网络正能量，引导青少年形成正确认知。（牵头领导：王芳；牵头单位：县委网信办；责任单位：县委宣传部、县法院、县检察院、县公安局、县教体局；完成时限：2023年12月）

19.保障公民依法安全用网。建立网络安全风险报告机制、研判处置机制、网络安全检查制度等制度，落实网络安全责任制。严格规范收集使用用户身份、通信内容等个人信息行为，加大对非法获取、泄露、出售、提供公民个人信息的违法犯罪行为的惩处力度。加强网络违法犯罪监控和查处能力建设，依法查处网络金融犯罪、网络诽谤、网络诈骗、网络色情、攻击窃密等违法犯罪行为。建立健全信息共享机制，积极参与打击互联网违法犯罪活动。（牵头领导：王芳；牵头单位：县委网信办；责任单位：县委宣传部、县法院、县检察院、县公安局；完成时限：2022年12月）

三、加强组织保障

20.强化组织领导。各级党组织要认真落实推进本地区本单位法治建设的领导责任，推动解决法治社会建设过程中的重点难点问题，充分发挥基层党组织在法治社会建设中的战斗堡垒作用。县、乡两级政府要在县委统一领导下，将法治社会建设摆在重要位置，纳入经济社会发展计划，落实好法治社会建设各项任务，强力推进。（牵头领导：张宁龙；责任单位：县委全面依法治县办、县委办、县委组织部、县发改局；完成时限：长期坚持）

21.加强统筹协调。县委全面依法治县办要充分发挥组织协调的作用，加强对法治社会建设的统筹谋划，形成上下协调、部门联动的工作机制。充分调动全社会各方力量采取多种形式参与法治社会建设，进一步发挥公民、企事业单位、人民团体、社会组织等在推进法治社会建设中的积极作用，形成法治社会建设最大合力。（牵头领导：张宁龙；牵头单位：县委全面依法治县办；责任单位：全县各单位、各部门；完成时限：长期坚持）

22.健全责任落实和考核评价机制。县委全面依法治县办要建立健全对法治社会建设的督促落实机制，确保党中央、自治区党委、银川市委、贺兰县委关于法治社会建设各项决策部署落到实处。充分发挥考核评价对法治社会建设的重要推动作用，制定法治社会建设评价指标体系，将法治社会建设情况纳入绩效考核。健全群众满意度测评制度，将群众满意度作为检验法治社会建设工作成效的重要指标。

中共贺兰县委员会

2021年7月20日

贺兰县城乡居民收入提升行动的实施方案

（贺党办〔2021〕70号）

为深入贯彻自治区《关于实施城乡居民收入提升行动的意见》（宁党办〔2021〕49号）、《银川市关于城乡居民收入提升行动的实施方案（征求意见稿）》文件精神，全面落实国家和自治区市党委、政府关于提高城乡居民收入水平的决策部署，切实提升城乡居民收入水平，全面完成目标任务，结合《贺兰县国民经济和社会发展第十四个五年规划和2035年远景目标纲要》主要指标，制定如下实施方案。

一、总体要求

坚持以习近平新时代中国特色社会主义思想为指导，深入学习贯彻党的十九大和十九届五中全会精神，全面落实习近平总书记视察宁夏重要讲话精神、自治区党委十二届十二次全会精神，以建设黄河流域生态保护和高质量发展先行区示范县为抓手，以满足人民日益增长的美好生活需要为根本目的，着力提高低收入群体收入，扩大中等收入群体，多渠道增加城乡居民工资性、经营性、财产性和转移性收入，积极拓宽城乡居民增收渠道，不断优化居民收入结构，促进城乡居民收入持续增加。

二、主要目标

"十四五"期间，全县城乡居民人均可支配收入年均增长分别达到7%和8%以上。到2025年，全县城乡居民人均可支配收入达到4.5万元以上，城乡居民收入增长和经济增长保持同步、劳动报酬提高与劳动生产率提高保持同步，中等收入人口比重上升，人民生活品质普遍改善，实现更加充分更高质量就业，社会保障体系更加健全。

三、主要任务

（一）夯实产业发展基础

1.培育壮大各类市场主体。锚定贺兰建设黄河流域生态保护和高质量发展先行区示范县目标任务及全县"6+3"重点特色产业发展总体布局，大力实施工业强县和乡村振兴战略，完善与创新、转型、就业等挂钩的产业政策，不断发展吸纳带动就业能力强的大企业、大项目。深入推进要素市场化配置改革，扩大要素市场化配置范围，健全要素市场配置体系，加快构建要素价格市场决定、流动自主有序、配置高效公平的体制机制，健全科技创新、现代金融、人力资源等配套措施，持续优化政务服务和营商环境，不断提升产业发展层次和企业内生动力，提升经济发展质量和效益，以高质量发展确保城乡居民就业充分、收入稳增。全面落实区、市有关减税降费各项政策，对"个转企"过程中办理划转土地、房屋、设备权属，符合国家政策规定的，免征契税、免收交易手续费，促进中小微企业和个体工商户健康发展。（责任单位：县发改局、贺兰工业园区管委会、银川市军民融合产业服务中心、县财政局、县人社局、县农业农村局、县商务和投资促进局、县科技局、县税务局）

2.大力发展重点产业。加速提档升级、做强优势产业，努力做大一产、做优二产、做活三产，推动农村一二三产业融合发展，促进农民就业增收。推进工业向高端化、绿色化、智能化、融合化发展，夯实工业经济发展基础，进一步培育壮大重点企业，促进员工增收，增加就业岗位。推动生产性服务业向专业化和价值链高端延伸，积极培育新型服务业态，推动生活性服务业向高品质和多样化升级，努力提供更多的创业机会、就业岗位。大力发展汽车销售及服务产业，全链条打造“汽车+金融+保险+养护”新业态，营造西北地区最优购车服务环境。推动电商物流业体系化发展，实施中通智能电商产业园、鲜丰冷链物流等项目，鼓励海吉星、电商物流园完善基础设施，畅通网货下乡和农产品进城双向通道。加快天心、达美等医药配送企业发展，建设现代医药物流集聚区。融合发展文化旅游产业，打响乡村休闲、非遗体验等文旅品牌。“十四五”期间，全县服务业增加值占地区生产总值比重达到56%以上。（责任单位：县发改局、贺兰工业园区管委会、银川市军民融合产业服务中心、县商务和投资促进局、县农业农村局、县人社局、县文旅局）

3. 优化升级产业园区。着力深化我县产业园区体制机制改革，激发园区发展活力。进一步优化园区空间布局和产业布局，提高土地利用率，推动产业集群发展，加快完善园区教育、医疗、住房、商贸等功能配套，力促园区经济指标增长更快、带动就业更加充分。（责任单位：县发改局、贺兰工业园区管委会、银川市军民融合产业服务中心、县商务和投资促进局、县农业农村局、县卫健局、县自然资源局）

（二）夯实就业保障基础

4. 强化就业优先政策。坚持减负、稳岗、扩就业并举，稳定和扩大就业容量，提升就业质量，促进充分就业。全面落实国家和自治区、银川市扩大就业和创业带动就业政策，及时跟进制定完善对应配套措施，切实推动就业政策与财税、金融、产业、人才等政策的协同联动，增强政策的引导性、操作性和有效性。将就业资金列入县财政预算，建立完善就业资金增长机制。组建“稳就业防风险”工作专班，加强就业形势和失业动态监测，防范化解大规模失业风险。强化就业工作领导机制建设，完善就业考核工作体系，综合运用绩效考核方式落实奖惩措施，层层传导压力，压实部门、乡镇场责任，确保各项目标任务落到实处。“十四五”期间，确保每年城镇新增就业3000人以上，城镇调查失业率控制在5.5%以内。[责任单位：县人社局、县委组织部（人才办）、贺兰工业园区管委会、银川市军民融合产业服务中心、县财政局、县商务和投资促进局、县发改局、县农业农村局、县文旅局、县退役军人事务局、各乡镇（场）、街道办]

5. 全力抓好重点群体就业。完善重点群体就业支持体系，统筹做好高校毕业生、农民工、城镇就业困难人员、退役军人和农村建档立卡贫困劳动力等重点群体就业。实施高校毕业生就业促进和创业引领行动，通过企业挖潜、基层扩岗、见习实习、自主创业、灵活就业等12条政策措施，促进高校毕业生多渠道稳定就业，确保离校未就业高校毕业生就业率保持在85%以上，高校毕业生初次就业率不低于70%。实施农村劳动力转移就业提效行动，认真落实《关于扶持劳务经纪人、劳务中介机构的意见（试行）》，通过政策支持、资金奖励、平台搭建等措施，培育和壮大劳务中介组织和劳务经纪人队伍，引导农村劳动力就地就近和外出转移就业。“十四五”期间，每年实现农村劳动力转移就业2万人次。实施就业困难人员就业援助行动，积极开展就业困难人员精准帮扶，健全实名制登记认定、动态管理、分类帮扶、跟踪服务机制，加强城镇失业人员、残疾人、退役军人、零就业家庭等困难人员就业援助，确保零就业家庭动态清零。每年安置公益性岗位不少于200个。完善支持多渠道灵活就业政策，落实自治区支持灵活就业和新业态就业的政策措施，通过临时性、非全日制、季节性、弹性工作等灵活方式多种就业。[责任单位：县人社局、县财政局、县发改局、县教体局、县住建局、县交通运输局、县水务局、县农业农村局、县退役军人事务局、县市场监管局、县残联、县妇联、贺兰工业园区管委会、银川市军民融合产业服务中心、各乡镇（场）、街道办]

6. 促进创业带动就业。持续深化“放管服”改革，开通行业准入办理绿色通道，简化行政审批流程，压缩企业开办时间。加快推进“前台综合受理、后台分类审批、综合窗口出件”经办模式改革，实现“一个窗口受理、一站式审批、一次性办结”。全面推广个体工商户全程网上办理登记服务，放宽个体工商户登记住所限制。深入推进“创业贺兰·乐业贺兰”行动，建立健全创业带动就业扶持专项资金长效投入机制，加大初创实体场地支持、设施提供、租金减免、创业补贴等政策扶持力度，提高个人、小微企业创业担保贷款额度，将自主创业农民纳入创业担保贷款支持范围。围绕“6+3”优势产业发展，完善税收、金融、信贷、人才等支持政策，加强创业孵化基地、农民工返乡创业园、小型微型企业创业创新示范基地建设，力争每年打造双创基地2个。到“十四五”末，创业带动就业人数达到1.5万人以上。精心组织各类创新创业推进活动，力争每年举办创新创业大赛不少于2场次，激发高校毕业生等群体的创新创业热情和活力，助力乡村振兴，增强发展后劲。建立创业带动就业绩效评估制度，根据绩效评价结果、创业带动就业贡献度等指标，结合实际情况落实相关的扶持政策，激发各类创业园区（孵化基地）的积极性，带动更多群体就业创业增收。[责任单位：县人社局、县委组织部（人才办）、县科技局、县审批服务管理局、县市场监管局、县商务和投资促进局、县发改局、县财政局、县退役军人事务局、县文旅局、县妇联、各乡镇（场）]

7.加强职业技能培训。实施万人职业技能培训提升行动，健全终身职业技能培训制度，对城乡重点群体推行订单式、定向式、定岗式的导向性就业培训，形成集“需求—培训—鉴定—就业—提升”于一体的就业技能培训模式。面向就业困难人员开展保姆、保洁、保安、物管等有针对性的家政服务培训，让更多困难人员掌握一技之长，增加就业机会。全面推行企业新型学徒制，积极落实“以工代训”和岗位技能提升培训等政策，鼓励企业结合实际需求灵活安排职工在岗培训和技能提升培训，提高劳动者技能，实现培训与就业有效对接。“十四五”期间，各类职业技能培训人数达到1.5万人以上。[责任单位：县人社局、县发改局、县财政局、县教体局、县农业农村局、县退役军人事务局、县总工会、县团委、县妇联、县残联、贺兰工业园区管委会、银川市军民融合产业服务中心、各乡镇（场）、街道办]

8.健全公共服务就业体系。加强公共就业服务，线上线下同步发力，组织开展就业援助月、春风行动、民营企业招聘周、高校毕业生就业服务月等招聘活动，着力打造“就业服务不打烊、网上招聘不停歇”的贺兰公共就业服务模式。每年组织招聘会不少于30场次。加快人力资源产业服务体系建设，依托银川市公共就业服务数字化平台，建立健全线上供需调查、培训对接、就业对接、跟踪服务“四位一体”就业服务机制，提高人力资源市场管理信息化水平。扩大就业政策宣传覆盖广度与深度，提高扶持政策知晓率，加大就业争资争项力度，保障各项扶持政策落到实处。[责任单位：县人社局、县发改局、县财政局、县教体局、县农业农村局、县退役军人事务局、县总工会、县团委、县妇联、县残联、各乡镇（场）、街道办]

（三）夯实投资增收基础

9.鼓励居民合理投资。支持居民财产向资本转变，着力拓宽居民财产性收入增收渠道，提高居民股权红利收入，引导居民参股创办企业或出资入股、联合投资建设经营风险小、预期回报好的经营项目。规范发展房屋租赁市场，支持居民盘活闲置资产，提高不动产收益水平。加快发展直接融资，支持有条件的企业实施员工持股计划，促进多层次资本市场平稳健康发展。推动银行保险机构加强金融产品和金融工具创新，改善金融服务，向居民提供多元化的银行理财产品和保险产品。强化监管措施，依法严厉打击证券期货违法违规行为，保护投资者特别是中小投资者合法权益，稳定资本市场财产性收入预期。[责任单位：县财政局、县住建局、人民银行贺兰营管部、各乡镇（场）、街道办]

（四）夯实政策兜底基础

10.稳步提高社会保障水平。深入实施全民参保计划，促进实现城镇基本养老保险由制度全覆盖到实际人群全覆盖，城乡居民养老保险基本实现适龄参保人员应保尽保，失业保险、工伤保险实行向职业劳动者的广覆盖。聚焦贫困人口、新兴产业、现代服务业、互联网、新业态、非公经济组织等行业和灵活就业人员等参保重点人群，分类推进参保扩面精细化管理、精准参保。落实国家和自治区提高机关企事业单位退休人员基本养老金和城乡居民基础养老金待遇确定和调整机制，按时足额发放养老保险待遇，逐步缩小城乡待遇差距。“十四五”末，全县城镇职工基本养老保险、失业保险、工伤保险参保人数分别达到6万人、3.6万人、6.13万人，城乡居民基本养老保险参保率达到95%。健全医保制度体系，强化基本医保、大病保险、医疗救助三重保障功能，完善居民大病保险、职工大额医疗补助、公务员医疗补助和企业补充医疗保险政策，提高重特大疾病和多元医疗需求保障水平。[责任单位：县人社局、县财政局、县医保局、各乡镇(场)、街道办]

11.建立多层次救助体系。以基本生活救助、专项社会救助、急难社会救助为主体，社会力量参与为补充，建立健全分层分类的社会救助制度体系。在现行政策基础上，加强部门间制度衔接，各类救助制度可以单向实施，也可以多项综合实施。符合低保或特困供养条件的及时给予基本生活救助，并根据实际需要给予相应的医疗、住房、教育、就业、司法等专项社会救助。对不符合低保或特困供养条件的低收入家庭，以及刚性支出较大导致基本生活出现严重困难的家庭，根据实际需要给予相应的专项社会救助或实施其他必要救助措施。[责任单位：县民政局、县卫健局、县住建局、县教体局、县人社局、县司法局]

12.完善基本生活救助制度。以保障基本生活为基础，进一步规范最低生活保障制度，对低收入家庭中的重度残疾人、重病患者等特殊困难人员，依申请参照“单人户”纳入低保。落实核算家庭收入刚性支出扣减和低保渐退政策。逐步提高护理型床位比例，对有意愿入住的特困人员全部实现集中供养，对分散供养的特困人员落实巡视探访制度。综合考虑城乡居民人均消费支出或人均可支配收入等因素，结合保障情况和经济水平，进一步细化低保分类分档救助标准，推进低保城乡统筹发展。对集中供养的部分丧失生活自理能力、完全丧失生活自理能力的特困人员照料护理月标准，分别按照不低于上年度当地最低月工资标准的45%和75%确定。落实残疾人两项补贴及就业保障金，建立补贴标准动态调整机制，开展残疾人证上门鉴定服务、跨省通办业务，推进贫困重度残疾人照护服务工作。[责任单位：县民政局、县财政局、县人社局、县医保局、县残联、各乡镇(场)、街道办]

(五)确保居民收入增长与经济增长、劳动报酬与劳动生产率同步提高

13.深化工资制度改革。落实公务员工资正常增长机制，健全体现岗位绩效和分级分类管理的事业单位工资制度。跟进实施国有企业工资决定机制改革，建立健全按业绩贡献决定薪酬的有效激励约束机制。全面推行政府、工会、企业共同参与的工资集体协商制度，指导企业形成向一线职工倾斜的工资正常增长机制。根据自治区发布的行业工资市场指导价位，及时发布企业工资指导线，合理调整最低工资标准。(责任单位：县委组织部、县财政局、县人社局、县总工会、县工商联)

14.健全技术要素参与分配机制。建立主要由市场决定技术创新项目和经费分配、评价成果的机制，鼓励支持风险投资发展，促进科技成果资本化、产业化。鼓励各类单位自主制定科研成果收益权分配办法，探索建立科技成果入股、岗位分红权激励等多种分配办法，保障技术成果在分配中的应得份额。落实以增加知识价值为导向的分配政策，完善体现知识价值的薪酬制度，鼓励企事业单位对作出突出贡献的高层次人才和引进的急需紧缺高层次人才实行协议工资、年薪工资、项目工资或一次性奖金。(责任单位：县科技局、县人社局、县财政局)

15.完善收入分配政策。健全不同地区、不同行业、不同岗位的差别化激励办法，完善岗位统筹管理机制，提高劳动报酬在初次分配中的比重，实行多劳多得、优绩优酬、同工同酬政策。鼓励各类企业设立特聘岗位津贴，落实技能人才薪酬分配指引，按照技能等级合理确定技能人才薪酬水平。加强基层工会经费收支管理，依法规范做好职工福利保障。[责任单位：县人社局、县财政局、县民政局、县总工会、各乡镇(场)]

(六)确保农村居民收入增速高于城镇居民收入增速

16.以优势特色产业高质量发展促进农民增收。重点培育和发展粮食、蔬菜、渔业、奶产业、葡萄酒“五大产业”，打造以金贵镇为核心的优质粮食产业示范区，以立岗镇“蔬菜公园”为核心的绿色蔬菜产业示范区，以常信乡“渔业公园”为核心的适水产业示范区，以洪广镇为核心的奶产业示范区，以

贺兰山东麓金山片区为核心的葡萄及葡萄酒产业示范区。做实粮食产业。进一步调整优化种植结构，逐步退出低效作物，积极布局高效品种，因地制宜适度调减小麦、籽粒玉米和水稻种植面积5.3万亩。依托广银、生瑞、科丰等龙头企业，建立商业化育种中心，示范开展种子研发创新、水稻保墒旱直播轻型栽培、玉米水肥一体化等新模式新技术，实现水稻、小麦质量效益双提升。不断完善"粮食银行"经营管理模式，实现优粮优价、优粮优购、优粮优储，有效增加农民收入。到2025年，粮食种植面积稳定在34万亩，总产值达5亿元。做强蔬菜产业。依托天源、兴耘田、巨日等蔬菜龙头企业，补齐冷链物流、质量检测、信息服务的短板，建立健全蔬菜产品标准，主推番茄、菜心、西兰花、辣椒等优势外销品种，瞄准目标市场、以销定产，打造京津冀、长三角和粤港澳大湾区的"菜篮子"产品。改造升级1万亩老旧温棚，围绕汉延渠系加快"四好"设施农业园区和"五优"高标准露地蔬菜基地建设，形成育苗、种植、分拣包装、初加工蔬菜产业集群。加快"蔬菜公园"提档升级，推进加工、休闲、旅游、度假深度融合，推出一批特色鲜明、吸引力强、具有影响力和市场竞争力的旅游商品、蔬果采摘、农家工业品等参与性体验性旅游项目和旅游商品，打造成集种植、加工、销售、创意、休闲及农事体验为一体的综合型蔬菜公园。到2025年，蔬菜种植面积达到28万亩，总产值达20亿元。做优现代渔业。加快"渔业公园"建设，建设标准化规模化水产养殖展示区、稻渔综合种养示范区、休闲观光渔业区等，打造集渔业新技术新品种新模式示范展示、渔耕文化体验、生态休闲观光、科研科普为一体的田园生态综合体。探索政府主导、龙头带动、新型经营主体搭桥、社会资本注入、农民参与的现代渔业发展新模式，实现适水产业质量效益双提升。到2025年，名特优新水产品主养面积达到1.2万亩，全县渔业设施温棚养殖面积达到55万平方米，工厂化车间养殖面积达到4万平方米，稻渔立体生态种养面积达到4万亩，总产值达到10亿元以上。做精奶产业。依托中地牧业奶牛高效养殖园区，加大高品质奶牛繁育、养殖技术示范推广力度，打造洪广万亩黄金奶源基地，形成高品质奶牛繁育、养殖、奶制品加工全产业链。改造升级15个规模化奶牛养殖场。到2025年，奶牛存栏达7.4万头，年均奶产量达38万吨，牧草种植达6.5万亩，总产值达25亿元。做靓葡萄酒产业。创新葡萄酒产业发展体制机制，设立发展基金，成立行业协会和产销联盟，增加文化内涵，加强宣传推介和市场营销，推广"酒庄-基地-标准-农户"的订单生产模式，打造集标准化生产、生态保护、文化展示、旅游观光"四位一体"的葡萄酒产业发展经济带。到2025年，酿酒葡萄种植面积达到4.1万亩，培育年销售收入亿元以上骨干酒庄（企业）和5000万元以上的精品酒庄（企业）5家，年产葡萄酒2万吨，综合产值达到10亿元以上。[责任单位：县农业农村局、县发改局、县商务和投资促进局、县财政局、县文旅局、县自然资源局、各乡镇（场）]

17.以完善农业社会化服务体系促进农民增收。实施优质农产品加工提升行动和品牌提升工程，积极引进自治区级以上绿色食品加工龙头企业，培育本土农民专业合作社、家庭农场等经营主体，通过示范、引领、带动，建设特色明显、产业集聚的绿色食品加工园区，发展产地初加工、精深加工和副产物综合利用。建立健全紧密型联农带农机制，组建家庭农场服务中心、农民合作社联合社、农产品加工企业联盟，推广菜单式、保姆式托管服务，推进农业生产、加工、经营一体化，延长产业链、提升价值链，促进小农户与现代农业有机衔接，以产业增效带动农民增收。深化供销合作社综合改革，推进现代、开放、市场、数字、活力"五个供销"建设，打造服务农民生产生活综合平台和联系农民群众桥梁纽带。培育绿色食品企业知名品牌和名特优新产品品牌，做强"贺澜农园""贺兰山下"区域公用品牌，农产品质量追溯平台实现覆盖所有规模化生产主体。支持农产品收购、贮藏、加工、运输、销售全产业链体系基础设施建设，补齐技术、设施、营销等短板，促进产业链、供应链、服务链深度融合。充分发挥宁夏农村电商综合服务平台、农村电商服务站功能，大力发展直销配送、农超对接、产地直销、网上营销等新型营销模式，建立高效、畅通、安全、有序的农产品流通体系。到2025年，国家级、自治区级、银川市级农业产业化龙头企业分别达到6家、30家、40家。国家级、自治区级、银川市级农民专业合作社示范社分别达到12家、30家、40家。自治区级、银川市级示范家庭农场分别达到30个、40个。[责任单位:县农业农村局、县发改局、县商务和投资促进局、县财政局、县文旅局、县自然资源局、县供销社、各乡镇(场)]

18.以深化农村改革和制度创新促进农民增收。切实推进用水权、土地权、排污权、山林权"四权"改革,健全农村土地产权制度和城乡统一的建设用地市场流转入市交易制度,有序规范农村承包土地经营权流转,鼓励、支持承包户土地向新型规模经营主体相对集中,增加土地承包户转让土地经营权的租金收入。深化农村宅基地制度改革试点,积极盘活农村闲置宅基地和农房资源,增加宅基地及地上房屋的资产性收益。积极推进农村闲置校舍、厂房、仓库等集体资产盘活利用,通过资源开发、生产服务、村庄建设等途径,促进集体资产保值增值、发挥效益。有序开展集体资产折股量化、股份合作制改革等工作,探索拓宽农村集体经济发展路径,发展壮大集体经济,增加农民集体性分红收入。积极推进农村集体产权制度改革,依法保障农民对承包土地、山林的占用、使用、收益等权利,把农村集体产权用活,让资源"活"起来,把红利"放"出来,保障农民集体经济收益权,增加农民财产性收入。[责任单位:县农业农村局、县水务局、县自然资源局、市生态环境局贺兰分局、各乡镇(场)]

19.以完善政策制度保障促进农民增收。深入贯彻落实农业农村优先发展方针,保持好强农惠农富农政策的连续性稳定性,积极争取国家加大对粮食补贴及相关政策倾斜,增加农民转移性收入。积极争取各类项目资金,实施技能培训、阳光工程培训、引导性培训等劳动力转移技能培训,提高农民非农就业能力,做好劳务信息服务工作,积极创造条件,组织农村劳动力向非农和城镇有序转移,支持农民外出就业,拓展农民就业空间,拓宽农民增收渠道。依托乡村旅游资源,推动乡村旅游发展,着力开发、培育、规划布局一批观光农业乡村旅游区,培育乡村旅游从业人员就业能力,增加农民工资性收入。加快发展政策性农业保险,拓宽财政补贴农业保险险种和范围,适当降低农户缴纳保费比例,提高农业保险的保障水平。加快建立农业保险大灾风险分散机制,积极推进农民收入保险试点,提升对农户的保险服务水平,防范、减轻自然灾害和市场风险对农民增收造成的不利影响。到2025年,培育1万名高素质农民、农村实用人才和农业技能人才,建设返乡创业园区或返乡创业孵化基地3个以上,发放创业担保贷款1亿元。[责任单位:县农业农村局、县财政局、县人社局、县文旅局、各乡镇(场)]

20.以倡导乡风文明促进农民增收。加强新时代农村精神文明建设,持续推进农村移风易俗,加大高价彩礼、人情攀比、厚葬薄养、铺张浪费、封建迷信等不良风气治理,教育和引导村民树立正确的社会主义核心价值观,彻底解决群众盲目攀比、铺张浪费、"人情份子"名目繁多,奢靡之风愈演愈烈等影响社会经济发展问题,促进农村红白理事会章程、红白事办理流程日趋规范,群众红白事负担明显减轻,村规民约的可行性和可操作性持续增强,推动形成文明乡风、良好家风、淳朴民风。坚持党建引领,发挥基层党组织战斗堡垒作用,采取广泛宣传、入户给农户算账、信息推送等方式,强化移风易俗客事从简宣传,倡导群众,特别是刚脱贫的建档立卡贫困户增强"不支出就是增收"的理念,把有限的资金用在"刀刃上",把"礼尚往来"的时间精力用在巩固脱贫致富成果和乡村振兴的实际行动上来。[责任单位:县农业农村局、各乡镇(场)]

21.缩小脱贫地区农村居民收入与全区平均水平差距。巩固拓展脱贫攻坚成果同乡村振兴有效衔接,实施"四大提升行动",聚焦"三件事情",严格落实"四个不摘"要求,保持现有帮扶政策总体稳定,逐步实现由集中资源支持脱贫攻坚向全面推进乡村振兴平稳过渡。加强脱贫地区产业发展基础设施建设,积极培育龙头企业、合作社等新型经营主体,着力推广"产业+基地+农户""龙头企业+合作社+移民"等模式,探索建立紧密的利益联结机制,提升联农带农成效,实现移民稳定脱贫、可持续增收。对吸纳移民劳动力就业的农业企业给予优化土地资源配置、支持新型农业经营主体发展、促进农产品流通等优惠政策。加大脱贫人口职业技能培训力度,定向引进劳动密集型产业,引导脱贫群众就近就地务工,实现有劳动能力的脱贫家庭至少

1人务工就业。“十四五”期间，确保脱贫地区农村居民收入增速高于全县农村居民收入增速。[责任单位：县农业农村局、县人社局、各乡镇(场)]

(七)确保各项收入增长政策落实到位

22.严格落实各项收入增长政策。进一步完善基层事业单位绩效工资分配政策。实行向基层机关事业单位工资倾斜政策，落实乡镇补贴发放政策，确保乡镇机关事业单位人员工资高于同级公务员20%。深入推进住房制度改革，落实住房补贴政策。深化公立医院薪酬制度改革，实行向一线医务人员倾斜的薪酬分配政策，逐步构建与公立医院考评机制、经济效益发展相衔接的薪酬动态调整机制，合理提高医务人员待遇。落实保障义务教育教师待遇政策，核增中小学绩效工资总量，落实校长津贴、班主任津贴，建立义务教育教师工资水平与公务员工资水平联动调整机制，确保中小学教师平均工资收入水平不低于或高于本地公务员平均工资收入水平。全面落实好政策规定，跟进实施机关事业单位地区附加津贴制度。(责任单位：县委组织部、县人社局、县财政局、县住建局、县卫健局、县教体局)

(八)确保工资支付保障制度落实到位

23.切实保障劳动者权益。深入宣传和贯彻落实《保障农民工工资支付条例》，健全完善保障农民工工资支付制度体系，深入开展农民工工资欠薪积案化解攻坚行动，加大根治欠薪工作力度。按照“属地管理、分级负责、谁主管谁负责”的原则，以工程建设领域和劳动密集型加工制造、餐饮服务等行业为重点，加大欠薪隐患排查力度，实行一企一策、专人督办，做到问题不解决不销账。严格规范工资支付行为，围绕落实农民工工资保证金、政府应急周转金、银行按月代发工资、农民工工资与工程款分账管理等制度，逐级落实责任，推进农民工工资支付工作顺利开展。落实各项监管惩戒措施，加强部门执法协作，强化欠薪失信联合惩戒，及时公布重大违法行为。加强裁审衔接，畅通工资争议处理“绿色通道”。加强新业态从业人员、家政服务人员、劳务派遣人员获取劳动报酬权益维护。(责任单位：县人社局、县治理拖欠农民工工资工作领导小组成员单位)

四、保障措施

(一)强化组织领导。构建责任清晰、各负其责、执行有力的工作推进体制。县发改局牵头抓总、统筹调度；在人社局设立城镇居民工作专班，负责城镇居民收入提升工作组织协调和督促落实，制定详细工作任务清单和推进计划，细化落实到每个增长点和增收构成来源，做好城镇居民收入指标的分析、制定、分解及考核工作；在农业农村局设立农村居民工作专班，负责农村居民收入提升工作组织协调和督促落实，制定详细工作任务清单和推进计划，细化落实到每个增长点和增收构成来源，做好农村居民收入指标的分析、制定、分解及考核工作；各相关部门要明确责任领导和具体负责人，全力配合工作开展，确保各项任务落实落细落到位。

(二)压实工作责任。建立城乡居民收入季度报告和季度评估制度，各牵头单位、责任单位明确分管领导，指定专人负责，定期书面报告惠民增收措施落实情况，分析同比、环比指标增(降)幅度及原因，分别报送发改局、社调队、人社局、农业农村局。社调队要加强对调查户记账工作的精准培训和指导，确保收支项目应记尽记。人社局、农业农村局分别负责每季度形成城镇和农村居民收入调查分析报告，向县委、县政府书面报告。

(三)加强宣传引导。各责任单位要积极解读各项惠民政策，及时回应社会关切，充分利用媒体、创新方式方法，广泛宣传致富带头人、致富产业，推进创业就业经验做法，营造全县关心支持收入提升的政策环境，激发城乡居民勤劳致富的主动性和积极性。

(四)加强督查考核。两办督查室不定期对各牵头单位、责任单位落实工作任务及措施情况进行督查、通报。县考评中心将城乡居民收入提升行动落实情况纳入对各有关单位、各乡镇(场)年度效能目标管理考核，加大考核权重，确保各单位思想认识到位、责任履行到位、增收政策措施落实到位，切实提高城乡居民收入水平。

中共贺兰县委办公室

贺兰县人民政府办公室

2021年7月15日

贺兰县创建全国全民运动健身模范县实施方案（2021—2025年）

（贺党办〔2021〕85号）

为深入贯彻落实全民健身国家战略部署，切实提高人民群众生活品质和健康水平，加快构建更高水平全民健身公共服务体系，切实推动体育大县向体育强县转变，经县委、县政府研究，决定启动贺兰县创建全国全民运动健身模范县工作。按照国家《全民健身计划（2021—2025年）》《“健康中国2030”规划纲要》及国家体育总局《关于开展全民运动健身模范市和全民运动健身模范县（市、区）创建工作的通知》精神，现结合实际，制定本方案。

一、指导思想

坚持以习近平新时代中国特色社会主义思想为指导，深入贯彻落实习近平总书记关于体育工作的重要论述、视察宁夏重要讲话精神，深入贯彻落实党中央、国务院关于健康中国、体育强国、全民健身、体育产业等重大决策部署，以自治区实施“四大提升行动”特别是全民健康水平提升行动为抓手，大力发展以人民为中心的体育，千方百计破解群众运动健身难题，充分发挥全民健身在提高人民健康水平、促进人的全面发展、推动经济社会发展、展示国家文化软实力等方面的综合价值与多元功能，率先在全区建成全国全民运动健身模范县，更好满足广大群众多层次、多样化的健身需求，不断提高全民身体素质、健康水平和生活质量。

二、基本原则

（一）坚持区县共建，协同推进。健全完善自治区体育局、贺兰县合作共建全国全民运动健身模范县体制机制，充分发挥贺兰县区位交通优势、产业资源优势和体育基础优势，在展示全区体育形象、完善体育基础设施、推动群众体育发展、做大做强体育产业、打造贺兰精品赛事、强化政策体系保障等方面积极争取自治区体育局指导支持、加大投入，不断提升贺兰县体育事业发展水平，把贺兰县建设成全区综合实力强、群众参与度高、对外影响力大的体育强县，为全区体育事业发展贡献力量。

（二）坚持党政主导，强力推动。把创建工作列入县委、县政府重要议事日程，与建设先行区示范县、实施“四大提升行动”、健康贺兰、乡村振兴等重点工作有机结合起来，明确各级各部门创建工作主体责任，优化资源配置，协同推进体育与相关行业融合发展，推动全民健身资源向农村倾斜，推动体育公共服务均等化，实现同步共建、共融、共享。

（三）坚持问题导向，因地制宜。以满足人民日益增长的运动健身需求为总目标，以促进全民健康为出发点和落脚点，通过创建工作，及时发现和解决影响人民健身的突出问题，充分发挥各类社会主体的积极性，提高全社会参与度，使群众成为创建的参与者和受益者，不断满足群众对运动健身和健康生活的新期盼、新需求，打造全民健身贺兰模板。

（四）坚持以人为本，服务大众。始终把全民健身作为实现全民健康的重要途径和手段，作为全民增强体魄、幸福生活的基础保障，全方面、多途径宣传全民健康的重要性，紧扣群众需求，建设好群众身边健身场地，发展好群众身边体育组织，因时因地因需开展好群众身边的健身活动，推动实现全民健身服务全覆盖，全力提高全民健康水平。

三、创建目标

从2021年到2025年，通过一年启动、三年提升、一年巩固，全面完成《全民健身计划（2021—2025年）》所规定的目标，力争提前完成《“健康中国2030”规划纲要》关于全民健身的主要指标。到2025年，全县人均全民健身事业经费投入在2021年的基础上翻一番以上，全民健身公共服务体系更加完善，体育健身人人参与，健身服务人人享有，乡镇（街道）、行政村（社区）公共健身设施和社区15分钟健身圈全覆盖，每千人拥有社会体育指导员4名，人均体育场地面积达到3.6平方米，经常参加体育锻炼人数比例达到39%以上，城乡居民《国民体质测定标准》合格率达到92%；竞技体育综合实力显著增强，全县培养、输送的运动员在国内区内重大赛事上成绩位列全区前列，优势项目群实现可持续发展；体育管理体制和运行机制逐步完善，形成政府主导有力、社会规范有序、市场充满活力、群众积极参与、社会组织健康发展、公共服务完善的体育发展新格局，体育产业发展取得阶段性进展，体育文化传播力、影响力进一步提升。

四、主要措施

（一）切实加强模范县创建顶层设计

1. 制定全民健身总体规划。深入贯彻落实党中央、国务院关于健康中国、体育强国、全民健身、体育产业等重大决策部署和自治区党委、政府工作安排，将创建工作纳入国民经济和社会发展规划，抓紧研究制定《贺兰县教育体育工作“十四五”规划》《贺兰县全民健身实施计划（2021—2025年）》《贺兰县关于加强全民健身场地设施建设发展群众体育的实施方案》《贺兰县关于促进冰雪运动发展的实施方案》《贺兰县足球改革实施方案》等配套文件，明确发展目标、主要内容和重点项目，促进体育事业全面、协调、可持续发展。

2. 出台全民健身专项政策。积极构建“体育+”“+体育”公共政策服务体系，大力促进全民健身与卫生健康、教育、文化旅游等部门的融合发展，逐步提高人均体育消费支出水平。健全全民健身投入机制，探索建立体育与城市、乡村融合发展路径，加大财政对全民健身事业资金的投入力度。积极拓宽融资渠道，吸引社会资本投资建设体育场地设施，鼓励企事业单位和社会团体自筹资金发展体育事业，确保创建资金投入到位。

3. 构建全民健身考评体系。对标《全民健身计划（2021—2025年）》《“健康中国2030”规划纲要》《体育总局关于开展全民运动健身模范市和全民运动健身模范县（市、区）创建工作的通知》指标体系，制定全民健身工作规范和评价标准，实时对全民健身设施规划建设、公共服务管理、活动保障、重点项目推进等内容进行跟踪督查。将创建工作目标、重点任务纳入《政府工作报告》、全县重点民生实事工程和各级各部门工作综合评价体系，同步实施考核评估。

（二）完善提升全民健身场地设施

4. 推动公共体育场馆提档升级。加快推进公共体育设施“五个一”工程建设，积极争取专项资金建设国家体育公园、综合力量训练馆、室内游泳馆，升级改造体育中心、体育馆设施设备，全力补齐短板和不足。进一步盘活存量资源，持续推动公共体育场馆向社会免费或低收费开放，在做好常态化疫情防控的基础上，积极推动机关事业单位体育设施、学校体育设施逐步有序向社会开放，确保室外公共体育设施开放率达到90%以上。

5. 织密全民健身场地设施网络。多种渠道加大全民健身场地设施供给，积极打造“1+5+X”运动健身网络，即一个核心区域（以贺兰县体育中心为核心），5个体育公园（贺兰县国家体育公园、如意湖体育公园、人民公园、星光公园、兰山公园），多条健身步道（典农河沿岸小微公园健身步道、星光公园健身步道、兰山公园健身步道、人民公园健身步道、如意湖公园健身步道，唐徕渠沿岸健身步道、109沿线健身步道、滨河大道沿线自行车骑行道等）。加快建设园区型、商区型、户外型都市运动中心，积极引导社会力量、资金参与全民健身场地设施建设，采取租赁等方式提供建设全民健身场地设施的土地，鼓励企业利用废旧厂房、原有土地布局健身设施设备，加快推进贺兰远顺网球中心项目建设进度，全力打造集培训、比赛为一体的西部红土网球基地；充分利用公园绿地闲置地、街头巷尾边角地因地制宜新建(补建)全民健身设施,大力推进社区健身中心和智能健身房、街边镶嵌健身点、旧商场改建健身场馆、体育运动休闲综合体等健身场所和设施建设,满足群众就近就便健身需求。科学布局县、乡镇(街道)、村(社区)三级全民健身体系,保障城市新建住宅小区配套体育场地设施人均占有面积达到室内0.1平方米、室外0.3平方米以上,新建社区体育设施覆盖率达到100%;保障乡镇公共体育设施达到"两室一工程",村级体育设施达到"一场一室一工程",实现乡镇、行政村公共体育健身设施100%全覆盖,形成布局合理、互为补充、覆盖面广、普惠性强的全民健身设施网络。

6.提升体育运动智慧服务能力。加强智慧体育和数字体育建设,实施"互联网+体育"工程,依托宁夏全民健身平台和国家社区体育活动管理服务系统等资源,充分利用互联网、大数据、5G网络等新技术手段,推进全县公共体育场馆智能化建设,打造集健身设施查询预订、社会体育指导员咨询、体育培训报名等多种功能的智慧型健身场馆,为群众提供健身赛事活动、健身组织、健身指导等全面系统的全民健身公共服务事项。积极推动开放式室外健身设施数字化改造,建设安装智能化健身路径,提高全民健身公共服务智能化、信息化、数字化、标准化水平。

(三)健全完善全民健身公共服务体系

7.广泛开展全民健身运动。大力推行《国家锻炼标准》,在全社会倡导科学健身理念,营造浓郁的全民健身氛围,每年举办一次针对不同人群、不同年龄段的《国家体育锻炼标准》达标赛,切实提升广大群众的身体素质。因时因地因需开展群众身边的健身活动,每年利用重大节日、全民健身月、农闲等时间节点开展适合不同地域、行业特点的特色运动赛事,大力发展球类、健身操、广场舞、游泳、轮滑、健步走(健康跑)等群众喜闻乐见的运动项目,深入开展武术、空竹、柔力球等民族特色体育活动,在党政机关、企事业单位普及推广工间操,推动形成大众体育丰富多彩的良好局面。到2025年,全县经常参加体育锻炼的人数达到13.26万,占总人口比例39%以上,每周参加1次以上体育锻炼的人数达到17万,占总人口比例50%以上,学生在校期间每天至少参加1小时体育锻炼。

8.精心培育发展冰雪运动。认真贯彻落实习近平总书记"带动三亿人参与冰雪运动"的重要精神,抢抓北京冬奥会契机,结合全县自然环境、气候条件、社会需求等因素,科学规划建设公共冰雪场地、冰雪运动综合体,引导社会力量参与冰雪场地设施建设和运营,鼓励现有冰雪场地进行改扩建。利用公共体育场地、广场和具备条件的学校建设移动式装配冰雪和季节性雪场,布局滑草、仿真滑雪(冰)等项目。精心组织开展冰雪嘉年华、冰雪挑战季、冰雪旅游节等群众性冰雪健身休闲活动,成立贺兰县冰雪运动协会,发展速滑、冰球、冰壶、滑雪等项目,积极推动冰雪运动进校园,组织冬令营等活动,力争到2025年全县参与冰雪项目人数达到5万人次,建成2所冰雪运动特色学校,培养20名以上冰雪运动教练员、学校冰雪运动教师,具有一定规模的冰雪场地稳定在1个以上。

9.精心打造特色品牌赛事。积极构建"国三区四县X"的品牌赛事体系,每年承办"全国自然水域冰钓赛""中国篮球发展联赛(CBDL)""安翔航空航天博览节"等重大国内赛事,积极承办"宁夏全区健身气功站点联赛""全区羽毛球邀请赛""宁夏农民篮球争霸赛""全区乒乓球业余俱乐部联赛"等自治区级赛事,精心举办全县妇女运动会、中小学生运动会、职工运动会、老年人运动会、残疾人运动会、农民篮球争霸赛、农民趣味运动会等不同群体的品牌体育活动,推动形成贯穿全年的全民健身赛事活动体系。加强与中国乒乓球协会、中国篮球协会、中国羽毛球协会等单位合作,积极争取"全国乒乓球业余俱乐部联赛""全国东西南北中羽毛球比赛"永久落户贺兰,形成"一水一空,一大两小"的品牌赛事,让群众在家门口就能欣赏到高端体育赛事,增强群众参与健身的兴趣。

10.完善全民健身公共服务网络。加快构建"4+X"体育组织体系模式,即完善体育总会、社会体育指导员协会、老年人体育协会、农民体育协会和钓鱼、信鸽、乒乓球、羽毛球、武术、汽摩、象棋、围棋、足球、门球等单项体育运动协会的组织机构,新成立自行车运动协会、毽球协会、排球协会、户外运动协会、台球协会,积极鼓励支持各系统、各行业培育发展体育社会组织,大力推动体育社会组织向乡镇(街道)、村(社区)延伸覆盖,力争"十四五"末全县体育社会组织数量达到30个以上,建成74个全民健身站点,14个社区全部成立全民健身指导站,各乡镇(街道)全部成立本级农民体育协会。加强全民健身人才队伍建设,全面提升各级社会体育指导员专项化健身技能培训,每年培训社会体育指导员不少于100名。积极搭建公共服务信息化平台,提供包括全民健身赛事活动、健身组织、健身指导等系统、全面的全民健身公共服务清单。构建全市国民体质监测网络与服务体系,动员医疗机构开展国民体质测定,定期发布体育健身活动指南和年度国民体质监测报告。促进体医结合和非医疗健康干预,发挥全民科学健身在健康促进、慢性病预防和康复等方面的积极作用。常态化开展科学健身指导进机关、进社区、进镇村、进学校、进企业,实现全人群、全项目、全过程服务。

(四)着力提升竞技体育综合实力

11.强化优势项目发展布局。坚持突出重点、优化结构、放大格局,重点发展田径、摔跤、射击、举重等自治区重点布局项目;推进足球改革发展,全面提升"三大球"项目;加快推进冬季项目开展。稳步提升篮球、足球、武术、拳击、自行车、游泳、乒乓球、羽毛球、轮滑、攀岩等潜在项目;根据形势任务要求,适时统筹各项目协调发展,不断提高竞技项目优势地位。

12.完善青少年体育训练竞赛体系。深化体教融合,以中央全面深化改革委员会《关于深化体教融合促进青少年健康发展意见》和中共中央办公厅、国务院办公厅《关于全面加强和改进新时代学校体育工作的意见》为指导,充分发挥学校体育课主阵地的作用,保证学生在校期间每天不少于1小时体育运动时间,每人掌握2~3项运动技能(含智力、个人、团体项目),打造一批"一校一品"或"一校多品"体育特色学校,努力开创"体教融合"工作新局面。大力开展青少年体育赛事活动,积极探索建立校内竞赛、校际联赛、选拔性竞赛为一体的青少年体育竞赛体系,发现和培养体育后备人才。加快构建系统的青少年竞技体育训练体系、竞赛体系、输送体系,在现有贺兰县青训体系的基础上,加强与自治区、银川市等高水平运动队合作,积极引进专业优秀人才,联合培养游泳、羽毛球、轮滑等项目的高水平运动员,力争在十六届全区运动会上实现运动员成绩与精神文明双丰收。

13.加强专业体育人才队伍建设。加强教练员队伍梯队建设,优化教练员队伍结构,强化基层教练员业务素质。通过招聘、引进、培训、交流学习提高教练员执教水平,建立聘用优秀退役运动员为体育教师或教练员制度,努力建设一支知识化、专业化的精英教练员团队。配齐配强中小学体育教师,拓宽体育教师进出渠道,丰富培养培训方法手段,不断提高教学水平和培养竞技体育人才的能力。通过"国培计划"等加大对体育教师的培训力度,支持体育教师外出研修访学,通过学习培训,加强教练员和体育教师专业能力。

(五)积极培育发展体育产业

14.深入推进"体育+"融合发展。积极促进体育与教育、科技、文旅、康养、医疗等业态融合发展,促进体育与餐饮、民俗、广告传媒、商贸物流等产业体系创新发展,围绕体育品牌赛事、户外运动休闲、体育展示交流等平台,丰富体育消费供给,带动体育消费,提升体育产业发展的质量和效益。积极鼓励支持市场主体延伸体育产业链条,开发运动功能型饮料、研发制造健身器材,放大融合效应,为构建"6+3"产业体系增加新动能。

(六)不断扩大体育文化影响力

15.积极营造全民健身浓厚社会氛围。充分利用微信公众号、网络等现代信息技术,普及科学健身知识,推广科学健身方法,提供健身咨询服务,加大公益广告创作和投放力度,发挥好体育在传播社会主义先进文化和弘扬社会主义核心价值观中的积极作用,大力弘扬以为国争光为核心的中华体育精神和"红色体育"精神。扩大体育文化传播,精心组织开展奥运冠军贺兰行、体育知识讲座、体育文化展示、体育志愿服务、训练场馆开放日等活动,让体育走进群众、融入生活。鼓励和繁荣体育文艺创作，鼓励开展体育影视、体育音乐、体育摄影、体育美术、体育动漫、体育收藏品展示和评选活动，打造具有贺兰特色的体育文化产品。

五、保障措施

（一）强化组织领导。成立政府主要领导为组长，县委、县政府分管领导为副组长，相关单位主要领导为成员的贺兰县创建全国全民运动健身模范县工作领导小组，加强对该项工作的组织、协调，每年年初及年末分别召开一次创建工作联席会议，确保创建的各项工作落到实处。

（二）加强协作配合。创建工作是一项系统工程，需要各级各部门共同努力。相关单位要以大局为重，在完成部门职责的同时，加强协作，密切配合、齐抓共管，形成工作合力，共同推动各项任务的完成。

（三）严格督查落实。各部门要按照工作进度表进一步细化任务，量化指标，落实责任，严格考核，确保各项任务落到实处。领导小组办公室定期不定期对工作进展情况进行督促检查，协调解决创建工作中出现的困难和问题，并及时总结研究，推动工作健康有序开展。各单位定期自查创建工作实施情况和工作质量，并按阶段将工作进展、做法经验及时上报。

中共贺兰县委办公室

贺兰县人民政府办公室

2021年9月20日

贺兰县关于深化教育教学改革全面提高义务教育质量的实施方案

（贺党办〔2021〕90号）

为全面贯彻党的教育方针，落实立德树人根本任务，推进教育改革创新，提高义务教育质量。根据中共中央、国务院《关于深化教育教学改革全面提高义务教育质量的意见》（中发〔2019〕26号）、自治区党委、人民政府《关于深化教育教学改革全面提高义务教育质量的意见》（宁党办〔2021〕10号）精神，现结合实际，制定本方案。

一、坚持“五育”并举，全面发展素质教育

1.立德树人，德育为先。全面落实习近平新时代中国特色社会主义思想“三进”工作、“四史”教育、大中小幼思政教育一体化建设、中小学师生心理健康教育工作、班主任工作、国家统编教材“三科”教学和课程育人等工作的研究，通过全县中小学教育教学优秀案例展示、思政课课堂教学竞赛和教学示范课巡回展示、主题演讲、讲红色故事等形式确保德育任务扎实推进，落实立德树人根本任务，常态化开展理想信念教育，全面提升思政课教学水平。一校一案制定德育工作实施方案，发挥课程、文化、活动、实践、管理等多方协同育人功能和共青团、少先队组织育人作用，确保德育工作的针对性和实效性。强化对网络游戏、微视频等价值引领与管控。

责任单位：县教体局

配合单位：县委宣传部、县委网信办、团县委

2.发展智育，提质增效。扎实推进创新素养教育，创建自治区创新素养教育领航学校，积极开展“互联网+创新素养教育”学科优质课评选和各类优秀课例展示研讨活动。严格落实课程改革，通过实施课前导学案，切实转变课堂教学模式，促进评价方式、教学方式改革创新，坚持“五个必须”，促进学生乐学、好学，增强学生学习效率，提升教育教学质量。

责任单位：县教体局

3.体教融合，强身健体。严格落实学生体质健康合格标准和监测制度，开齐开足开好体育课程。各校狠抓体育课堂主阵地建设，强化教学设计的有效性和实用性，在课堂教学中全面落实教学设计内容，加大教学设计内容在课堂教学过程实施的检查力度，充分发挥课堂教学的功能作用。积极举办中小学生运动会及足球、篮球、乒乓球、田径等系列体育比赛，认真落实每天体育锻炼一小时活动，开展“两操一课”“校园阳光体育”活动，让每位学生掌握1~2项运动技能。组建体育学科中心组，探索以三大球为主的课程体系，严禁体育课教学内容的随意性。强化学生健康综合干预与监测，青少年近视率达到防控目标，肥胖率控制到全国平均水平以下。

责任单位：县教体局

配合单位：县卫健局

4.美育熏陶，涵养心灵。充分发挥美育课堂的主阵地作用，切实加大美育课堂督查力度，提高美育课堂教学效果。积极组织参加区市级各类比赛和展演。举办县级书法、绘画、经典诵读、校园剧、合唱等艺术类比赛。开展校园文化艺术节和展评活动，充分发挥美育教师的作用，积极鼓励每位美育教师负责1~2个社团活动，并作为正常工作量化，社团活动的效果作为绩效考核的主要依据，促进各

校广泛开展独具特色的社团活动，搭建学生特长展示平台，帮助每位学生掌握1~2项艺术技能，会唱主旋律歌曲，提升全县美育教育工作水平。

责任单位：县教体局

配合单位：县委宣传部、县文联、县文旅局

5.劳动教育，以劳促全。加强劳动教育，以劳促德、以劳增智、以劳强体、以劳育美。创建全国中小学劳动教育实验区，加强学校劳动教育实践基地建设，丰富劳动教育方式，用好劳动教材和读本，组织开展校园劳动实践教育周活动。培育发展劳动教育示范校，引导学校根据中小学生年龄特点积极开展劳动教育和劳动实践活动，因地制宜组织学生开展家务劳动、校园劳动、校外劳动和志愿服务活动。

责任单位：县教体局

配合单位：县农业农村局、县科技局、各乡镇场、富兴街道办

二、扎实推进教育教学改革，提升教育发展质量

6.规范教学组织管理。严格依据课标组织教学，严格执行国家课程方案和课程标准，开足开齐规定课程，科学制订教学计划。严格按课程标准零起点教学，小学一年级要设置幼小衔接过渡性课程。坚持和完善集体备课制度，推行电子教案。严禁超课标教学、抢赶教学进度和提前结束课程，严禁随意增减课时、改变难度、调整进度，严禁寒暑假和其他法定节假日违规补课，学校要加强对教师布置的家庭作业进行监督和指导，严格控制作业量和作业时间，切实减轻学生过重的课业负担。规范作业管理，增强作业科学性、开放性、实践性、多样性，促进学生潜能、个性、创造性发挥。

责任单位：县教体局

7.优化教学方式。落实教育厅制定的课堂教学基本要求，推进银川市“推进课堂变革”活动的深入开展，以“课堂教学五项核心指标”为标准，以银川市“推进课堂变革”优秀课例展示为契机，将创新素养理念、“推变”理念、信息化应用落实到常态化课堂，全面实施启发式、互动式、探究式、情景式教学，开展研究型、项目化、合作式学习，真正实现课堂教学模式转变，引导学生自主学习、主动思考、自主探究，切实提升学生自主学习和创新能力。加强国家及区市优秀教学成果推广应用，聚集提高课堂教学质量，定期开展教学研讨、说课评课、技能竞赛等主题活动，注重培育、遴选和推广优秀教学方式、教学模式和教学案例。

责任单位：县教体局

8.规范课程教材管理。严格遵循国家课程方案和国家课程教材选用使用规定，规范地方课程、校本课程和教辅材料的开发、审核和使用，并建立审议评估和质量监测制度。严禁用地方课程、校本课程取代国家课程，九年级的教辅征订必须经过教育体育局审核备案后方可使用，严禁学校擅自使用未经审定的教材和教辅。不得引进境外课程、使用境外教材，校本课程原则上不编写教材。根据义务教育装备基本标准，逐步建设创新实验室、综合实验室。

责任单位：县教体局

9.完善评价监测体系。根据教育部、自治区教育厅统一安排，做好义务教育质量监测测评工作，重视质量监测结果的应用，扭转不科学的教育评价导向，从严控制中小学校考试次数。指导学校探索制定适合本学校的教育教学评价方式，将过程性评价和结果性评价相结合，严禁以任何方式公布学生成绩和排名，严禁炒作中考“状元”，严禁将升学率与工程项目、经费分配、评优评先等挂钩，坚决克服唯分数、唯升学的顽瘴痼疾。借助人工智能助推教师队伍发展项目，探索通过大数据分析，对学生实施多元化评价，促进学生全面发展。

责任单位：县教体局

10.规范招生考试制度。推进义务教育学校免试就近入学全覆盖，完善义务教育招生入学风险预警机制。结合我县实际，充分利用贺兰县义务教育阶段招生入学转学软件平台，科学划分招生片区，免试就近入学，严禁以各类竞赛、培训成绩或证书证明等作为招生依据，不得以面试、测评等名义选拔学生。民办义务教育学校与公办学校同步招生，对报名人数超过招生计划的，全部实际电脑随机录取。用好初中学生综合素质评价管理系统，实行初

中学业水平考试成绩与综合素质评价相结合的普通高中招生录取模式。进一步规范贺兰县初中学业水平考试英语听说人机对话测试工作，探索初中学业水平考试理化生实验机考模式。

责任单位：县教体局

配合单位：县委宣传部、县公安局

11.发挥教研员带动力。建立专兼结合的教研队伍，从一线优秀教师中选拔专兼职教研员，充实增强教研员队伍。健全教研员准入、退出、考核激励和专业发展机制。优化联盟教研员结构，明确职责和要求，形成县、联盟、校、学科部、备课组五级教研联动机制，督促、引导开展好联盟教研活动。要求教研员上好示范课、研讨课，举办专题讲座，引导教师开展课题研究。

责任单位：县教体局

配合单位：县委编办、县人社局

三、按照"四有好老师"标准，培养高素质教师队伍

12.提升教师教育教学能力水平。组织教师参加国培、区培轮训，分批选派教师到优质学校跟岗实践，强化师德教育和教学基本功训练，不断提高教师育德、课堂教学、作业与考试命题设计、实验操作、家庭教育指导和信息技术应用等能力。用好县级专项教师培训经费，加强班主任能力提升、心理健康等培训，注重外出培训后的二级培训，将各校"培青"工程延伸到联盟范围，通过实施贺兰名师工作室，健全各级网络名师工作室发展机制，充分发挥名师引领作用，持续开展活动，提升教师教育素质能力水平。

责任单位：县教体局

配合单位：县财政局、县人社局

13.优化教师资源配置。对教职工编制实行动态管理，采取调剂、补充、压减、引进等方式，优先保证义务教育教师需求，加强思政、艺术、体育、科学、心理健康等紧缺学科教师配备，严禁各级党政机关借调、抽调教师从事与教育教学无关的工作。推进县域内城镇与乡村教师双向交流、定期轮岗，建立教师走教制度。

责任单位：县教体局

配合单位：县委编办、县财政局、县人社局

14.依法保障教师权益和待遇。健全教师工资待遇保障长效机制，坚持教育投入优先保障并不断提高教师待遇。建立教师优待制度，保障教师享有健康体检、旅游、住房、落户等优待政策。切实保障教师工资和特岗教师"五险一金"及时足额落实到位，落实乡村教师各项补贴补助，坚持发放乡村教师交通补助。完善义务教育绩效工资总量核定和分配办法，建立联动增长机制，保障义务教育教师平均工资收入水平不低于当地公务员平均收入水平。依法保障教师教育惩戒权，依法依规妥善处理涉及学校和教师的矛盾纠纷，坚决维护教师合法权益。

责任单位：县人社局

配合单位：县法院、县检察院、县教体局、县公安局、县司法局、县财政局

15.提升校长办学治校能力。严格落实校长任职条件和专业标准，规范校长选任程序，选好配强校长和班子成员。按照自治区中小学名校长培育工程的安排，组织参加各级研修、跟岗锻炼、高校定点培训等活动，努力打造一支政治过硬、品德高尚、业务精湛、治校有方的高素质专业化校长队伍。

责任单位：县教体局

配合单位：县委组织部、县人社局

四、着力改善基础能力，推动义务教育优质均衡发展

16.加强信息技术与学科教学融合，促进"双示范县"建设。巩固"互联网+教育"达标县成果，加快"互联网+教育"标杆校、示范校、培育校建设，强化中小学信息化基础设施，提炼总结县域整体推进模式，树立典型示范校，发挥榜样引领和辐射带动作用，整合县级层面多系统平台，完成同区级平台对接，提高学校管理、教师教学、学生学习数字化应用水平。制定并印发《贺兰县"三个课堂"应用实施意见》，以联盟为实施主体，推动专递课堂、名师课堂、名校网络课堂在教育教学中的常态化按需应用。全面推进信息化2.0应用。强化责任，推进培训，落实应用，加强9所"互联网+教育"标杆校的示范引领作用，组建县级培训指导团队，进一步加大教师信

息化技术应用能力培训力度，引导、指导学校教师结合学校、教师自身情况，合理选择微能力点进行学习和测评，推进信息技术与学科教学深度融合。积极推进“数字教材”推广与使用，促进课堂教学信息化能力提升，组织参加基于数字教材应用的优质课评比展示活动。

责任单位：县教体局

17.激发学校办学活力。严格落实教师减负“10项措施”，制定《贺兰县教师减压学生减负实施方案》，对未列入“进校园”分类清单、未获备案准入的“进校园”活动，一律视为不规范进校事项，各学校有权拒绝。为广大教师营造潜心教书、静心育人创造良好环境。强化集团化办学，加大与区内外名校合作办学力度，在义务教育阶段“互联网+教研”联盟基础上，探索建立集团校，优化集团办学模式。

责任单位：县教体局

18.实施义务教育质量提升工程。贯彻落实基础教育质量提升行动，制定《贺兰县推进义务教育优质均衡发展实施方案（2021—2026年）》，努力建设教育强县。依法保障义务教育财政经费投入，加大对教师队伍建设、教育教学改革、提高教育质量经费支持力度。按照《贺兰县中小学、幼儿园（2019—2021年）三年发展建设规划》以及“十四五”规划，加快推进六中、十小、五小、九小4个新建续建项目，确保六中、九小、十小3所学校秋季全面投用，新增学位5040个，控制义务教育起始年级班额，小学一年级每班不超过45人，七年级每班不超过50人，基本消除“大班额”，有效化解“大校额”。推进义务教育薄弱环节改善与能力提升，加强乡村小规模学校建设，打造“乡村温馨校园”，促进县域义务教育优质均衡发展。

责任单位：县教体局

配合单位：县发改局、县财政局、县人社局、县自然资源局、县住建局

19.推进家校共育。各学校要加强与家长的联系，围绕家庭教育，引导家长树立正确的教育观，发挥家庭教育委员会的作用，加强与贺兰县妇联、社区合作，协助建立社区家庭教育服务站，组织家庭教育讲师团定期开展家庭教育讲学、讲座，引进专门机构依托学校开展家庭教育指导与服务，促进家庭教育与学校教育的积极沟通、密切配合、携手共进，共同促进学生发展，提高家庭教育水平，提升学生学习质量，避免“校内减负、校外增负”现象，减轻学生学业负担。做好进城务工随迁子女、农村留守儿童、困境儿童等关爱保护工作。

责任单位：县教体局

配合单位：县委宣传部、县妇联、县民政局、县市场监管局、各乡镇场、富兴街道办

五、切实加强组织保障，促进义务教育改革发展

（一）强化组织领导。县教育工作领导小组成员单位要切实履行相关职责，为义务教育改革发展提供支持和保障。县委、县政府每年至少听取1次义务教育工作汇报，及时研究解决有关重大问题。加强学校党的建设，开展学校党组织领导下的校长负责制试点，发挥学校党组织领导作用，强化党建带团建、队建。完善校园治理体系提高治理能力，强化校园人防、物防、技防、制度防等安全防范建设，坚决杜绝“校闹”、校园欺凌等行为，维护正常教育教学秩序。

（二）落实部门职责。县教体局要会同有关部门为深化教育教学改革、提高义务教育质量提供保障条件，切实管好学校。县委组织部要加强对党政领导班子及有关领导干部履行教育职责的考核，按照干部管理权限做好教育部门和单位领导干部选拔任用工作，指导学校做好党建工作。县委宣传部要抓好正面宣传与舆论引导工作，营造教书育人良好舆论氛围。县委编制办公室要做好学校编制核定工作。县发改局要将义务教育发展纳入国民经济与社会发展规划。县自然资源局、县住建局要配合做好学校布局规划，统筹做好土地供给和学校建设工作。县财政局要加大财政投入，优化支出结构，确保义务教育经费落实到位。县人社局要依法落实教师待遇，为学校招聘教师提供支持。县民政局要牵头做好农村留守儿童关爱保护工作。县委网信办、县文旅局要推动提供更多儿童优秀文化产品，净化网络文化环境。政法委要加强校园及周边综合治理，维护校园正常秩序和师生合法权益。市

场监督管理局要做好校外培训机构登记、收费、广告宣传、反垄断等监管工作。县卫健局要配合教育部门指导做好学校卫生工作和卫生(保健)室建设。团县委要积极开展思想政治引领和价值引领。县妇联要加强社区家庭教育指导服务,少先队等群团组织和关心下一代工作委员会要做好少年儿童有关教育引导和关爱保护工作。

(三)强化考核督导。要把全面提高义务教育质量纳入相关单位领导干部考核督查范围,并将结果作为干部选任、表彰奖励的重要参考。强化教育教学督导,将其纳入学校办学水平、实施绩效奖励的重要依据。对办学方向、学校建设、教师队伍、教育生态等方面存在严重问题的学校,要依法依规追究教育局及学校主要领导责任;对违背党的教育方针、背离素质教育导向、不按国家课程方案和课程标准实施教学等行为,要依法依规追究教育体育局、学校、教师和有关人员责任。

(四)注重宣传引导。积极营造关心支持深化教育教学改革、全面提高义务教育质量工作的社会氛围。坚持正确舆论导向,坚决治理校外违规培训和竞赛行为。强化义务教育改革发展经验分享,对优秀成果进一步加工、提炼,适时在全县开展推广应用,充分发挥带动作用,以点带面,全面提高义务教育质量。

中共贺兰县委办公室
贺兰县人民政府办公室
2021年10月9日